中國古代史學叢書

〔清〕顧炎武 撰

譚其驤 王文楚 朱惠榮 等 校點

肇域志

陸

肇域志（六）

譚其驤　王文楚　朱惠榮等校點

廣東

廣州府

元爲廣州路，屬廣東道宣慰司〔一〕。本朝洪武元年〔二〕，改爲廣州府。二年，置廣東行省。九年，改爲布政司。宋元嘉三十年，蕭簡據廣州反。山深海巨，民性輕剽。順德以東，潢池弗靖〔三〕。清遠以北，戎、狄於莽。昔聞繁富，今則凋瘵。史稱番禺爲一都會，而島夷南金珠璣、果布之輳〔四〕，亦日寖孅趨矣〔五〕。豈士習惰窳之所致與？將教化漸靡而不可反與？負山帶海〔六〕，博敞彌目，中環大江，水陸會同。〔眉批〕其東境之山，自衡陽支分，度庾嶺，至韶、英而來。其西境之山，亦自衡陽支分，度桂嶺，過昭、梧而來。曲江、瀧、湟諸水〔七〕，由北而南，鬱、潯、端溪諸水〔八〕，由西而東，經於靈洲，瀦爲珠海。北距五嶺，南臨重溟，人物富盛。〔眉批〕地控百粵。史通〔九〕。五嶺峙其北，大海環其東〔一〇〕。州學記〔一一〕。州一，縣十五。屬嶺南道。分守駐劄。管理鹽法屯田僉事一員〔一二〕。總督沿海東、中、西三路備倭，以都指揮體統行事指揮一員。廣東市舶提舉司。懷遠驛屬市舶司。廣東鹽課提舉司。廣州左衛、右衛、前衛、後衛。並左、右、中、前、後五千户所。廣州遞運所。歸德門外，五羊驛左。

城周三千七百九十六丈〔一三〕。

番禺山，在府城内東南。番山在南，禺山在北，相連屬如長城。南漢劉龑鑿平之〔一四〕，就番山積石爲朝元洞。禺山，今布政司譙樓址也。越秀山，在城内稍北。上有越王臺。浮丘山，在府西一里。即羅浮、朱明門户。昔在海中〔一五〕，今去海已四里。

白雲山，在府北二十里。

石門山，在府西北三十里江中。兩山對峙，夾石如門，南北往來之衝，要害處。

漢楊僕討南越〔一六〕，破石門、尋陿，即此。其西有貪泉，晉刺史吴隱之有詩。

雙女山，在府西十五里。宋潘美伐南漢，劉鋹遣使請和。美乃挾鋹使〔一七〕，速渡諸險，至馬逕砦〔一八〕，次瀧頭雙女山下〔一九〕。鋹請降。〔眉批〕三洲山，在西一百七十里。一名黄岡，聳拔千仞〔二〇〕，周百餘里。西連高明，南接新會。峯巒數十，有竹子嶺，狀如蜈蚣，支掉百出。直馳二十餘里，亦名蜈蚣嶺。

鬱水，源出滇、邕，遵封川，西南合桂水、湞水、湟水〔二一〕，過靈洲〔二二〕，出石門，環城西南，而東注扶胥，入於海。韓文公集：南海神廟，在今廣州治之東南。海道八十里，扶胥之口，黄木之灣。

堯山，在海中。高聳千仞，勢若游龍。周四十里，峯巒七十二。上多平陸，有民居。

潯岡山，在西十九里〔二三〕。古尋陿之地。郡國志云：高四千丈，自番禺迄交阯見之。

海，在府南一百里，城東八十里。曰古斗村〔二四〕，自此出海，浩淼無際〔二五〕，東入閩、浙〔二六〕，南通島夷。

北江，在城南三十里。本湞武二水合

於此。　湞水，源自梅嶺，經南雄、韶州，武水自臨武發源來合，迤邐而下，至三水縣，與西江合，入於海。　西江，在西北五十里。源自牂柯，經邕、横、潯、藤，合繡水、灕水，抵蒼梧，過德慶、肇慶〔二七〕，亦曰桂水，至三水縣，與湞武二水合。　東江，自惠州博羅縣界西流，至府城，入於海。　越溪，在府東北三里。東流與東江會。　貪泉，源出府西三十里平地。一名石門水。　越華館，在府西十里戙船澳。廣州記：南越王佗即江滸構此〔二八〕，以送陸賈。　越王臺，在府城北二里〔二九〕。一名臺岡，一名越井岡，又謂之天井。岡頭有古臺基，即趙佗所築者也。　鐵柱凡十二〔三〇〕，南漢爲乾和殿鑄者。宋柯述取其南海，四植於帥府正廳，一没於城東濠，一没於直司泥淖中，餘莫知所在。名山記十三卷〔三一〕。

【校勘記】

〔一〕屬廣東道宣慰司　「廣」，底本脱，川本同，據滬本及嘉靖廣東通志初稿卷六、萬曆廣東通志卷一四補。

〔二〕洪武元年　「元」，底本脱，據川本、滬本及萬曆廣東通志卷一四補。

〔三〕潢池弗靖　「潢」，底本漫漶，據川本、滬本及萬曆廣東通志卷一四補。

〔四〕而島夷南金珠璣果布之輳　「而」，底本漫漶，據川本、滬本及萬曆廣東通志卷一四補。「布」，底本作「市」，據川本、滬本及萬曆廣東通志卷一四改。「輳」，底本作「湊」，川本、滬本同，據萬曆廣東通志卷一四改。

〔五〕亦日寖孅趨矣　「孅」，底本作「殲」，據川本、滬本及萬曆廣東通志卷一四改。

〔六〕負山帶海　「帶」，底本漫漶，據川本、滬本及萬曆廣東通志卷一四補。

〔七〕瀧湟諸水　「瀧」，底本作「隴」，川本同，據滬本改。

〔八〕鬱潯端溪諸水　「潯」，底本作「尋」，據川本、滬本改。

〔九〕史通　「通」，底本作「記」，川本、滬本同，據勝覽卷三四改。

〔一〇〕大海環其東　「東」，底本漫漶，據川本、滬本及勝覽卷三四、明統志卷七九補。

〔一一〕州學記　「州」，底本漫漶，據川本、滬本及勝覽卷三四、明統志卷七九補。

〔一二〕僉事一員　「僉」，底本作「簽」，川本同，據滬本及萬曆廣東通志卷七改。

〔一三〕城周三千七百九十六丈　「百」，底本脱，川本同，據滬本補。

〔一四〕南漢劉龑鑿平之　「龑」，底本作「龔」，川本同，據滬本及明統志卷七九改。

〔一五〕昔在海中　「海」，川本、滬本同，萬曆廣東通志卷一四、康熙新修廣州府志卷八作「水」。

〔一六〕漢楊僕討南越　「楊」，底本作「陽」，川本同，據滬本及史記酷吏列傳、紀勝卷八九、勝覽卷三四改。

〔一七〕美乃挾鋹使　「鋹」，底本作「鎬」，川本同，據滬本及宋史潘美傳、紀要卷一〇一改。

〔一八〕至馬逕砦　「砦」，底本作「此石」，川本同，據滬本及明統志卷七九改。

〔一九〕次瀧頭雙女山下　「瀧」，底本作「隴」，川本同，據滬本及明統志卷七九改。

〔二〇〕聳拔千仞　「拔」，底本作「折」，川本同，據滬本及萬曆廣東通志卷一四改。

〔二一〕西南合桂水湞水湟水　「西」，底本作「而」，川本同，據滬本及嘉靖廣東通志初稿卷一改。

〔二二〕過靈洲　「洲」，底本作「州」，川本同，據滬本及萬曆廣東通志卷一四改。

〔二三〕在西十九里 「十九」，底本倒誤爲「九十」，據川本、滬本及萬曆廣東通志卷一四乙正。

〔二四〕曰古斗村 「曰」，川本同，滬本及紀要作「出」，明統志作「有」。

〔二五〕浩淼無際 「淼」，底本作「水」，據川本、滬本及明統志卷七九改。

〔二六〕東入閩浙 「浙」，底本作「江」，據川本、滬本及明統志卷七九改。

〔二七〕過德慶肇慶 「德慶肇慶」，底本作「廣肇慶慶」，川本作「德廣肇慶」，據滬本及明統志卷七九改。

〔二八〕南越王佗即江滸構此 「滸」，底本作「灣」，川本同，據滬本及康熙新修廣州府志卷九改。

〔二九〕在府城北二里 底本「二」下衍「十」字，據川本、滬本及嘉靖廣東通志初稿卷三八删。

〔三〇〕鐵柱凡十二 「鐵」，底本作「銅」，川本、滬本同，據嘉靖廣東通志初稿卷五、萬曆廣東通志卷一八、康熙新修廣州府志卷九改。

〔三一〕名山記十三卷 「三」，川本同，滬本作「二」。

南海縣 治。編户三百里。〔眉批〕麗郡西南，上東石門，下闢扶胥，長江天塹，壁壘完整。縣志〔一〕。水哨七：石門、蔞⿱根土、大帽、大岸、磨刀石〔二〕、擔峽、石雲山。斥堠二十六：恩洲一，草場一，豐岡二，黄岡二，華寧一，緑潭二，西隆二，海舟一〔三〕，龍津頭一〔四〕，鹽步二，大通一，沙丸一，泌沖一，平洲二，黄竹岐一，季華二，林岳一，蠝岡一，魁岡一。胥江水驛，縣西北三水界。官窑水驛，縣西北金利堡。五斗口、舊屬順德縣〔五〕，縣南西淋都平洲堡〔六〕。三江、通志：縣西側水村，舊三江寨豐湖堡。萬曆九年，遷於駱村堡。神安、縣西鹽步堡，舊泌沖寨〔七〕。黃鼎、縣西西隆堡寧口村，舊黃鼎〔八〕。江浦、通志：鼎安都龍江堡，舊鼎安寨。縣西南鼎安都寨邊村。金利縣西北桃子堡，舊金利寨。六巡檢司。

【校勘記】

〔一〕麗郡西南至縣志 「麗」，底本作「酈」，川本同；「縣志」，底本作「懸志」，川本同，並據滬本改。

〔二〕磨刀石 川本、滬本同，康熙新修廣州府志卷一五無「石」字。

〔三〕海舟一 「海」，底本作「漁」，川本同，據滬本及康熙新修廣州府志卷一五改。

〔四〕龍津頭 「津」，底本漫漶，據川本、滬本及康熙新修廣州府志卷一五補。

〔五〕舊屬順德縣 「順」，底本作「明」，川本同，據滬本及康熙新修廣州府志卷一二改。

〔六〕縣南西淋都平洲堡 底本錯簡於下文神安條下，川本同，據滬本及萬曆廣東通志卷一五、康熙新修廣州府志卷一三乙正。

〔七〕縣西鹽步堡舊泌沖寨 底本錯簡於下文黃鼎條下，川本同，據滬本及萬曆廣東通志卷一五、紀要卷一〇一乙正。

〔八〕縣西西隆堡寧口村舊黃鼎 底本錯簡於下文「六巡檢司」下，川本同，據滬本及萬曆廣東通志卷一五、康熙新修廣州府志卷一二乙正。「寧口村」，底本作「寧寨口林」，川本同，據滬本及萬曆廣東通志卷一五改。

番禺縣 治。編户一百四十里。並衝，煩，淳。漢始建縣於郡城南五十里，今龍灣、古灞之間，刺史並治於此〔一〕。隋開皇十年，改置南海縣，乃於江南洲上別置番禺縣。其洲周迴約八十里〔二〕。疑即盧循城，在河南村。唐因之〔三〕，分治郭下〔四〕。五羊水驛。城南官渡頭。湴湖馬驛。縣北茅田村。考止一懷恩驛。鹿步、縣東鹿步堡，舊鹿步寨。沙灣、縣南白沙堡〔五〕，舊沙灣寨〔六〕。茭塘、縣南逕口堡，舊茭塘寨。獅嶺、縣北擢桂堡，舊巴由寨。慕德里縣北何嶺堡，舊慕德里寨。五巡檢司。秦舊縣，在府南五十里。漢交州、吳廣州並治此，後遷於城東，即鹽倉。唐復修建之。南越武王趙佗墓，自鷄籠岡以北，至天井，連岡接嶺皆云佗墓。舊志：佗葬時輀車四出，莫知真墓所在。劉王墓，在府城東北二十里。漫山皆荔子樹，龜趺石獸，歷歷具存，疑即僞懿陵也。昔有發其墓者，其中皆以鐵錮之。南海宣風鄉、番禺黄陂、新會縣西古博都、上臺、玉環〔七〕、丫髻諸山〔八〕，皆有劉氏墓。又郡城北山七里，有雷洞，亦劉王墓也。南海百詠：俗謂僞劉雷將軍墓。又云劉氏時所鑿，謂之雷藏〔九〕，欲以饗雷〔一〇〕。事見番禺雜志。然其上因山爲之，初不封樹。近歲爲風雨所圮，方洞見其中，識者亦疑爲越佗塚。郡人率以正月二十六日，傾城來遊。或有桑間之約，俗謂洗身。宋史魏瓘傳：知廣州，築州城環五里，疏東江門，鑿東西澳爲水閘，以時啓閉〔一一〕。

【校勘記】

〔一〕刺史並治於此　「治」，底本作「至」，據川本、滬本及康熙新修廣州府志卷一二改。

〔二〕其洲周迴約八十里　「其洲」，底本脱，據川本、滬本及康熙新修廣州府志卷一二補。

〔三〕唐因之　「因」，底本作「囚」，川本同，據滬本及康熙新修廣州府志卷一二改。

〔四〕分治郭下　「治」，底本作「至」，據川本、滬本及康熙新修廣州府志卷一二改。

〔五〕白沙堡　「沙」，底本作「河」，川本同，據滬本及萬曆廣東通志卷一五改。

〔六〕舊沙灣寨　「寨」，底本作「堡」，川本同，據滬本及萬曆廣東通志卷一五改。

〔七〕玉環　「玉」，底本作「至」，川本同，據滬本及嘉靖廣東通志初稿卷三八改。

〔八〕丫髻　「丫」，底本作「了」，川本同，據滬本及萬曆廣東通志卷一四改。

〔九〕雷藏　「雷」，底本作「劉」，川本、滬本同，據南海百詠、嘉靖廣東通志初稿卷三八改。

〔一〇〕欲以饗雷　「欲」，底本作「頭」，川本同，據滬本及南海百詠改。

〔一一〕宋史魏瓘傳至以時啓閉　底本錯簡於下文增城縣「編户九十八里」之後，川本同。按續資治通鑑長編卷一七三：皇祐四年，儂智高圍廣州，「魏瓘築廣州城，鑿井畜水，作大弩爲守備。」宋史魏瓘傳：「知廣州，築州城環五里，疏東江門，鑿東西澳爲水閘，以時啓閉焉。」以此指廣州而言，非謂增城縣，據滬本改移。又此「東江門」，底本作「東北門」，川本、滬本同，據宋史改「北」爲「江」。

增城縣　城周八百餘丈。　府東北一百九十里。　編户九十八里。　山僻，多寇。　增城守禦千户所。隸廣州後衛。　烏石、縣南八十里甘泉都東洲村，舊烏石寨。茅田縣西六十里綏福都〔一〕。二巡檢司。　羅浮山，與博羅接界。　東洲水驛，在縣南甘泉都八十里。　舊有烏石馬驛，縣西六十里，革。　增江馬驛，在城南河泊所右，隆慶元年革〔二〕。　白水山〔三〕在縣西四十里。屹若巨屏，其上有瀑泉，懸注如練百餘丈。　鷓鴣峯，在北七十里。　脈自庾嶺而來，峯高百餘丈。旁一峯差小，土人謂之大小鷓鴣，白泡水出焉。　增江，出陳峒山，東南流，合防水，經縣東分流，東支入牛潭，南支至番禺入海。　舊縣，後漢建安六年置。一在開元鄉金牛都〔四〕，一在九岡村。

【校勘記】

〔一〕綏福都　「綏」，底本作「綏」，川本同，據滬本及康熙新修廣州府志卷一二改。

〔二〕東洲水驛至隆慶元年革　川本同，滬本改列於上文「編户九十八里」下，當是。又「泊」，底本作「伯」，據川本、滬本及嘉靖廣東通志初稿卷一〇改。「右」，底本脱，川本同，據滬本及嘉靖廣東通志初稿卷一〇補。

〔三〕白水山　「白水」，底本作「石泉」，川本同，據滬本及嘉靖增城縣志卷二改。

〔四〕金牛都　「牛」，底本作「井」，川本、滬本同，據嘉靖廣東通志初稿卷五、嘉靖增城縣志卷一改。

東莞縣　城周二千二百九十九丈。　府東南二百五十里。　編户一百八十里。　沿海，煩，刁，多盜。　參將駐劄。　巡視海道副使一員　東官郡城〔一〕，在縣南二百里東莞場。晉咸和間爲郡。隋開皇間改縣〔二〕。唐至德二年，徙至倒涌，即今縣治。故址今爲東莞守禦千户所。　東莞故縣，一在東莞場之北，一在大莇村之東〔三〕。舊城西南三十里曰城子岡，今千户所在焉，即舊縣址，宋時置。洪武十四年置南海衛，以舊城狹隘，十六年，指揮李勝展砌石城，乃平之，故址今爲南海衛。

南海衛，左、右、前、後四千户所。東莞守禦千户所，隸南海衛，在舊東莞郡基〔四〕，地名城子岡，去縣二百五十里。城周五百五十二丈。在縣南十二都南頭城。大鵬守禦千户所〔五〕，在東三百五十里，城周四百三十三丈六尺，濱海。在縣南七都烏浦村，隸南海衛。鐵崗水驛，縣東第五都。黄家山水驛，縣東北黄家山村。福永、縣西南，舊屯門固戍寨。官富、縣南二百八十里官富寨。缺口鎮、縣西南缺口村。中堂、縣西麻涌村中堂寨〔六〕。京山、縣東北京山村。白沙縣西南白沙村，舊白沙寨。六巡檢司。舊有城西水驛，隆慶元年革。金牛山，在西二里。石鼓山，在西南二十里。上有石如鼓。南越志云：昔盧循爲亂，鼓隱然有聲。曹幕山，在西北八十里。林木蓊鬱，百材於此取辦〔七〕。虎頭山，在西南五十五里海中。有大虎小虎二山，外夷入貢及奉使皆道此。武山，在縣南五十里海中。大奚山，在南四百里海中。有三十六嶼，周三百餘里。大鵬嶺，在東。周三十里。其脈自羅浮山來，如飛鳥。梅蔚山，在縣西南二百八十里。宋景炎丁丑，帝舟次於此。

【校勘記】

〔一〕東官郡城　「官」，底本作「莞」，川本、滬本同。嘉靖廣東通志初稿卷五、萬曆廣東通志卷一八作「官」。按晉書地理志：「成帝分南海立東官郡。」宋書州郡志：東官太守，「晉成帝立爲郡。廣州記，晉成帝咸和六年，分南海立。」此「莞」爲「官」字之誤，據改。

〔二〕晉咸和間爲郡隋開皇間改縣　底本作「晉咸初間改縣」，川本、滬本同，據嘉靖廣東通志初稿卷五、萬曆廣東通志卷一八改補。

〔三〕大萠村　「萠」，底本作「萌」，川本、滬本同，據嘉靖廣東通志初稿卷五、萬曆廣東通志卷一八改。

〔四〕在舊東莞郡基　「基」，底本漫漶，據川本、滬本及康熙新修廣州府志卷一二補。

〔五〕大鵬守禦千户所　「守」，底本作「千」，川本同，據滬本及明統志卷七九、紀要卷一〇一改。

〔六〕中堂寨　「堂」，川本、滬本及紀要卷一〇一同，嘉靖廣東通志初稿卷一〇、萬曆廣東通志卷一五作「堡」。

〔七〕百材於此取辦　「辦」，底本作「辨」，據川本、滬本及紀要卷一〇一改。

香山縣　城周六百三十六丈。　府南一百五十里。　編户三十六里。　無簿。　簡，僻，疲。　沿海。　本唐廣州東莞香山鎮，以香爐山得名。宋紹興末，升爲縣，仍割番禺、新會二縣瀕海之地益焉。　香山故鎮，即宋金斗鹽場也。在縣南一百五十里〔一〕。地名濠潭。舊爲金牛鎮，屬東莞。宋紹興改爲香山場，後遷於前村，址廢。　故城，在城南。宋紹興二十三年，詔香山鎮始置縣。元末縣尹朵羅歹移縣治古寨山，屯集保障。洪武初，歸款復縣〔二〕，始築土城。二十六年，置香山守禦千户所，改築〔三〕，故址遂爲軍營。　馬南寶宅〔四〕，在沙涌〔五〕。　端宗駐蹕之所〔六〕，後崩於硇洲，復殯於此。自閩入廣，行宫三十餘處〔七〕，此其一也。香山守禦千户所，隸廣海衛。香山、縣北大欖村，舊香山寨。小黄圃縣北一百二十里小黄圃村。二巡檢司。井澳。在縣南二百五十里海中，横琴山之下。一名仙女澳。宋景炎丁丑，帝舟次於此。三竈山。在南三百里海中。周三百餘里，中有三石如竈。零丁洋。在東一百七十里。文天祥詩：「零丁洋裏嘆零丁。」

【校勘記】

〔一〕在縣南一百五十里　「南」，底本脱，川本同，據滬本及康熙新修廣州府志卷九補。

〔二〕歸款復縣　「復」，底本作「後」，據川本、滬本及康熙新修廣州府志卷九改。

〔三〕改築　「築」，底本作「作」，據川本、滬本及萬曆廣東通志卷一八改。

〔四〕馬南寶宅　「寶」，底本作「室」，川本同，據滬本及萬曆廣東通志卷一八改。

〔五〕在沙涌　「涌」，底本作「浦」，據川本、滬本及萬曆廣東通志卷一八改。

〔六〕端宗駐蹕之所　「蹕」，底本作「驛」，據川本、滬本及萬曆廣東通志卷一八改。

〔七〕行宫三十餘處　「三」，底本作「二」，川本、滬本及萬曆廣東通志卷一八、康熙香山縣志卷二作「三」，據改。

順德縣　城周六百一十五丈。府西南八十里。編户一百六十四里。濱海，煩，饒。

景泰三年，分南海縣置。馬寧、縣南馬寧堡，舊馬寧寨。都寧、縣南，舊西淋寨。江村、縣西江村。紫泥縣南紫泥堡。四巡檢司。　舊有馬岡巡檢司，縣南容奇堡馬岡村，革。　碧鑑海，在縣西南一里。源於粵江，流至於縣。

新會縣　城周六百二十八丈。　府西南二百三十里。　編户二百三十八里。　濱海，饒，多寇。　守備駐劄。　廢岡州，在縣北黄雲寺前。　唐置，開元中廢。　廢義寧縣，一在縣治東，一在縣西南三十里天臺村。　舊志：宋開寶四年，以義寧并入新會，其地今有義寧坊。　洪武十七年築城，改爲軍營。　其天臺村故址今爲民居。

廣海衛，在縣南一百五十里，在褥州巡檢司北〔一〕。　洪武二十七年，都指揮花茂奏設營度，遷巡檢司於望頭鎮，以其地建置衛所。　城周一千九百六十五丈，左、右、中、前、後五所。　外城周二千三百四十丈。　濱海。　新會守禦千户所，隸廣海衛。　舊有新會遞運所，革。　蜆岡水馬驛。在縣西。　沙村、縣南長沙村。　潮連〔二〕、縣東潮連村〔三〕，舊潮連寨。　沙岡、縣西沙岡村。　藥逕、縣北坡亭村，舊藥逕寨，居曹幕山藥逕口。　松柏〔四〕、牛肚灣、縣西河村，舊牛肚灣寨。　大瓦中樂都。　七巡檢司。　晉康驛，在縣東舊堡東亭驛〔五〕，萬曆五年改。　緑屏山，在縣北一十里。　周八十餘里。　厓山，在南八十里海中。　延袤八十餘里。　與湯瓶嘴山對峙，如兩扉然，亦曰厓門，乃會邑之咽喉也。　宋紹興中置厓山寨，今爲白沙巡檢司。　宋季陸丞相秀夫、張太傅世傑〔六〕，以此爲天險可據，奉幼主建宫居之，國之君臣同蹈於海以死。宋帝昺亡於此〔七〕。宋行宫，在厓山。祥興初，帝昺南遷時建，凡三十間，環以軍屋千餘，又有行朝草市。祥興二年，丞相陸秀夫負帝沉海死之，其地遂墟。今建全節廟、大忠祠於山下。宋慈元殿，在行宫之後。縣南一百五十里厓門山。帝昺至厓門駐蹕〔八〕，造軍屋千餘間，仍創此殿，以奉楊太后。本朝弘治中，建慈元廟於殿之故址，賜額全節。

【校勘記】

〔一〕在䒩州巡檢司北　「䒩」，底本作「槈」，川本同，據滬本及萬曆廣東通志卷一五改。

〔二〕潮連　「潮」，底本作「湖」，據川本、滬本及萬曆新會縣志卷二改。

〔三〕縣東潮連村　「潮」，底本作「湖」，據川本、滬本及萬曆廣東通志卷一五改。

〔四〕松柏　川本、滬本同。萬曆廣東通志卷一五、康熙新修廣州府志卷一二作「松栢」，之下另有「在縣」兩字。

〔五〕舊堡東亭驛　「堡」，底本作「保」，川本同，據滬本及萬曆新會縣志卷二改。

〔六〕張太傅世傑　「傅」，底本作「傳」，據川本、滬本及康熙新會縣志卷五改。

〔七〕宋帝昺亡於此　川本同，滬本及萬曆廣東通志卷一八、萬曆新會縣志卷一、康熙新會縣志卷五均無。

〔八〕帝昺至厓門駐蹕　「蹕」，底本作「驛」，據川本、滬本及萬曆新會縣志卷六改。

三水縣　府西北一百十六里。　編户五十三里。　無簿。　簡，淳。　嘉靖五年，分南海、高要二縣地置。　西江、湞江、武水皆會於此，故名〔一〕。　冒起宗嶺西行記：三水縣，當二廣之衝，北自湞江，合武水而西，南自牂牁，合灕、鬱諸水而東，東距清海，泝石門轉折而西，而南會於邑，三水得名以此。　嘉靖五年，總督姚公鏌奏析南海北境、高要東境，建縣治白塔，蓋衆流穿錯，地廣盜滋，二縣不能控制故也。　西南水驛，舊屬南海縣。　三水、舊屬高要縣，縣治南隔江三水口。　胥江、縣北。　横石、舊屬高要縣。　西南在縣東十二里，縣東南陽梅堡，舊西南寨。　四巡檢司〔二〕。

【校勘記】

〔一〕西江湞江武水皆會於此故名　底本錯簡於下文「四巡檢司」下，川本同，據滬本乙正。

〔二〕四巡檢司　底本此下衍「胥江西南舊屬南海縣」九字，川本同，據滬本及萬曆廣東通志卷一五、康熙新修廣州府志卷一二删。

從化縣　城周五百八十丈五尺。　府東北三百四十二里。　編户三十里。　裁減。　僻，疲，多山寇。　弘治二年，分番禺、南海二縣地置。　流溪，源出乳源之流溪山，抵石門〔一〕，與清遠大水合，入於海。　從化守禦千户所，隸南海衛，弘治二年設。　李石岐馬驛，在蠕岡〔二〕。本志：在巡檢司左。　流溪縣北石潭村，舊流溪寨。　巡檢司，在縣南五十里蓮塘村。　本志：舊司在神岡。舊驛，在水廣頭。

【校勘記】

〔一〕抵石門　「石門」，底本作「石石門」，據川本、滬本及紀要卷一〇一删一「石」字。

〔二〕蠕岡　「蠕」，底本作「蟠」，川本、滬本同，據嘉靖廣東通志初稿卷一、萬曆廣東通志卷一六、康熙新修廣州府志卷一二改。

龍門縣　城周四百九十餘丈。府東北二百十里。編户十七里。裁減。僻，多寇，有瘴。弘治九年，分增城、博羅二縣地置。上龍門巡檢司，縣北西淋都。添設土官副巡檢。

清遠縣　城周一千四百五十丈。府北二百五十里。編户十七里。裁減。僻，簡〔一〕，多山寇。〔眉批〕高山峻原，占其强半，而大小二羅、黄華等山，傜、僮且雜居之，敉寧爲難。本志。整飭嶺南兵備僉事一員〔二〕。舊有横石磯遞運所，隆慶元年革。清遠衛，左、右、中、前、後五千户所。横石磯東九十里、縣西南。水馬驛。安遠水驛。縣西。官莊馬驛。縣東九十里。迴岐水驛。縣西南五十里。舊有巡檢司，革。横石磯〔三〕、縣東九十里浥江鄉，舊横石寨。浥江、東南一百五十里，縣東浥江鄉，舊浥江寨。濱江、縣西北四十里池水鄉，舊濱江寨。迴岐縣西南六十里迴岐寨。四巡檢司〔四〕。峽山，在東三十里。崇山峻峙，中通江流。迴岐山，在西南六十里〔五〕。大羅山，在西二百五十里。其脈自陽山而來，西抵廣西懷集縣界〔六〕。傜、僚多居其間。尉佗萬人城，在漢縣中宿北隅隕山，基址尚存。中宿廢縣，在縣西北政賓鄉何峒村，去縣六十里。隋改政賓縣，唐省。中宿舊城，在今城東北。基址尚存。

【校勘記】

〔一〕僻簡　「簡」，底本脱，據川本、滬本補。

〔二〕僉事　「僉」，底本作「簽」，據川本、滬本改。

〔三〕横石磯　「磯」，底本作「機」，據川本、滬本及萬曆廣東通志卷一五改。

〔四〕四巡檢司　「四」，底本作「三」，川本同，據滬本及萬曆廣東通志卷一五改。

〔五〕在西南六十里　「六」，川本、滬本同。明統志卷七九、萬曆廣東通志卷一四、康熙清遠縣志卷一作「八」。

〔六〕西抵廣西懷集縣界　「懷集」，底本作「壞接」，川本作「壞集」，據滬本及明統志卷七九改。

新寧縣　城周五百三十丈。府西三百一十五里。編户四十里。裁減。濱山海，僻，簡，多寇。弘治十一年，分新會縣置。新寧守禦千户所，嘉靖十年，撫、按議允，將廣西衛左所官軍摘撥，移本城守禦〔一〕。嘉靖十年設〔二〕。有寶莊馬驛。望高巡檢司，縣南望高村。舊有城岡峒巡檢司，革。縣西南城岡堡。海晏場鹽課司、銼峒場鹽課司，並在縣西南。

【校勘記】

〔一〕移本城守禦　「本」，底本作「木」，川本同，據滬本改。

〔二〕嘉靖十年設　川本同，滬本無，疑衍。

連州　城周五百四十八丈。　漢桂陽縣〔一〕。　府西北五百六十里。　編户一十里。裁減。僻，多山寇，有瘴。　廢桂陽州，即桂陽縣。元升爲州，在城内。元連州。本朝洪武二年革，十四年復置。　北接九疑，南連衡嶽，在嶺、海上游，爲楚、粵門户。　連州守禦千户所，隸清遠衛。　靜福山，在州北五十里。梁廖沖學仙於此。其下有虎跑、流杯池。　順山，在東北四里。　劉禹錫記：邑東之望曰順山。自順以降，無名而相依者以千數〔二〕，迴環鬱繞。西北朝拱於九疑，乃此州第一山也。　湟水，源出桂陽山下，東注陽溪，經洸口，合湞水，入於海。漢伏波將軍路博德出桂陽，下湟水，即此〔三〕。

【校勘記】

〔一〕漢桂陽縣　底本爲旁注，川本同，據滬本及明統志卷七九改移。

〔二〕無名而相依者以千數　「千」，川本、滬本同，明統志卷七九、紀要卷一〇一、萬曆廣東通志卷一四作「萬」。

〔三〕即此　底本脱，川本同，據滬本及明統志卷七九、萬曆廣東通志卷一四補。

陽山縣　城周四百丈。本志：磚石方城二百四十丈。　州東北二百里。　編户七里。　裁減。　僻，瘴，雜傜。　附連三省，襟障百粤。其人封壤沿接，俗尚各殊。本志。　元屬桂陽州。本朝因之，洪武三年，革桂陽州，屬韶州府。十四年，改屬連州。　星子、去縣三百里，縣北四長鄉。朱岡、去縣二百七十里，縣西北論富鄉。西岸縣東三十里清蓮水口，縣東常歲鄉。三巡檢司。　陽溪，在縣南。　湟溪關，在縣治之上七十里。秦置。漢武誅南越，兵出桂陽，下湟水，即此地。　陽山關，在縣北，當騎田嶺路〔一〕。秦於此立關。史記：尉佗移檄陽山關〔二〕，曰：盜兵且至，急絶道聚兵自守。即此。　通志：大抵廣之阸塞，皆在西北。故秦置三關於湟溪、陽山〔三〕。其東南軒豁，肄水出焉〔四〕。　肄水出曲江，西南過湞陽，與桂水合，故逕中宿，於水口置洭浦關。水經注：關在中宿縣。洭水出關右，一名湟水，合肄水，謂之洭口。後避諱，改爲洸口。漢將軍路博德下湟水，楊僕下湞水，度三關〔五〕，以破南越，三關失險，敵至石門。雖欲東浮黄木，南漢嘗建天華宫於羅浮，以避宋師。西泛紫水〔六〕，紫水在新會縣〔七〕，宋亡於厓山。罔攸濟已。

【校勘記】

〔一〕騎田嶺　「田」，底本作「由」，川本同，據滬本及明統志卷七九、紀要卷一〇一改。

〔二〕陽山關　「陽」，底本作「楊」，川本同，據滬本及史記南越列傳、明統志卷七九改。

〔三〕故秦置三關於湟溪陽山　「三」，底本作「二」，川本作「之」，據滬本改。

〔四〕肄水出焉　「肄」，川本、滬本同，水經溱水注作「溱」。下同。

〔五〕度三關　「三」，底本作「王」，川本同，據滬本改。

〔六〕西泛紫水　「泛」，底本漫漶，據川本、滬本補。

〔七〕紫水在新會縣　「在」，底本脱，川本同，據滬本補。

連山縣　重岡疊嶂，四方賓客車轄之所不至，且地界三省，逋逃所萃〔一〕，山民强半羈縻，聲教所暨無幾。林裕陽修闢連山縣路碑。　元連山縣，屬連州。本朝因之。洪武二年，革連州，屬韶州府；三年，又革連山縣；十四年復置，屬連州。洪武三年，革州，省陽山縣爲連山縣，隸韶州府〔二〕。四年，又革連山縣，復設陽山縣，隸廣州府。十四年，復設連山縣。二十六年〔三〕，賊唐宗祥作亂，縣治荒廢。永樂改元，復於程山下開設縣治。又因傜僮出没，地方殘破，天順六年，遷縣治於象山之前。今名小水坪。　舊城在古縣惟木柵。天順三年，爲西賊所破，據爲巢穴。六年，賊平。右布政張瑄〔四〕、僉事戈立以縣在萬山中，道途險遠，且多嵐瘴，而雞籠關内水土夷衍〔五〕，可徙縣治。於是請於撫臣，奏而遷之。成化四年，始築城。周一百八十丈。通志：今城四百丈。大霧山，在縣北三十里。勢淩霄漢。大龍山，在縣北八十里。高數百丈，周五十餘里。岡巒迴盤，其狀如龍。長逕山，在縣東四里。高數百丈，周二十里。爲出入通衢。中留山，在縣西三十里。高數百丈，周百餘里。其脈與天梯山相接〔六〕。巾子山，在縣西七十里。其脈自連州大帽山來，形如巾。長逕水，在縣東二十里長逕山下，西支經上吉水，入廣西大寧江。東支經長逕山口，合鑊水，入湟溪。白沙水，在縣西五十里。北流，經邪渡橋下，合長逕。上吉水，在縣西五十里。源自永福鄉山泉，至上坪，分而爲二，東支經邪渡入湟溪。西支經上吉合梁峒，入廣西大寧江。梁峝水〔七〕，在縣西北一百里。發源永福鄉山泉，經舊縣，若腰帶然，曲折而合上吉水，入於灘〔八〕，即廣西大寧江。大龍水，在縣北一百里。發源於州之大帽山，西流經沙坊村，合湟川水。崑湖，在縣東北一百里。連溪，在縣東城外。縣北四十里。高數百丈，周約一百里。其脈自巾子山來，山勢高聳，中有石梯。雞籠關，在縣東三十里。火夾關，在縣西四十里。崖鷹關，在縣西一百里。臺子閣，在縣東十里。地接懷、賀，居集民、夷。舊志。八、九月間，嵐氣中人，連山尤甚，蕞爾之地，僻在萬山。諸傜獞處，亡命四集，而城中所圍，不滿百家。蔣元倬記：自連州抵縣界，遠眺雞籠，關口甚隘，疑爲路窮，及登其巔，則峯迴巒拱，遥迤數十里，下繞溪流，水石相激〔九〕，聲若戰鼓。州西二百九十里。編户四里。裁減。　僻，簡，雜傜。　宜善巡檢司，在縣西一百里宜善鄉。　天梯山，在北五十里。　崑湖山，在縣東八十里。高約五十丈，周幾百里。其脈自大帽山岡陵連屬而來，下有崑湖，因名。

【校勘記】

〔一〕逋逃所萃　「萃」，底本作「革」，據川本、滬本改。
〔二〕韶州府　「州」，底本作「韶」；「府」，底本漫漶，並據川本、滬本及康熙連山縣志卷一改補。
〔三〕二十六年　「二」，底本脱，據川本、滬本及康熙連山縣志卷一補。
〔四〕張瑄　「瑄」，底本作「埴」，川本同，據滬本及康熙連山縣志卷一改。
〔五〕鷄籠關　「關」，底本作「門」，川本、滬本同，據康熙連山縣志卷九改。
〔六〕天梯山　「山」，底本脱，川本同，據滬本及康熙連山縣志卷一補。
〔七〕梁崗水　「梁」，底本作「崗」，據川本、滬本及紀要卷一〇一改。
〔八〕入於灘　「灘」，底本作「灘」，川本、滬本同，滬本眉批：「灘，疑灘字之訛。」康熙連山縣志卷一作「灘」，據改。
〔九〕水石相激　「激」，底本作「檄」，川本同，據滬本及康熙連山縣志卷一改。

新安縣　移在連州之前。　編户五十六里。裁減。　海道駐劄。　隆慶六年置。

韶州府

古名始興。　元韶州路，本朝改爲府。　山迴水合，控扼上流，翁嶠東攢，桂嶺西亘。韶石障其北〔一〕，英山奠其南。湞武兩水，西北交馳，滙而南下，急湍重峽，勢並瞿塘，蓋天險也。通志。　韶郡土曠民稀〔二〕，著流並處，俗崇簡樸，厭薄紛華，以耕稼爲首務。人安故土，不樂商旅。小民習於呰窳，取給衣食〔三〕。至於山溪聚落，多習夷風，男女罕别，則禮教亟焉。六邑中，惟曲江風氣稍平，仁化、樂昌次之〔四〕，翁源、乳源、英德又次之。昔人謂韶俗類郴、桂〔五〕，朱墨之近也。洽洸以南，茂林疊嶂，傜盜出没，魚肉吾民〔六〕，威振而德化之，其惟良二千石乎！　上接南雄，下達廣州，實咽喉之地。人殷物阜，惟西北連四會，東南距清遠。有羅山、扶溪諸寇，時出爲梗。　城周九里三十步。吳末，始築於湞水東蓮花嶺下。唐刺史鄧文進移於武水西南，地勢卑下。梁乾化初，大水淹没，郡録事李光册始徙於今府治，武水東，湞水西。　縣六。　屬南韶道。虔鎮兼制。　分巡駐劄。　筆峯山，在縣北一里。皇岡倚其後，爲郡主山。　林源山，在縣北七十里。林水出其下，東流五十里，入武水。　芙蓉山，在縣西五里。山半有石室，上有玉井泉。　修仁水，在縣東二十里。下流爲五渡水，折而西，與湞水合。　膽礬水，在縣南七十里。宋初置場采銅，岑水銅場。謂場水能浸生鐵成銅也。又出生熟膽礬，取之極艱，多至死者，歲貢生礬二斤，熟礬十斤，民甚苦之。成化元年，都御史韓雍奏免。雙下水，在縣西五十里。二澗下流，合而爲溪，南流三十里，入湞水。目嶺水，在縣北一百里。下流五十里，入湞水。宣溪水，在縣南八十里。源出螺坑，南流八十里，入於湞水。桂源山，在府西四十里。山形盤礴，方廣百里，高千餘仞，其下桂水出焉。韶石山，在府東北四十里。相傳舜奏樂於此，有奇石三十六〔七〕。帽子峯，在府北。湞水，源出大庾嶺。經烏逕，至保昌縣南流至府城南，合武水，爲曲江，下流至英德縣西一十五里，兩山對峙夾水上，號湞陽峽。漢征南粵〔八〕，樓船將軍入湞水，即此。武水，源出郴州臨武岡〔九〕，一作縣。〔旁注〕入臨武鸕鷀石，南流三百里，環繞樂昌縣治。經宜章縣，南流入樂昌縣，又南流百里，至府西南，合湞水。古名虎溪，崖峻湍急〔一〇〕，又名瀧水。桂水，在府西北四十里。源出桂嶺下，東流百里，合武水。曹溪，在府東南五十里。源出翁源縣西北九十里狗耳嶺，西流三十五里，合湞水，即六祖演法處。零溪，在府東七十里。源出始興清化嶺，西流九十里，入湞水。梨溪，在府東二十里。源出始興縣東坑嶺，西流一百五十里，入湞水。漢城，在湞水東蓮花嶺下。隋城，在武水西。宋初於此置錢監。又有古城，在城南。晉盧循以徐道覆爲始興守〔一一〕，築城於此。劉裕遣沈田子討之，於旁亦築一城。今呼沈將軍壘〔一二〕。任囂城，在縣南五里。蓋囂築之以圖進取，而尉佗復築萬人城，在湞山。

【校勘記】

〔一〕韶石障其北　「韶」，底本作「詔」，川本及萬曆廣東通志卷二七同，滬本、本書下文作「韶」，據改。

〔二〕韶郡土曠民稀　「曠」，底本作「廣」，據川本、滬本及萬曆廣東通志卷二七改。

〔三〕取給衣食　「給」，底本作「結」，據川本、滬本及萬曆廣東通志卷二七改。

〔四〕樂昌　「昌」，底本作「中」，據川本、滬本及萬曆廣東通志卷二七改。

〔五〕郴桂　「郴」，底本作「柳」，川本、滬本同，據萬曆廣東通志卷二七改。

〔六〕魚肉吾民　「吾民」，底本作「無夂」，據川本、滬本及萬曆廣東通志卷二七改。

〔七〕有奇石三十六　底本「六」下衍「里」字，據川本、滬本及萬曆廣東通志卷二七刪。

〔八〕漢征南粵　「南」，底本作「昌」，據川本、滬本及萬曆廣東通志卷二七改。

〔九〕郴州臨武岡　底本作「郴武岡武岡」，據川本、滬本及萬曆廣東通志卷二七改。

〔一〇〕崖峻湍急　「峻」，底本作「浚」，據川本、滬本及紀要卷一〇二改。

〔一一〕徐道覆　「道」，底本脱，據川本、滬本及晉書盧循傳、紀要卷一〇一補。

〔一二〕沈將軍壘　「將」，底本作「蔣」，據川本、滬本及紀要卷一〇一改。

曲江縣　治。　編户四十里。　衝，煩，有寇。　山水秀麗，沃壤彌望，故人樂農而厭商〔一〕。

芙蓉水驛，在湘江門外。上至平圃八十里，下至濛瀼七十里。　平圃水驛，在平圃巡司左。上至南雄黃塘驛一百二十里〔二〕。　濛瀼水驛，在濛瀼巡司左。下至清溪六十里。　通志有新館驛，在芙蓉驛上半里。　平圃、縣北九十里。濛瀼縣南一百里。二巡檢司。

【校勘記】

〔一〕山水秀麗沃壤彌望故人樂農而厭商　底本爲眉批，川本同，據滬本及萬曆廣東通志卷二七改移。

〔二〕南雄　「南」，底本作「至」，據川本、滬本及紀要卷一〇二改。

仁化縣　府東北八十里。　水路一百二十里。　本志：陸路一百二十，水路一百六十。　編户六里。　裁減。　僻，簡，饒，有寇。　俗尚真率，士樸民淳〔一〕，土壤沃饒，山澤無禁。故耕織有餘貲〔二〕，囂訟鮮作，犴狴時空〔三〕。　城周二百八十丈。古城二。一在縣北一百三十里康溪都，秦末尉佗所築，境通郴州桂陽，今曰城口村；一在縣北一百一十里，唐垂拱初縣治〔四〕。　唐垂拱中舊城，在今縣北十里走馬坪，宋廢。咸平三年，復置縣於今所。　廉石山，在縣北二十里。勢連郴陽，爲邑主山。　恩溪嶺，在縣北一百二十里。地接桂陽，其下爲恩溪。源出郴州桂陽縣屋嶺。　馬嶺，在縣北一百二十二里。高三百餘仞。　五臺山，在縣西三十里。高五十餘丈，周廣十里。　白星山，在縣西南五十里。　接大庾嶺。　吴竹嶺，在縣西北三十里。　錦石巖，在縣南七里。　其陽爲錦江。　康溪，在縣北十里。源出康溪嶺，西流五十里，合湞水。吳溪，在吳竹嶺南。漳陽水，源出吳竹嶺，東南流一百二十里，合湞水。扶溪，在縣東北一百里。源出南安珠子山，經左瀧嶺，東南流一百八十里，合湞水。漳溪，在縣南六十里。兩石夾峙〔五〕，漳水經焉，人呼爲漳夾石。扶溪、在紫嶺下〔六〕，境接江西，去縣五十里。恩村在城口，境接湖廣，去縣八十里。二巡檢司。會湞水，在治南一里。源出仁化鄉石竅中，南流二十五里，與恩溪水合，二百五十里合湞水，入於海。

【校勘記】

〔一〕士樸民淳　「樸」，底本作「林」，據川本、滬本及萬曆廣東通志卷二七改。

〔二〕故耕織有餘貲　「貲」，底本作「資」，據川本、滬本及萬曆廣東通志卷二七改。

〔三〕俗尚真率至犴狴時空　底本爲眉批，川本同，據滬本及萬曆廣東通志卷二七改移。「犴狴」，底本作「狴犴」，川本同，據滬本及萬曆廣東通志卷二七改。

〔四〕古城二至唐垂拱初縣治　底本爲眉批，川本同，據滬本及萬曆廣東通志卷二七改移。

〔五〕兩石夾峙　「夾」，底本作「峽」，據川本、滬本及萬曆廣東通志卷二七改。

〔六〕在紫嶺下　「下」，底本作「干」，川本、滬本同，據萬曆廣東通志卷二七改。

乳源縣　府西一百里，水路一百六十里。編户六里。裁減。山僻，多傜。農多商少，習於樸魯。民無告訐之風。山谷傜、僮，逡巡懼法，往來貿易，賦役無虧〔一〕。　城周一里有奇。宋乾道三年，置縣於虞塘。〔旁注〕去今縣十里。元至正中，郴寇攻陷。國朝洪武元年，遷於洲頭津，即今治。　乳嶺，在縣北一里。一名豐岡，形如卧象。爲邑主山。山半有巖，巖中有水，南流，産鍾乳，昔充貢。成化中，都御史韓雍奏免〔二〕。　三峯山，在縣東三十里。三峯鼎峙，其下溪流湍急〔三〕，是爲紫瀧。　臘嶺，在縣西五里。高四百餘仞，周三十里。郴州騎田嶺爲五嶺之一〔四〕，此其支也。夏寒如臘，故名。　風門山，在縣西十五里。兩山夾峙，一徑中通。　鬭春嶺，在縣西二百四十五里。路通宜章。　大小二溪水，在縣南五里文秀峯下。　源發臘嶺，合洲頭水入湞江。　渣渡水〔五〕，在縣西二十里。　經瀧，合洲頭水。　洲頭水，在縣西五十里梯雲嶺下。東流八十里，入湞水。　西二里曰雙峯山，洲頭水出其陽，南流經縣前，又東北流六十里，至曲江縣白土，入大江。　雲門山，在東北一十五里。　武陽巡檢司，在縣西二百七十里。

【校勘記】

〔一〕農多商少至賦役無虧　底本爲眉批，川本同，據滬本及萬曆廣東通志卷二七改移。

〔二〕都御史韓雍奏免　「史」，底本作「使」，據川本、滬本及萬曆廣東通志卷二七改。

〔三〕其下溪流湍急　「流」，底本脱，據川本、滬本及萬曆廣東通志卷二七補。

〔四〕郴州騎田嶺爲五嶺之一　「州」，底本作「洲」，據川本、滬本及萬曆廣東通志卷二七改。

〔五〕渣渡水 「渡」，川本、滬本及萬曆廣東通志卷二七同，康熙韶州府志卷七、雍正廣東通志卷一〇作「溪」。

寇。

樂昌縣 府西〔旁注〕西北。八十里。水路一百里。編户十五里。裁減。僻，簡，淳，有民勁直，尚氣節。田廣而腴，家給人足。自瀧徑通行，商賈紛沓〔一〕，爭競生而淳風斫矣〔二〕。城周二里有奇，凡三百六十丈。桂棠山，在縣北三里，爲縣主山。山下有巨池，山頂有寨，民避亂居之。沿溪山，在縣北五十里，周四十里。下有溪，曰沿溪。九峯山，在縣北六十里。高三百餘仞，上列九峯。下有温泉，冬夏常温。楊古嶺，在縣西北八十里。高五十餘仞。路通郴、桂〔三〕。蔚嶺，在縣西北九十里。聯絡三瀧，高拂雲漢，徑通郴、桂。東三里曰昌山，有二石山相連，上小下大，如昌字，故名。九峯、縣北六十里。羅家渡、縣西北一百二十里。黄圃縣西北一百二十里。三巡檢司。舊有高勝巡檢司，革。在縣東三十里。靈〔旁注〕一作泠。君山，在東北三十五里。高百仞，周迴十里。脈接桂陽山，山頂有池，周四里，深五尺。上有靈君祠。其下有湯泉，東流五里，入於靈江，南流十五里，入於武水。榮溪，在縣南三十二里。源出乳源崇信都，東流四十里，至榮村，入於武水。泐溪，在縣北八里。南流入於武水。三瀧水，在西六十里。源出湖南莽山，南合武水，曰新瀧〔四〕，曰腰瀧，曰垂瀧。垂瀧最險，亦名盧溪，飛湍奔瀨，響震山谷。漢太守周昕所開。白石溪，在縣西一百四十里。源出衡口嶺，東南流二百里，入於武水。靈溪，出靈君山下，與武水合。古城二：在縣西二里，相傳南海尉趙佗所築，上抵瀧口，隋時以其地爲縣治；一在縣南五里，任囂所築，蓋樂昌於湟溪關爲近，故築此。隋縣治在縣西南二里。元至元壬辰，爲郴寇所毀。

【校勘記】

〔一〕商賈紛沓　「紛沓」，川本、滬本同，萬曆廣東通志卷二七作「繽紛」。

〔二〕民勁直至爭競生而淳風斫矣　底本爲眉批，川本同，據滬本及萬曆廣東通志卷二七改移。「競」，底本作「兢」；「風」，底本脱，並據川本、滬本及萬曆廣東通志卷二七改補。

〔三〕路通郴桂　「郴」，底本作「柳」，川本同，據滬本及萬曆廣東通志卷二七改。下同。

〔四〕新瀧　「新」，底本作「龍」，據川本、滬本及萬曆廣東通志卷二七改。

英德縣　府西二百二十里。水路三百里。編户十里。無丞。衝，簡，有寇。野多沃壤，人民殷足。農擇土而耕，亢瘠輒棄置之。自商旅雜居，爭競日熾〔一〕。豪華挾貲喜訟，細民服蔓輕生〔二〕。城周一里有奇。古名英州。元英德路。本朝改爲縣，屬韶州府。元湞陽縣〔三〕，本朝幷入英德縣。元浛光縣，本朝未立〔四〕。廢陽山郡城〔五〕，在縣西。梁天監中置，隋廢。衡山城，即浛光縣基。今爲巡檢司。梁天監中置〔六〕，領始興等十二郡。隋改爲湞州〔七〕。　英州城，在大慶山。南漢置，宋、元因之。洪武二年，降州爲縣，治湞陽縣舊城。　大慶山，在縣北一里。即古英州治。西有流杯池。　金紫山，在縣北十里。石山聳拔，支脈左出，即今縣治。中出即大慶山，其右則綿亘數十峯，自西北徂於南山，壁立江滸。　蒲嶺，在縣東三十里。嶺絶高峻，延袤二十餘里〔八〕。　龍頭山，在縣北二十里。山勢雄特〔九〕，狀如龍首。　清溪之水逕其陽。　觀音山，在縣南九十里。峯如卓筆，下有龍潭。　石梯山，在縣西一百二十里。　獅子山，在縣西一百五十里。枕陽山境〔一〇〕。　牯牛石，在湞陽峽。兩石相抄，水勢湍急，又名抄子灘。下有磯石横截〔一一〕，爲行舟之害。故諺云：過得牯牛抄子灘〔一二〕，寄書歸去報平安。　清溪、縣北一百里，有城。象岡、縣東一百里。舊爲長寧縣。萬曆八年改。洸口〔一三〕、縣南五十里。浛光志作洸。縣西北一百里。有城。即古浛光縣地。四巡檢司〔一四〕。　湞陽水驛，在西門外〔一五〕。下至横石一百二十里。　清溪馬驛，在清溪巡司下。下至湞陽七十里〔一六〕。　虔臺續志有濱江、横石二巡司〔一七〕。　英山，在縣東二十五里。産奇石，相傳州以山名。　皋石山，在西二十里。壁立千仞。其西曰太尉山，兩山對峙，中間一水，爲湞陽峽。　堯山，在縣西六十里。　湞山，在縣北三十里。湞水所出，逕其南，合於溱水。尉佗作萬人城於此。漢武帝伐南越，遣樓船將軍楊僕入湞水。　茌嶺，在縣西六十里清泉都。見後漢志〔一八〕。　龍頭水，在南一十里。源出翁山，經象岡，至此與瀧水合。其水湍險。宋潘美伐南漢，次瀧頭，劉鋹遣使請和，美等疑有伏兵，乃挾鋹使速度諸險，即此。隆水，在縣東一百四十里。源出羊嶺下，東南流，合翁水，入翁源。沱水，在東南九十七里。源出茶山北，流合翁水。風水，在縣北二百里。源出重嶺下，南流合湞水。洭水，又名洭浦，在縣西南四十里。一名洸水，下流四十里爲羅溪，達於清遠峽。漢浛洭縣，在西七十五里。浛光鎮城，在縣西一百里浛洭縣廢城。洪武中，置浛光巡檢司。湞石，在縣東北二十三里。一名賭婦石〔一九〕。東枕湞水。水經注：廣圓三十里。挺崿大江之北〔二〇〕，盤阯長川之際〔二一〕。其陽有石室，漁叟所憩。昔欲於山北開達郡路，輒有大蛇斷道〔二二〕，不果，是以今者，必於石室前泛舟而濟也。滑溪水，在縣西一里。源出旗山，南流合湞水。桃溪水，在縣西四十二里〔二三〕。源出松山，下流合洭水。桂溪水，在縣西五十里桃溪之西。源出五山，下流合湞水〔二四〕。鐵溪，在縣西五十里。溪接大江，黎峒相對。四面皆水，中盤七城〔二五〕，可守。宋史凌策傳：廣、英路自吉河趨板步二百里，當盛夏時瘴起，行旅死者十八九。策請由英州大源洞伐山開道，直抵曲江，人以爲便。

【校勘記】

〔一〕爭競日熾　「競」，底本作「兢」，據川本、滬本及萬曆廣東通志卷二七改。

〔二〕野多沃壤至細民服蔓輕生　底本爲眉批，川本同，據滬本及萬曆廣東通志卷二七改移。

〔三〕湞陽縣　「湞」，底本作「真」，川本同，據滬本及萬曆廣東通志卷二七改。

〔四〕元英德路至本朝未立　底本爲眉批，川本同，據滬本及萬曆廣東通志卷二七改移。

〔五〕廢陽山郡城　「廢」，底本作「慶」，川本同，據滬本及萬曆廣東通志卷二七、康熙韶州府志卷二改。

〔六〕梁天監中置　「置」，底本脱，據川本、滬本及萬曆廣東通志卷二七補。

〔七〕隋改爲湞州　「湞」，底本作「滙」，川本作「涯」，據滬本及隋書地理志、萬曆廣東通志卷二七改。

〔八〕大慶山在縣北一里至嶺絶高峻延袤二十餘里　底本錯簡於上文樂昌縣古城條「元至元壬辰，爲郴寇所毁」之下，川本同，據滬本及萬曆廣東通志卷二七、康熙韶州府志卷七乙正。又「徂」，底本作「組」，川本同，據滬本及萬曆廣東通志卷二七改。

〔九〕山勢雄特　「特」，川本、滬本及萬曆廣東通志卷二七同，紀要卷一〇二作「峙」。

〔一〇〕枕陽山境　「陽」，底本作「楊」，據川本、滬本及萬曆廣東通志卷二七改。

〔一一〕下有磯石横截　「有磯」，底本漫漶，據川本、滬本及萬曆廣東通志卷二七補。

〔一二〕抄子灘　「子」，底本作「石」，川本、滬本同，據上文及紀要卷一〇二改。

〔一三〕洸口　底本錯簡於下文「縣南五十里」之下，據川本、滬本及萬曆廣東通志卷二七乙正。

〔一四〕浛光　底本錯簡於下文「縣西北一百里。有城。即古浛光縣地」之後，據川本、滬本及萬曆廣東通志卷二七乙正。

〔一五〕在西門外　「門」，底本作「北」，據川本、滬本及萬曆廣東通志卷二七改。

〔一六〕下至湞陽七十里　「下」，底本脱，據川本、滬本及萬曆廣東通志卷二七補。

〔一七〕虔臺續志　「續」，底本作「有」，川本同，據滬本改。

〔一八〕後漢志　底本作「漢書」，川本同，滬本作「後漢書」。續漢書郡國志桂陽郡湞陽縣「有茌領山」。清統志卷四四四引作「後漢志」，據改。

〔一九〕賭婦石　「賭」，底本作「睹」，據川本、滬本及紀要卷一〇二改。

〔二〇〕挺崿大江之北　「崿」，底本作「萼」，川本脱，據滬本及水經溱水注改。

〔二一〕盤阯長川之際　「長」，底本漫漶，據川本、滬本及水經溱水注補。

〔二二〕輒有大蛇斷道　「道」，底本作「路」，川本、滬本及水經溱水注、萬曆廣東通志卷二七作「道」，據改。

〔二三〕在縣西四十二里　「二」，川本、滬本同，紀要卷一〇二、萬曆廣東通志卷二七、康熙重修英德縣志卷一無。

〔二四〕湞水　「湞」，川本及萬曆廣東通志卷二七同，滬本及紀要卷一〇二、康熙重修英德縣志卷一作「涯」。

〔二五〕中盤七城　「七」，川本、滬本及萬曆廣東通志卷二七同，康熙重修英德縣志卷一作「土」，疑是。

翁源縣　府東南九十里。　編户十二里。無丞。　僻，簡，有寇。　民安隴畝，不喜逐末。邇者生齒漸繁，機智競起〔一〕，小忿捐生〔二〕，案牘十五而是〔三〕。其地磽亢，常苦旱魃〔四〕。　城周二里有奇。本志：四百六十七丈。　漢湞陽縣地，梁析置。　縣治，唐建於安陽里羅江，在今縣東北六十里。宋淳化中，遷下窖〔五〕，在今縣東五十里。景祐中，遷濛瀼，在今縣西北一百五十里，即今曲江之巡檢司，又遷岑水東，在今縣西北四十里，又遷細草岡〔六〕，在今縣東南四十里。元大德間，幷入曲江縣。國朝洪武初，復建於長安鄉，即今治〔七〕。達府陸路一百八十里，水路四百五十里。元屬英德路，本朝改屬〔八〕。大臘嶺，在縣南七里。高千餘仞，周迴百餘里。隆冬積雪，盛夏如臘，故名。水源山，在縣北二十五里。華蓋山，在縣北四十里。其東凹爲九曲嶺，路通始興界。狗耳山，在縣北九十里。〔旁注〕西北七十里。曹溪之水出焉，見曲江。桂山，在縣北一百五十里。接始興、龍南境。小臘嶺，在縣東北八里。鐵山，在縣東一百六十里。〔旁注〕本志：一百三十里，長寧界。河源界。山出鐵，居民招集采鐵，動以千計，利小害大，有司常捕治之。笋洞，在縣東二百里。弘治中，山寇竊據。討平之。鉛山，在縣西北一百里。山出鉛。九仙嶂，在縣東北八十里。高三百仞。上有天池，池旁有九石，爲九仙壇。獅子嶺，在縣東南二十里。舊名猿籐〔九〕。桂山丫巡檢司〔一〇〕，在南浦，距縣一百二十里。嘉靖中，自桂山丫徙於此。舊有黄峒巡檢司，在縣東一百四十里。隆慶中，撥屬長寧縣境〔一一〕。宋提刑楊萬里討惠、潮賊經此，有詩，爲邑東南扼塞。翁山，在縣東一百一十里。亦名靈池山。壁立千仞，山頂有石池〔一二〕，池有八泉：曰湧泉，曰温泉，曰香泉，曰甘泉，曰震泉，曰龍泉，曰玉泉，曰乳泉，四時不涸。下流爲翁溪，西南流二百四十里，至英德縣，與湞水合流入書堂瀧，西與英水入湞陽，出大江。岑水，在縣北二十里羊逕。兩崖對峙，水流其中，險峻曲折，凡二十餘里。其水可浸鐵爲銅，一名銅水。性極腥惡，所過砂石爲之盡赭，不生魚鼈，尤害禾稼，與曲江、瀧水同源而異派，東流三十里，入英德吳水。廢建福縣，在縣東五十里。

【校勘記】

〔一〕機智競起　「競」，底本作「兢」，據川本、滬本及萬曆廣東通志卷二七改。

〔二〕小忿捐生　「捐」，底本作「掐」，川本同，據滬本及萬曆廣東通志卷二七改。

〔三〕案牘十五而是　「牘」，底本作「續」，川本同，據滬本及萬曆廣東通志卷二七改。

〔四〕民安隴畝至常苦旱魃　底本爲眉批，川本同，據滬本及萬曆廣東通志卷二七改移。

〔五〕下窖　「窖」，底本作「濬」，川本同，據滬本及萬曆廣東通志卷二九改。

〔六〕在今縣西北四十里又遷細草岡　底本脱，川本同，據滬本及萬曆廣東通志卷二九補。

〔七〕縣治唐建於安陽里羅江至即今治　底本爲眉批，川本同，據滬本及萬曆廣東通志卷二九改移。

〔八〕元屬英德路本朝改屬　底本旁注於下文大臘嶺條，川本同，據滬本改移。

〔九〕舊名猿籐　川本、滬本同，萬曆廣東通志卷二七作「舊名猿籐逕。宋楊萬里討寇經此，賦詩紀之」。

〔一〇〕桂山丫巡檢司　「桂山丫」，底本作「桂山了」，川本同，滬本作「桂丫山」，據嘉靖翁源縣志、萬曆廣東通志卷二七、康熙韶州府志卷二改。下同。

〔一一〕撥屬長寧縣境　「境」，底本作「逕」，川本同，據滬本及萬曆廣東通志卷二七改。

〔一二〕山頂有石池　「石」，川本、滬本及紀要卷一〇二同。萬曆廣東通志卷二七、康熙韶州府志卷七作「靈」。

南雄府

梅嶺，在府北三十里。即五嶺之一也。一曰東嶠，以其當五嶺之東也。上有橫浦關，即古入關之路也。漢初高帝以將軍梅鋗戍此〔一〕，故名梅嶺。後令裨將庾勝戍守〔二〕，復名庾嶺。山路險峻，唐開元四年，内供奉、右拾遺張九齡疏請開鑿成路，行者便之。國朝正統丙寅，知府鄭述甃嶺路九十餘里。　枕楚跨粤，爲南北咽喉。高嶺駛騀〔三〕，水多瀧瀨。山川之勢，若躍馬而馳，建瓴而下〔四〕，蓋百粤之上游也。　地近荆、衡，俗類韶郡。士恥奔競〔五〕，賈憚遠商，工鮮巧奇，農多鹵莽。文學科第，保昌差盛。宫室器服，始興差樸。至於喜逢迎，競刀錐〔六〕，或誕謾以相欺〔七〕，則其窳俗也。豈非舟車所輳，南北所經，氣習相溷使然哉〔八〕！

南雄自秦置戍〔九〕，嘗稱塞上。橫浦湞浦二關相望，若長城然。隋、唐之世，風氣漸開。哲人掘起，斫岨通道，化險爲夷。其勢遂連屬中外，控制百蠻，屹然雄鎮矣。　舊志：郡當五嶺之首，若天之所以限南北者，自秦發閭左之戍，故大庾古稱塞上嶺。橫浦湞浦二關相望，猶長城也。橫浦關，在大庾西南三十里。故其下謂嶺爲塞上〔一〇〕。　迨唐鑿岨通道，化爲夷原。控帶羣蠻，襟會百粤，其廣之北門乎？一郡才領二蕞邑〔一一〕，提封廣袤僅四百里，田租三萬有奇，未當江南一縣之饒，而送迎爲南北傳郵，惟絙橋榷貨，一線之利存焉耳。始興之坑峽，每苦流賊，一千户所不能守禦，此其病也。北接南安，東界贛州，爲入廣第一要路。縣二。屬嶺南道。虔鎮兼制。城周三百八十五丈。成化中，自小北門至東二里軏潭，增築三百餘丈，謂之新城。元南雄路。本朝改爲府。南雄守禦千户所，隸清遠衛。淩江水馬驛〔一二〕。〔旁注〕城南。黄塘水馬驛，在黄田城南六十里。舊有小嶺中站遞運所，隆慶元年革。天峯山，在府東八十里。高峻插天，上有泉。元季，鄉民多避兵於此。油山，在東一百里。高數千仞，旁有小穴出油。人多取以爲利。大庾嶺，在北九十里。漢楊僕伐南粤〔一三〕，出豫章，令庾勝戍此，故名。以其多梅，亦曰梅嶺。曰塞嶺，曰臺嶺。東四十里曰小庾嶺。疊巘壁立，難於登陟。唐張九齡開鑿成路，行者便之。上有梅關。湞水，源出上朔都〔一四〕，至城西南〔一五〕。淩江水，源出百順都史山〔一六〕，下流合昌水，至城西，二水合而南流，經韶、廣入於海。長浦水〔一七〕，在東北四十里。源出梅嶺，流合湞水，合湞水而南，是爲北江。龍川之水西流合之，注於肄水，經韶州，至廣州，合南江，東流遡波羅水，入於南海。湞水〔一八〕，源出梅關下，流經靈潭、烏源都，至何村，與昌水合，又下流六十里，至城西，與淩水合，環抱郡城如帶〔一九〕。巾山，在縣北三十里。爲郡主山。淩江流其西，昌水縈其南。金馬山，在縣南二里。洪崖山，在縣東九十里。修仁水，在縣南三十里。烏逕，路通江西信豐。庾嶺未開時南北通衢也。嘉靖壬寅，吉安姦商藉權貴，欲更開山路，至南安小明裏河，雄民不便，知府胡永成作六難折之。其議遂寢。

【校勘記】

〔一〕梅鋗　「鋗」，底本作「銷」，川本同，據滬本及嘉靖南雄府志上卷改。

〔二〕後令裨將庾勝戍守　「令」，底本作「今」，據川本、滬本及嘉靖南雄府志上卷改。

〔三〕高嶺駿駥　「高嶺」，川本、滬本同，萬曆廣東通志卷三二作「嶠巘」。

〔四〕建瓴而下　「瓴」，底本作「嶺」，川本同，據滬本及萬曆廣東通志卷三二改。

〔五〕士恥奔競　「競」，底本作「兢」，據川本、滬本及萬曆廣東通志卷三二改。

〔六〕競刀錐　「競刀」，底本作「兢力」，川本作「競力」，據滬本及萬曆廣東通志卷三二改。

〔七〕或誕謾以相欺　「謾」，底本作「譾」，據川本、滬本及萬曆廣東通志卷三二改。

〔八〕枕楚跨粵至氣習相溷使然哉　底本爲眉批，川本同，據滬本及萬曆廣東通志卷三二改移。

〔九〕自秦置戍　「置戍」，底本作「戍置」，川本同，據滬本及嘉靖南雄府志上卷乙正。

〔一〇〕謂嶺爲塞上　底本作「謂嶺上上」，據川本、滬本及嘉靖南雄府志上卷改補。

〔一一〕一郡才領二蕞邑　「領」，底本作「嶺」，川本同，據滬本改。

〔一二〕淩江水馬驛　「淩」，底本作「浚」，川本同，據滬本及萬曆廣東通志卷三二改。

〔一三〕楊僕　「楊」，底本作「陽」，川本同，據滬本及史記酷吏列傳、萬曆廣東通志卷三二改。

〔一四〕源出上朔都　「朔」，底本作「翔」，據川本、滬本及明統志卷八〇改。
〔一五〕至城西南　川本、滬本同。明統志卷八〇下有「合淩江水」，此疑脱。
〔一六〕百順都史山　「百」，底本作「有」，據川本、滬本及明統志卷八〇改。
〔一七〕長浦水　「浦」，川本、滬本及萬曆廣東通志卷三二同。明統志卷八〇、紀要卷一〇二作「圃」。
〔一八〕湞水　底本脱，川本同，據滬本及嘉靖廣東通志初稿卷一補。
〔一九〕環抱郡城如帶　「郡」，底本作「都」，川本同，據滬本及萬曆廣東通志卷三二改。

保昌縣　治。　編户四十四里。　衝，煩，饒，有瘴。　紅梅〔一〕、舊在梅關下，後遷火逕。平田〔二〕、縣東南一百里。百順縣北一百里。　三巡檢司〔三〕。　百順，嘉靖三十一年遷沙水。

【校勘記】

〔一〕紅梅　底本錯簡於下文「後遷火逕」之下，川本同，據滬本及嘉靖南雄府志下卷改移。
〔二〕平田　底本錯簡於下文「縣東南一百里」之下，據川本、滬本及嘉靖南雄府志下卷改移。
〔三〕百順　底本錯簡於下文「縣北一百里」之下，據川本、滬本及嘉靖南雄府志下卷改移。

始興縣　府西一百十里。　編户七里。裁減。　僻，疲，有瘴，近賊巢。　城周三百四十八丈。小梅關城，在小梅關外，荒僻。有路可通三洲、五渡、龍、信等處〔一〕。賊每伺間出劫〔二〕。嘉靖三十六年，知府章接築磚城二十丈有奇〔三〕。中站城，在梅嶺東，去府治七十里，江、粵接境。嘉靖三十年，峒賊李文彪出至中站劫掠。知府王宏申請與南安府建城兹地，周圍一百四十丈有奇。兩府各建營房，東西有城門。前阻溪，負嶺。黃塘〔四〕、在黃田鋪。正統乙丑，自黃塘江口遷此。清化逕縣南一百里。二巡檢司〔五〕。黃塘驛，江口。桂山，在縣北一百里。唐張九齡故宅。九鳳山，在縣南二十里。上有天柱峯。斜階水，在南一百四十里。源出韶州府丹鳳嶺，流至縣西，與湞水合，入於海。涼水，在東南二十里白牛山。自贛州府信豐縣界竹嶺分流，下合斜階水。肥水，在縣西南一十五里。源出曲江縣雲溪嶺下，東北合斜階水。墨江水，在縣西一十五里。源出韶州府翁源縣界。水黑如墨，其下多魚。流二十里，至官石都，與湞江合，五里餘，黑白兩分。官石村水，在縣西一十五里。源出翁源縣界，下流合清化水〔六〕，又合大江入海。杜安水，在東北三十八里。源出信豐縣深滘橋鐵子源，至縣界，西流合保水。玲瓏巖，在縣南一十里。一名機山。中有二石室，高大如屋，竅户相通。盛弘之荆州記〔七〕：始興機山，東有兩巖，迴向鴟尾，石室數十〔八〕，所經過皆聞有金石絲竹之聲〔九〕。朔水〔一〇〕，在縣東四十里。源出贛州龍南縣界，下流與清化水合，月朔則漲〔一一〕，至晦則減，因名。躍溪水，在東一百里。源出龍南縣界，下流經南岸都，至杜安村與大江合。清化水，在南一百六十里。一名靈水。源出翁源縣界，下流與朔水合，一百三十里至南岸二都。

【校勘記】

〔一〕有路可通三洲五渡龍信等處　「洲」，底本作「湘」，川本同，據滬本及紀要卷一〇二改。「龍信」，川本、滬本同，紀要卷一〇二、清統志卷四五四作「龍南、信豐」。

〔二〕賊每伺間出劫　「伺」，底本作「司」，據川本、滬本及紀要卷一〇二改。

〔三〕知府章接築磚城二十丈有奇　川本同，滬本「章」下有「□□」，當脱字號。按明史章懋傳有「少子接」，疑即此人。

〔四〕黄塘　底本錯簡於下文「在黄田鋪」之下，據川本、滬本及萬曆廣東通志卷三二改移。

〔五〕清化逕　底本錯簡於下文「縣南一百里」之下，據川本、滬本及紀要卷一〇二改移。「逕」，底本脱，據川本、滬本及紀要卷一〇二補。

〔六〕下流合清化水　「下」，底本作「西」，川本同，據滬本及萬曆廣東通志卷三二改。

〔七〕盛弘之荆州記　「之」，底本脱，川本同，據滬本補。

〔八〕石室數十　「室」，底本作「字」，川本同，據滬本及清統志卷四五四改。

〔九〕所經過皆聞有金石絲竹之聲　「經過皆聞有」，底本作「行過者聞」，川本同，據滬本及清統志卷四五四改補。

〔一〇〕朔水　「朔」，底本作「翔」，據川本、滬本及萬曆廣東通志卷三二改。下同。

〔一一〕月朔則漲　「朔」，底本作「翔」，據川本、滬本及紀要卷一〇二改。

惠州府

古名循州。元惠州路。洪武元年，改爲府。北多重巒〔一〕，南臨大海，山寇近雖少輯，而海盜之出没不常。舊志：山川襟帶，奇麗相聯，故其秀氣東達於潮，南萃於廣，人文蓋彬彬焉。然礦徒聚於五邑，歸善〔二〕、河源、龍川、長樂、海豐。寇賊因而竊發。飭戎長樂，置衛碣石，所以扼險也。龍川以東，趙佗作令，故多掘强而慆淫。歸善以西，蘇軾謫居，故漸好文而尚禮。山川風氣，轉移在人。然則世道昌隆，可弗揆其源乎〔三〕？東控梅、潮〔四〕，西連汀、贛，沃野千里，爲粤名郡。通志。惠多沃土，樂兼山海，利擅魚鹽，椎魯少文，古風未泯。但尚巫鬼，多淫祀。近則絃歌俎豆〔五〕，彬彬一變矣。乃黄才伯則謂尉佗作令，龍川、河源猶有武健之風焉〔六〕。歸化山，在府東南一百里。俗名雞籠。高有二百丈〔七〕，周一百五十里。神溪水出其南，梁化水出其西南，上下義水出其北。九龍山，在府東一百二十里。有龍潭。磜頭山，在府東北四百里。山勢自大庾嶺東奔入龍南。折而西入歸善，有横江隘。飛鵝嶺，在府西南五里。四面皆水，水源自石埭下，發西南而東繞嶺，折而過大通橋，入於西湖。郡以此名爲鵝城。黄洞山，在府西三十里。横槎水出其下，東流數十里，入西湖。白雲嶂，在府西一百三十里。高千丈，廣二百里。重岡複嶺，峭削崚嶒〔八〕。西湖諸山皆於此。　縣十。　屬嶺東道〔九〕。虔鎮兼制。分守駐劄。　舊有龍川遞運所，革。　城周一千二百五十五丈。　惠州衛左、右、中、前四千户所。通志有後所。　平海守禦千户所，在府南二百里，歸善縣東内外管海濱。　城周五百二十丈。隸碣石衛。　分守惠州參將府，先設於歸善、海豐界，地名新田。萬曆三年，建署於府城西北，新田今爲空署。　石埭山，在府西南八里。有水簾泉〔一〇〕，注於豐湖。　鼓角山，在東南一百里。左右峯巒列峙如鼓角。淮水經其下。　海，在府東南三百里。　東江，源出贛州安遠縣，南流過龍川、河源，至府治東，西流過博羅，入廣州界。　西江，一名龍川。源出府西，南流至淡水場，東抵府城與東江合。　豐湖，在府城西。亦謂之西湖。廣袤一十里。　東江。惠大記曰：源出龍穴山，西南流，至合河口，會安遠諸小水，南流過龍川、河源，至郡治。又謂之龍川江。西江，源出九龍山，西流至瀧下，合陽烏潭水，又西流，神溪水自北入焉〔一一〕，新村水自南入焉，西流過平山〔一二〕，又西流至水口，長塘水自南入焉，又西流至三角湖，梁化水自北入焉，又西流至官橋，上淮水自南入焉，又西流至斤斗橋〔一三〕，百田水入焉，是多魚利，官徵其税。又流至府城東，西湖水自水關西來注焉，乃北旋〔一四〕，過東新橋合東江。　上下淮水，在府西九十里。源自府西南梧桐山，東流，受李溪水、米塘水〔一五〕，至鼓角山北旋，又受麻溪水，至官橋合於西江。

【校勘記】

〔一〕北多重巒　「巒」，底本作「蠻」，川本同，據滬本及萬曆廣東通志卷三四改。

〔二〕歸善　「善」，底本作「美」，川本同，據滬本及萬曆廣東通志卷三四改。

〔三〕可弗揆其源乎　「源」，底本作「元」，川本同，據滬本改。

〔四〕東控梅潮　「梅」，底本作「海」，據川本、滬本及萬曆廣東通志卷三四改。

〔五〕近則絃歌俎豆　「俎」，底本作「爼」，川本同，據滬本及萬曆廣東通志卷三四改。

〔六〕東控梅潮至龍川河源猶有武健之風焉　底本爲眉批，川本同，據滬本及萬曆廣東通志卷三四改移。又「健」，川本、滬本同，萬曆廣東通志卷三四作「悍」。

〔七〕高有二百丈　「有」，川本同，滬本及萬曆廣東通志卷三四作「可」。

〔八〕峭削崚嶒　「崚」，底本作「峻」，川本同，據滬本及萬曆廣東通志卷三四改。

〔九〕屬嶺東道　「嶺」，底本作「領」，川本同，據滬本及萬曆廣東通志卷一改。

〔一〇〕水簾泉　「簾」，底本作「廉」，據川本、滬本及紀要卷一〇三改。

〔一一〕神溪水　「水」，底本作「出」，川本同，據滬本及惠大記卷一改。

〔一二〕西流過平山　「過」，底本作「通」，川本同，據滬本及惠大記卷一、萬曆廣東通志卷三四改。

〔一三〕斤斗橋　「斤」，底本作「斥」，據川本、滬本及萬曆廣東通志卷三四改。

〔一四〕乃北旋　「旋」，底本作「旅」，據川本、滬本及萬曆廣東通志卷三四改。

〔一五〕米塘水　「水」，底本脱，川本同，據滬本及萬曆廣東通志卷三四補。

歸善縣　治。　編户三十七里。　沿海，衝，疲，多寇。　南至海一百一十里。　治在白鶴峯下。白鶴峯，在縣西北。高五丈，周一里。古有白鶴觀，蘇子瞻謫惠居此。　縣城，嘉靖四十四年，士民請建東平民城，防守地方。萬曆三年，城成。六年，知縣林民止遷縣，遂爲官城。周一千五十丈。　水東水驛，在馴雉都。　平山馬驛，並在内外管都〔一〕。　平政馬驛，府東南〔二〕。　欣樂水馬驛，府城北。　碧甲巡檢司，縣東南一百八十里海濱。　内外管都巡檢司。　縣東南一百三十里飯羅岡。　通志：又有苦水派驛〔三〕，在縣東一百六十里，入永安。　舊欣樂縣，在縣南一百五里。晉太和元年建，陳禎明二年廢。　舊梁化郡，在縣東南八十里。梁天監中置，隋開皇十年廢。今爲梁化屯。　船澳，在上下淮都海濱。宋丞相文天祥常駐師於此。

【校勘記】

〔一〕内外管都　「都」，底本作「理」，川本、滬本同，據嘉靖廣東通志初稿卷一〇、萬曆惠州府志卷八、紀要卷一〇三改。下同。

〔二〕府東南　底本脱，川本同，據滬本及萬曆廣東通志卷三五補。

〔三〕苦水派驛　「水」，川本同，滬本作「流」，紀要卷一〇三作「竹」。

博羅縣　府西北三十里。　編户四十九里。　煩，疲，悍，多寇。　敦約嗇〔一〕，尚文學。

其民狡獪，喜囂訟〔二〕。城周七百丈有奇。〔旁注〕本志：二里。因榕溪爲池。石鼓嶺，在縣北三里。嶺巔石皆紫黑，一石圓徑五丈〔三〕，擊之有聲，名曰神鉦。泊頭墟，距羅浮山十五里。即宋泊頭鎮也〔四〕。廣、惠二郡舟楫及自陸路至者〔五〕，莫不泊此。食貨畢集，登岸即可見山。舊有圓照堂山，僧居之以主遊客。今改名源頭。莫村水驛，縣東北八十里水口〔六〕。舊有沙河馬驛，縣西五十里，革。蘇州〔旁注〕志作洲。本志作州。水驛。縣西榕溪右。善政里、縣北三十里湖鎮村。石灣縣西一百三十里石灣村。二巡檢司。羅浮山，在西北五十里。高三千六百丈，周三百餘里。嶺十五〔七〕，峯三十二，石室、長溪各七十二，瀑布九百八十。山記云：羅浮本兩山。羅山脈發庾嶺，而浮山乃蓬萊之一峯，堯時會稽浮海而來，傅於羅山，故名云。中麓爲朱明洞，道書謂之第七洞天〔八〕。象頭山，在東北二十里。榕溪出焉，南流至縣，西流入於東江。羅陽溪，出羅浮山，東流入東江。諸水西匯爲羅陽溪，與增江合，東匯爲榕溪〔九〕，與龍江合，三十里會波羅之水，入於南海。廢羅陽城，在縣西四十里羅溪之南。南齊設縣，唐貞觀元年廢。

【校勘記】

〔一〕敦約裔　「敦」，底本作「登」，據川本、滬本及萬曆廣東通志卷三五改。

〔二〕敦約裔至喜囂訟　底本爲眉批，川本同，據滬本及萬曆廣東通志卷三五改移。

〔三〕一石圓徑五丈 「徑」，底本作「經」，川本同，據滬本及萬曆廣東通志卷三五改。
〔四〕泊頭鎮 「泊」，底本作「白」，據川本、滬本及萬曆廣東通志卷三五改。
〔五〕廣惠二郡舟楫及自陸路至者 「及自」，底本作「自至」，川本作「及至」，據滬本及紀要卷一〇三改。
〔六〕水口 川本、滬本同，萬曆惠州府志卷八作「公莊水口」。
〔七〕嶺十五 「十」，底本作「有」，川本同，據滬本及萬曆廣東通志卷三四改。
〔八〕道書謂之第七洞天 「第七」，底本作「七洞」，據川本、滬本及萬曆廣東通志卷三四改。
〔九〕榕溪 「溪」，底本脱，川本同，據滬本及紀要卷一〇三補。

河源縣 府北一百五十里。編户一十里。無丞。衝，疲，多寇。語言好尚，近於博羅〔一〕。古縣城據桂幹爲城，而枝布爲三郭環之，素稱佳麗。元末，城陷於寇，因廢。國初乃即中下二郭間，濱江爲城。周四百五十丈。隆慶五年，民遭水患。兵憲王化從民議，建復古城，卜依桂山，向東北邑焉。廣袤七百丈。靈山，在縣北八十里〔二〕。高百餘丈。上有龍湫，隋志作龍山。金魚山，在縣東一百二十里。形如雙魚，鬐鬣悉具。霖雨水溢，岡阜皆没，獨露形若魚騰躍於巨浸中。桂山，在縣西十五里。上多桂樹，產茶絶品，爲縣主山。藍溪水，源出金魚諸山。瀧瀨最險，折而東，受能溪水，至藍口，入於龍江。河源守禦千户所，隸惠州衛。義合水驛，（旁注）在藍能都。去縣四十里。舊有藍口水驛，萬曆九年革。寶江水驛。南門外。

忠信里〔三〕、縣北一百里。藍口在舊驛前。二巡檢司。槎江，在縣治南百二十步，自北而南，環繞縣治。新豐江，在縣治西。東南流五百五十里，入於槎江。龍川故城，在舊縣東北七十五里。尉佗築。禎州故城，在縣西南一里。南漢劉鋹築。廢石城縣，在舊縣北一百里。舊清湖都地，名縣口。

【校勘記】

〔一〕語言好尚近於博羅　底本爲眉批，川本同，據滬本及萬曆廣東通志卷三四改移。

〔二〕在縣北八十里　「八十里」，川本、滬本同，嘉靖惠州府志、萬曆廣東通志卷三四作「百八十里」。

〔三〕忠信里　「里」，川本、滬本同，嘉靖廣東通志初稿卷一〇、萬曆廣東通志卷三五無。

海豐縣　府東三百里。編户四十里。無簿。僻，煩，饒，有瘴，多盜。先鬼後禮，業儒力耕〔一〕。參將駐劄。城周三百九十丈六尺〔二〕。南至海八十里。五坡嶺，在縣北二里。宋景炎戊寅，文丞相自潮陽走海豐，飯此，爲元兵所獲。龍山，在縣東二里。隋志黑龍山，即此。山勢蜿蜒如龍，盤踞於龍津水口。龍津溪，出縣北三十里銀瓶山，南流，至縣東南十里小金籠山下〔三〕，與赤岸、大液、小液諸水合，名三江口，南入於海。碣石衛，在縣東南一百二十里。濱海，城周一千一百二十丈。左、右、中、前、後五千户所。海豐守禦千户所，在治東。隸碣石衛。甲子門守禦千户所，在縣東二百五十里。〔旁注〕碣石衛東五十里。濱海。〔旁注〕城周五百九十丈。

隸碣石衛。捷勝守禦千户所，在縣南八十里。濱海。城周四百七十二丈。隸碣石衛。南豐馬驛，縣西。平安馬驛，縣西七十里。東海窖〔旁注〕志作滘。馬驛，縣東八十里。甲子門，在縣東二百里石帆都。長沙港，在金錫都。鵝埠嶺在揚安都。三巡檢司。通志：又有大陂驛〔四〕，在縣東一百五十里。麗江，在縣西南五十里。一名長沙海口，合龍津、赤岸、大小液諸水，入於海。宋文天祥嘗駐舟師於此。甲子門水，在縣北二百五十里。兩山夾石磃港〔五〕，港北接大陂溪、龍溪、龍江諸水，入於海。海口有大石壁立，上下各有六十甲子字，故名。宋景炎丁丑〔六〕，端宗駐蹕於此。齊安陸縣城，在縣東七十里坊郭都。今爲大安屯〔七〕。

【校勘記】

〔一〕先鬼後禮業儒力耕　底本爲眉批，川本同，據滬本及萬曆廣東通志卷三四改移。

〔二〕城周三百九十丈六尺　「丈」，底本作「里」，據川本、滬本及萬曆廣東通志卷三五改。

〔三〕小金籠山　「金」，底本漫漶，據川本、滬本及萬曆廣東通志卷三四補。「籠」，底本作「龍」，川本、滬本同，據嘉靖廣東通志初稿卷一、萬曆廣東通志卷三四改。

〔四〕大陂驛　「大陂」，底本作「九坡」，川本同，據滬本及嘉靖廣東通志初稿卷一〇、萬曆惠州府志卷八改。

〔五〕兩山夾石磃港　「夾」，底本作「峽」，據川本、滬本及萬曆廣東通志卷三四改。

〔六〕宋景炎丁丑　「丑」，底本作「亥」，川本、滬本同。按宋史益王紀：景炎元年十二月，「昰（端宗）次甲子門。」景炎共三年，元年丙子，二年丁丑。此「丁亥」爲「丁丑」之誤，據改。

〔七〕今爲大安屯　「今」，底本脱；「屯」下又衍「屯」，並據川本、滬本及萬曆廣東通志卷三六補删。

龍川縣　府東北四百里。　編户八里。無丞。　簡，悍，有瘴，多寇。　力農習技，大類虔州〔一〕。　城周七百二丈三尺。　古名循州。　南漢移循州治龍川縣。本朝廢州。　元屬循州。洪武二年，省循州改屬惠州府。　縣北曰龍穴山，龍江出其下，東北流三百里，即東江也。其水四時常清，會江西安遠黄埠水，東流至灘平，合浰江水，環繞縣前，經河源，至府城西，入於海。　霍山，在縣東一百里。高七百餘丈，周迴七十餘里。有峯三百七十二，有石甕之泉出焉。　龍川守禦千户所，隸惠州衛。　雷鄉驛，縣南二里。　舊有通衢馬驛，萬曆九年革。　通衢、距縣一百里寧仁都。十一都距縣一百五十里廣信都。二巡檢司。　舊有龍川遞運所，革。　嶅山，在縣北二十里。上有龍潭，下流爲嶅湖。高五百餘丈，周三百餘里〔二〕。　峻拔秀麗，爲邑主山，北與河源靈山相連。　嶅湖，在縣西北二里。周迴數里。　大望山，在縣北九十里。一名大帽山。　層巒疊巘，東界程鄉，北界安遠。昔爲賊藪。正德壬申，都御史周南破之，赭其山。　寶山，在縣東北六十里。〔旁注〕府志：東四十里。　高七十餘仞，周三十里〔三〕，勢淩霄漢〔四〕。唐丞相常袞至此〔五〕，後人因謂之丞相嶺。鐵山嶂，在縣東北七十里。舊有鐵冶。鷄靈山，在縣東十五里。山勢雄峭。黄土嶺，在縣西十五里。與長樂界，東西之通道也。吉湖，在縣西北二十里。旁有温泉。

【校勘記】

〔一〕力農習技大類虔州　底本爲眉批，川本同，據滬本及萬曆廣東通志卷三四改移。

〔二〕周三百餘里　「三」，川本、滬本及萬曆廣東通志卷三四同，紀要卷一〇三、嘉慶龍川縣志作「二」。

〔三〕周三十里　底本脱，據川本、滬本及嘉靖廣東通志初稿卷一補。

〔四〕勢淩霄漢　「漢」，底本漫漶，據川本、滬本及萬曆廣東通志卷三六補。

〔五〕唐丞相常袞至此　底本「唐」上衍「唐丞相漢」，據川本、滬本及萬曆廣東通志卷三四删。

興寧縣　府東五百五十里。編户七里。無丞。簡，饒。俗尚簡素，閑於武事，多喜從戎〔一〕。城周六百二十六丈有奇。元屬循州。洪武二年，省循州，改屬惠州府。十三都巡檢司，縣北一百二十里，與安遠丹竹樓鄰。水口巡檢司，縣南四十里。外設土官副巡檢。齊昌府，在縣北五里洪塘坪。南漢劉鋹置，使其子鎮之。宋廢。通海河，在北七十里。下流合長樂等十六溪溪水，達潮州，入於海。河水中斷，受諸谷之入，爲省府衢路咽喉。

縣北之溪，曰涼，曰洋陂〔二〕，曰放坑水，曰石馬，曰龍歸洞，曰吳田，曰李田，曰羅岡，曰大望山，曰溪尾，曰楊梅砦，曰上下崙，凡十二溪之水，合流匯於城西，下達於潮，入於海。曰寶山溪〔三〕，水自東來，經流城南通海橋，入於此。曰麻嶺，曰竹山，曰烏池〔四〕，曰洛洞，曰牛牯陂，曰曾坑〔五〕，凡六溪之水，自西來，入於此。自此河水東流，環繞縣治。曰遠安，曰打石坑，自南來，入於此，至縣治東南隅，遂南下。曰洋湖，曰潢湖〔六〕，曰篤陂，曰白水砦，曰湯口，曰黃基瀝，曰黃竹嶺，曰淡坑，凡八溪之水入於此，謂之水口。至是乃合長樂三保、博溪之水，東南流，至程鄉達於潮。

【校勘記】

〔一〕俗尚簡素閑於武事多喜從戎　底本爲眉批，川本同，據滬本及萬曆廣東通志卷三四改移。

〔二〕洋陂　「洋」，底本脱，川本同，據滬本及萬曆廣東通志卷三四補。

〔三〕寶山溪　「山」，底本脱，川本同，據滬本及萬曆廣東通志卷三四補。

〔四〕烏池　「烏」，底本作「鳥」，川本同，據滬本及萬曆廣東通志卷三四改。

〔五〕曾坑　「曾」，底本作「增」，川本同，據滬本及萬曆廣東通志卷三四改。

〔六〕潢湖　「潢」，底本作「横」，據川本、滬本及萬曆廣東通志卷三四改。

長樂縣　府東北四百八十里。編户十里。無丞。煩，疲，多寇。士淳民樸，性頗剛鋭，喜訟好鬬〔一〕。　城周六百三十四丈。嘉靖元年，僉事施儒拓其南四百二十五丈，周一千丈有奇。　分巡嶺東道兼兵備僉事一員。　宋舊縣，在縣東南六十里九龍岡下。今爲七都驛。　元屬循州。洪武二年，省循州，改屬惠州府。　長樂守禦千户所，隸惠州衛。　興寧水馬驛，〔旁注〕縣西南。南門外一里。　七都水驛，縣東南六十里。　十一都巡檢司〔二〕，縣南一百里黄牛渡。　舊有清溪巡檢司，革。在縣西三十里。　嵩螺山〔三〕，在縣南九十里。層巒疊嶂，起於歸善、海豐，至潮而盡，爲一方巨鎮。其山多鐵。　清溪河，在縣西三十里。一源發於龍川，一源發於廣信都。　竹溪水、黄浦水、董源水皆合而東流，經潮州入海。　董源山，在縣西北十里。董源水出於此。

【校勘記】

〔一〕士淳民樸性頗剛鋭喜訟好鬬　底本爲眉批，川本同，據滬本及萬曆廣東通志卷三五改移。

〔二〕十一都巡檢司　「一」，川本、滬本及萬曆廣東通志卷三五同，嘉靖廣東通志初稿卷一〇、萬曆惠州府志卷八、紀要卷一〇三、康熙長樂縣志卷二作「二」。

〔三〕嵩螺山　「嵩」，底本作「高」，川本同，據滬本及明統志卷八〇、萬曆廣東通志卷三四改。

和平縣　府東北五百八十里。　編户四里。　裁減。　簡，僻，多山寇。　當四縣交界之隙，乃三省閏餘之地〔一〕。王守仁奏立縣疏。　聯絡閩、廣，實稱扼塞〔二〕。　城周四百五十丈。嘉靖三十七年，督捕通判洪章拓四百餘丈。　本龍川縣之和平峒。　正德十三年，〔旁注〕會典：嘉靖九年。巡撫南贛都御史王守仁平浰頭賊，奏分龍川、河源二縣地置，三邑並新設。　阻山負險，其民輕悍。　浰頭巡檢司〔三〕，在縣北八十里下牌。　舊屬龍川縣。

【校勘記】

〔一〕乃三省閏餘之地　「閏」，底本漫漶，據川本、滬本及康熙長樂縣志卷一引王守仁疏補。

〔二〕當四縣交界之隙至實稱扼塞　底本爲眉批，川本同，據滬本及康熙長樂縣志卷一改移。

〔三〕浰頭巡檢司　「浰」，底本作「龍」，川本、滬本同，據萬曆廣東通志卷三五、萬曆惠州府志卷八改。

長寧縣　府東四百里。　治在君子嶂下。　編户二十七里。　裁減。　簡，疲。　城周四百八十丈。　舊志：河源縣北一百二十里。　隆慶元年，提督兩廣侍郎吳桂芳奏分河源縣地及韶州府翁源、英德二縣東南隅地置。　長吉里巡檢司〔一〕。　縣東南一百二十里戈羅山下。舊屬河源縣。　㕑坪巡檢司。　縣西三十里九曲嶺上。　舊有黄峒巡檢司，革。　象岡巡檢司，改屬韶州府。

【校勘記】

〔一〕長吉里巡檢司　「里」，川本、滬本同，萬曆廣東通志卷三五、萬曆惠州府志卷八無。

永安縣　治安民鎮〔一〕。　府東南三百里。　編户七里。裁減。　簡，疲。　城周六百四十丈。隆慶元年〔二〕，提督侍郎吴桂芳奏分歸善、長樂二縣地置。　舊有苦竹派水驛，在寬得都。萬曆九年革。　寬仁里、在苦竹派水驛側。　馴雉里在鳳凰岡〔三〕。二巡檢司。　舊並屬歸善縣。

【校勘記】

〔一〕治安民鎮　「安民」，底本倒誤爲「民安」，據川本、滬本及明統志卷八〇、萬曆廣東通志卷一乙正。

〔二〕隆慶元年　「元」，底本、川本、滬本及萬曆廣東通志卷三四同，明史地理志、萬曆永安縣志卷一、紀要卷一〇三作「三」，當是。

〔三〕鳳凰岡　「凰」，底本作「皇」，川本同，據滬本及萬曆惠州府志卷八、萬曆永安縣志卷一改。

連平州　崇禎七年設，領河源、和平二縣〔一〕。

【校勘記】

〔一〕連平州崇禎七年設領河源和平二縣　底本爲眉批，川本同，據滬本及明史地理志改移。

潮州府

潮在東粤，别爲一區，與汀、漳接壤。其疆域海居其半，山三之一。虔臺續志。遠勢龍從，自贛而分。汀、漳諸山，雲翔而横集。通志〔二〕。内包沃野，故爲嶺東隩區。惟是近山居者，崖户蠶食〔三〕。其徼道與江閩相入，則峒寇時出没焉。故險隘宜防重門之禦，用遏海氛，故南澳爲重鎮。通志。民多力耕，餘逐什一。山海阻處，勁悍難治。士習奢侈，樗蒲歌舞，傅粉嬉遊。其聲歌輕婉，閩、廣相半。中有兼其字，而獨用聲口相授，曹好之以爲新聲。大都君子外質而内慧，小人外謹而内詐。其風氣近閩，習尚隨之，不獨言語相類矣。文獻之盛，在宋時已稱海邊鄒、魯，而人殷物阜，亦甲於他郡。惟南臨大海，而接壤漳州，故海寇之防，視惠州爲更難。元潮州路。本朝洪武二年，改爲府。縣十一。屬嶺東道。虔鎮兼制。分巡道與總兵參將駐劄。守備惠、潮二府，以都指揮體統行事。〔旁注〕指揮一員。城周一千七百八十九丈。東枕韓江。潮州衛，左、右、中、前、後五千户所。隸饒平。湖山，在城西北一里。高五十餘丈，周十里。下有湖。海陽山，在城北二十里。晉名縣以此。桑浦山，在城西南四十里。高約二百丈，周五十五里。産茶。其北麓多桑。韓江，在城東。源於汀、漳、梅、循諸水，會爲三河，合産溪、九河、鳳水，過鳳棲峽，經鱷溪，至於江，逕老鴉洲，流分爲三，入南海。溪故有鰐魚〔三〕，四足黄身修尾，其狀若鼉，似龍無角，蛇而有足，舉止趫疾，口森鋸齒，其聲吼，鹿必駭慄墮崖，運尾取之，如象鼻然，亦數爲民害。韓愈爲文祭之，鰐南徙，故名。金山，在府城北。一名金城山。形若覆釜。高四十丈，周迴三里。有小湖。大河山，在府北二百餘里。高百餘丈，周四十里。〔旁注〕志無。三河，在府西北二百里。有三源，自汀曰大河，自程曰小河，自漳曰清遠河，至此合流，入於海。鱷溪，在府城東。一名惡溪。東流五十里，入於海。韓文公祭鰐魚處。宋陳堯佐戮鰐魚於此。按韓愈及堯佐之文，俱指惡溪，韓江則今總名也。舊志以事有先後，析之，原非二處。

【校勘記】

〔一〕潮在東粤至通志　底本爲眉批，川本同，據滬本及萬曆廣東通志卷三九改移。

〔二〕崋户蠶食　「崋」，底本作「峯」，據川本、滬本及萬曆廣東通志卷三九改。

〔三〕溪故有鰐魚　川本、滬本同，明統志卷八〇、紀要卷一〇三「溪」上另有「鱷」字。

海陽縣　治。　編户二百七十里。　海濱，頗刁。　宋宣和中，割置揭陽。國朝成化十四年，復割縣之東北八都置饒平。嘉靖四十一年，又割上、中、下、外三都置澄海。而邑地稍儉，乃取揭陽之龍溪，饒平之秋溪，入補焉。　三利溪，在城西，引韓江，通濠水，過雲梯岡，至楓口，入於海。宋知州王滌始浚。以灌三邑之田，故名。　鳳城水馬驛，在北門外〔一〕。　産溪水驛，在府城北。　舊有楓洋巡檢司〔二〕，在南桂都園頭村，革〔三〕。　潘田巡檢司，在豐政都。　通志：在下外莆都。舊屬澄海縣。　舊有三河、黄岡二遞運所，革。

【校勘記】

〔一〕在北門外　「外」，底本作「右」，川本、滬本同，據嘉靖潮州府志卷二、順治潮州府志卷一改。

〔二〕楓洋巡檢司　「洋」，底本作「羊」，據川本、滬本及紀要卷一〇三改。

〔三〕在南桂都園頭村革　「革」，底本錯簡於「在」上，據滬本及嘉靖廣東通志初稿卷一〇、順治潮州府志卷一乙正。

潮陽縣　府西一百四十里。　編户一百一里。　濱海，煩，疲。　民性强悍，負氣好爭，士夫多豪宕慕義〔一〕。　城周九百七十四丈。　舊治在臨崑山，唐元和十四年，刺史韓愈遷於棉陽。　臨崑山，在縣西十五里。即唐故治。　唐先天初，置縣治於臨崑。　元和中，改治棉陽。　靈山，在縣西二十五里。唐大顛禪寺在焉。　練溪，在縣南。源出雲落山，東流十里至淢水，又二十里至洋烏〔二〕，有港曰蕭溪，又二十里至舉練，又二十五里至黄隴〔三〕，有溪曰東溪，溪頭成田，茅港自南合之，又五里至和平，又二十里至隆井〔四〕，匯而爲江。紆淨如練，東南入於海。

海門守禦千户所，在縣南一十五里，隸潮州衛。　靈山馬驛。〔旁注〕縣治東。　招寧、〔旁注〕招收都。在縣東三十里招寧村。　桑田、〔旁注〕竹山都。在縣北三十里。　門闢、〔旁注〕宜浦都。縣西北六十里門闢村〔五〕。　吉安〔旁注〕貴山都。縣西北七十里貴嶼村。　四巡檢司。　通志：　武寧驛，在縣南七十里。　招收場鹽課司，在縣東三十里招收都。〔旁注〕府志。　隆井鹽課司，在縣南二十里練江村。　東山，在縣東三里。疊嶂層巒，奇形怪狀。有七星石、棲雲石、水簾亭、方廣洞、聚聖塔、望仙橋、五雷壇、桐陰亭諸勝。有唐張許雙忠祠、宋文丞相祠。　大湖山，在縣東南十五里。下有龍潭。韓愈祭大湖神造其地。　南山，在西一百里。　練江，在縣南。源出南山。東南入海。　隆井溪，在南五里。源出南山，東入海。

【校勘記】

〔一〕民性强悍負氣好爭士夫多豪宕慕義　底本爲眉批，川本同，據滬本及萬曆廣東通志卷三九改移。

〔二〕至洋烏　「至」，底本脱，川本同；「烏」，底本作「鳥」，川本同，並據滬本及嘉靖潮州府志卷一補改。

〔三〕黄隴　「隴」，底本作「龍」，據川本、滬本及嘉靖潮州府志卷一改。

〔四〕隆井　「隆」，底本作「龍」，據川本、滬本及嘉靖潮州府志卷一改。

〔五〕縣西北六十里門闢村　「縣西北」，底本脱，川本同，據滬本及嘉靖潮州府志卷二補。

揭陽縣　府西南八十里。編户一百二十八里。無丞。僻，煩，疲，貧。俗漸浮華，間有健訟爲梗〔一〕。城周四里。嘉靖四十二年，析鮀江、鱷浦、蓬州三都置澄海縣，復割龍溪一都入補海陽。雲落山，在縣西北一百里。峭若樹旗，常滃雲霧。高五十丈，周一百二十里。一名瘦牛嶺〔二〕。揭陽山，在縣西北一百五十里。形勢岩嶤。南北兩支直抵興寧、海豐之境。一名揭嶺。裴氏廣州記以爲此秦戍五嶺之一，非也。桑浦山，在縣東一百里。突起海濱，延亘數十里，跨海陽、揭陽二縣之地。三山，在縣西一百五十里。一曰獨山。南溪源經其下。一曰明山，一曰巾山。飛泉嶺，在揭陽山西。壁立萬仞，周迴數十里。層峯疊巘，人迹罕至。有泉飛空而下如瀑布，因名。有徑達長樂，此惠、潮關隘〔三〕，揭陽北門。蓬州守禦千户所，在東南九十里。今改隸澄海。舊有桃山馬驛，在縣東二十里。隆慶元年革。湖口、在棉湖寨。北寨在藍田都。二巡檢司〔四〕。三山，在縣西溪，地名淋田。三山鼎峙：曰明山、巾山、獨山。玉窖溪，有南北二派。南溪發源魚梁灘，北溪發源瘦牛嶺，會於浦灣渡，南入於海。中有石馬激潮，聲聞數里。南溪，源出海豐、長樂二縣，分水並流，經三山，百折而東，繞縣治學宫；北溪出程鄉、長樂，亦分流。經貴人、飛泉諸山，在揭陽嶺西。東合石硿、循梁、大羅諸水，至玉窖，二溪會流，同出浦灣渡入海。海在縣東南蓬州都。

【校勘記】

〔一〕俗漸浮華間有健訟爲梗　底本爲眉批，川本同，據滬本及萬曆廣東通志卷三九改移。「梗」，底本作「楨」，川本同，據滬本及萬曆廣東通志卷三九改。

〔二〕瘦牛嶺　「瘦」，底本作「瘐」，據川本、滬本及明統志卷八〇改。

〔三〕此惠潮關隘　「潮」，底本作「湖」，據川本、滬本及萬曆廣東通志卷三九改。

〔四〕北寨　「寨」，底本作「塞」，川本同，據滬本及萬曆廣東通志卷三九改。

程鄉縣　府西北三十里。編户二十一里。無丞。僻，疲，頑瘴，近賊巢。民謹愿重本。其依山負海之人，恃其獷悍，往往聚黨爲地方患。當閩、汀、江右、南粤之界，峻嶺崇岡，綿亘數百里。廣、惠之襟喉，潮州上流之邑。本志〔一〕。城周九百八十五丈。南臨溪水。南漢敬州。宋梅州。洪武二年，省州爲縣。百花障山〔二〕，在縣東十里。山勢連峙若城堞，近百花洲，其下周溪之水出焉，歷樹田南流，西會於梅溪。明山，在縣東南四十里。上有仙花嶂，迤西爲九峯山〔三〕。其下西洋之水出焉〔四〕。梅溪，在縣東南。源自龍川，經梅州，合諸流，東南會於三河入於海。王壽山，在縣東北一百四十里。〔旁注〕府志：東南一百三十里。產鐵礦。廢梅州〔五〕，在縣南。程鄉守禦千户所，在城北。隸潮州衛。元梅州，領程鄉縣〔六〕，至正七年，省程鄉縣。本朝洪武二年，省州，復立程鄉縣。欖潭水驛，縣西南一百里。府志：西八十里。程江驛，城東。豐順鄉〔七〕、縣西北一百二十里義化都。太平鄉縣西一百里韓莆都。二巡檢司〔八〕。舊有松口水驛，在縣東南八十里。萬曆九年革。本志：在溪南都。不言革。程江，在縣西北七十里。〔旁注〕府志：西五里。源自義化，北流，歷石坑，東會於梅溪。其旁爲百花洲，周環數百步，爲邑勝區。元統間，水溢洲潰，今復漸長。洲東傳有五色水，號曰錦江。南流五十里爲小溪，源自汀、贛來，又三十里爲松源溪，源自汀、杭來。過此爲蓬辣灘，崩濤洶湧，聲聞數里，又名曬甲灘〔九〕。

【校勘記】

〔一〕民謹愿重本至本志　底本爲眉批，川本同，據滬本及萬曆廣東通志卷三九改移。

〔二〕百花障山　「百」，底本作「白」，據川本、滬本及紀要卷一〇三改。

〔三〕九峯山　「九」，底本作「大」，川本同，據滬本及紀要卷一〇三改。

〔四〕其下西洋之水出焉　「出」，底本脱，川本同，據滬本及萬曆廣東通志卷三九補。

〔五〕廢梅州　「州」，底本作「川」，據川本、滬本及明統志卷八〇改。

〔六〕領程鄉縣　「領」，底本作「嶺」，川本同，據滬本及明統志卷八〇改。

〔七〕豐順鄉　「鄉」，川本、滬本同，嘉靖廣東通志初稿卷一〇、萬曆廣東通志卷三九、紀要卷一〇三無。

〔八〕太平鄉　「鄉」，川本、滬本同，嘉靖潮州府志卷二、萬曆廣東通志卷三九、紀要卷一〇三無。

〔九〕曬甲灘　「灘」，川本、滬本及萬曆廣東通志卷三九同，嘉靖潮州府志卷一、紀要卷一〇三作「溪」。

惠來縣　府西南二百七十里。編户三十里。裁減。　山，僻，刁〔一〕，多盜。　民頗負氣，健訟〔二〕。　城周七百四十四丈。　隆井場鹽課司。　嘉靖四年，分潮陽、〔旁注〕四都。海豐〔旁注〕一都。　二縣地置。　原係潮陽惠來、酉頭、大坭、隆井四都，海豐龍溪都地方，負山面海，曠遠難治。　嘉靖三年，都御史聶賢奏立縣治於土名洋尾以控制之。　里凡二十〔三〕。　靖海守禦千户所，隸潮州衛。　在縣東六十里。　城周五百六十丈。　舊志：在潮陽縣南八十里。　神泉澳城，在縣南十五里。　周三百丈。　巡檢司守之。　葵嶺，在縣西北十里。　山寇出没，舊置兵守。今廢。　文昌山，在縣西南十五里。　神泉港，在文昌山之陽。　邑水並會此入海。　赤沙澳，在縣南四十里。　本志：舊武寧驛，在靖海所北門外。　府志：在縣東五十里。　洪武二十七年，遷靖海千户所北門外。　嘉靖二十五年，復舊址。　武寧、北山、二驛舊屬潮陽。　大陂舊屬海豐。　西九十里海豐界〔四〕。　三馬驛。　神泉巡檢司。　南十五里。　舊屬潮陽縣。

【校勘記】

〔一〕刁　「刁」，底本作「多」，據川本、滬本改。

〔二〕民頗負氣健訟　底本爲眉批，川本同，據滬本及萬曆廣東通志卷三九改移。
〔三〕里凡二十　「里」，底本作「理」，川本同，據滬本改。
〔四〕西九十里海豐界　底本錯簡於「三馬驛」下，川本同，據滬本及嘉靖潮州府志卷二乙正。

饒平縣　府東三百里。編户十七里。無簿。僻，煩，悍，瘴，有寇。人性剽悍。從征張璉後，乃漸革面〔一〕。城周七百二十一丈。縣本海陽轄地，成化十四年，都御史吴琛、朱英以其地遠界汀、漳，頑梗時有，奏析海陽縣八都置縣，名曰饒平。嘉靖五年，又析練川、清遠二都置大埔縣。四十五年，又析麻灣都置澄海縣，以秋溪都還海陽，本縣所統，止龍眼城〔二〕、宣化、絃歌、清寧四都。成化十二年，分海陽縣東北八都地置。虔志。饒平據山海之險，當閩、粵之交，而黄岡接連詔、平二縣，尤爲要地。嘉靖初，都御史姚鏌曾奏於潮州府添設捕盜通判一員，在黄岡駐劄，並轄福建詔安、平和二縣。舊有黄岡馬驛，在縣一百里。萬曆九年革。

黄岡、黄岡村。鳳凰山縣西北四十里。一巡檢司。

【校勘記】

〔一〕人性剽悍從征張璉後乃漸革面　底本爲眉批，川本同，據滬本及萬曆廣東通志卷三九改移。
〔二〕龍眼城　「城」，底本作「成」，據川本、滬本及萬曆廣東通志卷三九改。

大埔縣　府東北一百六十里。　編户二十七里。　裁減。　山僻，多盜。　俗野而愿〔一〕。

城據茶山之麓，前臨大溪。　周五百一十九丈四尺。　嘉靖四年，〔旁注〕虔志作二。分饒平縣二都地置。饒平縣灤州、清遠二都。　東連福建平和縣，北接上杭、永定二縣，西距程鄉縣，南抵海陽、饒平二縣，地方荒曠，溪峒險隘，屢爲賊盜盤據，乃以灤州一十一圖，清遠九圖，約其中處，地名大埔，臨近通流，堪以控制，立大埔縣。　大城守禦千户所，在縣東宣化都鳳獅合山之下。城周六百四十三丈，隸潮州衛。　水寨城，在縣南蘇灣都白塔寺之右。　城周三百一十三丈八尺。鑿池於内，置水關於西北隅，内通海港，自南而西，轉入水關瀦於池，以泊戰船。洪武三年，指揮俞良輔建此，以泊戰船。　今廢。　舊有三河水驛，在遞運所左，饒平北二百里。　萬曆九年革。　三河、縣西新寨社。大産、縣南大産村。烏槎、烏槎村。虎頭砂〔旁注〕志無。　四巡檢司。　三河鎮，城周四百九十丈。　襟喉惠、潮，扼吭汀、漳〔二〕，舟車繁會，爲南北要津。　嘉靖四十二年建。

【校勘記】

〔一〕俗野而愿　底本爲眉批，川本同，據滬本及萬曆廣東通志卷三九改移。

〔二〕扼吭汀漳　「吭」，底本作「坑」，川本同，據滬本及萬曆廣東通志卷三九改。

澄海縣　府東南六十里。　編户十四里。無丞。　饒，刁。　士多秀而文，漁海之民多悍戾，昔爲邊海患〔一〕。　城周九百二十五丈四尺。　嘉靖四十二年分置。　縣本海、揭、饒三縣轄地七都之鄉，舊無城邑，海上夷寇入犯，必趨其地，山寇繼之，官兵遠不及應〔二〕，並罹荼毒〔三〕。嘉靖四十二年，督府張臬征山賊，平之，海寇亦降，請割七都置縣於下外闢望村。　本志：澄海所，在縣城内，置年同，撥潮州衛前所以充之。　鮀浦、在鮀浦鎮，舊屬揭陽縣。通志：揭陽縣溪東村。　闢望在南洋村。本志：在闢望芒尾。舊屬海陽縣。　二巡檢司。　蓬州守禦千户所，城在鮀江都西埕内。　石城周六百四十丈，隸潮州衛。　小江場鹽課司，在蘇灣小江。

【校勘記】

〔一〕士多秀而文漁海之民多悍戾昔爲邊海患　底本爲眉批，川本同，據滬本及萬曆廣東通志卷三九改移。

〔二〕官兵遠不及應　「及」，底本漫漶，據川本、滬本及萬曆廣東通志卷三九補。

〔三〕並罹荼毒　「罹」，底本作「羅」，川本、滬本同，據萬曆廣東通志卷三九改。

普寧縣　府西南一百四十里。　編户三十三里。　裁減。　簡，多盜。　地狹而人悍，頗樸略而務本〔一〕。　城周六百餘丈。　嘉靖四十二年分置。　縣本潮陽轄地。　嘉靖四十三年，巡按陳聯芳、總督張臬疏言：洋烏、泧水、黄坑〔二〕，此三都離潮陽一百七十餘里，勢難遥制〔三〕，重以山寇屢擾，今雖會兵平之，宜割三都設縣治，以便統馭。從之，名曰普寧。萬曆十年，復以洋、淢二都還入潮陽〔四〕，今轄僅黄坑一都。雲落徑巡檢司，在縣西南。洪山，在治北。

【校勘記】

〔一〕地狹而人悍頗樸略而務本　底本爲眉批，川本同，據滬本及萬曆廣東通志卷三九改移。

〔二〕洋烏淢水黄坑　「洋烏淢水」，底本作「西洋烏淢」，川本、滬本及萬曆廣東通志卷三九同，據本書下文及順治潮州府志卷一、紀要卷一〇三改補。

〔三〕勢難遥制　「制」，底本作「置」，川本同，據滬本及萬曆廣東通志卷三九改。

〔四〕復以洋淢二都還入潮陽　「還」，底本作「遷」，據川本、滬本及萬曆廣東通志卷三九改。

平遠縣　府西北五百五十里。編户十二里。裁減。寇盗淵藪。俗類程鄉〔一〕。城周五百二十丈。隆慶三年分置。贛州志：嘉靖四十年，兩廣制府張臬、南贛督府陸穩〔二〕，以程鄉縣地界四藩，漸爲盜藪，疏請割武平、安遠、興寧、上杭四界之地，於豪居地方立縣，以扼廣賊入江之路，名曰平遠，隸贛州。四十三年，里民奏，願還三縣割地，止分程鄉之義化、長田、石窟、石鎮，與興寧之大信都，爲裁減縣，隸潮州。石窟巡檢司，通志：程鄉縣北一百里。府志同。舊屬程鄉縣。頂山〔三〕，在縣西北五十里。爲邑主山。鐵礦山，在東石村〔四〕。産鐵。石窟溪，發源武平縣，東流，會於漁子渡，又東入三河，達於韓江。

【校勘記】

〔一〕俗類程鄉　底本爲眉批，川本同，據滬本及萬曆廣東通志卷三九改移。

〔二〕陸穩　「穩」，底本作「隱」，據川本、滬本改。

〔三〕頂山　「頂」，川本、滬本及清統志卷四五六同，順治潮州府志卷八、康熙平遠縣志卷一、紀要卷一〇三皆作「項」。

〔四〕東石村　「村」，底本作「柱」，據川本、滬本及康熙平遠縣志卷一改。

鎮平縣

肇慶府

古名端州、信安。元肇慶路。洪武元年，改爲府。梁高要太守陳霸先起兵討侯景。據三江之口，當五州之衝。何喬新志序。壤接蒼梧、高涼，溪峒深阻。陳萬言衛記。地居百粤上游。北距桂陽，西連臨賀。屹然嶺西之巨鎮。省志〔一〕。肇慶處嶺西偏，稍上爲蒼梧，制府兩建牙焉，所繇以控扼東、西粵也〔二〕。今蒼梧第離館視之〔三〕，而肇慶遂爲雄鎮云。山叢水駛，其道里與廣州相入，列戍蠻峒，兼備江海。其劇亦亞廣州。 地當兩廣衝要，土荒民疲。 宋郭功甫詩：雙峽天開控江水，水自牂牁來萬里。端州正在雙峽間，石室崧臺壓孤壘。 驛程：水路，崧臺驛，下水一百二十里，至三水縣西南驛；上水一百二十里，至新村驛，一百里至壽康驛，一百里至麟山驛，七十里至梧州府門驛。 陸路，崧臺驛，八十里至腰古驛，五十里至新興縣新昌驛，七十里至獨鶴驛，一百二十里至恩平縣恩平驛，七十里至蓮塘驛，六十里至陽江縣西平驛，六十里至樂安驛，六十里至太平驛，九十里至電白縣。 恩平縣一路，六十里至新會縣蜆岡驛。 樂安驛一路，九十里至陽春縣。 兩廣諸郡惟此爲多盜。 北有四會之傜，南有德慶之傜，而新、瀧、高、恩民傜，相扇爲非，誅之不能盡，撫之未必從。 萬曆五年，設羅定州，移新興縣新昌驛置瀧水驛，移恩平縣恩平驛置莦溝驛〔四〕，移陽江縣西平驛置平豆驛。 時道路初闢，山徑崎嶇，使者多不樂趨，率由舊路。 十二年，府議復設新昌、恩平二驛。 康、瀧夷獠相雜，江右異境之徒，通山犯禁，每爲肇患。 州一，縣十。 屬嶺西道。 總督、分巡與參將、遊擊駐劄。 分巡嶺西道兼兵備僉事一員。 分守雷、廉、高、肇四府，並廣州府新會、新寧二縣左參將一員。 石城周八百七十一丈，南臨大江。 肇慶衛領左、右、中、前四所，後所調守廣寧。 崧臺水馬驛，城西。 總督府，在東門内。 頂湖山，在東北五十里。 高千餘仞，周數百里，屹然爲一方巨鎮。山頂有湖，四時不竭。九坑山，在東北五十里。周二十五里。出泉九脈，舊有茶園四十四所。傜人居之。望夫山，在西九十里。高百餘丈，周百餘里。上有傜人。大江，在府城南。源出夜郎豚水，逕牂牁郡〔五〕，爲牂牁水，至鬱林郡廣鬱縣，爲鬱水；合麗江，至桂平，合柳江、龔江至藤州〔六〕，合繡江，至蒼梧，合灕江，至封川，納臨賀之水，過德慶，至肇慶城南，納新江，出羚羊峽〔七〕，會胥江入海。亦名西江〔八〕，以水自粵西來也〔九〕。又名端溪，本出德慶，近於端山，故溪以名縣。下流肇慶，故又以名江。後瀝水〔一〇〕，在東北三十里。源出北山諸澗，東流五十里，出羚羊峽口，入大江。其道易塞，夏潦驟至，輒傷稼〔一一〕，乃於石子灘別通水道。萬曆十年，太守王泮復鑿一渠，引瀝水自北之南，經城東入江。定山，一名崧臺，又名石室山〔一二〕，在府北六里。連屬有七星巖〔一三〕。銅鼓山，在府城南隔江一十里。〔旁注〕西南三十里。高千仞，周三十餘里。上有赤石如鼓，扣之有聲〔一四〕。高峽山，在府東二十五里〔一五〕。與爛柯山對峙。江流至此，夾東而小。吳步騭爲交州刺史〔一六〕，以兵取南海。衡毅、錢博等拒戰於峽口，即此。一名羚羊峽，又名高要峽。爛柯山，在東南五十里。高數百仞，周五十里。傜人居之。〔旁注〕小湘峽山，在西三十里。雲從山，在南四十里。高百餘丈，周五十餘里。北山，在縣北七里。高千仞，盤亘百餘里。爲府治後山。聖山，在縣東一百里。高千仞，周八十里。崇崗疊巘，巍然矗天。中有流泉，旁建神祠，禱雨輒應，因以聖名。上有傜人。大江，在府城南。又名西江，即端溪也。東流至廣州，入於海。新江〔一七〕，在府南六里。源出新興縣山溪，北流百四十里，至新江水口，入於大江。新宅水，在府南二十里。源出苟徑山〔一八〕，北流四十里，曲折入於新江。博峒水，在南四十里。源出古鑿岡，北流合新江。〔旁注〕西南七十里，源出東安書山〔一九〕，北流八十里，經博峒村入大江〔二〇〕。蒼梧水，一名典水〔二一〕。在東南七十里。源出爛柯山，初成瀑布，東流八十里，入於大江。古婪水〔二二〕，在東北七十里。一名安南水。源出四會縣山溪，南流入大江。清岐水，在東九十里大江之北。出四會縣山溪，南流二十里，入大江。舊名古武水。自昔設隘屯兵，爲用武之地。孔洞水〔二三〕，在縣南五十里。合新江水入於大江〔二四〕。復源水，在南一百里。源自大江金利水口，分流西南三十五里，復合大江。官棠水，在東南一百二十里。源自大江羅鬱渡，分流至官棠甲蒼步水，復合大江。硯坑，在羚羊峽之東。永樂、宣德中，曾遣内侍采取〔二五〕，民以爲厲。正統以後，乃遂封塞巖穴，以至於今〔二六〕。

【校勘記】

〔一〕據三江之口至省志　底本爲眉批，川本同，據滬本及萬曆肇慶府志卷首志序、萬曆廣東通志卷四五改移。

〔二〕所繇以控扼東西粵也　「繇」，底本作「遥」，據川本、滬本及萬曆廣東通志卷四五改。

〔三〕今蒼梧第離館視之　「梧」，底本脱，川本同，據滬本補。

〔四〕莿溝驛　「莿」，底本作「滿」，川本、滬本同，滬本眉批：「滿，當作莿。」萬曆廣東通志卷四五、萬曆肇慶府志卷一〇作「⿱艹兩」，據改。

〔五〕牂牁郡　「牂」，底本作「戕」，據川本、滬本及萬曆肇慶府志卷八改。

〔六〕藤州　「藤」，底本作「籐」，川本同，據滬本及萬曆肇慶府志卷八改。

〔七〕羚羊峽　「羚」，底本作「翔」，據川本、滬本及萬曆肇慶府志卷八改。下同。

〔八〕亦名西江　「亦」，底本作「一」，據川本、滬本及萬曆肇慶府志卷八改。

〔九〕以水自粵西來　底本「粵」下衍「而」，川本、滬本同，據明統志卷八一、萬曆肇慶府志卷八删。

〔一〇〕後瀝水　「瀝」，底本作「歷」，川本同，據滬本及萬曆肇慶府志卷八改。

〔一一〕輒傷稼　「稼」，底本作「家」，據川本、滬本及萬曆肇慶府志卷八改。

〔一二〕石室山　「室」，底本作「寶」，川本同，據滬本及萬曆肇慶府志卷八改。

〔一三〕七星巖　「星」，底本作「里」，據川本、滬本及明統志卷八一改。

〔一四〕扣之有聲　「扣」，底本作「角」，川本同，據滬本及萬曆肇慶府志卷八改。

〔一五〕在府東二十五里　「二十五里」，川本、滬本同，萬曆廣東通志卷四五、萬曆肇慶府志卷八、明統志卷八一、紀要卷一〇一作「三十里」。

〔一六〕吳步騭爲交州刺史　「交」，底本作「充」，川本同，據滬本及三國志吳書步騭傳、萬曆肇慶府志卷八改。

〔一七〕新江　底本、川本、滬本同，嘉靖廣東通志初稿卷一、萬曆肇慶府志卷八「江」下有「水」字。

〔一八〕苟徑山　「徑」，底本作「經」，川本同，據滬本及明統志卷八一改。

〔一九〕東安書山　「東安」，底本作「水」，川本同，據滬本及萬曆肇慶府志卷八、紀要卷一〇一改。

〔二〇〕博峒村 「博」，底本作「北」，川本、滬本同，據嘉靖廣東通志初稿卷一、萬曆肇慶府志卷八改。
〔二一〕典水 「典」，底本作「興」，川本同，據滬本及萬曆肇慶府志卷八、紀要卷一〇一改。
〔二二〕古婪水 「婪」，底本作「樊」，據川本、滬本及萬曆肇慶府志卷八改。
〔二三〕孔洞水 「孔洞」，底本作「龍」，川本、滬本作「龍洞」，據萬曆肇慶府志卷八、紀要卷一〇一改。
〔二四〕新江水 「江」，底本作「水」，據川本、滬本及紀要卷一〇一改。
〔二五〕曾遣内侍采取 「遣」，底本作「遺」，川本同，據滬本改。「内侍」，底本漫漶，據川本、滬本補。
〔二六〕以至於今 「今」，底本作「此」，據川本、滬本改。

高要縣 治。 編户九十八里。 衝，煩，疲。 横查巡檢司，在城東七十里横查都，臨江。古耶巡檢司，舊在城東一百五十里古耶都。洪武四年，遷於龍池都馮村。嘉靖三十年，遷於三水縣横石巡司，縣東九十里横查下半都。而以其址爲横石〔一〕。 禄步巡檢司，在縣西七十里禄步上村水口。 新村水驛，在縣西一百三十里悦城水口。 上至壽康一百里〔二〕。

【校勘記】

〔一〕而以其址爲横石 川本同，滬本脱「横石」，萬曆廣東通志卷四五、萬曆肇慶府志卷八「横石」下有「彼此便之」四字。

〔二〕上至壽康一百里　川本、滬本同，萬曆廣東通志卷四二「壽康」下有「驛」字。

四會縣　府北一百三十里。編户六十二里。無丞。　僻，冗，雜傜，多寇。　山高水急，民性輕悍，俗好攻訐。諺云：新會拳，四會筆。又曰：入廣莫逢兩會。省志〔一〕。　磚城周五百七十六丈八尺。　金岡山，在北一里。爲縣主山。　百僚山，在北五十里。　高望山，在西二百五十里。　綏江水，一名滑水，又名綏建水。源出廣西懷集縣，流二百餘里入縣界，自峽中屈曲而下，漫流至縣前，環繞而東，十五里至陶冶山下，分爲二派：一派由高步出清岐，入西江；一派由金釵灣出南津，入北江，是爲三江之會，南入於海。　扶盧山，在縣東四十里〔二〕。高百丈，周四十里。上有池。　南津巡檢司，在縣東六十里南津水口。

【校勘記】

〔一〕山高水急至省志　底本爲眉批，川本同，據滬本及萬曆廣東通志改移。

〔二〕在縣東四十里　「縣」，底本脱，川本、滬本同；「東」下底本衍「北」，川本、滬本同，並據萬曆廣東通志卷四五、萬曆肇慶府志卷八、紀要卷一〇一補刪。

新興縣　古名臨允、新州。　府南一百四十里。　編户五十八里。無丞。　衝，簡，饒。士稍知學，尚交際。民力耕以自給。商賈少通，市無奇貨。米穀價平，亦少儲蓄。異境之徒，刁唆爲姦〔一〕，故民諒薄寡恩〔二〕。元新州。洪武二年，省新州，以縣屬肇慶府。州城，宋建炎四年，知州王敦仁築。周一千二百七十八步，今曰子城〔三〕。紹興十四年，知州王濟以城狹隘，於城外植刺竹繞之，名曰竻竹城。國朝洪武十三年，增土城於刺竹之内，周一千一百八十丈。天順七年，賊破縣，知府王瑜於土垣内築磚城六百三十丈〔四〕。新興守禦千户所，隷肇慶衛。瀧水驛，在治東。舊係新昌水馬驛，萬曆五年改。腰古水驛，在縣北五十里。獨鶴馬驛，在縣東七十里。立將巡檢司，在縣南八十里寧化都。舊有四合巡檢司，革。縣東八十里雙橋東四合村。羅苛巡檢司，在縣北四十里。芙蓉都黄村。入東安。端峯山，在縣北六里。雲斛山，在北十五里。高百餘仞，周五十餘里〔五〕。新寧山，在西南二十里。錦山，在西南三十里。峽江水出此，北流至府界出大江。〔旁注〕府志無。通志有，峽江作峽岡。天露山，在東南三十五里。有龍潭。一名鐵爐山。南接恩平界〔六〕。文獻通考以爲新州名山。思龍水，在縣南。源出思龍山，流合盧溪水、倚岡水，至府界，入大江。盧溪水，源出李峒嶺，流經盧村〔七〕，至龍山〔八〕，思龍水合之，繞縣東門外，北流至府城，入大江。儀峒山，在西南八十里。高三百餘仞，周五十里。有傜。贅峒山，在西南一百餘里。高三百餘仞，周五十餘里，傜人居之。龍山，在南三十里。高二百餘仞，周五十餘里〔九〕。錦山水〔一〇〕，在縣西南。源出天露山，西流，入河頭力將巡司〔一一〕，至洞口，合盧溪水，出新江。獨鶴山，在東七十里。高二百餘仞，周三十里。當新興、恩平二縣之交。邑在萬山中，發自貝嶺，綿亘數十里，衍爲夷陸，縣治立焉。盧溪自東南，錦溪自西南，交於縣北。峽山、皋車峒〔一二〕、桐村諸山鐍其下，故雖山水高峻〔一三〕，若建瓴然，而氣不泄。志稱四塞，信矣。瘴，僚自古患之〔一四〕。新州志。老香山，在東北五十里。高三百餘仞，周四十里。與高要、高明接界。雲宿山，在東八十里。高百餘仞，周一百四十里。曹幕山，在東一百十里。高二百餘仞，周二百餘里。新興、高明、新會三縣界。

【校勘記】

〔一〕刁唆爲姦　「唆」，底本作「峻」，川本同，據滬本及萬曆廣東通志卷四五、康熙肇慶府志卷二一改。

〔二〕士稍知學至故民諒薄寡恩　底本爲眉批，川本同，據滬本及萬曆廣東通志卷四五改移。

〔三〕今曰子城　「子」，底本作「孑」，川本同，據滬本及萬曆廣東通志卷四五改。

〔四〕知府王瑜　「知」，底本脱，川本同，據滬本及萬曆廣東通志卷四五補。

〔五〕端峯山在縣北六里雲斛山在北十五里高百餘仞周五十餘里　底本爲旁注，川本同，據滬本及萬曆廣東通志卷四五改移。

〔六〕一名鐵爐山南接恩平界　底本爲旁注，川本同，據滬本及清統志卷四四七改移。

〔七〕盧村　「盧」，底本漫漶，據川本、滬本及明統志卷八一補。

〔八〕至龍山 「至」，川本同，滬本及萬曆肇慶府志卷八、明統志卷八一、紀要卷一〇一作「過」。
〔九〕周五十餘里 「餘」，底本漫漶，據川本、滬本及紀要卷一〇一補。
〔一〇〕錦山水 「山」，底本脱，據川本、滬本及萬曆廣東通志卷四五補。
〔一一〕入河頭力將巡司 「力」，底本作「主」，川本、滬本同，據萬曆肇慶府志卷八改。
〔一二〕臯車峒 「臯」，底本作「高」；「峒」，底本脱，據川本、滬本及萬曆肇慶府志卷八改補。
〔一三〕故雖山水高峻 「水高」，底本漫漶，據川本、滬本及萬曆肇慶府志卷八補。
〔一四〕瘴僚自古患之 「僚」，底本作「療」，川本同，據滬本及萬曆肇慶府志卷八改。

高明縣 古名平興、清泰。 府南一百十里。〔旁注〕東南七十。省志：南七十。 編户二十五里。裁減。 僻，饒，淳。 家有税户、耕户之分，人有頭首、細民之別〔一〕。省志。 細民習爲文移，多爲官府吏書。南海之紫峒、莊步諸鄉，亦染其風，皆弄法舞文，險而健訟〔二〕。 磚城周六百六十丈。 初爲高明巡檢司，成化十一年，分高要縣地置。 太平巡檢司，在縣東南三十里都含水口。 老香山，在西六十里。高七百丈，延袤五十里。 産香，饒竹木。 傜居之。 接新興界。 文儲山，在西五十里。〔旁注〕東南三十五。 高三百餘丈，覆一百五十里。 鹿峒山，在西南二十里。 拱向縣治〔三〕，羅列如屏。 高二百餘丈，延袤四十餘里。 粟砦山〔四〕，在西南四十里。 高數百仞，周百里。 其形巖然，中有石壁，飛瀑下流成潭，名武陵溪〔五〕。 雲宿山，在西南五十里。接新興界。　皂幕山，在南四十里。高千餘丈，延袤百餘里。傜居之，接新會界。　倉步水，在縣治南。出老香山，接諸溪之水，會流繞縣治南，東流七十里，入於江。　范州水，在東三十里。出靈雲山，經范州，上接北港，下會鐵索水，入都含水。　古霸水，在東二十里。出擔車嶺，東繞古霸村，流五十里，入於江。　清泰水，在東南十餘里。出奢山，接黃沙、羅漢，會流清泰都〔六〕，東流五十里，入江。　都含水，在東南三十里。接清泰、倉步、范州、古霸諸水，匯於此。深而廣，急而激，東入於海。

【校勘記】

〔一〕人有頭首細民之別　底本「民」下衍「居」字，據川本、滬本及萬曆廣東通志卷四五删。

〔二〕家有税户耕户之分至險而健訟　底本爲眉批，川本同，據滬本及萬曆廣東通志卷四五改移。

〔三〕拱向縣治　「拱」，底本漫漶，據川本、滬本及萬曆肇慶府志卷八補。

〔四〕粟砦山　「粟」，底本作「栗」，據川本、滬本及紀要卷一〇一改。

〔五〕武陵溪　「武」，底本作「五」，據川本、滬本及萬曆廣東通志卷四五改。

〔六〕會流清泰都　「會」，底本漫漶，據川本、滬本及萬曆肇慶府志卷八補。

陽春縣　古名高涼、春州。　府西南三百四十里。　編户二十四里。裁減。　饒，簡，瘴。

〔眉批〕江中貫，羣溪交流。薛利和春州記。　編茅爲屋，衣食儉嗇。士不喜儒，民不商販。男子漁獵，婦女紡織，蕉葛頗精。省志。　城周五百六十七丈。元屬南恩州。洪武二年，省南恩州，以縣屬肇慶府。守鎮陽春後千户所，自神電衛調守。　珠環山，在縣東南四十里。高六十餘丈，周五十餘里。名陽江界山。　丫髻山〔一〕，在縣西南一百三十里。一名白水山〔二〕。高百餘丈，周四百里。　羅鳳水，在縣北五十里。源出白木嶺，縈迴曲折，流五里，經龍灣峒，西流入漠陽江〔三〕。　鉛坑岡，在縣北一百二十里。周二十里，岡之西南出鉛、鐵砂礦。　輪水，在縣南五十里。源發南鄉穀岡〔四〕，流五十里，經龍灣，入於漠陽江〔五〕。　樂安驛，在縣南九十里陽江縣境。內有城。　古良巡檢司，在縣五十里。省志：西二十里。縣志：南鄉都小水口〔六〕。　射木山，在東南一十五里。高百餘丈，周數十里。　牛扼嶺〔七〕，在北一百一十里。新興分界。　雲浮山，在北一百里。高百五十丈，周四十餘里。　羅黄山，在縣西南一百四十里。高百餘丈，周三十餘里。有瀑布數十丈，流爲羅水。　鐵坑山，在東二十里。高七十餘丈，周三十里。產鐵。　博麻水，在東北三十里。源出談來嶺，流二十里，合麻黄水，經北隴河，西流入漠陽江。　雲浮水，在北一百里。出雲浮山〔八〕，其源有二：一出山之東〔九〕，下流至容朗村，經新興界，過古富林縣前，南流入漠陽江；一出山之西，下流經柳峒，在縣七十里。過隴水，西南流入於記峒水。　羅水，在西南一百二十里。〔旁注〕縣志：西四十里。源出羅黄山，北流五十里，〔旁注〕五里〔一〇〕。經大沙灣，東入漠陽江。

【校勘記】

〔一〕丫髻山 「丫」，底本作「了」，據川本、滬本及萬曆肇慶府志卷八改。

〔二〕白水山 「白」，底本脱，川本同，據滬本及萬曆肇慶府志卷八、紀要卷一〇一補。

〔三〕漠陽江 「漠」，底本作「漢」，川本同，據滬本及明統志卷八一、萬曆肇慶府志卷八改。

〔四〕南鄉穀岡 「穀」，底本作「轂」，川本同，據滬本及萬曆肇慶府志卷八改。

〔五〕漠陽江 「漠」，底本作「漢」，川本同，據滬本及萬曆肇慶府志卷八改。下同。

〔六〕南鄉都小水口 「水」，底本脱，川本同，據滬本及萬曆肇慶府志卷一〇、康熙重修陽春縣志卷三補。

〔七〕牛扼嶺 「扼」，川本、滬本同，萬曆廣東通志卷四五作「枙」，紀要卷一〇一作「鈪」，清統志卷四四七作「軛」。

〔八〕雲浮山 「山」，底本脱，川本同，據滬本及萬曆廣東通志卷四五補。

〔九〕一出山之東 「出山」，底本漫漶，據川本、滬本及萬曆肇慶府志卷八補。

〔一〇〕五里 底本脱，據川本、滬本補。又滬本「五里」上有「縣志」二字，疑此脱。

陽江縣 府南三百四十里，南至海三十里。 編户二十九里。 衝，簡，饒。〔眉批〕阻山瀕海。圖經。 進楫二廣，退招四郡。山麓之勝，漁鹽蜃蛤之利〔一〕，甲於他邑。而豹林鯨海之間，揭竿揚帆，時或不靖，北津置戍，扼其吭矣〔二〕。府志。 磚城周八百九十二丈。 元屬南恩州。洪武二年，省南恩州，以縣屬肇慶府。 僑寓多江、廣之人，故其俗漁商而鹽販，徇利而犯禁。省志。 其外即大海，西南自電白至雙魚所，又至海陵，過北津，至海朗所、大澳東南〔三〕，即新寧縣界。中有柳渡、三洲、大金門、上下川，皆倭夷泊處，戈船常戍守之。西一百六十里爲北額港，受儒峒水入海，與電白接界。一百里爲白石港〔四〕，一名石門港，通大海。西南四十里爲豐頭港，受麻濛、大墟、丹城三水，入海。南三十里爲北津港〔五〕。東南六十里爲三丫港〔六〕，在海朗所東。源出紫蘿山，西流七十里，入海。陽江守禦千户所，隸肇慶衛。海朗守禦千户所，在縣東南五十里。隸廣海衛。城周八百五十丈。雙魚守禦千户所，在縣西南一百五十里。隸神電衛。城周四百八十丈。太平馬驛，在縣西一百一十里。有城。平豆驛，在治東。舊係西平驛，萬曆五年改。蓮塘馬驛，在縣東北六十里合門東山之陽，有城。䓣溝驛〔七〕。舊有海陵巡檢司，在縣西南一百里，革。雙恩場鹽課司，在海朗所城南。鳳凰山〔八〕，在東北二十里。高百餘丈，周二十餘里。北甘山，在北二十里。高三百餘丈，周六十餘里。上有傜人。馬御山〔九〕，在東北五十里。高二百餘丈，處於衆山之中，莫計其周，山後連合溝傜。海陵山，在西南七十里海中。高三百餘丈，延袤三百餘里。一名羅洲〔一〇〕。其中峯爲草黄山，東爲平章山。相傳宋張世傑葬處。西南爲馬鞍山，山下爲戙船澳，西北爲鶴洲山〔一一〕。海陵巡司居之。石坑山，在西北六十里。自此以下，羣山起伏，東行不絶，爲陽江外藩。北津港，在南三十里。上自港門直通陽春縣，下出港門，通獨石。每潮起，洶湧而入，遇風則其聲砰擊如雷。舟楫往來，重防險磧。蓋東南大海港口，皆亂石〔一二〕，舟可行者僅丈餘，必候大潮始進，故海寇不敢睥睨。漠陽江，在縣西百步。源出古銅陵縣北雲浮山下，南通過陽春縣，歷受衆水，其勢始大，入縣境至麻橋岐而爲二：東派至獨洲都〔一三〕，激而成潭，深不可測，名瀧濤水，流經城西，又名鼉江；西派曰黄江，曰牛馬海，曰蛟龍環，與東派合於石潭，由北津港入於海〔一四〕。沙河，在北六十里。源出烏石山，西流四十里，入於鼉江。羅琴山，在西二十五里。高三百餘丈，周八十餘里。有傜。望夫山，在西一百六十里。高四百餘丈，周四百餘里。接電白界。紫蘿山，在東南九十里。高四百餘丈，周六十里。連新寧界。北津山，在縣南三十里。自東沿海偶旅而來〔一五〕，外捍奔潮，内衛村陌，亦邑之外藩也。萬曆四年，都御史淩雲翼奏立水寨於此，有城。對夾海口爲南津山〔一六〕。其山亦堤海而西〔一七〕，數里方止。二山之中爲獨石，高十餘丈，周四十餘丈。出海口二里許，下深不測。蓮塘河，在東六十里。源出舊水東都白馬山，名琨水。流五十里，過蓮塘驛、合門山，西南流六、七十里，經尖山渡〔一八〕，合於鼉江，由北津港入海。

【校勘記】

〔一〕漁鹽蜃蛤之利　「蜃」，底本作「唇」，川本同，據滬本及萬曆肇慶府志卷八改。

〔二〕扼其吭矣　「扼」，底本作「阨」，川本同，據滬本及萬曆肇慶府志卷八改。「吭」，底本作「要」，川本、滬本同，據萬曆肇慶府志卷八改。

〔三〕大澳　「澳」，底本作「粤」，據川本、滬本及萬曆肇慶府志卷八改。

〔四〕白石港　「白」，底本作「百」，據川本、滬本及紀要卷一〇一改。

〔五〕北津港　「北」，底本作「白」，據川本、滬本及萬曆肇慶府志卷八改。

〔六〕三丫港　「丫」，底本作「了」，川本同，據滬本及萬曆肇慶府志卷八改。

〔七〕莍溝驛　「莍」，底本作「滿」，據川本、滬本改。

〔八〕鳳凰山　「凰」，底本作「皇」，據川本、滬本及萬曆廣東通志卷四五改。

〔九〕馬御山　「御」，底本作「啣」，川本同，據滬本及萬曆廣東通志卷四五、萬曆肇慶府志卷八改。

〔一〇〕羅洲　「洲」，底本作「州」，川本同，據滬本及萬曆廣東通志卷四五改。

〔一一〕鶴洲山　「鶴」，底本作「鴉」，川本同，據滬本及紀要卷一〇一改。

〔一二〕皆亂石　「石」，底本漫漶，據川本、滬本及萬曆肇慶府志卷八補。

〔一三〕獨洲都　「都」，底本作「郡」，川本同，據滬本及萬曆肇慶府志卷八改。

〔一四〕北津港　「北」，底本作「此」，據川本、滬本及明統志卷八一改。

〔一五〕自東沿海偶旅而來　「偶」，底本漫漶，據川本、滬本及萬曆廣東通志卷四五補。

〔一六〕對夾海口爲南津山　「夾」，底本作「峽」，據川本、滬本及紀要卷一〇一改。

〔一七〕其山亦堤海而西　「堤」，底本作「提」，據川本、滬本及紀要卷一〇一改。

〔一八〕尖山渡　「尖」，底本作「失」，據川本、滬本及紀要卷一〇一改。

恩平縣　古名清海軍、恩州。府東南三百二十里。編户二十五里。裁減。山僻，多寇。三邑之交，萬山之會。土瘠，民貧，士習浮薄，喜訟好博。省志〔一〕。元南恩州。本朝未立。守備駐劄。磚城三百三十五丈。本恩平堡城，人民商旅多居城外，時被寇劫。成化十四年，分陽江、新興〔二〕、新會三縣地置。塘宅堡，在縣東北一百里。平張羅賊後，通判吕天恩議以塘宅堡乃新會、新寧、新興、恩平各縣適中之地，四面崇山峭壁，盜賊淵藪，宜砌磚城，令分守廣、肇、高、韶左參將駐此〔三〕。督府以聞，詔可，遂建參將衙門。萬曆二年，兵備李材築開平屯，毁堡，并入於屯。天露山，在北八十里。北爲新興界。雲岫山，在北八十餘里〔四〕。成化初，副使毛吉遇害於此。獨鶴山，在北一百里。綿延三十餘里。接新興界。鴻鵞山，在西北七十里。連綿峻險，亘數十里，至獨鶴水止。昔爲賊壘。嘉靖丙辰，征雙石頂〔五〕，斬首數十級，即此。鼉山，在西十里。即龍鼉山。高三百餘丈，周七、八十里。藍坑山，在東南四十里。向爲賊據，今平。金雞山，在東南四十里新寧界。昔傜賊雜居，今平。南門河，在南一里。源有二：一出雙岡、南村、雙穴；一出上水、竹峒，東流至縣西十五里，合水村，瀦爲相公潭，接磜頭水，流至縣西，官渡在焉。繞縣南，迤東達蜆岡，入廣州新會縣界。一名恩平江。灣雷海，在南八十里。〔旁注〕東南四十五里。蜑户居之。恩平馬驛。府志：萬曆五年〔六〕，移置𦽸溝。恩平巡檢司，在縣東南三十里。

【校勘記】

〔一〕三邑之交至省志　底本爲眉批，川本同，據滬本及萬曆廣東通志卷四五改移。

〔二〕新興　「興」，底本作「縣」，川本同，據滬本及萬曆廣東通志卷四五改。

〔三〕令分守廣肇高韶左參將駐此　「令」，底本作「今」，據川本、滬本及紀要卷一〇一改。

〔四〕在北八十餘里　「餘」，底本作「里」，據川本、滬本及紀要卷一〇一改。

〔五〕征雙石頂　底本「征」上衍「人」字，川本同，據滬本及萬曆肇慶府志卷九刪。

〔六〕萬曆五年　「五年」，川本、滬本同，萬曆肇慶府志卷一〇作「七年」。

廣寧縣　古名南綏州。　府西北二百九十里。　編户十里。裁減。　簡，多寇。〔眉批〕當兩粵之交，據四邑之地。　城周三百三十九丈。　俗同四會。　嘉靖三十八年，分四會縣地置。大羅山既平〔一〕，民請置縣。知府盧璘議曰：前代南綏州，在橄欖都石澗村〔二〕，領縣四：化蒙縣，在太平都東鄉村；新招縣，在橄欖都新招村；化注縣，在橄欖都緑水村；化穆縣，在大圃都康穀村，後并於四會縣，凡九十二里。山多地廣，政令不及，遂爲猺據，今僅存四十二里，以此觀之，增立縣治便。撫、按以聞，至是割四會縣太平、橄欖、大圃三都一十一里，立廣寧縣於大圃。　顧水，在北四十里。源出清遠縣過雷鄉百餘里〔三〕，至顧水口，入綏江。上流有美材巨木，商人從水口作巨筏而下〔四〕，貨之南海。其下有顧水峽。　圓嶺山，在北五十里。縣治發脈之處，高三百餘丈，横亘五里。有九十九坑，坑坑相似。若失道，必三日而後出。高望山，在西五十里。絶頂一望，諸山皆在其下。金溪巡檢司，舊屬四會縣。扶溪巡檢司，在扶洛口。萬曆十一年，移縣西官埠。舊屬四會縣。

【校勘記】

〔一〕大羅山　「大」，底本作「扶」，川本同，據滬本及萬曆廣東通志卷四五、紀要卷一〇一改。

〔二〕石澗村　「澗」，底本作「間」，川本、滬本同，據萬曆廣東通志卷四七、道光廣寧縣志卷五改。

〔三〕源出清遠縣過雷鄉百餘里　「出」，底本作「水」，川本同，據滬本及萬曆肇慶府志卷九改。「百」，底本作「北」，據川本、滬本及萬曆肇慶府志卷九改。

〔四〕商人從水口作巨筏而下　「而」，底本脱，川本、滬本同，據萬曆肇慶府志卷九、紀要卷一〇一補。

德慶州　古名端溪〔一〕、晉康、康州。府西二百一十里。編户六十三里。無同。衝，疲，雜傜，多寇。據嶺西之上游，扼廣右之門户，北連五嶺，南控三江。牂牁、柳、灕。土地下濕，山嵐瘴癘，夷僚混居，人多輕悍。省志〔二〕。磚城周一千二百丈。元德慶路。本朝初爲府，洪武九年，改爲州，屬肇慶府。悦城鄉巡檢司，在州東一百里悦城水口，與高要新村驛同城。壽康水驛，西門外。德慶守禦千户所，隸肇慶衛。佛子嶺，在西北十八里。路通封川縣。樵雲山，在東二十里。高二百餘丈，周三十里。西源山，在東六十里。高六百丈，周三十里。跨西源、富豪二里之地。頂有池，四時不竭。其下有溪，分爲二派，東派出西源，西派出富豪。杉嶺，在西十五里。高百餘丈，周百餘里。路通蒼梧縣〔三〕。峽山，在西二十里。高一百丈，周九十里。南北岸對峙，甚隘〔四〕。江水中流，春夏多雨，則水峻急，舟不能行。大江，在南一里，一名錦水。端溪，在東一十里。源出金林鄉，經太平橋，入錦水。程溪水口，在東八十里。源出新興縣，北流百餘里，經儒林、富禄二里，入於江。靈陵水，在東一百里。源出四會縣，流一百餘里，經悦城鄉，入於江。羅傍水，在西四十五里。源出都城鄉，南流七十里，入於江。沿江新城，在州東百二十里悦城鄉悦城巡檢司。東接高要縣新村驛。嘉靖三十五年議築，以保障附近鄉村居民。香山，在北二里。高二百餘丈，周四十餘里。爲州之主山。端山，在東五十里。高三百三十丈，周三十里。其形端正。

【校勘記】

〔一〕端溪　「端」，底本作「瑞」，川本同，據滬本及嘉靖德慶州志卷二、萬曆肇慶府志卷九改。

〔二〕據嶺西之上游至省志　底本爲眉批，川本同，據滬本及萬曆肇慶府志卷九、萬曆廣東通志卷四五改移。

〔三〕蒼梧縣　「梧」，底本作「桐」，據川本、滬本及萬曆肇慶府志卷九改。

〔四〕甚隘　「隘」，底本作「險」，川本、滬本同，據萬曆廣東通志卷四五、萬曆肇慶府志卷九、紀要卷一〇一改。

封川縣　古名封州、臨封。　州西一百二十里。　編户一十四里。裁減。　淳，饒，近傜，有瘴。　邕、桂、賀三江口控扼之地。臨封志。　北控臨賀〔一〕，西扼蒼梧，當三江之口，爲兩粤之交，南漢霸業所肇基也。　賀江口爲富、賀、懷、開四縣必由水道，商賈輻輳。　居諸郡之上游，據三江之衝要。　習尚鄙陋，民淳，訟簡〔二〕。　磚城周四百六十二丈。省志。　南漢大有元年，楚人大舉圍封州。　南漢主遣蘇章敗之於賀江。　元封州。　本朝并入封川縣。　東安水，在西北二十里。　源出蒼梧縣東安鄉，至三江口入於江。　賀江，在西十里。　一名封溪。　源出廣西富川縣靈亭鄉桃武巖，南流合賀水，東流合橘江、東安水，至靈洲〔三〕，入於西江。　劉隱之誅亂民，蘇章之敗楚兵，潘崇徹之屯賀江，皆此水也。　靈洲，在城北十里賀江水口。　廣一里，長五里。水環匝之，上多蘆葦，鳧鷺所棲，雖春夏漲溢，洲常不没。　古傳與水浮沉〔四〕，因以靈名。　麟山水驛，西二里。　文德巡檢司，舊在賀江口。　嘉靖二十四年，徙於鑼鼓岡。隋封州，今在縣北六里。省志：舊在鑼鼓岡，今遷田步。　風溪水，出豐壽山，南流十里，至谷墟水口，入於江。　封溪水，源出賀縣，經開建縣，合三江口，入於江。　豐壽山，在北四十里。　高一百三十餘丈，周五十里。鑼鼓岡，在北七十里。　形如龜背。　周四十里。　有巡檢司。　封門山，在東北二十里。　峯巒秀鬱〔五〕，兩崖如門〔六〕。　縣蓋取封山、錦川合以爲名。　麒麟山，在東北八十里。　周一百五十里，高一百丈。　白馬山，在東北二百里。　正德中僮入作亂，巢其上。　參議周用、副使王大用剿平之，改名白鶴山。西江水，在縣治南。自蒼梧七十里至靈洲，合賀水，環城西十餘里，稍南復東，經德慶、高要，入南海。有潮汐，水潦泛漲，無潮可見，惟秋冬每日早暮有潮，高三尺，次一、二尺。南三十餘步〔七〕。源出雲南潯水，合桂江，從梧州府流五十里至縣西，復東流至德慶州，五百餘里合三水、胥江，入於海。

【校勘記】

〔一〕北控臨賀　「臨」，底本作「靈」，據川本、滬本及萬曆肇慶府志卷九改。

〔二〕邕桂賀三江口控扼之地至民淳訟簡　底本爲眉批，川本同，據滬本及萬曆肇慶府志卷九、萬曆廣東通志卷四五改移。

〔三〕靈洲　「洲」，底本作「州」，據川本、滬本、本書下文及萬曆肇慶府志卷九改。

〔四〕古傳與水浮沉　「水」，底本脱，川本同，據滬本及嘉靖德慶州志卷六、萬曆肇慶府志卷九補。

〔五〕峯巒秀鬱　「巒」，底本作「蠻」，據川本、滬本及萬曆肇慶府志卷九改。

〔六〕兩崖如門　「崖」，底本作「岸」，據川本、滬本及萬曆肇慶府志卷九改。

〔七〕南三十餘步　川本同，滬本及嘉靖德慶州志卷六、康熙封川縣志卷一「南」前有「西江水」三字，此脱。

開建縣　古名封陽、南靜。州西北二百里。〔旁注〕省志〔一〕：三百一十。編戶四里。裁減。　山僻，雜傜。　粵西包其三面，獨一面以趨晉康。　地廣人稀，傜、僚雜居，民多暴悍，男子喜習師巫，恥爲工商。省志〔二〕。　磚城周三百三十二丈。　宋、元以前，舊縣治在開江鄉，遷徙歲月無考。　忠讜山，在東北五十里。　高二百丈，周八十里。　開江，在縣治西。　源出廣西富川縣，南流經賀縣，〔旁注〕平樂府賀江北，流二百餘里。　又二百里，經本縣，會金縷諸水，合流二百里，入於封川江。　昭埇山，在東十里。　有路通廣西懷集縣。　金縷水，出其下，水勢屈曲，西流十五里，經金縷村，合昭埇、野埇之水，入於封川大江。　古令巡檢司，在縣北六十里古令村。　二縣元並屬封川〔三〕，本朝洪武二年，省封州，以縣屬德慶府，後改府爲州，縣仍屬焉。

【校勘記】

〔一〕省志　「志」，底本脱，川本同，據滬本補。

〔二〕粵西包其三面至省志　底本爲眉批，川本同，據滬本及萬曆肇慶府志卷九、萬曆廣東通志卷四五改移。

〔三〕二縣元並屬封川　川本同，滬本「二縣」下夾注：「案：二縣謂封川、開建。」

高州府

古名高梁、高涼。　東連肇、廣，南憑溟漲，神電所轄一帶海澳，若連頭港、汾州、三山〔一〕、兩家灘、廣州灣，爲本府之南翰。　土曠民稀〔二〕，俗尚簡儉。語音東南多習廣語，而齒舌甚重。西北多雜峒落，與中原音響相戾〔三〕。　北倚層嶺，南距巨洋。石城以東，戎伏於莽。電白沿海，賊艦充斥。通志〔四〕。〔旁注〕據叢山之中，居二廣之間。溪徑複結，巨海襟連。其東南一帶，赤水、限門，又爲高郡咽喉，實金湯之固也。　元爲高州路，屬海北海南道宣慰司。本朝改爲府，屬廣東布政司。　南越志：高涼本合浦縣。建安十六年，衡毅、錢博拒步騭於高要峽〔五〕。毅投水死。博與其屬亡於高涼。呂岱爲刺史，博既請降，制以博爲高涼都尉，於是置郡焉。　州一，縣五。　屬嶺西道。　分守與參將駐劄。

高涼山，在府東北九十里〔六〕。本名高梁，以羣峯高聳，盛暑如秋，故更名高涼。郡名本此。　潘山，在縣東一里。又名東山，爲邑主山。　大帽山，在縣東北五十里。脈接廣西增城山，層崖高巘。其形如帽。傜人散處其中，亦曰傜山。　靈湫山，在縣東八十里。下有龍湫〔七〕。　國朝洪武四年〔八〕，入祀典，每歲正月望日致祭。　上宫灣，在縣東北一里。崖石高峻，淵深莫測，灣水與府治後龍井相通，名爲「龍眼」。　鑑山，在府舊治北三里。下有溪，澄清如鏡，曰鑑水。　至江，其流浩大，曰鑑江。　由東北縈繞府治迤西南，支分雙流，復合流，至於化州，合羅水，下平原，經吳川，又西南入海〔九〕。　鑑江，在府東北。源出電白縣鑑山，縈繞城下，合淩羅二水入於海。　潭峨江，在府西。源出信宜縣西思賢嶺，下流經府城西南，與高源水會成大江〔一〇〕。　特亮江，在府西一百里。源出信宜縣西宋山下。　寶山，在府舊治。

今舊電白堡之北〔一一〕。高州守禦千户所，隸神電衛。古潘馬驛，府治東。舊有三合遞運所，隆慶元年革。城周六百一十四丈。蒲牌河，舊治南三里。東流七十里，爲大河，合鑑水，流經本府，至化州吳川，入於海。舊屬電白，因遷縣入神電衛，遂屬茂名縣。新河水，在東南一里。一名東河。遶至太平通津〔一二〕，合鑑江西南去。

【校勘記】

〔一〕三山　「三」，底本脱，川本同，據滬本補。

〔二〕土曠民稀　「曠」，底本作「廣」，據川本、滬本及萬曆廣東通志卷五一改。

〔三〕土曠民稀至與中原音響相戾　底本爲眉批，川本同，據滬本及萬曆廣東通志卷五一改移。

〔四〕北倚層嶺至通志　底本爲眉批，川本同，據滬本及萬曆廣東通志卷五一改移。

〔五〕建安十六年衡毅錢博拒步騭於高要峽　「步」，底本作「捕」，川本同；「要」，底本作「安」，川本同，並據滬本及紀要卷一〇四改。

〔六〕在府東北九十里　「府」，底本作「高」，據川本、滬本及萬曆廣東通志卷五一改。

〔七〕下有龍湫　「有」，底本脱，川本同，據滬本及明統志卷八一補。

〔八〕國朝洪武四年　「四」，底本作「二」，據川本、滬本及萬曆廣東通志卷五一改。

〔九〕鑑山至又西南入海　底本爲旁注，川本同，據滬本及萬曆廣東通志卷五一改移。

〔一〇〕與高源水會成大江　「成」，底本作「城」，據川本、滬本及明統志卷八一改。

〔一二〕寶山在府舊治今舊電白堡之北　底本爲旁注，川本同，據滬本及萬曆廣東通志卷五一改移。

〔一三〕遶至太平通津　「遶」，底本作「達」，據川本、滬本及萬曆廣東通志卷五一改。

茂名縣　治。　編户四十六里。無簿。　淳，簡，瘴，近傜。　大陵驛，在縣東九十里。舊係那夏馬驛，萬曆五年改。　赤水、在電白下博鄉。去府一百一十里。平山村〔一〕舊屬電白縣。在縣東南四十里舊電白縣境。　二巡檢司。　舊有博茂巡檢司，革。　廢潘州，在縣境。唐初置南宕州，治南巴縣。貞觀中，改潘州，徙治茂名。宋開寶中，廢入茂名。　廢潘水縣，在縣境。唐武德中置，屬潘州。宋開寶中廢。　廢南巴縣，在鑑江西一里許。本梁南巴郡。隋廢爲縣。後省入連江縣。唐復置，宋廢〔二〕。　廢良德縣，在懷德鄉〔三〕。陳置務德縣，更名良德。隋屬隴州。唐貞觀中，高州徙治於此。宋初，廢入電白縣。今改屬本縣。

【校勘記】

〔一〕平山村　「村」，川本、滬本同，嘉靖廣東通志初稿卷一〇、萬曆廣東通志卷五一、紀要卷一〇四無。

〔二〕後省入連江縣唐復置宋廢　「連江縣唐復置宋廢」，底本作「德隋屬隴州唐宋觀中高州徙治在此」，據川本、滬本及萬曆廣東通志卷五一改刪。

〔三〕廢良德縣在懷德鄉　底本作「德鄉」，據川本、滬本及萬曆廣東通志卷五一改補。

電白縣　府東北四十五里。東四十里。是舊治。編户四十六里。裁減。僻，瘴。地偏海瀕，民性勁悍〔一〕。城周一千一百丈。〔旁注〕疑是舊城。黄志云：神電衛城，六里四十步，周一千一百丈。舊治在東北四十里懷德鄉懷德鄉，今屬茂名〔二〕。寶山下，即古高涼郡城。元大德八年，郡徙茂名，遂爲縣城。正統中，毁於傜寇。成化四年，僉事陶魯奏遷縣治於神電衛城。南至海濱六里。廢保寧縣，在下保寧鄉。本梁連江郡，隋廢爲縣。唐開元中，改保寧，屬高州。宋廢入電白。神電衛，在東南一百八十里下保寧白石坡〔三〕。左、右、中、前四千户所，後千户所守鎮陽春。掘岡驛，在神電衛西。舊係立石馬驛，萬曆五年改。舊有立石巡檢司，革。闒一〔四〕，在縣東北立石驛西。湖山嶺，在縣西北七十里。山勢聳拔，爲諸山宗。登其巔，瞰大海如池沼然。上有龍潭，其深莫測。中有雙巨魚，人或見之，遇旱以木石投之〔五〕，立雨。莊垌嶺，在縣北二里。高峻，爲縣主山。奇壁山，在縣西北十五里。射合水，出縣東北三十里帽嶗山下，流入茂名縣界。五藍河，在縣東三十里。南入海。鹹水湖，在縣南三十里。四水皆淡，惟湖獨鹹。説者以爲地竅通海，故名。蓮頭港，在縣南四十里。源出奇壁山下，北流入港，南接大分洲，通於海。按此俱未徙治時志。

【校勘記】

〔一〕地偏海瀕民性勁悍　底本爲眉批，川本同，據滬本及萬曆廣東通志卷五一改移。

〔二〕懷德鄉今屬茂名 底本倒誤於上文「舊治」之上，川本同，據滬本乙正。

〔三〕白石坡 「坡」，底本作「陂」，川本同，據滬本及萬曆廣東通志卷五一改。

〔四〕闕一 川本、滬本同，紀要卷一〇四作「立石闕」。

〔五〕遇旱以木石投之 川本、滬本同，萬曆廣東通志卷五一「遇旱」下有「居民」兩字。

信宜縣 古名竇州。 府北八十五里。 編户十五里。裁減。 箇，獞，雜傜。 縣治枕山，民俗質野〔一〕。 城周二百五十五丈〔二〕。本志：五百二十五丈。 舊會典有竇江驛，今無。 大間山，在縣西北二十里。間於茂名、信宜二縣，故名。 歐嶺，在縣西北一百里。其下西川之水出焉，經舊譚峨縣，流至縣城南〔三〕，合東水。 冬淺夏深，無石。 民以竹簰運至縣城下，方通舟楫。 龍山，在縣東二十里。 山勢險峻，南有石孔，約深五尺，謂之風窖。 北有石孔，其深莫測，謂之雨窖，遇旱禱雨即應。 故老相傳，有龍伏於窖中，故名。 雲岫山，在縣西南三十里。 羅竇洞，在縣南一里。古竇州因此得名。 特亮江，在縣西一百里。 源出宋山下〔四〕。 東川環繞，經雲岫山，轉而南流。 西川，即譚峨江也。 向南直流，至縣前西南，乃合而東通府治大河。 信宜守禦千户所，隸神電衛。 舊有中道巡檢司，去縣東北五十里羅馬村〔五〕，革。 營屯山，在治東北。〔旁注〕志無。 龍山，在東一十里。 宋山，在縣西七十里。 白馬山，在縣北一百里。 古樓山，在東七十里。 形勢險峻。 上有三峯，高低相疊，其狀如樓。 雷公嶺，在縣東北一百里。〔旁注〕本志：一百四十里。其下東川之水出焉。繞中道流至縣城南，合西水入於竇江。灘峻水急，多峭石。冬淺夏深，民以竹篺乘運。竇江，有東西二派，東水出雷公嶺，西水出歐嶺，八十里逕鑑江迤東，南流入於海。麗水江，在縣東北八十里。源出白馬山，流入宜州界。高源水，在西北一百里。源出高源嶺，合譚峨水，東南流，入茂名縣界。廢竇州，在本縣。唐初置南扶州。貞觀初，改竇州。宋熙寧中，廢入高州。廢特亮縣，在縣西北一百二十里。唐初置，屬竇州。宋開寶中廢。廢譚峨縣，在縣西南二十里。唐置，屬竇州。宋開寶中廢。

【校勘記】

〔一〕縣治枕山民俗質野　底本爲眉批，川本同，據滬本及萬曆廣東通志卷五一改移。

〔二〕城周二百五十五丈　「丈」，底本作「里」，川本同，據滬本及萬曆廣東通志卷五一改。

〔三〕流至縣城南　「城」，底本作「界」，川本同，據滬本及萬曆廣東通志卷五一、萬曆高州府志卷一改。

〔四〕源出宋山下　「出」，底本脱，川本同，據滬本及萬曆廣東通志卷五一補。

〔五〕去縣東北五十里羅馬村　「去縣東北五十里」，底本爲旁注，川本同，據滬本改移。又「東北」，底本脱，川本同，據滬本及嘉靖廣東通志初稿卷一〇補。

化州　府西南九十里。編户三十七里。無判。僻，簡，饒，瘴。大海環其南，三江繞其東北，瀕海郡惟此地炎風不蒸，民少痁疫。圖經。　城周八百七十丈，北際江。　元爲化州路，屬海北海南道宣慰司。本朝洪武初，改爲府。八年，降爲州，以石龍縣省入。九年，降爲縣。十四年，升爲州。　石龍岡，在州城北。岡脈自北渡江而來，潛水中，謂之龍尾，又露石於州治左，謂之龍首。　畬禾嶺，在州西一百五十里。傜人以是爲畬田種禾〔一〕。　高源水，在州西北一百里。源出高源嶺，合譚峨水。　平樂水，在州西五十五里。源出畬禾嶺下，東流四十餘里，與陵水合。內淺外深，簰筏所至無灘險，因名。　廢陵羅縣〔二〕，在州北一百二十里。唐置，屬羅州，後屬辯州。宋省入石龍縣。　陵水馬驛，在州治前。圖經：在州城內西。　梁家沙巡檢司，在進二都。　麗山，在州北二十里。州之鎮山。　來安山，在州北八十里。接古羅州，地極險峻，東南惟一徑可登〔三〕。昔鄉人避兵之處。　陵水，在北九十里。源出廣西北流縣扶來山下，西南流七十里，至陵羅鄉，合羅水。　羅水，在北九十里。源出北流縣峨石山下〔四〕，東南流七十餘里，合阜陽、平源諸水，迤邐從州東會本府鑑江，繞城南，下平源，經吳川入海。　平源江，在州南三十里。納陵、羅、鑑江諸水，南流下吳川縣，達於海。

【校勘記】

〔一〕傜人以是爲畬田種禾　川本、滬本同，萬曆廣東通志卷五一「是」下有「嶺」字。

〔二〕廢陵羅縣　「廢」，底本作「處」，據川本、滬本及紀要卷一〇四改。
〔三〕東南惟一徑可登　「徑」，底本作「郡」，據川本、滬本及萬曆廣東通志卷五一改。
〔四〕源出北流縣峨石山下　「源」，底本作「流」，川本同；底本「峨」下衍「娥」字，川本同，據滬本及萬曆廣東通志卷五一、紀要卷一〇四改删。

吳川縣　州南七十里。　編户二十七里。　無簿。　僻，簡，沿海。　邑瀕巨海，人多囂訟〔一〕。　城周五百八十丈。　東至海三里。　招義山，在縣西北二里。　近信山，在縣西北三十五里。　特思山〔二〕，在縣西南七十里。　其勢突兀，爲衆山之最。　特呈山，在縣南六十里。與雷州府遂溪縣平樂海嶺相鄰，北有茂暉場近焉。　平城江，在縣西二十里。　源自化州那陽山，合特思山之水，東流二十餘里，經林公渡，入於海。　零洞水〔三〕，在縣西三十里。　源出零洞山，會譚峨，入於海。

寧村巡檢司，南三都地聚村，去縣五十里。　寧川守禦千户所，隸神電衛。　通志：有硇州巡檢司。

吳川水，在治西。　自鑑江分流，至限門，入於海。　吳川水〔四〕，縣西一里。　源自鑑江，至化州，納陵、羅諸水，至縣北二十里鋪脚村，復納浮山水，流至合江渡下，分爲三川〔五〕，旋繞於縣之南，復合爲一，至限門入於海。　限門，在縣南三十里。　其門狹隘曲折，納三川之水，放於海，故名。　水道曲狹，值潮退，沙磧淺露，或潮滿風急，舟楫皆不敢來往。　廢羅州，在縣西北一百二十里。宋元嘉初，鎮南將軍檀道濟於陵羅江口築石城〔六〕，因置羅州。隋廢。唐復置，治廉江縣。宋太平興國中廢。　廢幹水縣，在廢羅州西七十三里。劉宋置招義縣。唐改曰幹水。宋廢。　廢零緑縣，在廢羅州西南一百二十里。唐置，屬羅州。宋廢入本縣。　廢翔龍縣，在硇州東〔七〕。　硇州，在縣南一百四十里。屹立海中，當南北道，乃雷、化犬牙處〔八〕。宋端宗嘗駐此，海中黄龍見，以硇州爲翔龍縣。益王遷廣〔九〕，爲元兵所追，駐於此。明年崩，衛王即位。是月〔一〇〕，黄龍見海上，羣臣皆賀，乃升其地爲翔龍縣。

【校勘記】

〔一〕邑瀕巨海人多囂訟　底本爲眉批，川本同，據滬本及萬曆廣東通志卷五一改移。

〔二〕特思山　「思」，底本作「恩」，據川本、滬本及紀要卷一〇四改。

〔三〕零洞水　「零」，底本作「靈」，據川本、滬本及明統志卷八一改。

〔四〕吴川水　底本脱，川本同，據滬本及萬曆廣東通志卷五一、紀要卷一〇四補。

〔五〕分爲三川　「三」，底本作「二」，川本同，據滬本及萬曆廣東通志卷五一改。

〔六〕鎮南將軍檀道濟於陵羅江口築石城　「石」，底本作「此」，川本同，據滬本及萬曆廣東通志卷五二改。

〔七〕在硇州東　「東」，川本、滬本同，嘉靖廣東通志初稿卷五、萬曆廣東通志卷五二、明統志卷八一無，蓋衍。

〔八〕乃雷化犬牙處　「犬」，底本作「大」，川本同，據滬本及明統志卷八一改。

〔九〕益王遷廣　「益」，底本作「蓋」，川本、滬本同，據宋史益王紀、明統志卷八一、萬曆廣東通志卷五二改。

〔一〇〕是月　「月」，底本作「日」，川本、滬本同，據宋史益王紀改。

石城縣　州西一百一十里。編户四十六里。裁減。僻，簡。境連海北，習尚儉約〔一〕。城周五百三十七丈。關一，在縣南陵禄岸。天堂山，在縣北一百二十里。元末鄉民保聚於此。望恩山，在縣南五十里。驛路經其麓，突起三峯〔二〕，狀如筆架，迴繞縣治。九洲江〔三〕，在縣東北二十里。源出廣西陸川縣南橋江，南流，西接本縣前雙水，入海。其江至冬水淺，沙渚出露有九〔四〕，故名。零禄水〔五〕，在縣西一百二十里。即零烈水。源出廉州，東南流於海。東橋江，在縣東南四十里。源出化州謝獲山，南流二十里，經遂溪縣柳浦，東流會入石門水入海〔六〕。官寨港，在縣西南一百二十里。源出石康縣六牛山下，南流二十里，入永安大海。近官寨場，故名。息安驛，在縣西八十里〔七〕。新和馬驛，在縣治北〔八〕。三合馬驛〔九〕，縣北六十里。凌禄巡檢司，縣西境一百五十里。守鎮石城後千户所，隸雷州衛。通志有三合遞運所，在縣豐三都。南廉水，在縣東一里。源出廣西容縣界，東南流入海。

【校勘記】

〔一〕境連海北習尚儉約　底本爲眉批，川本同，據滬本及萬曆廣東通志卷五一改移。

〔二〕突起三峯　「三」，底本作「之」，川本同，據滬本及萬曆廣東通志卷五一、萬曆高州府志卷一改。

〔三〕九洲江　「洲」，底本作「州」，川本同，據滬本及萬曆高州府志卷一、紀要卷一〇四改。

〔四〕沙渚出露有九　「沙」，底本作「河」，川本同，據滬本及萬曆廣東通志卷五一改。

〔五〕零禄水　「零」，川本、滬本及萬曆廣東通志卷五一同，嘉靖廣東通志初稿卷一、萬曆高州府志卷一作「凌」。

〔六〕石門水　「石」，底本脱，川本同，據滬本及萬曆高州府志卷一、紀要卷一〇四補。

〔七〕在縣西八十里　「在」，底本脱，川本同，據滬本及萬曆廣東通志卷五一、紀要卷一〇四補。

〔八〕新和馬驛在縣治北　「和」，底本作「河」，川本、滬本同，據嘉靖廣東通志初稿卷一〇、萬曆廣東通志卷五一、紀要卷一〇四改。「馬驛」，底本倒誤於下文「縣治北」下，川本同，據滬本及萬曆廣東通志卷五一乙正。「在」，底本無，川本同，據滬本及萬曆廣東通志卷五一補。

〔九〕三合馬驛　底本倒誤於下文「縣北六十里」下，川本同，據滬本及萬曆廣東通志卷五一乙正。

廉州府

元爲廉州路〔一〕。洪武元年〔二〕，改爲廉州府。八年，改爲州。九年，屬雷州府。十四年，復爲府。自瘴江至此，瘴癘尤甚。元和志。筦樞海北，控扼交南。通志〔三〕。〔眉批〕西距交阯，北控西粵，南守珠海。每遇之冬，則水陸羽檄交馳。

東防黔夷〔四〕，西控諸番，外障交黎，内剿珠寇，視三嶺獨勞。近百年來，銅柱舊封，日淪異域，極目關河，已非元封、建武之盛，澌漂四峒，實我藩籬，而藉口故土，猶狡焉有啓疆之思。況夫狼、傜雜居，巖障幽阻，寇略未息，桴鼓時鳴，其爲東南之憂不小。據山瀕海，風氣勁悍。其人好剛而弗馴，於習多扞法，海有魚鹽，其力易給，以故於什一之業弗務也。田不計畝〔五〕，收穫多者爲上田，數富以牛之孳息〔六〕，然侈濫無節，雖上户鮮百金之積者，徵輸急，輒貨於賈人，利復計利，無有窮極，習而安之。故賈人常操其奇贏，而民益困〔七〕。即工匠之輩，多舍本業而行子母錢。其稍知務農者，又皆仰其成於天。舊志謂：民性愚而生計拙，似矣。附郭之民，樸茂而稍知分，至於遠鄉，不服勾稽，不供税賦，一或被獲，寧甘服毒，否則羣起而奪之，逃於他境，以爲常。其語音雜侏㒧〔八〕，師巫之流，相爲授受，所撰俗字，官師不能識，爲水道入安南之要路。

州一，縣三。

屬海北道。

還珠馬驛，府東一百八十里至白石，西一百二十里至烏家。

廉州衛左、右、中三千户所。

廉之山自五嶺來者，脈絡遠不可尋，近則經交州之廣源，歷西粵之思明、上思二州〔九〕，藂起而爲分茅嶺，又歷欽州，盡防城之曲，而南入於靈山，峯巒盤繞，而大廉爲最。水自仙隆山出者，爲防城江；自大容山出者，爲廉江，二水交流於郡中，而廉江爲最。

大廉山，在府東一百里。

龍門嶺，在府東八十里。

廉江，在府北三十里。即合浦江，又名晏江。源出廣西容縣大容山，南至本府，地名州江口，分爲五江：

州江〔一〇〕、王屋屯江、陳屋江〔一一〕。白沙塘江、大橋江、新村江，環流府城西南，入於海。龍門水，在府東三十二里。源出龍門嶺，西南流，合惠澤泉，又龍津橋，繞城南，會珠母、南津諸水入江。西流分二支，曰：源頭，曰龍門。環城北入於江。府城，在廉江東，宋築。國朝洪武三年，增築西城，六百九十丈五尺，是爲舊城。二十八年移東城，一百五十丈。增廣土城，四百一十八丈。宣德間，磚甃之，是爲新城，城周八百二丈。成化初，增拓舊城，百四十六丈，周一千丈有奇。

【校勘記】

〔一〕元爲廉州路 「廉」，底本作「廣」，據川本、滬本及明統志卷八二、萬曆廣東通志卷五三改。

〔二〕洪武元年 「洪武」，底本脱，川本同，據滬本及明統志卷八二、萬曆廣東通志卷五三補。

〔三〕自瘴江至此至通志 底本爲眉批，川本同，據滬本及萬曆廣東通志卷五三改移。

〔四〕東防黔夷 「黔」，底本作「默」，川本同，據滬本改。

〔五〕田不計畝 「計」，底本作「既」，據川本、滬本及萬曆廣東通志卷五三改。

〔六〕數富以牛之蕐息 「蕐」，底本作「築」，川本同，據滬本及萬曆廣東通志卷五三改。

〔七〕而民益困 「益」，底本作「亦」，據川本、滬本及萬曆廣東通志卷五三改。

〔八〕其語音雜侏𠌯 「雜」，底本作「離」，據川本、滬本及萬曆廣東通志卷五三改。

〔九〕歷西粵之思明上思二州　「粵」，底本漫漶，據川本、滬本及萬曆廣東通志卷五三補。

〔一〇〕州江　底本「江」下衍「口」字，據川本、滬本及紀要卷一〇四刪。

〔一一〕陳屋江　川本同，滬本「陳」上有「一作」兩字。清統志卷四五〇引舊志：「陳屋江，今呼爲王屋屯江。」此處當有脱誤。

合浦縣　治。編户三十里。無簿。簡，淳，瘴，雜夷。元合浦縣。本朝洪武元年〔一〕，革合浦入石康縣。十四年，復置〔二〕。南至海八十里。廉州府城〔三〕，在府北七十五里蓬萊鄉。唐州治也。一在府西北一十五里多欏鄉。五黄山，在縣北一百五十里。冠頭嶺，在縣南八十里。清水江，在縣東十五里。源出博峨山，達於州江〔四〕，合流入海。白沙江，在東一百二十里。大河江，在縣南三十里。洪潮江，在縣西北四十里。猛水江，在縣北十里。石灣江、晏水、州江水，並在縣北二十里。遊擊府，萬曆十八年，初建於潿州，尋爲風毀。二十年，遷永安所城内〔五〕，以潿州爲汛。總督陳大科疏：廣東珠池，先今紀載地名，參差不一，據今在廉州府者五：曰斷望，曰平江，曰青鸎〔六〕，曰楊梅，曰烏泥〔七〕；在雷州府者一，曰對樂〔八〕，共六池。其所謂白沙、海渚二池，潿州地圖不載矣。永安守禦千户所，在東六十里。舊所在石康安仁里，洪武二十七年，遷合浦縣海岸鄉。白石、大廉村，府東八十里。烏家故石康縣西七十里〔九〕。二馬驛〔一〇〕。高仰〔一一〕、今廢縣南十里。珠場、白沙海岸，縣東南六十里。永平永平村，縣西北四百里。三巡檢司〔一二〕。白石東四十里至雷州息安。烏家西一百二十里至欽州天涯。

通志有還珠驛〔一三〕，在府治東。珠母池〔一四〕，在東七十、南八十里大海中〔一五〕，左有斷望、對達二池，右有平江、楊梅、青鸎三池，出蚌，多大珠。左二池無珠，右三池有珠，剖可得珠，即古合浦也。灟州，海中廣袤周迴一百里。昔有野馬渡。萬曆十八年，建遊擊府。銅船湖，在廢石康縣界，縣北四十里。交州記：湖去合浦四十里。每陰雨日，百姓樵捕，即見銅船出水上，俗傳漢馬援鑄銅船五。漢唐故城，在府東北七十五里蓬萊鄉舊州村。漢合浦、唐廉州俱治此。宋故城，在石康縣東北瀕江。宋開寶五年，徙合浦郡治於長沙場，即其地。那思公館，在府東一百里，地名洗米江。烏家驛，在府西北一百里。崇禎三年，裁驛，即歸還珠並管。

【校勘記】

〔一〕本朝洪武元年　「元年」，川本、滬本同，嘉靖廣東通志初稿卷一〇、萬曆廣東通志卷五三作「八年」，明史地理志作「七年」，明統志卷八三、紀要卷一〇四作「初」。

〔二〕元合浦縣至十四年復置　底本爲眉批，川本同，據滬本及明統志卷八二、萬曆廣東通志卷五三改移。

〔三〕廉州府城　「廉」，底本作「廣」，川本同，據滬本及明統志卷八二、萬曆廣東通志卷五三改。

〔四〕達於州江　「達」，底本作「遠」，川本同，據滬本及萬曆廣東通志卷五三、崇禎廉州府志卷一改。

〔五〕遷永安所城内　「永」，底本脱，川本同，據滬本及萬曆廣東通志卷五三補。

〔六〕青鷺　「青」，底本脱，川本同，據本書下文、滬本及萬曆廣東通志卷五三補。「鷺」，川本同，本書下文作「鸚」，滬本作「鴛」，萬曆廣東通志卷五三同，清統志卷四五〇引縣志作「嬰」。

〔七〕烏泥　「烏」，底本作「鳥」，川本同，據滬本及萬曆廣東通志卷五三改。

〔八〕對樂　「樂」，底本作「六」，川本、滬本同，萬曆廣東通志卷五三、萬曆雷州府志卷四作「樂」，據改。

〔九〕故石康縣西七十里　「石」，底本作「名」，川本同，據滬本及萬曆廣東通志卷五三改。「西七十里」，底本作「東南六十里」，據川本、滬本及萬曆廣東通志卷五三改。

〔一〇〕二馬驛　底本作「二永平三巡檢司永平」，川本作「二馬驛舊名石康縣」，據滬本及萬曆廣東通志卷五三改刪。

〔一一〕高仰　「高」，底本漫漶，據川本、滬本及萬曆廣東通志卷五三補。

〔一二〕三巡檢司　底本倒誤於上文「永平」下，川本同，據滬本及萬曆廣東通志卷五三乙正。

〔一三〕還珠驛　「還」，底本作「環」，據川本、滬本及嘉靖廣東通志初稿卷一〇、萬曆廣東通志卷五三改。

〔一四〕珠母池　「池」，川本、滬本同。舊唐書地理志、寰宇記卷一六九、明統志卷八二、萬曆廣東通志卷五三、萬曆廉州府志卷二、紀要卷一〇四作「海」，紀勝卷一二〇作「池」，勝覽卷三九同。

〔一五〕在東七十南八十里大海中　川本、滬本同。明統志卷八二作「在合浦縣東南八十里」，萬曆廣東通志卷五三、紀要卷一〇四、清統志卷四五〇同，疑此「七十」二字衍。

欽州　城内外軍民雜居，衣冠禮貌，不異中州，而鄉落則蓬首跣足者有之。去郭三十里，多無舍宇，結木爲栅，覆以茅竹，中半架閣，人居其上，牛居其下，謂之高欄，猶然上古巢居之風與。

其近安南之地者，家無几案器皿，賓客燕會，則席地共食，蓋混於狼、猺之習，無足異云。靈山土腴〔一〕，民亦力作。壤地所入，廩庾常饒〔二〕，然侈靡相高，無間歲之積〔三〕，一遇凶荒，輒亦稱貸，故其民亦日以貧。冠昏喪祭，間用儒禮。客至，無貧富出果酒，致殷勤。鄰里親戚，吉凶相助。一行結納，便戀戀不能忘，蓋庶幾中土之風焉〔四〕。府西一百七十里。南至海六十五里。編户一十里。元欽州路。本朝洪武二年，立欽州府。八年，改爲州，屬廉州。無同。濱海，雜夷。分巡海北道兼兵備僉事一員。城周五百九十四丈五尺。舊有防城水驛，平銀、天涯二馬驛，〔旁注〕志有天涯在州東，西一百里至安南界。革。寧越遞運所，革。州城，舊在靈山縣思林都。今舊州墟其故址也。地卑鬱，多瘴癘。宋天聖元年，遷於白沙之東，即今治。欽江、漁洪二水夾流左右，會於猫尾，由龍門以入海。中州之地，至此而盡，十萬〔五〕、分茅，横跨西維，界分華夏。欽州守禦千户所。如昔〔六〕、在州西一百七十里如昔都〔七〕。嘉靖二十一年，移置沙州地方〔八〕。管界〔九〕、州西一百八十里白花山下，防守廣、廉界要害之地〔一〇〕。沿海、州南十里。長墩州西三十里鳳凰江口，乃漁洪、北歷二水所會之處。四巡檢司〔一一〕。元安遠縣，本朝并入欽州。欽江，在州城外。源出靈山縣北一十五里洪牙山，南入於海。漁洪江，在州西二十里。源出州西北六十五里羅浮山，南入於海。一云：出西北九十里安京山〔一二〕，西南流，入於海。分茅嶺，在州西南三百六十里古森峒〔一三〕，與交趾分界。漢馬援征平交趾，於嶺下立銅柱，以表漢界。山頂産茅，南北異向，至今猶然。宣德間，陷入交趾新安州。龍門江，在州南六十里。至府一百八十里，一作二百一十里〔一四〕。兩山對峙，形勝若門，故曰龍門。門外羣山錯列海中〔一五〕，有七十二徑。西經涌淪、周墩，入於交趾永安州，乃欽州之要害地也。

【校勘記】

〔一〕靈山土腴　「腴」，底本作「腴」，據川本、滬本及萬曆廣東通志卷五三改。

〔二〕廩庾常饒　「庾」，底本作「庾」，據川本、滬本及萬曆廣東通志卷五三改。

〔三〕無間歲之積　「積」，底本作「即」，據川本、滬本及萬曆廣東通志卷五三改。

〔四〕蓋庶幾中土之風焉　「風」，底本作「中」，據川本、滬本及萬曆廣東通志卷五三改。

〔五〕十萬　「十」，底本作「千」，川本同，據滬本及清統志卷四五〇改。

〔六〕如昔　底本此下衍「巡檢司」三字，川本同，據滬本及崇禎廉州府志卷三、康熙廉州府志卷三删。

〔七〕在州西一百七十里如昔都　「西」，底本脱，川本同，據滬本及崇禎廉州府志卷三補。

〔八〕沙州　「沙」，底本作「河」，川本同，據滬本及崇禎廉州府志卷三改。

〔九〕管界　底本誤作「如昔」，又「管界」兩字錯簡於下文「防守廣、廉界要害之地」後，川本同，據滬本及萬曆廣東通志卷五三、崇禎廉州府志卷三改。

〔一〇〕防守廣廉界要害之地　「廉」，底本作「兼」，據川本、滬本及崇禎廉州府志卷三改。

〔一一〕四巡檢司　底本錯簡於上文「長墩」下，川本同，據滬本及崇禎廉州府志卷三乙正。

〔一二〕一云出西北九十里安京山　「一云出西北」，底本脱，川本同，據滬本及紀要卷一〇四補。

〔一三〕古森峒　「峒」，底本作「崗」，川本同，滬本作「岡」。萬曆廣東通志卷五三、崇禎廉州府志卷二、康熙廉州府志卷二作「峒」，紀要卷一〇四作「洞」，清統志卷四五〇同，據改爲「峒」。

〔一四〕一作二百一十里　「里」，底本脱，川本同，據滬本補。

〔一五〕門外羣山錯列海中　「門外」，底本脱，川本同，據滬本及嘉靖欽州志卷一、萬曆廣東通志卷五三補。

靈山縣　州北二百一十里。　編户三十里。無簿。　簡，僻。　城周五百一十丈。　舊治在縣西北五里峯子嶺下〔一〕。宋治平二年，遷石六峯之東，即今治。　舊有安遷、龍門二馬驛，革。格木、安河二遞運所，革。　洪崖山，在縣東北三十里。與廣西横州接壤，遊宦往來俱由此。　羅陽山，在縣東三十里。　松柏嶺，在縣北十里。爲縣主山。　浮龍江，在縣東六十里。經藍水、銅鼓灣，入横州。　武利江，在縣南七十里。　大洸江，在縣南二百六十里。發源安業鄉高崙嶺，西南流，至平銀渡〔二〕，直抵大洸港口，入於海。　大潮江，在縣西南二十里。出梁冠山，合南岸大江。　龍門江，在縣西南九十里。出博嶺山，北流，合南岸大江。　黄敢江，在縣西二百六十里。至宣化縣，合大江。　風帶江，在縣西北九十里。　馬槽江，在縣北二十五里。源自廣屋嶺〔三〕，南流入於江〔四〕。　水車江，在縣西南一百七十里。發源狼濟山，南流，合於大江。　西靈山，在縣西一里。唐貞觀中，移治於此。　宋州守陶弼叙曰：治平三年，徙欽州靈山治於此。石六峯，即西靈山。在縣西一里。其山純石〔五〕，平地聳出六峯。舊州江，在縣西六十里流洞山下，西流四十里，會南岸大江〔六〕，入欽江。南岸大江，在縣東南一里。發源羅陽天堂二山，中有四灘：曰陽險〔七〕，曰滑石，曰雞冠，曰大冠。其水至欽州入於海。會於欽江〔八〕。洪崖江，發源有二：一出自宋太鄉羅陽山下〔九〕，一出洪崖山下，各經於縣，中有四灘：曰羊險、滑石、雞冠、大冠，會入欽江。欽江縣，在縣治西南秋風鄉，爲欽州城東廂地。遵化縣，在縣南三十里上武安鄉新現村〔一〇〕，址存。内亭縣，在縣西九十里下甲鄉陸屋村，址存。舊州故址，在縣西八十里下東鄉。唐自欽江徙州治於此。宋天聖元年，又徙州治於安遠，今爲墟市。郡志：伏波之闢九郡也，徐聞之人以冬己酉日遇害，故州人以是日爲臘而祭其先。

【校勘記】

〔一〕舊治在縣西北五里峯子嶺下　「在」，底本錯簡於「里」下，川本同，據滬本及崇禎廉州府志卷三乙正。

〔二〕至平銀渡　底本「至」下衍「經」字，川本同，據滬本及嘉靖欽州志卷一刪。

〔三〕源自廣屋嶺　「源」，底本脱，川本同，據滬本及嘉靖欽州志卷一補。

〔四〕南流入於江　「流」，底本作「渡」，川本同，據滬本及嘉靖欽州志卷一、崇禎廉州府志卷二改。

〔五〕其山純石　「純」，底本作「絶」，據川本、滬本及萬曆廣東通志卷五三改。

〔六〕南岸大江　「大江」，底本脱，川本、滬本同，據嘉靖欽州志卷一、萬曆廣東通志卷五三補。

〔七〕曰陽險　「陽」，川本、滬本及萬曆廣東通志卷五三同，嘉靖廣東通志初稿卷二、紀要卷一〇四作「羊」。本書下文重出亦作「羊」。

〔八〕會於欽江　「江」，底本作「州」，川本同，據滬本及萬曆廣東通志卷五三改。

〔九〕宋太鄉　「鄉」，底本作「卿」，川本同，據滬本改。

〔一〇〕在縣南三十里上武安鄉新現村　「三」，底本作「二」，川本、滬本同；「現」，底本作「見」，川本、滬本同，據嘉靖欽州志卷七、萬曆廣東通志卷五三改。

雷州府

元雷州路。本朝洪武元年，改爲府。北枕高涼山，直達廣右。山寇之來，必經石城。是以石城爲藩蔽，無足患者。惟東、西、南三面濱海，海寇乘風而至，無常時，亦無定處，故防禦爲難。議者欲設哨船，立營兵，計亦善矣。然道里不相及〔一〕，風勢不相值，乃欲以十數艘之力〔二〕，而周迴六百里之間，是以卒鮮成功。惟在沿海居民，立保伍自相爲守，以逸待勞，庶克有濟。雷州突出海中，三面受敵。其遂溪、湛川、瀾洲、樂民等四十餘隘，因爲合衛三道門户，而海安、海康、里石、清已並徐聞，録槖許溢，亦不可緩〔三〕。　縣三。　屬海北道。　分守與參將駐劄。　宋胡銓城記：圍五里有奇。　雷州衛左、右、中、前、後五千户所。　城北五里有英靈崗，府治之主山也。狀如屏几。一名烏卵山。　西北四十里曰吉斗山〔四〕。山尖，盤圍三十里。形如盤斗，故名。　擎雷山，在南八里。擎雷水出焉。自銅鼓村南流七十里，東入於海。水源有三：一出山樵銅鼓，一出鷓鴣坡，一出徐聞縣界。三水合流，環繞府治，如帶。　平源水，在府西北一十五里。合擎雷水入於海。　博袍水，出府西八十里博袍山之南。西流入於海。　東十里有東洋海。其中有思靈島，產米、豆。　東南一百八十里有漉州，崛起海中。周圍五十餘里。上有田地腴沃，盛產荷花。　西南一百一十里有邵洲〔五〕，周圍六十里。居民皆煮鹽爲生〔六〕，初爲荒蕪之地，有邵姓者闢而居之，因名。　南一百三十里西洋海中，曰徒會山〔七〕。枕西海中，高三十餘丈，周圍三十里。　漢元鼎中，始以徐聞得名，不知在州治何地。至梁大通間，改爲南合州，在特侶塘邊〔八〕。唐天寶二年，遷麻歷村。貞元初，復遷特侶塘舊址。後梁開平四年，遷於平樂白院村。南漢乾亨二年，仍遷回特侶塘舊址。乾亨十三年〔九〕，遷今衛治。元至元間，遷今府治。　雷川縣故址，在海康縣境〔一〇〕。隋志云：大業初，廢摸落〔一一〕、羅阿、雷川三縣，入於海康縣。

【校勘記】

〔一〕然道里不相及　「里」，底本作「理」，據川本、滬本改。

〔二〕乃欲以十數艘之力　「數」，底本作「藪」，據川本、滬本改。
〔三〕亦不可緩　「緩」，底本作「援」，川本同，據滬本改。
〔四〕西北四十里曰吉斗山　「西」，底本作「東」，川本、滬本同，明統志卷八二、嘉靖廣東通志初稿卷二、萬曆廣東通志卷五五、萬曆雷州府志卷三作「西」，據改。
〔五〕邵洲　「洲」，底本作「州」，川本同，據滬本及萬曆廣東通志卷五五改。
〔六〕居民皆煑鹽爲生　「鹽」，底本作「海」，川本、滬本同，據萬曆廣東通志卷五五、萬曆雷州府志卷三、紀要卷一〇四改。
〔七〕徒會山　「徒」，底本作「陡」，川本同，據滬本及明統志卷八二、萬曆廣東通志卷五五改。
〔八〕特侣塘　「特」，底本作「時」，川本同，據滬本、本書下文及萬曆廣東通志卷五五、萬曆雷州府志卷二一改。
〔九〕乾亨十三年　「亨」，底本作「立」，川本同，據滬本、本書上文及萬曆廣東通志卷五五、萬曆雷州府志卷二一改。
〔一〇〕在海康縣境　「海康」，底本脱，川本、滬本同，據嘉靖廣東通志初稿卷五、萬曆廣東通志卷五五、萬曆雷州府志卷二一補。
〔一一〕摸落　「摸」，底本作「模」，川本、滬本同，據隋書地理志改。

海康縣　治。編户五十里。無丞。　淳，饒，雜黎。　舊有將軍馬驛，革。雷陽遞運所，革。　海康守禦千户所，在縣灣蓬村。　雷陽馬驛，在北門南坊。　清道、縣西南一百二十里，第九都烏石港。　黑石縣東南九十里〔一〕，第一都新寧村。　二巡檢司。

【校勘記】

〔一〕縣東南九十里　底本「縣」上衍「黑」字，川本同，據滬本及萬曆廣東通志卷五五、萬曆雷州府志卷八删。「南」，底本脱，川本、滬本同，據萬曆廣東通志卷五五、萬曆雷州府志卷八補。

遂溪縣　府東北一百八十里。編户四十八里。無簿。簡，饒，瘴。城周四百七十丈。　舊有新安水馬驛，革。桐油遞運所，革。　樂民守禦千户所，在縣蠶村。一作第八都。　東北百五十里曰調樓山。枕海，高十丈，産米榛，可以充饑。　東有東溪。縣治東七十步。西南合傍塘溪，入於海。縣南一里，流向西南，合東流水，經二十四都，會三鴉水，轉東入於海。　東南八十里三鴉水，源發大陂〔一〕，流向東，合傍塘水。　西南七十里曰螺岡山。其下武樂之水出焉。流向南轉〔二〕，東入於海。　廢椹川縣，舊有椹縣，隋改曰椹川，大業初，廢入扇沙縣〔三〕。　廢遂溪縣，即古鐵杷縣〔四〕。紹興二十年，遷縣西南。乾道四年，再遷今縣。遺址尚存。　城月馬驛，在本村中。　桐油馬驛，在城内。　湛川巡檢司，在舊縣。　潿洲舊有巡檢司〔五〕，革。　潿洲山，在西南二百里海中。舊名大蓬萊〔六〕。周圍七十餘里〔七〕。内有八村，上有温泉〔八〕。黑泥可浣衣，白如雪。田少人稠，民以采珠爲業〔九〕。又有蛇洋洲〔一〇〕，與潿洲相對，亦名小蓬萊。

【校勘記】

〔一〕源發大陂　「陂」，川本、滬本及紀要卷一〇四同，萬曆廣東通志卷五五、萬曆雷州府志卷三作「坡」。

〔二〕流向南轉　「南轉」，底本倒誤「轉南」，據川本、滬本及萬曆廣東通志卷五五乙正。

〔三〕扇沙縣　「沙」，底本作「河」，川本同，據滬本及隋書地理志、萬曆廣東通志卷五五、萬曆雷州府志卷二一改。

〔四〕鐵杷縣　「杷」，底本作「耙」，川本同，據滬本及隋書地理志、舊唐書地理志、寰宇記卷一六九、明史地理志改。

〔五〕灟洲　「洲」，底本作「州」，據川本、滬本、本書前文及萬曆雷州府志卷八改。下「灟洲山」改同。

〔六〕大蓬萊　「大」，底本脱，據川本、滬本及萬曆廣東通志卷五五補。

〔七〕周圍七十餘里　「七十」，底本作「二百」，川本、滬本同。明統志卷八二、嘉靖廣東通志初稿卷一〇、萬曆廣東通志卷五五、萬曆雷州府志卷三、紀要卷一〇四作「七十」，據改。

〔八〕上有溫泉　底本「上」前衍「其民專以采珠爲業」八字，川本同，據滬本及萬曆廣東通志卷五五、萬曆雷州府志卷三删。

〔九〕民以采珠爲業　「珠」，川本、滬本同，萬曆廣東通志卷五五、萬曆雷州府志卷三、紀要卷一〇四作「海味」。

〔一〇〕蛇洋洲　「洋」，底本作「澤」，川本同，據滬本及明統志卷八二、萬曆廣東通志卷五五、紀要卷一〇四改。

徐聞縣　府西南一百五十里。一作八十。　編户九十里。　簡，饒，瘴。　一云唐貞觀初立〔一〕，在麻鞋村。舊治在十六都討網村〔二〕。元至元二十八年，遷於賓樸村。本朝天順間，寇陷，又遷於海安城。弘治十四年，復遷賓樸。　城周六百丈。　舊有沓磊遞運所，革。　海安守禦千户所，在縣南博張村西二十里。錦囊守禦千户所，在縣新安村。一作三十八都〔三〕。英利馬驛，弘治元年，移置過安營中。在縣北十六都。東場、在東場〔四〕。寧海在調黎浦口。二巡檢司。舊有遇賢巡檢司，革。石門山，在縣西北六里〔五〕。高十丈，周圍十里。上有大石若門闥。山頂有潭，潭有井，不竭。今石畔一門爲傜所損。西北四十里有廉賓水。源出馬鞍山〔六〕，流至那網橋〔七〕，合頓吞水，過青銅，至老沙港，入海。東十里有大水溪，源出龍牀山〔八〕，流接大水。有石灘，水聲響急，下旋迴爲潭，深不可測，名爲龍潭。南經海安城，東入海。渡海至瓊州四百一十里，曰老鵶洲。去城四里，渡海周折四百一十里，乃號爲靈山鎮海灘。至瓊州。

【校勘記】

〔一〕一云唐貞觀初立　「云」，底本作「名」，據川本、滬本及萬曆廣東通志卷五五改。

〔二〕討網村　「網」，底本作「綱」，川本、滬本同，據萬曆廣東通志卷五五、萬曆雷州府志卷八、紀要卷一〇四改。

〔三〕一作三十八都　「三」，川本、滬本同，嘉靖廣東通志初稿卷一〇、萬曆廣東通志卷五五作「二」。

〔四〕東場在東場　底本脱，川本同，據滬本及萬曆雷州府志卷八、紀要卷一〇四補。

〔五〕在縣西北六里　「六」，底本作「七」，據川本、滬本及嘉靖廣東通志初稿卷二、紀要卷一〇四改。

〔六〕馬鞍山　「馬」，底本作「焉」，據川本、滬本及萬曆廣東通志卷五五、萬曆雷州府志卷三改。

〔七〕那網橋 「網」，底本作「梱」，川本、滬本同，據萬曆廣東通志卷五五、萬曆雷州府志卷三改。

〔八〕龍牀山 「牀」，底本作「狀」，川本同，據滬本及萬曆廣東通志卷五五、萬曆雷州府志卷三改。

瓊州府

郡在海中，爲雷、廉之外户。五指腹心，盡爲黎據。郡邑無不濱海。本古雕題、離耳二國。漢武帝平南越，遣軍往漲海洲上略得之，始置珠崖、儋耳二郡。〔眉批〕海中洲居，廣袤千里。漢書。田疇三熟，蠶綿八登。通志。元瓊州路〔一〕，屬海北海南道宣慰司〔二〕。本朝洪武二年，改瓊州。三年，升爲府。九年，屬廣東布政司。五指山，在府南五百餘里。一名黎婺。在思河生黎峒中。五峯如指，其高際天。郡之諸山，皆其發脈，春夏之間，雲霧凝蔽〔三〕，秋高氣清時，見極頂翠峯，隱隱亭毒之表。四面皆海，山勢自五指山逶迤而下，黎峒據其嶺，州縣環海而居。黎易治，往時之亂，多有司激之耳。郡周圍二千餘里。中盤黎峒，有黎母山，諸蠻環居，號黎人。去省地遠，不供賦役者曰生黎，耕作省地者曰熟黎。黎人之外，始是州縣。州三，縣十。屬海南道。兵備與參將、把總駐劄。整飭海南兵備兼分巡副使一員，分守參將一員，並駐崖山〔四〕。海南衛左、右、中、前、後五千户所。海口後千户所城，在府北十里。瓊山縣海口都海江之南〔五〕。瓊州府右。洪武二十七年，都指揮花茂奏築防倭。周五百五十丈，東北臨海。陶公山，即扶山〔六〕。在府東南五十里。道書謂此天下第二十四福地。有陶公開之，得道而去。故又名陶公山。下有巨潭，水流三十六曲，以達於江。瓊山，在縣南六十里。土石皆白，如玉而潤。種榔、蘋〔七〕，味特美，縣以此名。瓊崖嶺，在南一十里。下有古珠崖郡城址。南渡江，在縣南一十里。源出五指山，歷臨高、澄邁、定安三縣，會諸水至此，北入於海。海口江〔八〕，在縣北一十里。北接雷州徐聞縣境，舟行一日可抵岸。又名海口渡。漢珠崖郡城，在東潭都。唐瓊州城，在白石都。宋開寶徙今治，即漢玳瑁縣地〔九〕。城周一千二百五十三丈。子城周三百十二丈。扶山，在東南五十里。山左有五嶺：一曰從衡〔一〇〕，二曰思峒，三曰光螺，四曰居碌，五曰居林。遞相擁護，故曰扶山。其下有巨潭，流合三十六曲，以達於大江〔一一〕。那射山，在縣東南八十里。銅銚溪出其陽，中有巨石，形如銅銚，水注其中，有聲如雷，旱聞之則雨，雨聞之則止。黎母水，在縣東南三里。漢珠崖郡城，在縣東南東潭都石陵村，址存。梁崖州城，在縣東南三十里。廢舍城縣，在府東北二百六十里。隋大業中置，唐於此置崖州。宋省入瓊山縣。廢顏盧縣〔一二〕，在廢舍城縣境。隋置顏盧縣，唐改顏城，屬崖州。後廢。廢武德縣，在扶山下。隋置。西南一百六十里有南溪嶺。中有大石，盤圍十丈許。上有一小石，扣之，其聲如鼓，又名石鼓嶺。南即生黎地。番民所，在海口浦。即今海田也。元籍南番兵立其長麻林爲總管。後其子孫存者，俱爲蜑人。

【校勘記】

〔一〕元瓊州路 川本、滬本同。按元史地理志：唐置瓊州，「元至元十五年，隸海北海南道宣慰司。天曆二年，以潛邸所幸，改乾寧軍民安撫司。」此「瓊州」下「路」字當衍。

〔二〕海北海南道宣慰司 「海南道」，底本作「海通」，川本同，據滬本及元史地理志、明統志卷八二改。

〔三〕雲霧凝蔽 底本作「雪霧」，川本、滬本同，據嘉靖廣東通志初稿卷二、萬曆廣東通志卷五七改補。

〔四〕並駐崖山 「並」，底本作「一之」，川本同，據滬本改。

〔五〕海江之南 川本、滬本同。按本書下文云：「海口江，在縣北一十里。」清統志卷四五二：海口港，「在瓊山縣北十里，海口所北。」與此所載正合，疑「海」下脱「口」字。

〔六〕扶山 「扶」，底本作「挾」，下衍「石」字，川本同，滬本「挾」作「扶」。按本書下文作「扶山」，隋書地理志珠崖郡武德縣「有扶山」，萬曆廣東通志卷五七、紀要卷一〇五作「扶山」，據改删。

〔七〕種椰蕷 「椰」，底本作「柳」，川本同，據滬本改。清統志卷四五二：瓊山，「所產檳榔，其味尤佳。」

〔八〕海口江 「江」，川本、滬本同，明統志卷八二、萬曆廣東通志卷五七、紀要卷一〇五作「港」，疑此「江」爲「港」字之誤。

〔九〕漢玳瑁縣 川本、滬本同。按紀勝卷一二四瓊州瓊山縣引元和志云「本漢瑇瑁縣地」，寰宇記卷一六九引鄭彥云「瓊山在古玳瑁縣」，則漢置瑇瑁縣，非玳瑁縣，而古玳瑁縣非漢置，此「漢」或爲「古」字之誤，或「玳」爲「瑇」字之誤。

〔一〇〕從衡　「衡」，底本作「横」，川本同，據滬本及萬曆廣東通志卷五七、紀要卷一〇五改。

〔一一〕以達於大江　「以」，底本作「水」，川本同，據滬本及明統志卷八二、紀要卷一〇五改。

〔一二〕廢顔盧縣　「顔」，底本作「源」，據川本、滬本、本書下文及隋書地理志、新唐書地理志改。

瓊山縣　治。　編户一百七十里。　煩，饒。　舊有白沙水驛，革。　瓊臺馬驛，城西北。

東至文昌一百五十里，西至澄邁四十里。　舊有海口遞運所，隆慶元年革。　舊有清瀾巡檢司，革。

澄邁縣　府西六十里。　編户五十六里。　無簿。　簡，饒。　城周四百餘丈。　舊有通潮、西峯二馬驛，革。　漢苟中縣〔一〕，在縣南四十里那舍都〔二〕。　澄邁山，在縣東十五里。　新安江，在縣南六十里。　源自五指山歷臨高，經縣境，入定安，至瓊山南渡江，入海。　廢曾口縣，在縣南七十里。　唐貞觀置，南漢省。　今爲博羅村址。　澄江，在縣東。　自安仁都流出〔三〕，達海。　四時澄澈，隋以名縣。　澄邁巡檢司，縣西北十里石躩都。　新通志作那拖巡司，在那拖浦。

【校勘記】

〔一〕漢苟中縣　「苟」，底本作「旬」，川本作「荀」，據滬本及寰宇記卷一六九、萬曆瓊州府志卷四改。

〔二〕漢苟中縣在縣南四十里那舍都　底本爲旁注，川本同，據滬本及萬曆瓊州府志卷四改移。

〔三〕安仁都　「仁」，底本作「人」，川本、滬本同，據正德瓊臺志卷五、萬曆廣東通志卷五七、萬曆瓊州府志卷四改。

臨高縣　府西一百八十里。〔旁注〕西南二百三十。　編户六十七里。無簿。　僻，饒，頗刁。

縣治。唐武德間，立於東塘都，爲臨機縣。開元初，更今名。宋紹興遷英丘都，尋徙莫村，即今治〔一〕。　城周六百丈，北依山岸。　舊有珠崖馬驛，革。　那盆嶺，在縣東南三十里。脈自五指山北來，至縣，平地突起，一峯高聳而圓，狀若覆盆。蜿蜒東北，復起一、二峯，出瓊山之南。　大江，在縣南一百八十里。源自五指山，至澄邁、定安、瓊山，達海口港，入海。　廢臨機縣，在縣西二十里。唐置。今那虞都海邊亦有臨機村。　毗耶山，在縣西北十里。一名高山。寰宇記：山頂有獸，狀似天蛇，俚人呼爲毗耶，故名。山上有吞人石，其神靈能捍賊。　田牌、在墳横峒，縣南二十里胥村都〔二〕。博鋪在英丘都，縣北三十里英丘都〔三〕。二巡檢司〔四〕。

【校勘記】

〔一〕縣治至即今治　底本爲旁注，川本同，據滬本及正德瓊臺志卷一三改移。

〔二〕縣南二十里胥村都　底本錯簡於下文「在英丘都」之下，川本同，據滬本及正德瓊臺志卷一四乙正。
〔三〕縣北三十里英丘都　底本錯簡於上文「縣南二十里胥村都」之下，川本同，據滬本及康熙瓊郡志卷三乙正。
〔四〕二巡檢司　底本錯簡於上文「博鋪」下，川本同，據滬本及正德瓊臺志卷一四乙正。

定安縣　府南八十里。縣治，元至正辛卯，立於南資都。天曆二年，遷瓊牙鄉。國朝洪武二年，徙今址〔一〕。編户三十里。裁減。僻，簡，饒。城周五百九十三丈。丫髻嶺，在縣西南二十里。又名邁本嶺。自西南蜿蜒過東北，復起一小峯，爲縣主山。廢忠州，在縣西南黎峒中。唐咸通間，擒黎賊蔣璘等，於其地置州，兵還遂廢。元定安縣，至治間，改南建州。本朝復爲定安縣。黎母山，在南四百里。山有五峯，又名五指山。盤據瓊、崖、儋、萬之間。四州之山脈水源，皆出自此。圖經云：島上四州，以黎母爲主山〔二〕，特高，每日辰巳後，雲霧收斂，則一峯聳翠插天。申酉間，復蔽不見。建江，在縣治北一里。源出五指山下，歷臨高，出澄邁新江，經此達瓊山〔三〕，南渡入海。元升縣爲南建州，以此中有清潭，深數丈。

【校勘記】
〔一〕徙今址　「址」，底本作「治」，據川本、滬本及正德瓊臺志卷一三、萬曆廣東通志卷五八改。
〔二〕以黎母爲主山　「主」，底本作「之」，川本同，據滬本及正德瓊臺志卷五改。

〔三〕瓊山　「瓊」，底本作「横」，川本、滬本同，據正德瓊臺志卷五、萬曆廣東通志卷五七、萬曆瓊州府志卷三改。

文昌縣　府東一百六十里。編户三十八里。無簿。僻，饒。城周三百五十丈。

玉陽山，在縣北十里。乃邑之主山。邁犢都，在縣西北一百五十里。抱陵港、青藍頭，在縣東一百里。舊有文昌、賓宰、西北六十里。長岐北六十里。三馬驛，革。紫貝山，在縣北一里。舊紫貝縣地〔一〕，今爲北山都靈山。七星山〔二〕，在縣北一百五十里大海中。峯連有七，一名七洲洋山〔三〕。下出淡泉，航海者必於此取水。其東七星泉，晝夜混混不涸。文昌江，在縣南一里。一名南橋水。其源有二，一自邁南山，一自龍塘，各流至縣南相合，歷清瀾入海。清瀾港，在縣東南三十里。源自下場、溪西二處，合流至此，與海潮相合成港。三江，在縣西一百二十里。一出抱虎嶺，一出水北都，一出焚艛嶺。縣北一百三十里。清瀾渡，在縣南三十里〔四〕。鋪前、青藍頭二巡檢司。清瀾守禦千户所，舊在縣青藍都。城周五百二十五丈。萬曆二年，陷於賊。九年，改遷南砣都。城周三百五十丈。以守備單弱，復陷於賊，議廢。紫貝縣，在紫貝山下。漢置，後省。廢平昌縣，在縣北何恭都潭步村〔五〕。隋名武德。唐武德五年，改平昌。貞觀初，改文昌。縣治，唐初設平昌縣於何恭都，元徙北山都，爲今治。漢紫貝縣〔六〕。

【校勘記】

〔一〕舊紫貝縣地　「地」，底本作「治」，川本、滬本同，據正德瓊臺志卷五、萬曆廣東通志卷五七改。

〔二〕七星山　「星」，底本作「里」，川本、滬本同，據明統志卷八二、正德瓊臺志卷五、萬曆廣東通志卷五七改。

〔三〕七洲洋山　「洲」，底本作「州」，據川本、滬本及明統志卷八二改。

〔四〕清瀾渡在縣南三十里　底本爲旁注，川本同，據滬本及萬曆瓊州府志卷四改移。

〔五〕何恭都　「恭」，底本作「公」，據川本、滬本及萬曆瓊州府志卷四改。

〔六〕縣治至漢紫貝縣　底本錯簡於上文定安縣建江條之後，川本同，據滬本及萬曆廣東通志卷五八、萬曆瓊州府志卷三、紀要卷一〇五改移。「貝」，底本作「貞」，川本同，據滬本、本書前文及寰宇記卷一六九、紀勝卷一二四改。

樂會縣　府東南三百五十里。　編户一十二里。裁減。　饒，簡。　城周三百八十丈。

舊有温泉馬驛，革。　温泉河，在縣南十里。水自西黎山經縣南温湯鋪〔一〕，至東北博敖港，入於海。　廢容瓊縣，唐貞觀置。　貞元中，省入瓊山。　陰陽山，在縣東北一里。　萬全、流馬二水環流其下。　白石山，在縣西四十里。　峯高千仞，頂有巨石，其色蒼白，周迴望之〔二〕，其形各異。　金牛山，在縣東南十五里。　其峯插天，海中望之以定方隅。　風門嶺，在縣西南七十里。　諸黎出入，扼塞之處。　萬泉河，在縣西北二十五里。　源出五指山，會合諸縣之水，亦名飲馬河。　中有印山，中流屹立，若浮印然，周遭有沙護之〔三〕。　一云：合博敖入於河。〔眉批〕萬泉河，源自五指山，流經定安思河黎峒，東南達此，經大踼，至縣西，分爲二支，繞縣治至東北雷樸山，復合出博敖港〔四〕，入大海。以其納會同諸縣衆水之流，故名萬泉。縣治，唐顯慶中，立於泗村都。今屬會同。宋史地理志云：環以黎峒，遷竟不果，寄治南管。是也。元至元中，徙太平鄉，尋徙萬全渡北。大德六年，復徙渡南，爲今治〔五〕。

【校勘記】

〔一〕温湯鋪　「鋪」，底本作「浦」，川本、滬本同，據正德瓊臺志卷五、萬曆廣東通志卷五七、紀要卷一〇五改。

〔二〕周迴望之　「望」，底本作「數」，川本同，據滬本及萬曆廣東通志卷五七改。

〔三〕周遭有沙護之　「遭」，底本作「漕」，川本同；「沙」，底本作「河」，川本同，並據滬本及萬曆廣東通志卷五七、紀要卷一〇五改。

〔四〕復合出博敖港　「復」，底本作「後」，川本同，據滬本及正德瓊臺志卷五改。

〔五〕縣治至爲今治　底本錯簡於上文文昌縣廢平昌縣條之後，川本同，據滬本及宋史地理志、正德瓊臺志卷二七改移。「泗」，底本作「四」，據川本、滬本及萬曆廣東通志卷五八改。「寄」，底本脱，川本同；「管」，底本作「營」，川本同，據滬本及宋史地理志、正德瓊臺志卷二七改補。

會同縣　縣治，元始立於平定鄉，皇慶初，徙端趙都，爲今治。　府東南二百九十里。　編户七里。裁減。　饒，簡。　土田擅數邑之饒，檳榔兼一方之利〔一〕。　城周四百丈。　大塘水，源出黎山，分流縣南〔二〕，豬爲巨塘。　天塘溪，在縣北二十五里。源出文昌天塘嶺，流經此，達樂會萬泉江入海。因源得名。　舊有永豐馬驛，革。　調囂巡檢司，革。　在縣東南十五里太平都南笞村。

【校勘記】

〔一〕土田擅數邑之饒檳榔兼一方之利　底本爲眉批，川本同，據滬本及萬曆廣東通志卷五七改移。

〔二〕分流縣南　「縣南」，底本作「與」，川本同，據滬本及萬曆瓊州府志卷三、紀要卷一〇五改。

儋州　府西南三百七十里。〔旁注〕本志：二百七十。　元爲南寧軍。本朝改儋州〔一〕。　編户四十六里。裁減。　僻，簡，饒。　儋耳城，在州西四十里高麻都滴灘浦。漢樓船將軍楊僕所築。唐初，始徙今治〔二〕。　城周四百七十二丈。　舊治宜倫縣，正統四年，省入州。　州北一里有淪水。西流十里爲大江〔三〕，南流入於海。其名有四：因源出黎母，曰黎水；宋改爲昌化軍，曰昌江；因浦得名，曰新英浦港；曰羊浦港。　舊有古儋、〔旁注〕南門外。大員、〔旁注〕南一百二十里。田頭、大村四馬驛，革。　歸姜馬驛，州東北五十里。隆慶元年革〔四〕。　通志：鎮南司，在州西南三十里抱驛都田頭村。安海司，在州西南八十里抱驛都。鎮南司〔五〕，在州西南四十里田頭驛左。安海司〔六〕，在州西南八十里大村驛左。今二驛並革，事并二司。鎮南、安海二巡檢司。儋州守禦千户所。松林山，在州東北二十里。即隋志藤山也。一名松林嶺，爲州主山。新昌之水出焉〔七〕。龍門山嶺，在州北四十里磨黎都海旁。石峯雙峙，其狀如門，中可泊舟。上有石穴，外狹中虚，名曰風門，可容數十人。桄榔庵，在州南。宋蘇軾謫居時爲偃息之所〔八〕，旁有桄榔林，故名。淪水，在州北一里。發源黎母山，合諸水繞城北，西流十里，至新英浦，與新昌水合流，會潮成港〔九〕，經羊浦入海，疑即大江。又云大江在州東北一里。小江在州東南五里，接大江。大江，在治北。源自黎母山，下流經此，西南入於海。廢宜倫縣，在州西門内。本隋義倫縣，宋改名。廢富羅縣，在州境。本隋毗善縣。唐初更今名，南漢廢〔一〇〕。廢吉安縣，在州境。唐貞觀初，分昌化置，乾元後省，置洛場〔一一〕。廢涔陽縣，在州西三十里涔陽鎮。唐天寶初置。廢洛場縣，在州南四十里。唐乾元後，省吉安縣置，後移儋州城下。宋省入宜倫縣。

【校勘記】

〔一〕元爲南寧軍本朝改儋州　底本爲旁注，川本同，據滬本及明統志卷八二改移。

〔二〕儋耳城至始徙今治　底本錯簡於上文會同縣調囂巡檢司條之後，下注「此段在儋州」，川本同，據滬本及正德瓊臺志卷二七、萬曆廣東通志卷五九改移。「僕」，底本作「樸」，川本同，據滬本及漢書南粵傳改。

〔三〕西流十里爲大江　「爲」，底本作「有」，川本同，據滬本及萬曆廣東通志卷五七、紀要卷一〇五改。

〔四〕隆慶元年革　「隆慶」，底本倒誤作「慶隆」，川本、滬本同。按明會典卷一四六：「儋州歸姜各驛，俱隆慶元年革。」據以乙正。

〔五〕鎮南司　底本脱，川本同，據滬本及萬曆廣東通志卷五八補。

〔六〕安海司　底本脱，川本同，據滬本及萬曆廣東通志卷五八補。

〔七〕新昌之水出焉　「出」，底本作「丏」，據川本、滬本改。

〔八〕宋蘇軾謫居時爲偃息之所　「爲」，底本漫漶，據川本、滬本及明統志卷八二補。

〔九〕會潮成港　「成」，底本作「城」，川本、滬本同，據萬曆廣東通志卷五七、紀要卷一〇五改。

〔一〇〕南漢廢　「漢」，底本作「溪」，川本同，據滬本及廣記卷三七、紀勝卷一二五改。

〔一一〕洛場　「場」，底本作「陽」，川本、滬本同。按新唐書地理志儋州洛場縣：「乾元後置。」寰宇記卷一六九儋州洛場縣：「新置，元縣在黎洞心，因黎賊作亂，今移入州城下。」紀勝卷一二五昌化軍：「廢洛場縣，「乾元初置洛場縣，國朝太宗時省洛場入宜倫。」正合本書所記，此「陽」乃「場」字之誤，據改。下同。

昌化縣　縣治，隋置於昌江洲〔一〕。國朝正統八年，徙今治〔二〕。宋、元屬南寧軍。本朝改今屬。　州南二百九十里。　編户九里。　裁減。　近黎寇。　城周五百八十四丈。　舊有昌江馬驛，革。昌化守禦千户所。九峯山，在縣東一百六十里。山有九峯，盤旋百餘里。昌江，在縣南十里。一作二源，出五指山。其流南出爲南崖江，又名三家港。北江繞縣南流，潮激成港，又名北港。二水合流，灌田甚衆。近水壅塞，流從三家港出，至今爲患。正統六年五月，廣東昌化縣去昌化守禦千户所十里許，運糧者必三度河，然後至所，縣有急，所亦不能赴援。至是徙縣治及儒學於所城内，設分司於東門，館驛於西門，從按察司副使賀敬言也。昌江，源五指山。經流納鎮州峨娘溪水，合流至侯村，始分南、北二江：南江西流經赤坎村，南出會海潮成港〔三〕，故名南崖江，又名三家港；北江繞縣南流，西至烏泥浦〔四〕，與潮相會成港，入於海，故名北港。峻靈山，在縣北一十里。郡國志名朝明山。宋封山神爲峻靈王。蘇軾石碑。

【校勘記】

〔一〕昌江洲　「洲」，底本作「州」，川本同，據滬本及正德瓊臺志卷一三、萬曆廣東通志卷五八改。

〔二〕徙今治　「徙」，底本作「從」，川本同，據滬本改。

〔三〕南出會海潮成港　「潮」，底本作「漕」，川本同，據滬本及萬曆瓊州府志卷三、紀要卷一〇五改。

〔四〕烏泥浦　「烏」，底本作「爲」，川本同，滬本脱，據正德瓊臺志卷六、萬曆瓊州府志卷三改。

萬州　唐龍朔二年，置萬安州，治萬安縣，在通化都。開元九年，移治陵水。宋熙寧間，移博遼。大觀間，爲陵水縣，復移軍於後廊村，即今治。宋、元爲萬安軍。本朝洪武初，改萬州。府東南四百七十里。編户三十九里。裁減。僻，簡，饒。城周四百二十六丈。

舊治萬安縣。〔旁注〕實録作萬寧。正統四年，省入州。六連山，在州北六十里。六峯連亘，起伏三十里。獨洲山，在州東南五十里海中。風帆半日可到。峯勢插天〔一〕，周迴五十里。鳥獸蕃息〔二〕，舟多泊焉。金仙水，流出平政橋，繞東山〔三〕，轉北入小海。潭畔有石盆〔四〕，上有馬蹄、人迹、犁頭、葫蘆痕。古傳有交趾道士鍊丹於此。金仙水〔五〕，在州北二里。源自黎山，流至城北，潴爲潭。潭上有石，平坦。上有人馬迹、葫蘆痕。大溪水，在州南十里。源發西黎山。元延祐戊午，崩爲洪口，南出自芒渡，經保定入海。南陵水，在州西南二里。都封水，在州西南三十里。小海港，在州東二十里。港口石山對峙，爲南北二門，上有石神廟。内有一石船，三石旛，神應如響，商舟往來多禱之。舊有萬全、多陳二馬驛，革。蓮塘巡檢司，〔旁注〕州東三十里宣義都。革。萬州守禦千户所，州東五十里。

【校勘記】

〔一〕峯勢插天　「峯」，底本作「風」，川本同，據滬本及萬曆瓊州府志卷三、紀要卷一〇五改。

〔二〕鳥獸蕃息　「息」，底本作「島」，川本同，據滬本及正德瓊臺志卷六、萬曆瓊州府志卷三改。

〔三〕東山　「山」，底本作「南」，據川本、滬本及正德瓊臺志卷六、紀要卷一〇五改。
〔四〕潭畔有石盆　「盆」，川本、滬本同，嘉靖廣東通志初稿卷二、萬曆瓊州府志卷三作「盤」。
〔五〕金仙水　底本脱，川本同，據滬本及萬曆廣東通志卷五七補。

陵水縣　州南九十里。　編户九里。裁減。　僻，簡。　城周三百四十四丈。　縣治，在南山千户所城内。唐始立於陵水峒博吉李村〔一〕。元初遷南山頭，皇慶間，遷海邊，又遷港門。國朝正統五年，毁於寇，遷南山所城外。成化二年，遷城中〔二〕。　博吉山，在縣東二十里〔三〕。其下有博吉水，西南流，入於海。　源自五指山，繞石山間，出合衆水，至水口港入海。　雙女嶼〔四〕，在縣東一百里大洋中。去岸半日，周迴數十里，兩石對立如人。上有淡水，商舟往來汲之。　都籠水〔五〕，在縣西南二十里。東入於海。　陵栴水，在縣東北十五里。　舊有順潮、烏石二馬驛，革。去縣四十里〔六〕。　南山守禦千户所。　牛嶺巡檢司，在縣北二十里興調鄉。　小五指山，在西南一百里生黎峒中，崖州之界。　脈自五指山，至是挺立數峯。　黎人環居其下。

【校勘記】

〔一〕博吉李村　「李」，底本作「素」，川本、滬本同，據嘉靖廣東通志初稿卷一〇、萬曆廣東通志卷五八、萬曆瓊州府志卷四改。

〔二〕縣治至遷城中　底本錯簡於上文萬州萬州守禦千户所條之後，川本、滬本同，按此實記陵水縣治遷徙，據嘉靖廣東通志初稿卷一〇、萬曆廣東通志卷五八、萬曆瓊州府志卷四改移。

〔三〕在縣東二十里　「在」，底本漫漶，據川本、滬本及正德瓊臺志卷六補。

〔四〕雙女嶼　「女」，底本作「如」，川本、滬本同，據正德瓊臺志卷六、明統志卷八二、紀要卷一〇五改。

〔五〕都籠水　「籠」，底本作「龍」，川本、滬本同，據正德瓊臺志卷六、明統志卷八二、紀要卷一〇五改。

〔六〕舊有順潮烏石二馬驛革去縣四十里　「潮」，底本作「湖」，川本同，據滬本及萬曆廣東通志卷五八、紀要卷一〇五改。「去縣四十里」，川本同，滬本夾注於「烏石」下，蓋是。

崖州　府南一千一百一十里。編户二十一里。裁減。饒，近黎寇。城周五百一十三丈五尺。元爲吉陽軍。本朝改崖州〔一〕。唐崖州，今瓊山。梁崖州，今儋州。宋崖州，今崖州〔二〕。郎勇城，在州東北八里。黎賊出没之處。正德己卯，知州陳堯恩就高阜城之，甃以磚石。周二百四十餘丈。募兵防守，事平罷戍，城今存。樂安城，在州北一百五十里。萬曆四十四年，剿抱由、羅活二峒叛黎，繼議善後招降。建立磚城，周四百丈。舊治寧遠縣，正統四年，省入州。舊有德化、在州西七十里〔三〕。潮源二馬驛，革。太平、藤橋村〔四〕。都許州東二百八十里〔五〕。二馬驛，隆慶元年，革。崖州守禦千户所。義寧馬驛，州治西。在黃流都。北至感恩一百六十里。南至本州一百六十里。藤橋、在州東三百二十里永寧鄉〔六〕。兼理驛事。有土人副巡檢。

抱歲、在州西八十里樂羅村。通遠在州東黄流都即鳳嶺下。有土人撫黎副巡檢司〔七〕。三巡檢司。南山，在州南十里。壁立海偏，爲州屏障。上有馬仞泉。大横嶺，在州西十里。高峻〔八〕，下有路，北入

熟黎抱慍村，通生黎村峒。臨川水，在州東一百三十里。源出黎山，分爲兩派，前後夾流〔九〕。

〔旁注〕唐以此水名縣。後水産石蟹，漁人采之，初頗軟，出水堅硬如石。前水産海鏡。大河水，源

出五指山，至州北，分爲二水，環城而下，復合而入於海。

【校勘記】

〔一〕元爲吉陽軍本朝改崖州　底本爲旁注，川本同，據滬本及萬曆廣東通志卷五七改移。

〔二〕唐崖州至今崖州　底本爲眉批，川本同，據滬本及萬曆廣東通志卷五七改移。

〔三〕在州西七十里　底本錯簡於下文「二馬驛革」之下，川本同，據滬本及萬曆瓊州府志卷四改移。

〔四〕藤橋村　底本錯簡於「太平、都許二馬驛」之上，川本同，據滬本及正德瓊臺志卷一四、紀要卷一〇五改移。

〔五〕州東二百八十里　底本錯簡於「藤橋村」之下，「太平、都許二馬驛」之上，川本同，據滬本及正德瓊臺志卷一四、紀要卷一〇五改移。

〔六〕在州東三百二十里永寧鄉　「二」，底本作「三」，據川本、滬本及紀要卷一〇五改。

〔七〕有土人撫黎副巡檢司　「土」，底本脱，川本同，據滬本補。「司」，川本同，滬本無。

〔八〕高峻　底本作「萬嶺」，川本、滬本同，據正德瓊臺志卷六、萬曆廣東通志卷五七、紀要卷一〇五改。

〔九〕前後夾流　「夾」，底本作「峽」，據川本、滬本及萬曆廣東通志卷五七、紀要卷一〇五改。

寇。

感恩縣　洪武中，屬儋州。　州西南三百二十里。　編户九里。　裁減。　簡，樸，近黎

設土縣丞。　城周三百九十四丈。萬曆九年，遷縣於三十里大雅坡。創築新城，未

完〔一〕。　舊有縣門馬驛，革。　舊有延德巡檢司，革。在縣東南八十里南豐鄉。　小黎母山，在縣東

二百里。脈出自黎母山，危峯峭壁，人迹罕到，黎人環居其下。　息風山，在縣東南十五里。中

有巨穴，深百尺許〔二〕，黑暗莫測。　颶風傷禾，黎人禱之多止。　石排港，在縣西南四十里海

邊〔三〕。有巨石排列，環海一里，中可泊舟。　鎮州，在縣東北七十里。宋大觀初〔四〕，知桂州王

祖道請於黎母山心立倚郭縣曰鎮寧。　尋廢。　九龍縣，漢置。在縣東九龍山。元帝時廢。

縣北十里曰感勞山。其陰感恩之水出焉。　南龍江，源出五指山。　經縣東北五里，南入於海。

兩岸皆巨石。　水自黎母山，東繞縣治而西〔五〕，會潮成港，入海。　兩岸皆巨石。　深不可測〔六〕。

南湘江，源出五指山。　經縣南西入於海。〔旁注〕三十里，經南港浦，入海。

【校勘記】

〔一〕創築新城未完　「築新城未完」，底本錯簡於下文「舊有縣門馬驛，革」之下，川本同，據滬本及萬曆廣東通志卷

五八、萬曆瓊州府志卷四乙正。

〔二〕深百尺許　「尺」，底本作「丈」，川本、滬本同，據正德瓊臺志卷六、嘉靖廣東通志初稿卷一、萬曆廣東通志卷五七改。

〔三〕在縣西南四十里海邊　「海」，底本作「邊」，據川本、滬本及嘉靖廣東通志初稿卷一、萬曆廣東通志卷五七改。

〔四〕宋大觀初　「初」，底本作「中」，川本同，據滬本及正德瓊臺志卷二七、萬曆廣東通志卷五九改。宋史地理志：「鎮州，大觀元年，置鎮州於黎母山心。」則滬本是。

〔五〕東繞縣治而西　「東」，底本作「經」，川本同，據滬本及正德瓊臺志卷六改。

〔六〕水自黎母山至深不可測　底本爲旁注，川本同，據滬本及正德瓊臺志卷六改移。

羅定州

在德慶州南一百五十里。舊爲瀧水縣，隸德慶州肇慶府。萬曆五年，剿平羅旁叛寇升爲州，改今名，直隸布政司。城周六百六十丈有奇。羅介嶺西。州治包羅萬山，宅幽負險。江灘險惡，嵐瘴甚多。郡當新興、陽春、德慶之間，荆棘横野，傜、僚未輯〔一〕。自大征以後，兵壘棋布，雖無遺策，然教化日淺，殘僮狡焉，四方遊徒麕集，山叢谷幽，易於釀變。唯是官必屯營，甿自保伍，招其子弟，誨以社學，使歸於里廛，則榛蕪可闢，而風俗可移也〔二〕。守備羅定、德慶等處，以都指揮體統行事指揮一員。　瀧水驛，在南門外。原新興縣新昌驛。　晉康驛，在晉康鄉。原東亭驛。　莿溝驛，在州南一百里。原恩平縣恩平驛。　平竇驛，在函口。原陽江縣西平驛〔三〕。　掘峒驛，在懷鄉。原電白縣立石驛。　守禦千户所，在縣治右。本瀧水守禦千户所，隸肇慶衛。　雙龍山，在南二十里。高一百餘丈，周五十里。其下有雙龍泉，兩岡對峙，狀如雙龍。　天黄山，在州西一百里。州界之西凡六十五山，此其一也。其上山傜所居。本朝永樂間，始歸化。　瀧水，在州西南八十里。源出傜境大水山，灘高如壁，水流直下。有巨石横亘中流，殊爲險阻。瀧下灘勢稍平，其流亦漫。〔旁注〕源出傜人所居大小二山，流至三都新容村界，有灘約高二丈〔四〕，如壁水流直下，有巨石横江，鄉人以竹筏裝者從高放下〔五〕，稍不分則衝激漂没，至縣治西，宛轉而南，東北流一百六十里，入於錦江。　蒼梧志：州有小江，源出播山，東北流，入大江。小江東爲東山，西爲西山，皆傜、僮所居。案此即今設二縣。　龍腦山，在州東北一十五里。一作一百里〔六〕。　水汶山〔七〕，在州東南一百一十里。周圍四十餘里。山下有泉沸湧而出，因名。又有雙輪山，其高倍之。　上烏山，在州東南一百五十里。其下烏水出焉。山高百餘丈，周圍五十里。水峻而急，東流五十里，經大灣村，入於瀧。　雲霽山，在州南一百二十五里。山高二百丈，周一百里，爲諸山最。四時雲常滃其嶺，故名。其下雲霽之水出焉。委曲西流十餘里，經新村，合包水〔八〕，入於瀧。　縣二。　兵備、守備駐劄。　有南鄉所。　開陽鄉巡檢司〔九〕。　晉康鄉巡檢司，舊屬德慶州〔一〇〕，萬曆七年改。　舊有建水鄉巡檢司，革。　通志：晉康巡檢司，在州北一百二十里。〔旁注〕德慶州南一百餘里。　水鄉巡檢司，〔旁注〕疑即建水鄉。　在古模村，今革。　在思勞都。　德慶州志曰：本州大江以南之地，曰瀧水。小江界分東西，東爲晉康鄉，西爲都城鄉，各設巡司一，遂呼其東爲東山，西爲西山。萬曆四年，平賊，遂改瀧水縣爲羅定州，東設東安縣，及南鄉、富林二千户所，西設西寧縣及函口、封門二千户所〔一一〕，本州江南舊地，定隸於羅定。二縣傜、僮雖討，殘孽未靖，峒落之民，雖小忿必鳴鑼爲衆〔一二〕，殺其牛馬，賣其妻子，謂之傾家罰，與廣、清、遠之石墥、銀盞凹、大墥大相類也。　籍有土有客，土著仍鄙陋，附户逞浮奢，士民未知文義，試童生則多附籍之人趨焉。　有司分土、客，以寬收平土著者。

【校勘記】

〔一〕傜獠未輯　「未」，底本作「平」，川本、滬本同，據萬曆廣東通志卷六二改。

〔二〕羅介嶺西至而風俗可移也　底本爲眉批，川本同，據滬本及萬曆廣東通志卷六二改移。

〔三〕西平驛　「平」，底本作「羊」，川本同，據滬本及萬曆廣東通志卷六二、康熙羅定州志卷六改。

〔四〕有灘約高二丈　「約」，底本作「欲」，據川本、滬本及萬曆廣東通志卷六二改。

〔五〕鄉人以竹筏裝者從高放下　「者」，川本、滬本同，萬曆廣東通志卷六二、紀要卷一〇一作「載」。

〔六〕在州東北一十五里一作一百里　「一十五里一作一百里」，底本作「一百一十五里」，川本同，據滬本及萬曆廣東通志卷六二、紀要卷一〇一改。

〔七〕水汶山　「汶」，川本及萬曆廣東通志卷六二同，滬本及紀要卷一〇一作「紋」。

〔八〕包水　「包」，川本、滬本及萬曆廣東通志卷六二同，紀要卷一〇一作「抱」。

〔九〕開陽鄉巡檢司　「開」，底本作「闕」，川本同，據滬本及明史地理志、康熙羅定州志卷二改。

〔一〇〕舊屬德慶州　「舊」，底本脱，據川本、滬本及紀要卷一〇一補。

〔一一〕封門　底本作「百片」，川本、滬本同。按明史地理志西寧縣：「西南有封門守禦千户所，萬曆五年五月置。」紀要卷一〇一同，此「百片」爲「封門」之誤，據改。

〔一二〕雖小忿必鳴鑼爲衆　「爲」，川本同，滬本作「聚」，當是。

東安縣〔一〕　州東二百二十里。萬曆五年，分高要縣之思勞、思辨、楊柳、都騎四都〔二〕，新興縣之芙蓉都，德慶州之晉康鄉〔三〕，及陽春縣址置。　編户十五里。無丞。　城周三百八十四丈。

雲浮山，高百五十丈。周四十餘里。與陽春縣接界。　南鄉守禦千户所，在縣北六十里。城周三百一十四丈。　富霖守禦千户所，在縣西南六十里。城周三百一十九丈。　羅苛巡檢司，舊屬新興縣。萬曆七年，改在芙蓉都，距縣七十里。　書山，在縣東六十里。高千仞，周五十里，一峯特秀。昔嚴光禄讀書於此〔四〕。　九星巖，在東北隅。旁有石鼓，一孔通於地中，吹之，洪聲如響。傜人吹此以爲號。　大洚水〔五〕，在縣東南一里〔六〕。中多亂石。　羅銀水，在縣西南一百里。源發於雲浮山麓〔七〕，可抵富霖〔八〕。降水，在縣西南二十里。口有石巖，高十餘丈。水由石下。又名靈溪。躭峒水，在縣西南九十里。

【校勘記】

〔一〕東安縣「縣」，底本作「鄉」，據川本、滬本及明史地理志、明統志卷八一改。

〔二〕都騎「騎」，底本作「奇」，據川本、滬本及康熙羅定州志卷一改。

〔三〕晉康鄉「康」，底本作「安」，川本、滬本同，據紀要卷一〇一、康熙羅定州志卷一改。

〔四〕嚴光禄「嚴」，底本作「岩」，川本同，據滬本及萬曆廣東通志卷六二、康熙羅定州志卷一改。

〔五〕大洚水「洚水」，底本漫漶，據川本、滬本及萬曆廣東通志卷六二補。

〔六〕在縣東南一里「在縣東」，底本漫漶，據川本、滬本及萬曆廣東通志卷六二補。

〔七〕雲浮山「浮」，底本作「羅」，據川本、滬本及萬曆廣東通志卷六二改。

〔八〕富霖「富」，底本漫漶，據川本、滬本及萬曆廣東通志卷六二補。

西寧縣　州西北一百五十里。本西山大峒之地。萬曆五年，分德慶州之晉康、都城鄉置。編户十里。無丞。　城周三百八十三丈五尺。　黃陂嶺，在縣南一百八十里〔一〕。　文昌江水，在縣東一里。　羅旁水，在縣東七十里。　封門守禦千户所，在縣西北七十里。城周三百三十九丈。函口守禦千户所，在封門所南一百二十里。城周三百八十二丈六尺。函口西接巨峒，南界高凉，實傜、僚出入之險。都城鄉巡檢司，舊屬德慶州，州西七十里。在縣西四十里。懷鄉巡檢司，舊開陽司改，〔旁注〕瀧水縣一都。疑即闕陽司之誤。

【校勘記】

〔一〕在縣南一百八十里「八」，川本、滬本同，萬曆廣東通志卷六二、康熙羅定州志卷一、雍正廣東通志卷一三作「六」。雍正廣東通志卷一三又云：「舊志一百八十里，誤。」

廣東沿海之府有七，分爲三路，東路爲惠、潮二府，與福建連壤，番舶之所必經，而柘林爲尤要。蓋柘林乃南澳海道門户，據三路之上游，番船自福趨廣，悉由此入。舊例風汛之期，各澳皆設戰艦，秋盡而掣，回泊水寨〔一〕，此在他澳猶可，柘林去水寨一日之遠，警報未易達，倘賊視我無備，批亢擣虚〔二〕，不亦危乎？無柘林是無水寨也，無水寨是無惠、潮也。爲今之計，東路官軍每秋掣班，必以柘林爲堡，愼固要津，附近大城所戍卒互爲聲援，不能規避，若遇颶霧塵霾，尤宜加意。嶺南濱海之郡，左爲惠、潮，右爲高、雷、廉，而廣州中處，於此置省，地綦重矣。環郡大洋，風濤千里，皆盜藪也，可勿備乎〔三〕！嘗考之，三四月東南風汛，日本諸島入寇，多自閩趨廣，柘林爲東路第一關鎖〔四〕，先會兵守此，則可以遏其衝而不得泊矣。其勢必越於中路之屯門、鷄栖、佛堂門、冷水角、老萬山、虎頭門等澳，而南頭爲尤甚，或泊以候風，或據爲巢穴，乃其所必由者，附海有東莞、大鵬戍守之兵，使添置往來，預爲巡哨，遇警輒敵，則必不敢以泊此矣。其勢必歷峽門、望門、大小横琴山〔五〕、零丁洋、仙女澳、九竈山、九星洋等處而西，而浪澳、白澳爲尤甚，乃番舶等候接濟之所也，附海有香山所戍守之兵，使添置往來，預爲巡哨，遇警輒敵，則亦不敢以泊此矣。其勢必歷崖門、寨門海、萬斛山、硇洲等處而西〔六〕，而望峒澳爲尤甚，乃番舶停留避風之門户也，附海有廣海衛、新寧、海朗所戍守之兵，使添置往來，預爲巡哨，遇警輒敵，則又不敢以泊此矣。夫其來不得停泊，去不得接濟，則雖濱海居民，且安枕而卧矣，況會城乎？此應援聯哨，爲中路今日之急務也。議者曰：廣東三路並峙海防，今日倭奴衝突，莫甚於東路，亦莫便於東路，而中路次之，西路又次之，此對日本倭島則然耳。西三郡逼近占城、暹羅、滿刺諸番，島嶼環列，日伺内地之隙，未可少弛防禦。

肇慶志論賦役甚詳，今略采之：田胡爲而有官民哉〔七〕？古者田受於公〔八〕，秦開阡陌，民乃得自買賣爲私田，非上所受，制吏禄，稟生徒，若有没入，則猶屬之官云〔九〕。民田，農人受於富人，既入大半之税，縣官不得更重取之，故其科也輕。官田，官挈以授農人〔一〇〕，歲收其入，以富人之入爲比〔一一〕，故其科也重。其在於今，無復官田矣。朱子謂：漳有官田、職田、學田，名不一，輕重異，吏緣爲姦，欲九等定畝，總一州税租之數而分隷焉。萬曆九年，詔天下丈田。有司言：田地故有官民，歷朝更變〔一二〕，至於今，官者盡屬於民〔一三〕，空存故號，即其所生，識別亦難，請如江西。奏可。概以民丈定賦，官米等隨畝派之〔一四〕，田地雖溢出，第足原額，盡除虚糧而已〔一五〕。

漁課米。國朝立河泊所，以榷漁利。舟楫網技〔一六〕，不以色藝，自實没之〔一七〕。自洪武遣官點視〔一八〕，遂爲額。其後逃絶過半〔一九〕，乃或以他税抵補〔二〇〕，或派黄册民塘，或融納於民户矣。

論曰〔二一〕：漁課第課漁人，河泊所主之，制也。波及州縣，則以死徙〔二二〕，多課無徵，補助之耳。乃有已税民塘，又科之以補課〔二三〕，此於初意，失之遠矣。

大誥：養魚池澤〔二四〕，照地起科，非辦課處生事擾民，拏致梟令，以快良民之心，其嚴乎！

課鈔。國初設税課司，商貨三十税一。民間土田，官給契本、工墨、印記，而收其税，後以永樂七年爲額〔二五〕。正統元年，課鈔不及三萬貫者革之，有司兼領，後復設。至嘉靖五年〔二六〕，始革。此項遞年並無徵解。舊志，解府備給官吏俸鈔，蓋課廢徵於民糧，分派各倉〔二七〕。歲久，雖老胥亦不知其間有課鈔矣〔二八〕。閩中或以巡攔抵課，此皆充餉。

酒税。嘉靖四十年，部檄爲陳愚見禆聖治事。於是墟市酒肆皆税，解布政司，轉解淮安倉，是再榷也〔二九〕。

課鈔則諸色在其中矣。自融於糧，人不知中有課鈔。凡有利者，漸漸税之。

料即貢也。國朝以物料爲貢，額辦者原有定額，又謂之歲辦。其雜辦歲無嘗數，藩司承部不時之派也。名色孔多，往部符下藩司，徵之郡邑，敷於里甲，數無常〔三〇〕，民愚不能户知，吏書神鬼其間，通里役爲姦利。前者方輸官，而催科使又至〔三一〕，民病之。嘉靖八年，御史邵豳請均一料派〔三二〕，便徵納，節民財，以九年爲始，料俱折價，隨糧帶徵。官米一石，科銀一分八釐〔三三〕，民米一石，科銀三分八釐七毫，解布政司。其額辦、歲辦、雜辦名目，一切除之。續派不敷，取於贓贖。椒木、鹽利、銀硃料〔三四〕，以存司糧銀扣抵，俱免加派，謂之正派，均一料價。嘉靖三十七年，部檄急缺應用料銀預裁額數〔三五〕，以便民情，以濟工用〔三六〕。官米每石增銀九釐二毫，民米每石增銀二分三釐八毫，所謂續派四司料也〔三七〕。萬曆十二年，又有續派。甲丁借用三庫料價及鋪墊銀〔三八〕，官民米每石通派銀五釐五毫奇。豳議不能守〔三九〕，至是凡兩變矣〔四〇〕。

鹽課。

鹽煮海而成，非人力莫致，故籍塘丁之登，與民異。計丁辦課，制也。其後築田爲池〔四一〕，引水漬沙〔四二〕，瀦於井，瀉池不及半寸，烈日暴之，而鹽成矣。丁亡絶，以田補之，一井當一丁之課。於是有丁引，有田引，而田始登於籍。富者田數千百井，鹽丁之貧者如故。田引多則竈亡絶，丁引毋溢額〔四三〕，貧者其有瘳乎？高要人綦毋慮〔四四〕，當宣和間副轉運，領廣、惠、潮、恩鹽課，謂鹽田鬻於富人，因廢竈故額損於元豐，請買田依竈納課，許之。其言今施行亦煮鹽之田也〔四五〕。閩中嘗欲折色，招商行於漳、泉，如粤，不果，盡令折色〔四六〕。

醃商自買而税之〔四七〕，屯田積粟。不然，即轉漕於邊〔四八〕，無不足。余應詔言之矣〔四九〕。

【校勘記】

〔一〕回泊水寨　「回」，底本作「四」，川本、滬本同，據雍正廣東通志卷九改。

〔二〕批亢擣虚　「亢」，底本作「抗」，據川本、滬本改。

〔三〕可勿備乎　「勿備乎」，底本漫漶，據川本、滬本補。

〔四〕柘林爲東路第一關鎖　「東路第」，底本漫漶，據川本、滬本及雍正廣東通志卷九補。「關鎖」，底本作「鷄栖」，據川本、滬本及雍正廣東通志卷九改。

〔五〕大小横琴山　「琴」，底本作「瑟」，川本、滬本同，據雍正廣東通志卷九改。

〔六〕碙洲　「碙」，底本作「硐」，川本同，滬本作「網」，據本書後文廣州引崖山新志及紀要卷一〇一改。

〔七〕田胡爲而有官民哉　「田」，底本作「國」，川本、滬本同，據萬曆肇慶府志卷一一改。

〔八〕古者田受於公　「於公」，底本漫漶，川本作「於上」，據滬本及萬曆肇慶府志卷一一補。

〔九〕制吏禄稟生徒若有没入則猶屬之官云　「禄」，底本作「録」；「没入」、「則」，底本漫漶；「屬」，底本作「科」，並據川本、滬本及萬曆肇慶府志卷一一改補。

〔一〇〕官挈以授農人　「挈」，底本作「絜」，據川本、滬本及萬曆肇慶府志卷一一改。

〔一一〕以富人之入爲比　「之」，底本作「二」，川本同；「比」，底本作「此」，川本同，並據滬本及萬曆肇慶府志卷一一改。

〔一二〕歷朝更變　「朝」，底本作「欲」，川本同，滬本作「次」，據萬曆肇慶府志卷一一改。「更變」，底本作「變更」，川本同，據滬本及萬曆肇慶府志卷一一乙正。

〔一三〕官者盡屬於民　「盡」，底本作「書」，川本同，據滬本及萬曆肇慶府志卷一一改。

〔一四〕官米等隨畝派之　「隨」，底本作「隋」，據川本、滬本及萬曆肇慶府志卷一一改。

〔一五〕盡除虚糧而已　「除」，底本作「際」，川本同，據滬本及萬曆肇慶府志卷一一改。

〔一六〕舟楫網技　「技」，底本作「妓」，川本、滬本同，據萬曆肇慶府志卷一一改。

〔一七〕自實没之　「没」，底本作「設」，滬本同，據川本及萬曆肇慶府志卷一一改。

〔一八〕自洪武遣官點視　「點」，底本作「默」，川本、滬本同，據萬曆肇慶府志卷一一改。

〔一九〕其後逃絶過半　「後」，底本作「復」，川本同；「絶」，底本作「沌」，川本同，並據滬本及萬曆肇慶府志卷一一改。

〔二〇〕乃或以他税抵補　「税」，底本脱，川本、滬本同，據萬曆肇慶府志卷一一補。

〔二一〕論曰　「論」，底本作「諭」，川本同，據滬本及萬曆肇慶府志卷一一改。

〔二二〕則以死徙　「徙」，底本作「徒」，川本同，據滬本及萬曆肇慶府志卷一一改。

〔二三〕又科之以補課　「之」，底本作「科」，川本同，據滬本及萬曆肇慶府志卷一一改。

〔二四〕養魚池澤　「池」，底本作「地」，川本同，據滬本及萬曆肇慶府志卷一一改。

〔二五〕後以永樂七年爲額　「後」，底本作「復」，川本、滬本同，據萬曆肇慶府志卷一一改。「爲」，底本作「可」，川本同，據滬本及萬曆肇慶府志卷一一改。

〔二六〕至嘉靖五年　底本脱「靖」字，川本同，據滬本及萬曆肇慶府志卷一一補。

〔二七〕蓋課廢徵於民糧分派各倉　「課」，底本作「謂」；「糧分」，底本漫漶，據川本、滬本及萬曆肇慶府志卷一一改補。

〔二八〕雖老胥亦不知其間有課鈔矣　「亦」，底本脱，川本、滬本同，據萬曆肇慶府志卷一一補。
〔二九〕是再榷也　「再」，底本作「在」，據川本、滬本改。
〔三〇〕數無常　「常」，底本作「蓄」，川本同，據滬本及萬曆肇慶府志卷一一改。
〔三一〕而催科使又至　「科」，底本作「料」，川本同，據滬本及萬曆肇慶府志卷一一改。
〔三二〕御史邵豳請均一料派　「料」，底本作「科」，據川本、滬本及萬曆肇慶府志卷一一改。
〔三三〕科銀一分八釐　「銀」，底本作「鴿」，川本、滬本同，據萬曆肇慶府志卷一一改。下同。
〔三四〕銀硃料　「硃料」，底本作「珠科」，川本、滬本作「珠料」，據萬曆肇慶府志卷一一改。
〔三五〕部檄急缺應用料銀預裁額數　「缺」，底本脱，據川本、滬本及萬曆肇慶府志卷一一補。
〔三六〕以濟工用　「工」，底本作「上」，川本、滬本同，據萬曆肇慶府志卷一一改。
〔三七〕所謂續派四司料也　「派」，底本脱，川本、滬本同，據萬曆肇慶府志卷一一補。「料」，底本作「科」，川本同，據滬本及萬曆肇慶府志卷一一改。
〔三八〕甲丁借用三庫料價及鋪墊銀　「料」，底本作「科」，川本同，據滬本及萬曆肇慶府志卷一一改。
〔三九〕豳議不能守　「能」，底本作「孔」，川本同，據滬本及萬曆肇慶府志卷一一改。
〔四〇〕至是凡兩變矣　「兩」，底本、滬本作「四」，川本作「西」，據萬曆肇慶府志卷一一改。
〔四一〕其後築田爲池　「後」，底本作「復」，川本同，據滬本及萬曆肇慶府志卷一一改。
〔四二〕引水漬沙　「漬沙」，底本作「清河」，川本作「漬河」，據滬本及萬曆肇慶府志卷一一改。
〔四三〕丁引毋溢額　「毋」，底本作「母」，滬本同，據川本及萬曆肇慶府志卷一一改。

〔四四〕綦毋慮　「綦」，底本作「纂」，川本同，據滬本及萬曆肇慶府志卷一一改。

〔四五〕其言今施行亦煮鹽之田也　「今」，底本作「合」，川本、滬本同；「亦」，底本作「不」，川本、滬本同，並據萬曆肇慶府志卷一一改。

〔四六〕盡令折色　「令」，底本作「合」，川本同，據滬本及萬曆肇慶府志卷一一改。

〔四七〕醃商自買而税之　「醃」，底本漫漶，據川本、滬本及萬曆肇慶府志卷一一補。

〔四八〕即轉漕於邊　「漕」，底本作「濡」，川本同，滬本作「輸」，據萬曆肇慶府志卷一一改。

〔四九〕余應詔言之矣　「詔」，底本作「謂」，川本、滬本同，據萬曆肇慶府志卷一一改。「言」，底本作「之」，據川本、滬本及萬曆肇慶府志卷一一改。

廣寧　先是同知呂天恩，議四會縣北一百三十里譚圃地勢平衍，山水環，民居稠密，道理適均，宜立縣治。其北五十里龍口水最要害，宜移四會後千户所守禦〔一〕，及肇慶衛前、中二所軍屯田。東八十里雙車圖，界清遠，近葵梅諸峒，移金溪巡檢司居之。龍口西三十里，扶落口、白芒、鵝叫、扶黎、顔水諸巢咽喉也。移扶溪巡檢司居之，撫按以聞，詔可。後分巡僉事鍾彦寀〔二〕、知縣韋弁采羣策，以爲譚圃崎嶇，惟大圃適中，遂以建縣，四會所亦立城中，龍口別置所，以肇慶衛中所軍五十守禦。扶溪依前議移扶落，而金溪屬四會如故，龍口所未置。論者以爲失據險之意云。

北洋水寨。葉春及記：粤緣海舊有六寨，潮有柘林，惠有碣石，廣有南頭，雷有白鴿門，廉有烏兔，瓊有白沙，上下聯絡。第所則海朗、雙魚，相去二百里〔三〕，寨則南頭、白鴿門，相去一千三百四十里〔四〕，而北津居其中。故歲調東莞戈船，發神電、陽江、雙魚、海朗軍士〔五〕，戍陽船澳，爲北津外藩。嘉靖三十五年，撤戍，自此盜賊如履堂皇，一陷海朗，再陷雙魚，三寇陽江，入其郛，北津、海陵民無噍類。萬曆四年，督府淩公奏言〔六〕，陽、雷緣海〔七〕，雖隸白鴿門部，未免魯縞之弩，請以北津爲寨，以雷、廉參將兼水寨事，烏兔雖近珠池，遣一校守海康，可無患，請罷之，以兵備北津之闕。制曰：可。八年，督府劉公請革參將，置欽總。十四年，海防同知方應時始築城，周二百二十丈。總督淩雲翼疏〔八〕：沿海六水寨，柘林一寨，與閩爲鄰，近設漳、潮副總兵，分割管轄其惠州之碣石寨〔九〕，瓊州之白沙寨，雷州之白鴿門寨，三府各有陸路參將，即以水寨就近分屬兼理，罔不稱便。南頭寨爲省城門户，聽廣州海防參將專一督理，惟陽、雷一帶，倭夷海寇出没之衝，先年屬白鴿門寨信地，兵寡地闊，管顧不周。近雙魚、神電連陷，雖經前督臣以撫民設寨把守，乃一時權宜之計，未爲萬全。乞將西路巡海參將改爲海防，於此增設一水寨，名曰北津，信地自海朗所界起，西至吳川、遂溪界止，亦如南頭，兵船則大小六十，官兵則二千三百餘名。烏兔寨，僻在海角，雖近珠池，雷、廉參將委官領兵船十隻，移駐海康，自無他慮。裁革烏兔，得官兵一千五十四，西路巡海船又得三十二，就爲陽、雷參將之用，不足撥補。其潮州、高、肇陸路參將如舊。弓兵。國朝於要害巡檢司以詰姦人及私鹺、逃軍，弓兵則以丁糧僉點〔一〇〕，俱有定額。今汰而取其直，以別餉兵。民壯。民壯始於正統十四年，令各處招募操練，遇警調發，事平爲民。天順元年，官給鞍馬器具，免糧五石，人二丁，隨州縣里數而多寡其額〔一一〕，則弘治二年也。往皆朋編，十年一次。丁糧多者爲正户，少者爲貼户〔一二〕。大約七八十石而編一人，有一二十户朋一人者，正户加取或有逋負，亦爲之累。所募之人，率多孱弱。嘉靖十四年，御史戴璟惟照原額以糧派銀，隨糧帶徵，官爲雇募，不復編正、貼户。每名歲給工食銀七兩二錢，器具銀二錢，按月支給。銀後不徵於官〔一三〕，當役自收，加索不免。有司往往私役，一役率二人助之，謂之幫丁，工食自倍。立法之初，固以守城禦寇〔一四〕，而皆孱弱不足恃。兵備道乃以各縣民壯抽赴郡城練之，謂之團操，命官統領。令復行戴御史以糧派銀、隨糧帶徵法，又汰其額，取工食，以別餉兵，而團操亦罷。論曰：弘治詔里選丁壯，豈非兵甸遺意哉〔一五〕？家人子不習爲兵，老弱濫廁，占役多門，冒名掣充，父子相擅，虛名鮮實，不能應卒，則其敝也，官兵既如彼，民兵又如此，勢必出於客兵。嗟嗟，亦未睹其害哉！凡人忍以父母之身，千里而蹈湯火，必其虎狼之性，非厚利不足以副其望，不自愛惜，而輕以身試法，其害一。無鄉黨之親，親戚之愛，見人室廬妻子〔一六〕，不憚寇奪，去如飄風，其害二。彼見土人且總總矣，舍而用我，必我也能，意常輕之，未見功而自負，一逆其意，則羣起而譟呼，其害三。督府臨武劉公嘗疏其害，太倉淩公雲翼亦疏以土易客〔一七〕，良有以也。或欲隨里定編，大率户一人，丁田多者户二人〔一八〕，或三人，少者二户一人，或三户一人，大率里百人，即如里甲之制，一年一甲，十年一役，小縣兵少，一年二甲，五年一役，大寇竭作，十年而更其籍，必推擇子弟壯者，毋雇夫〔一九〕。布置訓練，一如營兵，不必抽銀別募，而人人皆選卒矣。或曰粤人喜兵，惟廣之新會，惠之長樂，郡中恐無應者。陳武帝用高要，劉隱用封川，李質用德慶，非土人乎？ 屯田。 國初命諸將分軍於龍江等處屯田，自是徧於天下。大抵衛所軍士，以十分爲率，守城屯種，隨地而異。肇慶衛所，皆四分守城，六分屯田〔二〇〕，惟陽江所濱海，守城六分，屯種四分。近年屯軍亦調征，留餘丁屯種。征守軍亦得承屯田。其田畝與輸納故有定額，今則屯多分析，田多侵没。自分田法行，通融派補，求足其所謂原額，而田之侵没不可問矣。 論曰：國家屯田，遣百户盡率其部以出〔二一〕，非以伍不可失哉！每百户領屯一〔二二〕，每軍賦田二十七畝，食其耕之所獲，而入餘糧六石於官，其大抵也。嗟嗟，肇慶屯田，豈不異哉！一百户至五十餘屯，或二三十屯，少乃十屯。問其故，不能道，曰國初實然。多分子屯，自弘治始，則聞之故老云。知其子，忘其母，涉沱、潛而遂指爲岷、嶓，失其源矣。南方田皆沃壤，與北殊。軍欲不耕而食〔二三〕，則舉而授農人，久之，農爲政移易隱没不能詰。初或以田質子錢，因而不復，甚至詭民田鬻之，若豪植之家，兼并圍奪〔二四〕，何可勝數，盜侵水激裁一二耳〔二五〕。余總十一所較之，田失其故，不啻三之一。正統令衛所籍屯田，疆界頃畝，咸具籍〔二六〕。今以害已去，憲署猶存。天下一家，何必軍民而有差別。當引田時〔二七〕，求以此疆彼界，非軍即民，十五可得。德慶所田，開陽、晉康賊平〔二八〕，亦置不問。何也？田不清而惟糧是責，酌彼行潦，其盈幾何，第田蹙矣。以民律之猶足，民有田二十七畝，以一中壤，歲入穀畝一石，米四斗五升，歲得米十二石五斗。農如之。軍耕以農人之全自食，以主人之半輸官，豈不綽綽。肇慶衛屯軍尚四百三十餘人〔二九〕，合屯而城者四百，坐享主人之全，而不忍割其半，不知正糧自予農矣。餘糧不失半年之食，吾猶任之。況失者衆，餉何得不絀。近以罪田均肥瘠，定多寡，越所逾屯〔三〇〕，紛紜析補。田失其屯，屯失其所〔三一〕，所失其伍，此大亂之道也。經界決裂，數世之後，田將不復可稽。且國家所爲屯田，豈徒利六石之入哉，內有亡費之利，外有守禦之備者也。今宜復春耕之籍，無變其故，田有廣狹肥瘠，寧以糧爲低昂，盡驅屯軍而耕，官少以一百户領六屯。正經界，杜侵奪，戒遊惰，禁朘削，廣蓄積，時訓練，庶幾立屯之意。軍遊閒久，恐不能任稼穡，則以召農。一田歲十二石，養一軍有餘矣。蠲其他役，就屯立甲，善撫循而無煩擾，亦易從也。

【校勘記】

〔一〕宜移四會後千户所守禦　「後」，底本作「復」，川本同，據滬本改。

〔二〕後分巡僉事鍾彦宷　「鍾」，底本作「經」，川本同，據滬本改。

〔三〕第所則海朗雙魚相去二百里　「則」，底本脱，據川本、滬本及葉春及新築北津寨記補。「去」，底本作「走」，川本同，據滬本及葉春及新築北津寨記改。

〔四〕相去一千三百四十里　「三」，川本、滬本同，葉春及新築北津寨記作「二」。

〔五〕發神電陽江雙魚海朗軍士　「電」，底本作「雷」，川本、滬本同，據葉春及新築北津寨記改。「軍士」，川本、滬本同，葉春及新築北津寨記作「尺籍」。

〔六〕督府淩公奏言　「淩」，底本作「陵」，川本、滬本同，據滬本眉批及葉春及新築北津寨記改。

〔七〕陽雷緣海　「雷」，川本、滬本同，葉春及新築北津寨記作「電」。

〔八〕總督淩雲翼疏　「淩」，底本作「陵」，川本、滬本同，據康熙肇慶府志卷二五改。

〔九〕分割管轄其惠州之碣石寨　「轄」，底本作「輕」，川本同；「碣」，底本作「礀」，川本同，據滬本及康熙肇慶府志卷二五改。

〔一〇〕弓兵則以丁糧僉點　「丁」，底本作「兵」，據川本、滬本及萬曆肇慶府志卷一五改。

〔一一〕隨州縣里數而多寡其額　「里」，底本作「理」，據川本、滬本及萬曆肇慶府志卷一五改。

〔一二〕少者爲貼户　「貼」，底本作「帖」，川本同，據滬本及萬曆肇慶府志卷一五改。下同。

〔一三〕銀後不徵於官　「後不」，底本作「不復」，川本同，滬本作「復不」，據萬曆肇慶府志卷一五改。

〔一四〕固以守城禦寇　「固」，底本作「因」，川本同，據滬本及萬曆肇慶府志卷一五改。

〔一五〕豈非兵甸遺意哉　「兵甸」，底本作「兵田」，滬本作「兵出於田」，據川本及萬曆肇慶府志卷一五改。「意」，底本作「急」，川本同，據滬本及萬曆肇慶府志卷一五改。

〔一六〕見人室廬妻子　「人」，底本漫漶，據川本、滬本及萬曆肇慶府志卷一五補。

〔一七〕淩公雲翼　「淩」，底本作「陵」，川本同，據滬本及萬曆肇慶府志卷一五、明史淩雲翼傳改。

〔一八〕丁田多者户二人　「田」，底本作「口」，據川本、滬本及萬曆肇慶府志卷一五改。

〔一九〕毋雇夫　「毋」，底本作「母」，川本同，據滬本及萬曆肇慶府志卷一五改。

〔二〇〕六分屯田　「六」，底本作「無」，川本、滬本同，據滬本眉批及萬曆肇慶府志卷一六改。

〔二一〕遣百户盡率其部以出　「部」，底本作「步」，川本同，據滬本及萬曆肇慶府志卷一六改。

〔二二〕每百户領屯一　「領」，底本作「鎮」，川本同，據滬本及萬曆肇慶府志卷一六改。

〔二三〕軍欲不耕而食　「而」，底本脱，川本、滬本同，據萬曆肇慶府志卷一六補。

〔二四〕兼幷圉奪　「圉」，底本作「與」，據川本、滬本及萬曆肇慶府志卷一六改。

〔二五〕盜侵水激裁一二耳　「侵」，底本作「擾」，川本同，滬本作「優」，據萬曆肇慶府志卷一六改。

〔二六〕咸具籍　「咸」，底本作「成」，川本、滬本同，據萬曆肇慶府志卷一六改。

〔二七〕當引田時　「引」，底本作「有」，川本同，滬本作「多」，據萬曆肇慶府志卷一六改。

〔二八〕開陽晉康賊平　「賊」，底本作「則」，據川本、滬本及萬曆肇慶府志卷一六改。

〔二九〕肇慶衛屯軍尚四百三十餘人　「軍」，底本作「兵」，據川本、滬本及萬曆肇慶府志卷一六改。

〔三〇〕越所逾屯　「屯」，底本作「也」，據川本、滬本及萬曆肇慶府志卷一六改。

〔三一〕屯失其所　「其」，底本漫漶，據川本、滬本及萬曆肇慶府志卷一六補。

五嶺，發自衡嶽〔一〕，其下三江分流，同入於海。五嶺自北徂南，入越之道，必由嶺嶠〔二〕，大抵西自衡山之南，東窮於海，一山之限爾，而起伏相聯，別標其名〔三〕，則有五焉。三江者，自北而南，合西南入海。一曰大庾。輿地志：古名塞上嶺，亦名臺嶺，臺又爲梅。其西南，湞水出焉。南流與肄水合，是曰南江。水經：湞水逕湞陽縣，而右注溱水〔四〕。溱水本名秦水，以洭口有秦關故。山海經以溱水爲肄水，蓋瀧出樂昌，溱水既入，復與瀧同出，如木再生，故名。漢樓船將軍楊僕出豫章〔五〕，下湞水，即此。龍川之水東來合之，是曰東江。水出贛州安遠縣界，過惠州博羅縣，入廣州。晉劉裕遣孫處泛海襲番禺，破盧循巢穴，至東衝，去城十餘里，即此。二曰騎田。在郴州城南三十六里〔六〕，即黄岑山。其支曰臘嶺，接於韶州乳源縣北，是爲楚、越之關，與諸嶺連屬，橫絶南北，氣候寒燠頓殊。臘嶺臘又爲摺。其北湟水出焉，東南流，出洭浦爲桂水。湟水俗呼郴江〔七〕。以出於黄岑山，又名黄水。南流，逕連州城東而匯。水經：洭水出桂陽縣盧聚〔八〕。南出貞女峽，合洭水，東南過含洭縣，南出洭浦關爲桂水〔九〕。故山海經以洭水爲湟水。漢伏波將軍路博德出桂陽，下湟水。三曰都龐。在營陽永明縣北五十里，亦名永明嶺，西南連荆峽。其西鍾水出焉，東流合於南江。鍾水，即嶠水也，南入始興與湞水合〔一〇〕。四曰甿渚〔一一〕。一名萌渚嶺〔一二〕，以旁有白土，又名白芒嶺。在道州江華縣南，與賀縣相連，賀縣東一里曰臨賀嶺，乃其支山。其南臨賀二水出焉，南流至於封川，爲封溪水，與桂繡二水合，抵於番禺，是曰西江。臨賀二水自賀縣西南流入廣信縣，又南注於鬱水，謂之封溪水口者也。鬱水又東逕高要縣，牢水注之。桂水出桂林，繡水出高州，合於梧州城南大江〔一三〕，東流抵番禺，入海。俗呼西水。自漢唐蒙道西北牂牁江通夜郎，漢伐南越〔一四〕，自巴、蜀發夜郎兵，下牂牁江，咸會番禺，即此。南越志：番禺之西，有江浦焉，以繫船杙，名牂牁，東至鬱林邕州宣化縣爲鬱水，南流入交趾界。輿地廣記云：鬱江即夜郎豚水。五曰臨源。即始安越城嶠也。史記注作越嶺。在湘、灕之間，陸地廣百餘步，以在桂林興安縣，故亦曰桂嶺。其南灕水出焉，其北湘水出焉，南流合於南江。興安縣南九十里陽海山下有巖水，源廣盈尺，流五里，分而爲二：南爲灕水，又名桂江；北爲湘水，今始安嶠水，至全州〔一五〕，又合洮灌二水。皆南流，至於廣州大江。

廣州城，始築自越人公師隅，號曰南武，後任囂、趙佗增築之，在郡東，周十里〔一六〕。〔旁注〕任囂城，在番禺縣城東二百步。其城甚小，宋時爲鹽倉，即舊番禺縣治也。後并入東城。漢改築番禺城於郡南六十里，西接牂牁江，爲刺史治，號佗故城曰越城。建安十五年，交州刺史步騭以越城久圮，乃廓番山之北爲番禺城。二十二年，遷州治於此。唐天祐末，清海軍節度使劉隱以南城尚隘，鑿平禺山以益之。宋慶曆四年，經略使魏瓘加築子城，周環五里。熙寧初，經略使吕居簡重修東城，轉運使王靖成之，其袤四里。熙寧四年，經略使程師孟築西城，其周有十三里。紹興二十二年，經略使方滋修三城。嘉定三年，經略使陳峴築雁翅城於州南。端平二年，經略使彭鉉，開慶元年，經略使謝子强皆重修之。元至元十四年十二月，元帥塔出、吕師夔會泉、福舟師，取廣州。十五年正月，下令夷其城隍。二十年，修復始完。本朝洪武十三年，永嘉侯朱亮祖、都指揮使許良吕源以舊城低隘，上請乃連三城爲一，闢東北山麓以廣之。盧循城，在府城南十里南岸上。其東爲古勝寺，今廢。南漢時以爲倉廩，鄉人呼爲劉王廩。今故址隱然，斷磚廢瓦，往往爲人所得。南粤志云：河南之州，狀如方壺，乃循舊居。相傳沈田子破循時焚其巢穴，即此地也。其子孫留居之，爲盧亭蜑户云。

【校勘記】

〔一〕五嶺發自衡嶽　川本同，滬本「五嶺」之上另有「廣州府」三字。

〔二〕必由嶺嶠　「嶠」，底本作「橋」，川本同，據滬本改。

〔三〕别標其名　「别」，底本作「必」，據川本、滬本改。

〔四〕水經湞水逕湞陽縣而右注溱水　川本、滬本同。水經溱水注：「溱水出峽左，則湞水注之，水出南海龍川縣西，逕湞陽縣南，右注溱水。」則「水經」當作「水經注」。

〔五〕楊僕　「僕」，底本作「樸」，據川本、滬本及史記南越列傳改。

〔六〕郴州城　「郴」，底本作「柳」，川本同，據滬本改。

〔七〕郴江　「郴」，底本作「柳」，川本同，據滬本改。

〔八〕水經洭水出桂陽縣盧聚　「洭」，底本作「滙」，川本、滬本同。按此據朱謀㙔本水經注箋，清趙一清已指其誤，今改「滙」爲「洭」，見楊守敬水經注疏洭水。

〔九〕南出洭浦關爲桂水　「出」，底本脱，川本同，據滬本及水經洭水注補。

〔一〇〕南入始興與湞水合　「與」，底本作「於」，川本同，據滬本改。按水經鍾水注：「鍾水即嶠水也，「庾仲初曰：嶠水南入始興灌水，注於海」。此誤。

〔一一〕甿渚　「甿」，底本作「䖸」，川本同，據滬本及紀要卷一〇六改。

〔一二〕萌渚嶺　「萌」，底本作「崩」，川本同，據滬本及紀要卷一〇六改。

〔一三〕合於梧州城南大江　「南」，底本作「而」，據川本、滬本改。

〔一四〕漢伐南越　「伐」，底本作「代」，川本同，據滬本及漢書西南夷傳改。

〔一五〕全州　「全」，底本作「今」，據川本、滬本改。

〔一六〕在郡東周十里　「郡」、「周」，底本作「都」、「南」，川本同，並據滬本及萬曆廣東通志卷一五改。

南海　縣治西南曰坡山。在府城内大市闤闠之中。其上有禁鐘樓，其陽爲穗石洞。裴淵廣州記：高固爲楚相時，有五仙人乘五羊，各持穀穗，一莖六出，衣與羊色各如五方，遺穗與州人，騰空而去。羊化爲石〔一〕，州人即地爲祠。〔旁注〕五羊城。寰宇記云：在南海縣，城周十里。在今仙羊街，尋移於府治西甕城藥洲之後。有白蓮池，今湮。後經兵燹，祠於布政司西，曰五仙觀。洪武五年〔二〕，始遷建於此，以其近舊祠故也。相傳仙騎羊來時〔三〕，持穗祝曰：願此闤闠，永無饑荒。其後果驗，故邦人德之。但五石已爲人竊去。城西一里曰浮丘山。相傳爲浮丘丈人得道之地。即羅浮、朱明之門户。先在水中，四面篙痕宛然。宋初有陳崇藝者，年百十二歲，自言兒時見山根艤船數千〔四〕，今去海已四里矣，今所見惟一盤石〔五〕。番禺雜記：東有投龍井，後爲人所觸，一旦自塞。下有珊瑚井，海神獻珊瑚於此。中有挹袖軒，今俱湮廢。西十五里曰肅連山，在金利巡司。北有象山，中曰中洞。西六十五里曰靈洲山〔六〕。其下鬱水出焉。南越志：肅連山西有靈洲焉。其山平原彌望〔七〕。郭璞謂南海之間〔八〕，有衣冠之氣者，此也。士大夫迎送必至焉。其上有寶陀院、妙高臺。唐志：南海名山靈洲，大川鬱水，即此。西一百二十里西樵山。高聳數百仞，勢如游龍，盤踞四十餘里，簡村、沙頭、龍津、金甌四堡之地。峯巒大者七十有二，互相聯屬内顧，若羅城然。山半多平陸民居〔九〕，前有水簾千尺〔一〇〕，其下有金銀池，諸山之泉出焉，注於百會泉以達於碧江。鬱水，出牂牁夜郎，東流至鬱林，豚水注之，與温水合，又東逕蒼梧，浪水注之，與灕水合〔一一〕，又東逕封川，封水注之，與臨賀水合，又東逕高要，牢水注之，與四會浦水合，乃南逕南海之西，合三水至於紫坭港，南入於海。水經曰：温水出牂牁夜郎縣，又東至鬱林廣鬱縣，爲鬱水。今南寧城西八十里〔一二〕，即廣鬱縣故地，是温水至此而易名也，故合廣西諸水，乃入海。灕水出陽海山〔一三〕，南過蒼梧荔浦縣，又南至廣信縣，入於鬱水〔一四〕。封水出臨賀郡馮乘縣西牛屯山，西南流入廣信縣，南流注於鬱水。此蓋三水所會之地，謂之三江口。浪水出武陵鐔城，東至蒼梧入於鬱水，又東至番禺之西，分爲二，其一南入於海，其一又東過縣，東南入於海。山海經：禱過之山，浪水出焉，而南流注於海。今辰州沅陵縣三峿山是也。東至蒼梧，名曰鐔江，因鐔城舊名。俗呼藤江。東至番禺之西，俗呼西水，支流四十里，曰金利江；又西十里，曰白石江；又四十六里，曰流潮江；又西二十里，曰三山江；又十里，曰瀾石江；又五里至佛山，曰分水江；東南十五里，曰黄鼎大江；西南十六里，曰扶溪；又二十里，曰大通港；二水東注扶胥，又南一百里，合三江，爲南海。

【校勘記】

〔一〕羊化爲石 「爲」，底本脱，川本同，據滬本及萬曆廣東通志卷一四補。

〔二〕洪武五年 「五」，川本同，滬本作「十」。

〔三〕相傳仙騎羊來時 「羊來」，底本漫漶，據川本、滬本及萬曆廣東通志卷一四補。

〔四〕自言兒時見山根艤船數千 「根」，川本、滬本及萬曆廣東通志卷一四同，嘉靖廣東通志初稿卷一、康熙新修廣州府志卷八作「足」。

〔五〕今所見惟一盤石 「盤」，底本作「鹽」，川本同，據滬本及萬曆廣東通志卷一四改。

〔六〕靈洲山 「洲」，底本作「州」，川本同，據滬本及萬曆廣東通志卷一四改。下「靈洲」改同。

〔七〕其山平原彌望 「望」，底本作「生」，川本同，據滬本及萬曆廣東通志卷一四改。

〔八〕郭璞 「璞」，底本作「樸」，川本同，據滬本及萬曆廣東通志卷一四改。

〔九〕山半多平陸民居 「居」，底本漫漶，據川本、滬本及萬曆廣東通志卷一四補。

〔一〇〕前有水簾千尺 「前」，底本漫漶，據川本、滬本及萬曆廣東通志卷一四補。

〔一一〕灕水 「灕」，底本作「灘」，川本、滬本同，據水經鬱水注、萬曆廣東通志卷一四改。

〔一二〕今南寧城西八十里 「八十里」，底本漫漶，據川本、滬本及萬曆廣東通志卷一四補。

〔一三〕灕水出陽海山　「灕」，底本作「灘」，川本、滬本同，據水經灕水注改。

〔一四〕入於鬱水　「水」，底本脱，川本、滬本同，據水經灕水注補。

番禺　縣治東南一里曰番山。自南聯屬而北一里曰禺山。二山俱南漢劉龑鑿平之〔一〕。舊唐書地理志曰〔二〕：番山，在州東三百步。禺山，在北一里。越秀山，在府城稍北。〔旁注〕通典作越王山，在城内，有越井岡〔三〕。聳拔二十餘丈。其上有越王臺故址。東北十八里曰金鵝嶺。其山峻險，羣峯下枕茭塘，接洋海。正統末，鄉民立鎮於此以禦寇。南十二里曰青螺嶂。其下沙灣之水出焉。粤江之水，源於三江，合流於城南，中有海珠石，是謂珠江。合湞水、湟水，出石門而東過瀝滘、東衝〔四〕。瀝滘堡江，即古東衝〔五〕，與州前江相接〔六〕，去城十餘里。宋書孫處傳：由海道襲盧循番禺〔七〕，至東衝。即此。俗字衝作涌。分流於西朗十里，蜆江〔八〕。俗呼白蜆殼江。會於扶胥之口，黄木之灣，海隅出日，水中見之，是謂波羅江。合諸水入於南海。波羅江，南海神廟前，乃嶺南諸水之會也。沙灣、韋衝之水，自東而西，南流與牂牁合〔九〕，俗呼西海。至虎頭門，入於南海。古番禺縣治，在龍灣、古壩之間。其西沙灣，與今順德下直爲界。水中多沙螺，餘江惟蜆耳。至虎頭門而後盡，以此辨江海之異。牂牁之水自蜀來合之，達於東莞斜西海，俗所謂海邊也。然後與諸水合，入於南海。

【校勘記】

〔一〕南漢劉龑　「漢」，底本作「溪」，川本同，據滬本及萬曆廣東通志卷一四改。「龑」，底本作「襲」，據川本、滬本及萬曆廣東通志卷一四改。

〔二〕舊唐書地理志曰　「理」，底本作「里」，川本、滬本同，據舊唐書地理志改。

〔三〕通典作越王山在城内有越井岡　川本、滬本同。按通典州郡典南海郡廣州南海縣：「有玉山，『天井岡，俗云越王井也。』」此引誤。

〔四〕出石門而東過瀝滘東衝　前「東」字，底本脱，川本同，據滬本及萬曆廣東通志卷一四補。「瀝滘東」，底本漫漶，據川本、滬本及萬曆廣東通志卷一四補。

〔五〕東衝　「衝」，底本作「即」，據川本、滬本及萬曆廣東通志卷一四改。

〔六〕與州前江相接　底本「江相」倒誤爲「相江」，據川本、滬本及萬曆廣東通志卷一四乙正。

〔七〕由海道襲盧循番禺　「襲」，底本作「礱」，川本同，據滬本及宋書孫處傳改。

〔八〕分流於西朗十里蜆江　川本同，滬本「蜆江」之上有「是謂」兩字，萬曆廣東通志卷一四有「達於」兩字，此處有脱誤。

〔九〕南流與泮泂合　「合」，底本作「河」，據川本、滬本及萬曆廣東通志卷一四改。

三水　縣東南二里曰昆都山，即古三水鎮也。山上有斥堠。宋廣州參謀劉領擒僧綦毋謹於此〔一〕。今鎮廢。南四十里堯山，俗呼大蕘山。高百仞，石上有巨人迹，往來多遊眺焉。郡國志：高四千丈，自番禺迄交趾見之。有颶風，發屋折樹翻江。今漸堙庳。水經注：山盤紆數百里，有赭巖疊起，冠以青林，與雲霞亂采。山上有白石英，山下有平陵，有大堂基。其下陶水出焉，注於滙水。滙水，東南合翁水，入於三江口。俗呼交溪水。陶水，出堯山，西北注於滙水。滙水又逕滙浦東南，左合翁水。〔旁注〕水經注：滙水出桂陽，逕陽山縣南。又東南流，左合陶水，東出堯山，西逕縣北，右注滙水。爲西江，故名三水。陶水今訛爲沱水，翁水即翁溪，皆合於湞水。翁水，出東北利山湖，又東南，左合陶水。陶水，源出鎮南平田羣山〔二〕。襟帶白泥、清塘之東，繞注長岐、龍池之西，凡二十餘里，歸於三江，故名三水。水中有金洲岡，突起江中。方圍約二百餘丈，高約五十餘丈。又名金鐘。又十里，過雙竇，入於南海。

【校勘記】

〔一〕劉領　「領」，底本作「鴒」，川本同，據滬本及紀要卷一〇一改。

〔二〕源出鎮南平田羣山　「羣」，底本作「郡」，川本同，據滬本及萬曆廣東通志卷一四改。

東莞　縣東十里曰寶山。舊志：山有寶，置場煎銀〔一〕，名石甕場，久廢，山中銀滓猶存。山巔有潭，山下有二石甕，湍流石壁，下注二甕，奔響如雷。歲旱禱於潭，即雨。居人引以灌田，歲仰利焉。元大德間，邑民鄭文德陳銀山可煉，令諸司路邑勘驗，扇煉不堪，罷止。　南二十五里曰黄嶺山。俗呼爲旗嶺，即縣之朝山也。唐十道地里志以爲嶺南第一名山。其上多松桐，多黄色之草。其下廉泉之水出焉。　南九十里曰杯渡山。本名屯門山，宋元嘉中，杯渡禪師來居此，因名。唐韓愈詩：乘潮簸扶胥〔二〕，近岸指一髮。兩巖雖云牢〔三〕，木石俱飛發。屯門雖云高，亦映波浪没〔四〕。　南八十里有合蘭洲〔五〕。在靖康場海中，與龍穴洲相比。旁有二石，海潮合焉，蜃氣凝焉。　南五十里大海中曰武山。每潮汐消長，高低可辨。余靖曰嘗於武山廣州望船之處。月加午而潮平者，日月合朔則午而潮平，上弦則日入而平，望則夜半而平，上弦以前爲晝潮，上弦以後爲夜潮，月加子而潮平者，日月合朔則夜半而潮平，望則午而平，上弦以前爲夜潮，上弦以後爲晝潮〔六〕，此南海之潮候也。　南四百里曰大奚山〔七〕。在海中，有三十六嶼。峒民雜居之，專事魚鹽〔八〕。宋慶元間，嘗作亂。提舉徐安國討滅之，地遂虚。今爲萬姓者統其衆，因呼爲老萬山。慶元三年，廣東提舉茶鹽徐安國，遣人捕私鹽於大奚山。島民遂作亂，知廣州錢之望遣兵盡殺島民。　南二百五十八里大海中佛堂門，海在其左。源於牂牁，經官富山西南，入於海。在官富巡檢司東，有島。上有天妃廟，分爲南北二門。凡潮自東南大洋西流〔九〕，經官富山〔一〇〕，而入於急水門海。　番舶至此，無漂泊之虞，故號「佛堂」云。　急水門，海在其右。東自急水角，逕官富場之南，潮汐至此，勢愈勇急。又西南二百里曰合連海，在缺口巡司之南。水通東南大洋，連深澳、桑洲、零丁諸山，而匯合於此。又南有海南柵，有民居。又西南四十里有龍穴洲。洲有三石罅，泉流，番舶回者，汲以過海。又西南五十里大海中曰虎頭門山。通鑑載：帝舟遷於秀山。行朝録：十二月，世傑奉帝退保秀山，即大小虎頭山也。又西南六十里曰三門海〔一一〕。海上有三洲，潮來自東南，至此三分，過此復合，連至於三門海。又西南八十里大海中曰梅蔚山。景炎二年正月，帝南狩，幸此。其上有宋帝石殿存焉。又西南八十里大海中曰官富山〔一二〕。景炎二年四月〔一三〕，帝舟次於官富場，在山之左。合東南牂牁大洋，是爲南海。

【校勘記】

〔一〕置場煎銀　「銀」，底本作「鹽」，據川本、滬本及紀要卷一〇一改。

〔二〕乘潮簸扶胥　「簸」，底本作「破」，川本、滬本同，據韓愈贈別元十八協律詩改。

〔三〕兩巖雖云牢　「巖」，底本作「岸」，川本、滬本同，據韓愈贈別元十八協律詩改。

〔四〕亦映波浪没　「映」，底本作「應」，川本、滬本同，據韓愈贈別元十八協律詩改。

〔五〕合蘭洲　「蘭」，底本作「南」，據川本、滬本及紀要卷一〇一改。

〔六〕上弦以後爲晝潮　「晝」，底本作「畫」，據川本、滬本及萬曆廣東通志卷一四改。

〔七〕大奚山　「奚」，底本作「溪」，據川本、滬本、本書下文及明統志卷七九、紀要卷一〇一改。

〔八〕專事魚鹽　「魚鹽」，底本漫漶，據川本、滬本及明統志卷七九補。
〔九〕凡潮自東南大洋西流　「洋」，底本作「江」，川本、滬本同，據嘉靖廣東通志初稿卷一、紀要卷一〇一改。
〔一〇〕官富山　「山」，底本作「止」，川本、滬本同，據嘉靖廣東通志卷一、紀要卷一〇一改。
〔一一〕又西南六十里曰三門海　「南」，底本脱，川本同，據滬本及紀要卷一〇一補。
〔一二〕又西南八十里大海中曰官富山　川本、滬本同，康熙新修廣州府志卷八「八」上另有「二百」兩字，此當脱。
〔一三〕景炎二年四月　「二年四月」，底本作「二月四日」，川本同，據滬本及萬曆廣東通志卷五、紀要卷一〇一改。

龍門　縣西十里曰陳峒山。增江之水出焉。南三十里曰天嶺山。其高千仞，爲邑望山。西林水，源於鐵岡大山。鐵岡水，在縣西七十里，源出金山，逕流抵永清界，可通小舟〔一〕。會城西諸水，東南過望雲嶺，合於增江，又西南流，合於粵江〔二〕，入於南海。

【校勘記】

〔一〕源出金山逕流抵永清界可通小舟　底本作「由金坑逕」，川本、滬本同，據康熙六年刻本龍門縣志卷三改補。
〔二〕合於粵江　「粵」，底本作「澳」，據川本、滬本及萬曆廣東通志卷一四改。

香山　縣南三十里曰壽星塘山。塘水數畝，山在其陰。其下梅花之水出焉。相傳宋全太后陵在水旁，其實非也。水北有北臺山〔一〕，又南二十里曰南臺山，兩山相對如臺。北七十里海中曰浮虚山。與波上下。南海有浮石之山，疑即此。西南七十里曰黄楊山〔二〕。其陽有赤坎岡，宋張世傑葬地。南有第一角海，海門淺隘，南抵大洋，乃南鄙之咽喉也。舊嘗防寇於此。又南一百里曰金星門，二峯相峙，豪貴率漁蛋爲寇者千餘艘。又南一百里曰大小横琴山。其下有井澳，宋端宗御舟嘗至此。又南二百里曰三竈山。烏沙海匯其東〔三〕，林木葱翠，中有三石如竈。洪武中，居民通番寇，奏革其田税，永不許耕。成化中，番舶自烏沙海侵擾，歲令官軍守之。西北接浮虚曰石岐海。海中多洲潭，種蘆積泥成田〔四〕，他邑多據之，最爲民害。南入於牂牁大洋，是爲南海。

【校勘記】

〔一〕水北有北臺山　上「北」字，底本作「下」，川本、滬本同，據嘉靖香山縣志卷一改。

〔二〕黄楊山　「楊」，底本作「陽」，川本同，據滬本及嘉靖香山縣志卷一、紀要卷一〇一改。

〔三〕烏沙海匯其東　「海匯」，底本作「山在」，川本、滬本同，據本書下文及萬曆廣東通志卷一四、紀要卷一〇一改。

〔四〕種蘆積泥成田　「積」，底本作「漬」，川本、滬本同，據萬曆廣東通志卷一四改。

新會　〔旁注〕宋端宗永福陵，在厓山。按行朝録：祥興元年九月壬午朔，葬端宗於厓山，陵曰永福。鄧光薦海録及宋史並同。宗論云〔一〕：考諸野史，景炎葬於海濱亂山之中，其民爲之諱其處，而世莫得聞焉。番禺客語云：在香山者，非也。舊志相傳，壽星塘側有陵迹五處。自馬南寶僞爲疑陵，今亦不知所在。楊太后陵，在厓山海濱。時太后聞變，赴海死。張世傑營葬倉卒，莫辨其地。又有宋后疑陵，在香山梅花水坡上〔二〕。一在墳頭岡。縣西四十里曰金岡山。唐書地理志：岡州地有金岡〔三〕，故名。下有淘金坑。相傳有道人梁金修煉其上。其下沃壤，延袤八十里，民田環之，不復有金，而坑堙矣。西北二十里曰曹幕山。高廣横列如城，林木蓊蔚，大者合抱，農隙采山如織，百材於此取辦。近東莞，界高要、新興之交，上有猺人墾山爲畬〔四〕。西南三十里曰茂山。前有石如牌，巨浸不没，是謂天臺山。下有天臺廢寺，相傳爲義寧縣故址。肄水，南注於鬱水，又東至番禺西，分流至縣東，爲江門，江門分爲二水，左逕石嘴〔五〕，至虎頭門，入於海。右逕縣滘，入於熊海。隨潮消長，達於崖門〔六〕。其東逕香山，爲小梁海。其西逕蜆岡〔七〕。自北而東，至崖門，入於牂牁大洋，是爲南海。

【校勘記】

〔一〕宗論云　「宗」，川本、滬本同，康熙新修廣州府志卷一一作「宋」，但今本宋論無下述文字，疑誤。

〔二〕在香山梅花水坡上　「坡」，底本作「波」，川本同，據滬本及康熙新修廣州府志卷一一改。

〔三〕岡州地有金岡　「金岡」，底本漫漶，川本、滬本及萬曆廣東通志卷一四作「金」，據舊唐書地理志、紀要卷一〇一改補。

〔四〕上有傜人墾山爲畬　「墾」，底本作「望」，據川本、滬本及紀要卷一〇一改。

〔五〕左逕石嘴　「石」，底本作「右」，據川本、滬本及萬曆廣東通志卷一四改。

〔六〕達於崖門　「達」，底本作「遠」，川本同，據滬本及萬曆廣東通志卷一四、萬曆新會縣志卷一改。

〔七〕蜆岡　「蜆」，底本作「縣」，據川本、滬本及萬曆廣東通志卷一四改。

新寧　縣西七十里曰紫霞山。西南百二十里曰大隆山。有盜奔傜寨。南二百三十里海中曰上川山。多香臘材木，居民煮鹽者多取木於此。又南三百里海中曰下川山。二山皆爲豪貴奪其利，居民日貧。半塘之水，源於馮村坑。矬洞之水，源於大隆山。南爲大牌海。又南二百里逕銅鼓山，衆水合焉〔一〕。風濤觸石，如銅鼓聲，是謂銅鼓海。至於上川左右爲大小金門。又西南二百里，番舶往來之衝，是謂寨門海。

【校勘記】

〔一〕衆水合焉　「衆」，底本作「泉」，川本、滬本同，據紀要卷一〇一改。萬曆廣東通志卷一四作「羣」。

清遠　縣東北三十里曰峽山。又名中宿峽。相傳黃帝二庶子南采阮俞竹，爲黃鐘之管，與二臣俱隱此山。祠在廣慶寺東廡。今山上小竹，節間長九寸〔二〕，圓徑三分，疑此山即阮俞也。

舊志誤爲崑崙耳。山海經曰：黄帝生禺陽、禺號，禺號處南海，是爲海司，任姓，生淫梁〔二〕，淫梁生番禺，是始爲舟。〔旁注〕禺號生禺京淫梁，儋人。京居北海，號處南海。淫梁生番禺，番禺是始爲舟。番禺南極海，故主爲舟。儋人生牛黎，今儋人近有黎也。番禺，賁禺也。二庶子豈即禺陽、禺號耶？然則番禺之名，當始此，不特郡城中二山也。西二十五里曰溱源山。溱水出焉。俗名秦王山，秦王水誤。西二百五十里曰大羅山。其脈自陽山而東，西抵梧之懷集。傜、僮雜居其間。湞水，源於大庾嶺。經古湞陽縣，南流，與湟水合。溱水流而復合爲肄水。又南過縣，與湞水合，注於鬱連水，源於石塘，東南注於洭水。水經注：〔三〕漣口〔四〕，水源出桂陽縣西北一百一十里石塘村之流水側〔五〕，有豫章木，本徑可二丈〔六〕，其株根猶存，伐之積載〔七〕，而斧迹若新。羽族飛翔不息，其旁衆枝，飛散遠集，鄉亦不測所如，惟見一枝，獨在含洭水矣。漣水東南流注於洭。洭水又東南流，而又與斟水合〔八〕。水導源近出東巖下，穴口若井，一日之中，十溢十竭，信若潮流，而注洭水。洭水又南逕陽山縣故城西〔九〕。至今舟人謂連江口水通潮南。又逕東南四十二里，至縣東，與湞水合。漢樓船將軍下湞水，即此。一曰洌江。湟江，源出吉河觀音山，流於湞水，自縣西四十里，南流入南海。

【校勘記】

〔一〕節間長九寸　「間」，底本作「闊」，據川本、滬本及紀要卷一〇一改。

〔二〕淫梁　「淫」，底本作「傜」，川本、滬本同，據山海經海内經改。下同。

〔三〕水經注　底本脱，川本同，據滬本及水經洭水注補。

〔四〕漣口　「漣」，底本作「連」，川本、滬本同，據本書下文及水經洭水注改。

〔五〕水源出桂陽縣西北一百一十里石塘村之流水側　底本「里」上衍「五」字，據川本、滬本及水經洭水注删。「流」，底本作「水」，據川本、滬本及水經洭水注改。

〔六〕本徑可二丈　「本徑」，底本作「木連」，川本同，據滬本及水經洭水注改。

〔七〕伐之積載　「載」，底本作「歳」，川本同，據滬本及水經洭水注改。

〔八〕而又與斟水合　「又」，川本、滬本同。按此據朱謀瑋水經注箋，清戴震、趙一清改作「右」，楊守敬訂正爲「左」，見楊守敬水經注疏洭水。

〔九〕又南逕陽山縣故城西　「陽山」，底本、川本、滬本無。按此據朱謀瑋水經注箋，清戴震、趙一清改其誤，增補之，見楊守敬水經注疏洭水。

連州　州東十五里曰楞伽峽。雙厓壁立，垂石飛瀑，注於潭。宋嘉泰間，崖陷，司法李華請於州鑿之，三載底平。西北二十五里曰桂陽山。下有石洞泉，東流入於韶〔一〕。漢桂陽縣以山名，即今州治。西南三里曰雙溪水。合衆流入於湟。西北二十里曰盧溪水。源於藍山，合盧、龍二水爲一，亦名上下盧水。西九里有高良水，又十六里爲龍潭。源於上下盧水，注於潭。左右石崖，深二十餘丈，闊十餘丈，下有伏龍，能作風雨。歷楞伽峽南出，是謂匯水，地理志曰：匯水出桂陽，南至四會。注於龍潭。東北十五里曰桂水。俗呼奉化水〔二〕。源於宜章黄岑山，即騎田嶺也。南合耒水，即五溪水。其流甚小，冬夏不乾，俗亦謂之貪泉。飲者輒冒財賄，與廣州石門水同。入於湘。

【校勘記】

〔一〕東流入於韶　「東流」，底本倒誤作「流東」，川本同，據滬本及萬曆廣東通志卷一四乙正。

〔二〕奉化水　「奉」，底本作「章」，川本同，據滬本及萬曆廣東通志卷一四、紀要卷一〇一改。

陽山縣東三十里曰寶源山。產黑鉛，居民募湖廣人采之。弘治九年，爲盜發，官封其洞，永不許采。西北七里曰同冠峽，其下峽水出焉。水源於黄連山峽，今平爲同官村〔一〕。東流與湟水合。湟水又流過城南，爲陽溪水。韓愈文：陽山，天下之窮處也。水有江流悍急，横波之石，廉利侔劍戟，舟上下失勢，破碎淪溺者往往有之。又南十里曰龍阪灘，溫泉出焉。泉出灘側，四時可浴。又南十五里曰龍宫灘。洭水又東南流，與斟水合。俗呼桃江。兩溪水自韶之乳源，東南流，合常歲鄉山泉，至連塘，入於斟溪，爲一水。斟水自東岩，桃江水口。爲潮泉，消長之候，與潮水同。湘州記：斯溪西通洭水〔二〕，其穴若井，或枯涸彌年，或一日十盈十竭，若潮水焉。西循「聖鼓」道，與洭水東南合陽溪，入於海。陽山故城西，相傳有大鼓，能飛上臨武，復之桂陽，號「聖鼓」。

【校勘記】

〔一〕今平爲同官村　「官」，川本、滬本同，萬曆廣東通志卷一四作「冠」。

〔二〕斯溪西通洭水　「西」，底本作「而」，川本同，據滬本及萬曆廣東通志卷一四改。

曲江　縣北四十里曰韶石山。迤邐而東，有三十六石，謂之曲紅岡〔一〕。郡國志：韶州科斗勞水間有韶石二，狀如雙闕，大小均，似對峙，相去一里〔二〕。其高百仞，廣圓五里。其北利水出焉，南流注於曲江。利水，即科斗勞水也。南流韶石，又南逕靈石下，注於東江湞水。東江又西注於北江武水。以二水抱城，迴曲而流〔三〕，故名曲溪。出崖下〔四〕，謂之東江口。東北二十里曰浮岳山。其下修仁之水出焉，西流入於湞水。水經注：東江湞水西逕始興縣南，又西入曲江縣，邸水注之。水出浮嶽山〔五〕，即修仁水也。南朝齊時，有三楓亭臨其上，下流謂之五渡水，其水西流，入湞水。北七十里曰林源山。是爲銀山，山有石室〔六〕。其下林水出焉。東流六十里入於武水。湯泉出其陰，瀧水出其陽。林源，或作「臨源」，非也。水經注：作洹山〔七〕。林水自源西流於瀧水。又與雲水合，水出縣北湯泉，泉源沸湧，浩氣雲浮，以腥物投之，俄頃即熟。其中時有細赤魚游之〔八〕，不爲灼也。西北合瀧水。又有藉水，上承滄海水，有島嶼焉。其水吐納衆流，西北注於瀧水。瀧水又南歷靈鷲山。寰宇記：水常有虹，光照數里，尤清潔。湯泉出靈水源〔九〕，匯水東南五十里，霜雪時，泉氣上蒸，可熟生物。下流謂之靈水，東流三十里，入湞水。肆水出桂陽臨武西南，繞城西北，合武水，屈東流，復出，東至曲江東，屈西南流，過湞陽，出洭浦關，入匯爲秦水，行七百里，注於鬱，南入於海。肆水，即漢書注秦水也。以其出自臨武西南，逕縣而西北流，與武水合，復出，屈東流至曲江，故山海經名肆水，猶木之既斷而復生也。水經則謂之溱水，以其下流過湞陽，出秦故洭浦關，故加水於秦，與漢書名異而實同。秦水出關與桂水合，出湞陽峽，左則湞水注之。水出南海龍川縣，西逕湞陽縣南〔一〇〕，右注秦水。故應劭曰：湞水西入秦是也。秦水又西南流，洭水入焉〔一一〕。山海經所謂湟水出桂陽西北〔一二〕，東南注肆，入郭浦西者也。秦水又西南過中宿縣，南注於鬱，而入於海。

武水，出臨武西北桐柏山，右合肆水，亂流東南逕臨武而西，合盧水，是爲武溪。又東南流，左會黃岑溪水，入於瀧水，南流一百二十里，至城南與湞水合爲大江。水經注：縣臨側武溪東，因曰臨武縣。溪又東南流〔一三〕，左會黃岑溪水〔一四〕。水出郴縣黃泠山〔一五〕，西南流〔一六〕，又合武溪。武水又南入藍豪山，合瀧中水，過曲江縣界。按桐柏山今名西山，山下地名鸕鷀石，逕臨武縣前，東流入郴州宜章縣界，會大小章水，入曲江縣界。黃泠山，今名黃岑山，即騎田嶺也。黃泠水流入武水，武水下流合大江，爲武溪，一名虎溪〔一七〕，與辰州之武溪不同。漢馬援南征，自武陵至此，以盧水合武水處甚險，故作武溪、深曲二水，合處名新瀧，上有漢周太守廟〔一八〕，即始開此瀧者。

【校勘記】

〔一〕曲紅岡　「紅」，底本作「江」，川本同，據滬本及水經溱水注、紀要卷一〇二改。

〔二〕似對峙相去一里　「似」，底本作「以」；「一」，底本作「百」，並據川本、滬本及水經溱水注改。

〔三〕迴曲而流　「迴」，底本作「四」，川本作「回」，據滬本及紀要卷一〇二改。

〔四〕出崖下　「崖」，底本作「巖」，據川本、滬本改。

〔五〕浮嶽山　「浮」，底本作「遊」，川本同，據滬本及水經溱水注改。

〔六〕山有石室　「山有」，底本脱，川本同，據滬本及萬曆廣東通志卷二七補。

〔七〕洭山　「洭」，底本作「源」，川本同，據滬本及水經溱水注改。

〔八〕其中時有細赤魚游之　「之」，底本作「游」，川本同，據滬本及水經溱水注改。

〔九〕湯泉出靈水源　川本、滬本同。按水經溱水注：「雲水出（曲江）縣北湯泉。」寰宇記卷一五九曲江縣：「雲水源有湯泉沸湧。」此云湯泉「出靈水源」，疑誤。

〔一〇〕西逕湞陽縣南　「逕」，底本作「注」，川本同，據滬本及水經溱水注改。「縣」，底本脱，川本、滬本同，據水經溱水注補。

〔一一〕洭水入焉　「洭」，底本作「滙」，川本、滬本同。按朱謀㙔水經注箋作「汪」，清戴震、趙一清已指其誤，改「汪」爲「洭」，見楊守敬水經注疏溱水。

〔一二〕山海經所謂湟水出桂陽西北　「湟」，底本作「滙」，川本、滬本同。按朱謀㙔水經注箋作「汪」，清戴震、趙一清改爲「湟」。楊守敬云：「湟水一名洭水，見洭水篇。今山海經作潢水。」見楊守敬水經注疏溱水，據改。

〔一三〕溪又東南流　「又」，底本作「之」，川本同，據滬本及水經溱水注改。

〔一四〕黃岑溪水　「岑」，底本作「泠」，川本、滬本同。按此據朱謀㙔水經注箋，清趙一清已指其誤，改作「岑」，見楊守敬水經注疏溱水。據改。

〔一五〕水出郴縣黃泠山　「縣」，底本作「之」，川本同，據滬本及水經溱水注改。「黃泠山」，川本及朱謀㙔水經注箋同，滬本改爲「岑」，同殿本水經注，是。

〔一六〕西南流　「流」，底本作「溪」，川本同，據滬本及水經溱水注改。

〔一七〕虎溪　底本漫漶，據川本、滬本補。

〔一八〕漢周太守廟　「周」，底本作「州」，川本同，據滬本及水經溱水注改。寰宇記卷一五九曲江縣：「盧水，此水合武水處甚險，名曰新瀧，有太守周昕廟。」

樂昌　縣東北三十五里曰泠君山。其東泠溪之水出焉。水經注：泠水東出泠君山。山，羣峯之孤秀也。晉太元十八年，崩千餘丈，於是懸澗瀑掛，傾流注壑，頹波所入〔一〕，灌於瀧水。瀧水又右合林水〔二〕。泠溪〔三〕，南流四十里，入武水。又東北五里有温水。又北十五里有漫泉，南流入於武水。西三里曰泐溪巖〔四〕，其北五里，泐溪之水出焉，南流入於武水。西六十里曰監豪山〔五〕，其下三瀧之水出焉。武溪水東南流〔六〕，左會黄岑溪水。溪水出郴州黄岑山〔七〕，西南流，右合武溪〔八〕。武水南入監豪山，其山廣圓五百里，悉接曲江縣界，崖嶺峻阻，其上交柯雲蔚，霾天晦景，謂之隴中〔九〕，懸湍迴注，崩浪震山，名三瀧水。水源出湖南莽山。瀧有三：曰新瀧，曰腰瀧，曰垂瀧，皆周府君所鑿，甚險峻。舊有廟碑，今不存。元邑人張思智任本縣尹，始鑿新瀧東西路。嘉靖二十年，署邑推官鄭錫文復鑿之，今爲坦道。唐韓愈詩：南行逾六旬，始下昌樂瀧〔一〇〕。險惡不可狀，船石相舂撞。

【校勘記】

〔一〕頹波所入　「頹」，底本作「頺」，川本同，據滬本及水經溱水注改。

〔二〕瀧水又右合林水　「又」，底本脱，川本同，據滬本及水經溱水注補。

〔三〕泠溪　底本脱，川本同，據滬本及紀要卷一〇二補。

〔四〕泐溪巖　「溪」，底本作「石」，川本同，據滬本及紀要卷一〇二、康熙韶州府志卷七改。

〔五〕監豪山　「監」，川本及明統志卷七九、紀要卷一〇二、康熙韶州府志卷七同，滬本作「藍」，水經溱水注、元和志卷三四、寰宇記卷一五九、紀勝卷九〇、清統志卷四四四同，當作「藍」爲是。下同。

〔六〕武溪水東南流　「水」，底本作「之」，川本同，據滬本及水經溱水注改。

〔七〕溪水出郴州黄岑山　「郴」，底本作「柳」，據川本、滬本及水經溱水注改。

〔八〕右合武溪　「右」，底本作「又」，川本同，據滬本及水經溱水注改。

〔九〕謂之隴中　「謂」，底本作「渭」，據川本、滬本及水經溱水注、紀要卷一〇二改。

〔一〇〕始下昌樂瀧　「昌樂」，底本作「樂昌」，川本同，據滬本及全唐詩卷三四一乙正。

翁源　縣北二十五里曰寶山。高千餘仞，周圍百餘里，即岑水界。石山之巔，復戴一石。其下有池，環繞左右。東巖出泉，深不可測。池多蓮藕。舊志：山産銅礬。其山隸曲江。鷄籠山，在縣西北六十里。達郡孔道，新建公館其下。桂丫山〔二〕，在縣北一百五十里，界始興。先是山寇竊發，因立巡司。後被賊焚毀，遷巡司於南浦。

【校勘記】

〔一〕桂丫山　「桂丫」，底本作「柱了」，川本同，據滬本及嘉靖翁源縣志、康熙韶州府志卷七改。

英德　縣北一百里曰風水，源出重嶺下。南流湞水，入於海。　西二十二里曰太尉山，一名香爐峽。漢郡守鄧彪嘗駐此，後召爲太尉，故名。皋石、太尉二山之間，是曰湞陽峽。兩崖傑秀，壁立虧天。昔嘗鑿石架閣，令兩崖相接，以拒徐道覆〔一〕，由此出清遠峽。宋嘉祐六年，開峽作棧道。其中有牯牛石。　溱水逕西南一里，曰觀峽，南流入於湞水。漢武帝時，樓船將軍楊僕破尋峽。姚氏曰：尋峽在始興西三百里，近連口也，疑即此。水經注：溱水又西南逕中宿縣，會一里水，其處隘，名之爲觀峽。連山交枕，絶崖壁竦〔二〕，下有神廟，背阿面流，壇宇虛肅，廟渚攢石〔三〕，巉巖亂峙中川〔四〕。時水洊至〔五〕，鼓怒沸騰，流木淪沒〔六〕，必無出者，世人以爲河伯下材〔七〕。

【校勘記】

〔一〕徐道覆　「覆」，底本作「復」，川本同，據滬本及水經溱水注、晉書盧循傳改。

〔二〕絶崖壁竦　「崖」，底本作「岸」，川本、滬本同。按此據朱謀㙔水經注箋，清戴震已改，見楊守敬水經注疏溱水，據改。

〔三〕廟渚攢石　「攢」，底本作「瓚」，川本同，據滬本及水經溱水注改。

〔四〕巉巖亂峙中川　「川」，底本作「春」，川本同，據滬本及水經溱水注改。

〔五〕時水洊至　「洊」，底本作「游」，據川本、滬本及水經溱水注改。

〔六〕流木淪没　「木」，底本作「水」，川本同，據滬本及水經溱水注改。

〔七〕世人以爲河伯下材　「材」，底本作「村」，川本同，據滬本及水經溱水注改。

保昌　凌江，源出百順都百丈山三水村，下流八十里，至歸仁都，又六十里至城西，合湞水。宋天禧間，保昌令凌皓鑿渠堰水灌田，故名。　昌水，源出信豐界，下流經延福、蓮溪都，至何村，與湞水合，又下流四十餘里，至城西，與凌水合，同入於海。二水合流，因名縣曰湞昌。　大庾嶺，本名臺嶺，即五嶺之一。以其當五嶺之最東〔一〕，又曰東嶠。　上有橫浦關，即古入關之路。又名塞上。　漢初梅鋗將兵駐此，因名梅嶺。　後令裨將庾勝戍守，復易今名。　唐開元四年，詔内供奉左拾遺張九齡開鑿成路，行便之。　其東四十里曰小庾嶺。　湞水，源出大庾嶺，是爲北江，龍川之水西流合之，注於肄水，逕廣州，合南江，東流遡波羅水，入於南海。　源出梅關，下流經靈潭、烏源都〔二〕，至何村，與昌水合，又下流六十里，至城西，與凌水合，環抱郡邑。　其形縈迴如帶。

【校勘記】

〔一〕以其當五嶺之最東　「當」，底本作「爲」，川本同，據滬本及嘉靖廣東通志初稿卷一改。

〔二〕下流經靈潭烏源都　「經」，底本作「注」，川本同，據滬本及萬曆廣東通志卷三二改。

歸善　縣東五里有鶴峯。東江之水出其陰，即龍川江也。源出龍穴山，西南流至合河，會安遠諸水，西流至東水口，浰溪之水入焉。南流過龍川縣，至藍口，能溪之水入焉。西南流至河源縣，新豐之水入焉。南流經歸善、博羅之境，有神岡水、義容水、秋鄉水〔一〕、上下嵐水、横瀝水、古仙水，自東來入焉。又有公莊水、玳瑁水，自西來入焉。又南流至郡城東，西江之水入焉。北流至金溪，歷羅溪之水入焉。西流至博羅縣，榕溪之水入焉。又西流六十里，羅陽之水自北入焉，同潮水東，角墟水自南入焉。又西流至石灣之西南，納增城、東莞諸水，經虎頭門入於海。東一百二十里曰九龍山，西江之水出其陽。見上。斤斗水自東流合之。在府城東，與西江通。有魚利，官收其稅。

【校勘記】

〔一〕秋鄉水　「鄉」，底本作「卿」，川本同，據滬本及清統志卷四四五改。

博羅　縣西北五十里曰羅浮山，南粤之望也。羅山之脈來自大庾浮山，乃蓬萊之一島，堯時自會稽浮海而來，與羅山合而爲一。有洞周迴五里，名曰朱明輝真之天〔二〕。有江通句曲。

其上分水之嶼，曰「泉原福地」。其峯四百三十有二，又有璇房、瑶宫、洞房七十二所。瀑布垂流三十仞，其下羅水出焉。又其下有梅花村。榕溪，源出象頭山〔二〕，經新集、羅浮都〔三〕，流三十餘里，至縣西保寧橋下，逆流至東門浮碇岡下，與大江會。御園。續南越志：羅浮山有唐時御園柑。〔旁注〕唐時充貢。玄宗幸蜀，德宗幸梁時，皆不實。僖宗幸蜀，花落樹枯。

【校勘記】

〔一〕朱明輝真之天　「輝」，底本作「耀」，川本、滬本同。按雲笈七籤卷二七：「第七羅浮山洞，周迴五百里，名曰朱明輝真之洞天，在循州博羅縣。」據改。

〔二〕象頭山　「頭」，底本脱，川本、滬本同，據嘉靖廣東通志初稿卷一、明統志卷八〇、雍正廣東通志卷一補。

〔三〕羅浮都　「浮」，底本作「溪」，川本同，據滬本改。

長樂縣　南四百三十里有南嶺。〔旁注〕今入永安〔一〕。宋景炎二年，文天祥避李恒之追，與長子道生及杜滸、鄒渢輩，奔循州，收散兵，屯此。有手植桂尚存。高羊之水出焉。高羊坑水一名毒水井，常湧不竭，飲者多死。相傳唐時鄒太尉督兵至此，軍馬多中其毒，祝天遂止。至今泉氣如呼吸，隨出隨没，而水不流。或曰：唐無鄒太尉，祝者即宋文丞相也。

【校勘記】

〔一〕今入永安　「今」，底本脱，川本同，據滬本補。

興寧縣東北二十里曰和山。其陽有麻石巖，邑之勝景也。東北六十里曰寶山〔一〕。有石馬洞，有巨石，絶類馬，洞外儉而中衍，昔羅劉寧之寇嘗據之。北八十里有龍母嶂〔二〕、龍歸洞。其下有龍潭。歲旱，民燒鐵符，沉以激之，輒得洪水。

【校勘記】

〔一〕東北六十里曰寶山　「東北」，底本脱，川本同，據滬本及紀要卷一〇三補。

〔二〕龍母嶂　底本漫漶，據川本、滬本及明統志卷八〇補。

河源　禎州故城，在縣西南一里。舊載劉鋹立禎州於此。宋改爲惠州，移治歸善縣，城乃廢。然考宋改惠州，乃天禧四年，而陳文惠在咸平，爲州守。蘇軾題其手植荔枝，在今府治矣。且劉鋹分爲二州，則亦觀遠近形便〔一〕，豈得龍川、河源如此之近，而爲二州乎？意者或休吉新豐舊城耳〔二〕。

【校勘記】

〔一〕則亦觀遠近形便　「亦」，底本作「六」，川本同，據滬本改。

〔二〕意者或休吉新豐舊城耳　「吉」，底本作「去」，川本同，據滬本及紀要卷一〇三改。

海陽〔一〕　鳳栖峽。東西二山對峙。　鱷溪。鹿行崖上，羣鰐鳴吼〔二〕，鹿必怖懼落崖，爲鰐所得，鰐之運尾，猶象之運鼻也。　老鴉洲。洲扼中流，水不直瀉，爲城之關楗。　南二十里有急水門溪。源出汀、贛，循梅南流，合雙溪入於海。兩山夾峙，中抵大石，水勢迅駛奔湧，故名。　三利溪，自城西導濠水，過雲梯岡，至於楓口，入於海。宋元祐間，知州王滌始浚。正統以來，日就湮塞。弘治中，知府周鵬復浚，尋塞。今惟小溝泄水而已。

【校勘記】

〔一〕海陽　「海」，底本作「潮」，據川本、滬本及萬曆廣東通志卷三九改。

〔二〕羣鰐鳴吼　「羣」，底本作「郡」，川本同，據滬本及明統志卷八〇改。

惠來　縣東北六十〔旁注〕東五十。里曰金剛髻山。尖峯秀拔，漁舟出海歸視此爲準。　神泉港〔一〕。中有石，潮没而汐見，人謂之石龜。　赤沙澳。沙堤可蔽海濤，海艚不時灣泊，登岸劫掠。　北三十里曰五潮山。高聳如屏，爲縣治枕山。　千秋鎮，在縣西五十里。其地背山面谷，水繞山盤。　宋處置鄒灝嘗駐兵其上，因勒名石上。本志：仙庵石室，在縣東南七十里。中有石穴六十八間，爲居民避亂之所。西南八十里爲甲子港。有甲子所城，爲海豐、惠來之界。居民輳集，昔稱殷庶，每患海寇。

和平　紫雲山，在縣東北五十里。高七百餘仞，周迴八十里。九連山，在縣西一百里。山勢高峻，林木薈蔚〔二〕。東連龍川、河源，南連博羅、增城、龍門、從化，西連翁源、乳源，北連江西龍南。綿延千里，姦宄易匿。和平峒，在縣西北八十里。一名渊頭，昔爲盗穴。渊溪之水出焉〔三〕。渊溪之水，其源有二，一出龍南牛岡，一出九連山，東流，合湯坊水、烏虎鎮水，南合城縣前南溪水，浮於湯坊，經龍川，入於東江。水旁多奇石，怪狀百出。烏虎鎮水〔三〕，出縣東北六十里烏虎山。又云出紫雲嶂，水發源紫雲山，會龍南、安遠諸小水，至東水，合和平水，入龍川江。

【校勘記】

〔一〕神泉港　「泉」，底本作「龍」，川本、滬本同，據嘉靖廣東通志初稿卷二、萬曆廣東通志卷三九、紀要卷一〇三改。

【校勘記】

〔一〕林木薈蔚　「薈」，底本作「嘗」，川本同，據滬本及萬曆廣東通志卷三四改。

〔二〕浰溪之水出焉　底本爲旁注，川本同，據滬本及萬曆廣東通志卷三四、紀要卷一〇三改移。

〔三〕烏虎鎮水　「水」，底本脱，川本同，據滬本及萬曆廣東通志卷三四、紀要卷一〇三補。

長寧　九曲嶺，在縣西三十里。其山峻聳，九折而上，置咋坪巡檢司。其水多出西北，源黄牛石，合松柏、下富諸水，注楓阬〔一〕，又源臘溪，合瑶田、涼山諸水，經小溪，並入羅紋水。

【校勘記】

〔一〕注楓阬　「阬」，底本作「阮」，川本同，據滬本及萬曆廣東通志卷三四改。

永安　鷄公嶂，在縣東北四十里。山勢雄特，爲縣祖山。南嶺，在縣東南八十里。周百餘里，四高中衍，惟一路通，險阻可據。宋文丞相嘗駐兵於此。烏禽嶂，在縣南一百里。高峻盤巋，周百餘里。昔爲盜藪。大魯山，在縣西六十五里，柏埔社大林嶂西。高大峭拔，人耕其上。舊爲盜藪。江五：曰南琴江，曰北琴江，受水二十，會而入於神江；曰秋鄉江，曰義容江，曰神江，受水三十，並入於東江。

饒平九峻山，在縣西北二十里。巒嶂重疊，頓伏九折，抵大埔界。蓮花山，在縣西南九十里。五開如蓮。亦名白石山〔一〕。鳳凰山，在縣西北四十里。爲下饒堡巨鎮。其下鳳水出焉。程洋岡，在縣南九十里。宋哲宗時，場官李子參鑿岡北畔爲溪，通上流，東行十五里，至神山前，會水寨溪，入於海。今名下尾溪。大尖山，在縣東南一百里。峻如筆立，爲高埕栅之鎮。其東大埕栅有鳳髻山，左虎嶼，右獅嶼，相距半里許。西大港栅有烟樓山，南柘林栅有紅旗山〔二〕，下爲柘林澳，皆控扼港門，爲邑險隘。四栅舊設大城千户所守之。其東南有鯉魚山，又二里有紅羅山，蟠蜒四十里。倭夷海寇，常泊巨舟爲患。今調撥潮、碣二衛軍士，更番哨守，益以募夫，以指揮一員領之。南澳山，在縣東南二百里海中。形若筆架，周二百餘里。近柘林，内三澳，曰青，曰深，曰隆。〔旁注〕即長沙尾〔三〕。延袤三百里，田土饒沃。洪武二十六年，信國公湯和奏爲倭藪，徙而虚焉，糧額未豁。正德八年，知府談倫奏，以廣濟橋抽收鹽利，抽補代輸。民便之。東溪、北溪、南山溪、河門，一源自九峻諸山，南流五十里，至縣東南，兩山對峙爲河門；一源自桃源諸山，〔旁注〕縣西北十里。北流二十里，經縣北城隍山下；一源自梅峯，東北流二十里，經縣南三里天馬山下，皆入於河門，並行十五里，至吳坑渟瀦，中有巨石如獅虎，曰大石溪。又十里有盤石，中起一竅，出温泉，曰湯溪。流經東洋屯十里爲燈塔溪，會大榕、小榕、潘段三溪，又流二十五里，爲黄岡溪，分爲三溪，入於海。雙溪，在縣西北一百五十里。一曰漳溪，發源青峯洞，東流四十里，與黄岡溪合；一曰秋溪，入南澳。〔旁注〕府志：秋溪自韓江流一十五里，東南入於南澳。中有石龜潭，是爲雙溪，在龍眼城，會小江，入於海。戴志又有雙溪津，分自韓江，不同。再考。府志：竹林堡，在黄岡巡檢司東北，界詔安。山寇由此出没。柘林澳，暹羅、諸倭及海寇，常泊巨舟爲患。今調撥潮、碣二衛軍士，更番哨守，益以募夫，以指揮一員領之。水寨，在縣南〔四〕。凡舟之過秋溪及樟水港者，必由之。洪武初，置石城，造戰艦，以禦蕃舶。今官軍往來防禦，以夏秋爲期。

【校勘記】

〔一〕白石山　「白」，底本作「曰」，川本同，據滬本及萬曆廣東通志卷三九改。

〔二〕紅旗山　「紅」，底本作「江」，川本同，據滬本及萬曆廣東通志卷三九、紀要卷一〇三改。

〔三〕長沙尾　「沙」，底本作「河」，川本同，據滬本及紀要卷一〇三改。

〔四〕在縣南　底本脱，川本同，據滬本及紀要卷一〇三補。

大埔　茶山，在縣北。爲縣主山，城垣半據其巔。其北二里有白蓮洞。神泉河出其陽，發源汀州府，經上杭磜頭，奔激出叢石中，遂西流横帶縣前，會永安、小靖二溪。獅子山，在縣西一里許。上連麻子棟山〔一〕，至江濱對聳。左類獅，右類象，昂伏水口，爲縣襟喉。轉東北三十里，爲閭羅石，舟楫戒焉。右達福建永定界，左達上杭界，其石欹斜如磚甃，人不可行，凡舟至此，人必登岸。大河山，在縣西四十里。高百餘丈，周四十里。以西近三河，故名。山巔石狀若羊首，又名羊石腦山。烏槎山，在縣西八十里。竹木所出。〔旁注〕府志：烏槎嶅堡，在縣西。高昌山，在縣東北二百五十里。一名梁山，跨漳浦縣界〔二〕。綏安溪出高昌山下。一名越王潭。大靖溪，在縣東五十里，一名漳溪。源出永定三層嶺，灣曲數十里，繞縣北流，入神泉河，會小靖溪，繞縣治西抱印山下，爲大河。三河，在縣西四十里。上通神泉河，合永定大小靖二溪，西流三十里，入三河，一自汀、杭北注，一自長樂西注，一自平和東注〔三〕，三水合流南下爲半河，達府治，入海。清遠河，在縣南一百五十里。發源漳州府南靖縣象湖山，受諸澗水，經流大産、白猴，至湖寮，出匯梅子潭，注爲小溪。古萬川縣，今清遠湖寮城裏。隋置，唐初廢。

【校勘記】

〔一〕麻子楝山　「楝」，底本作「棟」，川本同，據滬本及萬曆廣東通志卷三九改。清統志卷四四六作「崠」。

〔二〕跨漳浦縣界　「跨」，底本脱，川本同，據滬本及紀要卷一〇三補。

〔三〕平和　底本倒誤作「和平」，川本、滬本同，據紀要卷一〇三、順治潮州府志卷八乙正。

澄海　仙門山，在仙門村。有烽堠。蓮花山，在縣北四十里。連亘饒平界。黄子佃山〔二〕，在縣西北七里。相傳宋太子避元兵過此。又名北殿山。南澳山，在縣東三十里海中。今副總兵鎮此，詳見饒平。小萊蕪山，在縣東十里海中，一名留子山。前二十里有大萊蕪山〔三〕，一名雙髻。三川溪，在縣城北，貫城中，通玉帶溪。山尾溪〔三〕，在縣北十五里。詳見饒平程洋岡下。横隴溪，在縣西北三十里。上通韓江，東西分二派，繞縣治。鮀濟河，在縣西北四十里。嘉靖癸卯，尚書翁萬達倡議開鑿，以避河馬之險，舟楫便之。東分溪東港西，流經蓬州所南門，折而南，經大井、天港等村，入牛田洋。先汙塞。牛田洋，在縣北四十五里。東南通海，内沙汕九條〔四〕，曰沙馬，横在洋中，激流而湍急，能覆舟。産諸海錯，小民利之。鮀浦巡檢司之南，西受揭陽南北港二溪之水，東南通海。沙馬，在牛田洋中。脈自龍船巖來，有沙汕九條，横洋中。鳴洋，在外沙南灣海中〔五〕。時或震動如雷，鳴東則風，鳴西則雨，息則霽，海人以爲驗。舊志：郡之西北，密邇贛及汀、漳〔六〕，限以高山疊嶂，下流之水，會繞其東，以趨於海。包沃野〔七〕，川原廣衍，實廣、惠之襟喉，閩、越之門户也。習尚言語，多與閩同，氣候視嶺表差異。春多沍寒，冬多瘴癘。蚶田魚埠富饒，最擅礦場潮陽、惠來。利害，大都類惠，加以輋户桀驁難馴，寇常出没山澳，武備可弗嚴與！輋户，皆洞中傜、僮也。程鄉員子岡，通福建、江西，饒平柘林澳，海賊倭寇，至必泊舟，惠來梅林與大浦之隘，凡二十有奇，皆盜賊所居也。雖經韓愈道德之教，文物洊盛〔八〕，而日趨淫靡，訟獄繁矣。元吴萊南海山水人物古迹記。

【校勘記】

〔一〕黄子佃山　「黄」，川本及萬曆廣東通志卷三九、順治潮州府志卷八同，滬本及紀要卷一〇三、清統志卷四四六作「皇」。

〔二〕前二十里有大萊蕪山　「前」，川本、滬本及萬曆廣東通志卷三九同，紀要卷一〇三作「又東」。

〔三〕山尾溪　「山」，川本、滬本同。本書前文饒平程洋岡作「下」，必有一誤。

〔四〕内沙汕九條　「沙」，底本作「河」，川本、滬本同，據本書下文及萬曆廣東通志卷三九改。

〔五〕在外沙南灣海中　「沙」，底本作「河」，川本同，據滬本及萬曆廣東通志卷三九、紀要卷一〇三改。

〔六〕密邇贛及汀漳　「邇」，底本作「通」，川本、滬本同，滬本眉批：「通，疑當作邇。」萬曆廣東通志卷三九作「邇」，據改。

〔七〕包沃野　川本同，滬本「包」上另有「□」，當脱一字。

〔八〕文物洊盛　「洊」，底本作「游」，據川本、滬本改。

南海　蓋禹貢揚州之南境。春秋、戰國時，地本百越。至秦始通，而尉佗王者五世。漢元鼎中，南越平，立南海等郡，屬交州，治蒼梧。建安中，徙治南海。吴孫權初，割交州立廣州，而南海郡屬廣。晉因之。宋以後，江左州郡析置不一〔一〕。至唐〔二〕，即以南海郡立廣州。永徽後，嶺南五管悉隸廣府。咸通中，復分嶺南爲東、西道，廣爲東道。唐末迄五代，南漢劉氏據之，及宋初而後平。番禺山，在番禺東，近城，兩山相屬，高丈餘。山海經：黃帝生禺號，禺號生禺京，處南海。一曰二禺山。或曰：黃帝二庶子善音律，南采崑崙竹，制黃鍾管〔三〕，遂隱此山。五仙觀山，在子城內。楚高固時，有五仙人，人持穀穗，一莖六出，乘羊至此，遺穗州人，羊化石，仙人騰空去。南海廣利王廟，在番禺南。廟有唐韓文公碑、玉簡、玉硯、象鞭。鄭絪出鎮時，林靄守高州，獻銅鼓，面闊五尺，臍隱起海魚、蝦蟇，今藏廟中。宋真宗賜南海玉帶、番國刻金書表、龍牙、火浣布，並存。中宿峽，一曰峽山。在清遠東，山對峙江中。東有尉佗萬人城。任囂墓山，在西城內。越王臺，在大城北。尉佗築。其西有越王朝漢臺。越王趙佗墓山，在南海。南自鷄籠，北至天井，連岡接嶺。佗葬輀車四出，棺塴無定處。石門山〔四〕，在南海北。山夾江對峙如門。漢樓船將軍楊僕討南越，先將精卒陷尋陿，破石門。東有貪泉，晉吳隱之刺廣州，酌泉賦詩處。盧循故城，在番禺南，城南小洲，狀如方壺，蓋循故居處。石鼓山，在東莞南。有石如鼓，鼓鳴兵起。博大山，在番禺東。山東南有盧堠，循浮海與吳隱之戰，立烽堠處。黃巢磯，在清遠南。黃巢寇廣州，殺李佋覆處。仙女灣，在香山南海中。宋益王南遷，泊仙女灣，丞相陳宜中欲奉王奔占城，颶作，王殂，葬香山，宜中遁。殿帥蘇劉義追宜中不及，夜有火燒仙女灣，舟幾盡。大奚山，在東莞南大海中。一曰碙洲山，有三十六嶼。山民業魚鹽，不農。宋紹興間，招其少壯，置水軍，嘯聚，遂墟其地。今有數百家徙來種藷，射羊麋鹿，時載所有，至城易醢米去。

【校勘記】

〔一〕江左州郡析置不一　「析」，底本作「折」，川本同，據滬本改。

〔二〕至唐　「至」，底本作「置」，據川本、滬本改。

〔三〕制黄鍾管　「鍾管」，底本作「鐘宫」，川本、滬本作「鍾宫」，據萬曆廣東通志卷一四、紀要卷一〇一改。

〔四〕石門山　「山」，底本脱，川本同，據滬本及嘉靖廣東通志初稿卷一補。

增城　靈山，在縣北八十里。體勢甚高，而頂上寬平，周迴三百里，後抵從化縣界。南有石巖，巖左有太白石，又謂之七姑仙女石。積水出焉，可灌田千畝。澄溪山，在縣西北七十里。澄溪水出焉，經流臘埔、三江口，合流於增江。焦石嶺，在縣東對江二里。亦名浮碇岡，盤據二十里。羅浮山，在縣東五十里，與博羅縣界。南越志：「羅，羅山也；浮，浮山也。浮山自海上浮來，與羅山合體，故名。高三千六百丈，周迴三百餘里，嶺十五，峯四百三十二〔一〕。道書以爲第七洞天。南漢劉鋹建天華宫於山之西〔二〕。增江水，發源鐵岡、高明二峒，經龍門白沙南下，過三江口，合楊梅、澄溪二水，趨縣北而東，抱城而南，至新溪派分西折，爲牛潭水，入於東江，下流二十里，經石灘，派分東流，爲碧江水，至黄埔，入於海。舊縣，在城東北十里。

【校勘記】

〔一〕峯四百三十二　川本、滬本同，明統志卷八〇、嘉靖增城縣志卷二引南越志無「四百」兩字。

〔二〕劉鋹　「鋹」，底本作「張」，川本同，據滬本及紀要卷一〇〇改。

從化　弘治元年，譚觀福、張洪祐之徒作亂。上命都御史秦紘等討平之。二年，開縣治於番禺之橫潭村，賜名從化，置守禦千户所。五年，十八山寇姚觀祖復嘯聚不靖，又命行軍布政陶魯、兵備僉事袁慶祥殲之。事定，議以橫潭村去廣州甚邇，且僻在一隅〔一〕，不能控制，今流溪馬場田，地方沃衍，去省城二百里，可徙治。許之，乃徙今治，而廢其故地爲獅嶺巡司，復歸於番禺。　大小鷓鴣山，在縣東南四十里。其陰爲增城縣界。　北山，在縣東北六十里。上有三峯，峻拔入雲，延袤數十里，與增城、龍門聯界。　五指山，在縣東北一百里。五峯相連如筆格，其中延袤甚廣，與龍門、英德聯界〔二〕。　流溪，在縣北二百餘里。源於上五指山，流衍數十里爲黃龍砆，又五十里曰鷩灘，又六十里曰草石逕，兩岸怪石相距，水激怒流，又四十里經縣前，又二百里乃至省城，入於海。　水勢湍急，居民以樹木障之，作水車以灌田，其利甚廣。　車製以竹爲之，形如車輪，縛竹筒於四圍以汲水，其下置水槽，水激車運，自注槽中，不煩人力。　廣州屬邑，惟從化、增城有之。　其它潮汐漫流，不能運也。　西北營，在城西北三里。　黄村營，在縣北二百里流溪堡。産銀礦，有盜，故設此守之。白土營，在縣西六十里水西堡。防守西山賊盜。牛背脊營，在縣北一百里流溪堡，近龍門鐵場。山盜嘯聚出没，必經此地。崇禎五年，建。太平場營，在縣南六十里馬村堡，近番禺界。爲省城之北鑰，崇禎五年，建。

【校勘記】

〔一〕且僻在一隅「僻」，底本作「避」，川本同，據滬本改。

〔二〕與龍門英德聯界「英德」，底本倒誤作「德英」，川本同，據滬本及康熙從化縣志卷一乙正。

新寧　那西山，在縣西。形如展旗卓立，當水口，縣之華表也。環寧皆山也。由西七十里而南，洋海匯之，廣海衛綰轂其口，餉雖仰給異縣，而輿圖占籍，實録新寧。廣海衛，地名烏峒，在廣州府西南海溢四百餘里。原隸新會縣，宋置巡檢司於此。是乃古褥洲地〔一〕，一面枕山，三方瀕海，銅鼓、大牌海面汪洋無際，上下二川，矗立於前，上川之左曰大金門，右曰小金門。諸夷入貢，遇逆風則從此進。然而倭奴、紅夷乘風煽禍〔二〕，最爲險要。又各峒諸傜憑阻肆虐，民不聊生。國初洪武二十七年，命都司花茂創建衛城於此，庚午殘破之，後設立營寨，守戎主之，彈壓捍禦，居民乃有樂生之幸焉。

【校勘記】

〔一〕是乃古䢿洲地　「䢿」，底本作「溽」，川本同，據滬本及紀要卷一〇一改。

〔二〕倭奴紅夷　「倭奴」，底本作「倭收」，川本同；「紅夷」，底本作「江夷」，川本同，並據滬本及萬曆廣東通志卷一四改。

陽山　賢令山，在縣北二里。山腰有韓公讀書臺。石崖山，在縣北半里。有宋紹熙庚戌張本中刻皇宋聖傳頌並序。陽溪，在縣治前，即湟川水。自連州東流，入治西北，轉南而東，經滄洭而出洸口。洸即洭，宋避廟諱改洸字。與湞江合流達羊城〔一〕，入於南海。潮水泉。舊志云：在古桂陽州南，今改爲常歲鄉蓮塘村官路旁，距縣四十里。其泉二月至初秋，每日自丑時水湧出，至申時止，八月至初春，自申時水湧出，至丑時止，若海潮之有定候云。

【校勘記】

〔一〕與湞江合流達羊城　「達」，底本作「下」，川本同，據滬本及順治陽山縣志卷一改。

翁源　水自曲江發源，數百里流至太坪，百里許到江鎮，〔旁注〕江鎮水，在縣西三十里。會新塘羊逕水，西流數十里，至横石，〔旁注〕横石水，在縣西五里。縣治前與巖前水合，總流至龍口。又水自河源發源，數百里流至舊屬銀梅，百里許到龍仙，會芙蓉、南塘水，東流百里許至九龍，與周陂、利陂水合，總流至龍口，合横石，入湞陽水。三華鎮〔一〕，在縣北三十里〔二〕。城周二里。隆慶中，剿平山寇立鎮，設官兵三百名，添設縣丞專管。後裁。縣治舊址。梁、唐在安陽里羅江，今利陂鋪横江頭嶺下。宋一在下窖，今縣東五十里，不知其處；一在濛瀼〔三〕，今縣西北九十五里，曲江縣舊濛瀼驛，治大江東岸；一在細草岡，今縣東南四十里，不知其處。建福縣治，在岑水場，今縣西北四十八里。此據文獻通考正之。舊郡志以岑水場爲翁源縣四遷舊址。又以建福縣治在縣東五十里，俱誤。縣治舊幅員頗廣，與河源縣接界。弘治間，割東南屬長寧。崇禎間，又割東北屬連平州，乃稍狹。

【校勘記】

〔一〕三華鎮　「華」，底本作「革」，川本同，據滬本及萬曆廣東通志卷二八、紀要卷一〇二改。

〔二〕在縣北三十里　「北三十里」，底本缺，川本同，據紀要卷一〇二補。滬本該句作「在縣東北」。

〔三〕濛瀼　「濛」，底本作「幪」，川本同，據滬本及萬曆廣東通志卷二八、康熙新修翁源縣志卷五改。下同。

博羅　羅山、浮山，崖巘皆合，兩山草木各别。浮山，皆海中類也〔一〕。高三千六百丈，其巔周迴三十里，其麓周迴五百二十里，其峯四百三十有二，其洞一十有八，其石室、長溪各七十有二，瀑布九百八十，巖一十有一，石一十有二，其洞穴潛通句曲。萬曆間，推官金志和議，謂博之要害，陸則羅峒，水則檳榔潭，宜於羅峒設兵二百，爲一陸營，以把總領之。各鄉有警，應援爲便。

【校勘記】

〔一〕浮山皆海中類也　川本同，滬本無此七字，同紀要卷一〇〇，蓋衍。

永安　嘉靖三十九年，藍能賊藍能屬河源，在永安縣北三十里。長驅府之東郊，破涌口，城東十里。旬日乃去。自是兩江羣盜並興。四十五年，總兵俞大猷帥師討之，擒賊首王西橋。隆慶三年，割歸善古名、寬得二都〔一〕，長樂琴江都之半，治安名鎮，縣名永安。六年，侍郎殷正茂奉詔大征。萬曆元年，賊始平。詳葉春及永安志。

【校勘記】

〔一〕寬得　底本倒誤作「得寬」，川本同，據滬本及萬曆永安縣志卷一乙正。

程鄉　銅鼓山，在縣東南八十里。　銅鼓障，在縣東南一百里。高八百餘丈，周迴八十餘里。形勢峻阻。山寇多出没於此。大峯障，在縣北一百四十里。北界閩汀，西通虔州，險民恃此爲亂。陰那山，在縣東南八十里。周二百五十里，形如仙掌。平頂山，在縣東北二百里。産鐵礦。梅溪，在縣南五十步。源自長樂、興寧縣界諸山，東注過縣治，經大埔縣灤州都，三河溪合流，東南繞府城而入海。〔旁注〕源自龍川，經梅州，合諸流，東南會於三河，入於海。

潮陽　錢澳山，在縣東十五里。即海門山，〔旁注〕蓮花峯在其間。爲海船灣泊之處，内爲海門千户所。又東五里曰廣澳山，其北爲招收山。三面距海，盤據數十里。無草木，多砂石，其地斥鹵，不可以稼。河渡在其内。河渡溪，長數十里。南北通大海，南爲錢澳，北爲馬耳，爲磊口，皆航海者往來灣泊之所。近盜賊多占據，大爲民患。東山之北十里曰磊口山。其下爲馬耳港。潮志。

海陽　韓江，在城東。源於汀、贛，會於三河，合産溪、源出揭陽瘦牛嶺。九河、源出揭陽山。鳳水，源出饒平鳳凰山。過鳳棲峽，東西兩山對峙。及於意溪〔一〕，至於韓江。江即鱷溪，昔鰐爲民害，唐韓愈爲文驅之，州人德韓，因以名江。中有壘石，名曰戀洲塔。沿於老鴉洲，洲扼中流，水不直瀉，爲城之關楗也。廣一百八十丈五尺，袤六百三十三丈五尺。流分爲三：一自東廂溪口，合於秋溪，屬饒平。達於水寨，屬饒平。入於海；

一自南廂，過登雲、登隆、隆津〔二〕，及於南桂〔三〕，分流，東過冠隴，至於闢望，達於南關，入於海，西過園頭〔四〕，至於梅溪〔五〕，達於鮀江，屬揭陽。入於海；一自溪口東南流，界於水南、江東，及於急水，水南、江東兩山對峙，江流迅急，名曰急水門。過蓬洞，至於南關〔六〕，與南廂水合〔七〕，又分蓬洞，過東林至於闢望，達於北關〔八〕，入於海。上、中、下、外莆堤，北起橫隴〔九〕，南抵下埭。凡磯石三十有二，皆險要處，故立以殺水勢。涵溝一十有六，凡有溢，則自涵引水入溝，泄於海，歷代修築。越王走馬埒，在縣北十里。南漢劉鋹祖安仁，爲潮長史時築。其孫隱，僭王南越，追封越王。上平可容數百人。遺址尚存。

【校勘記】

〔一〕意溪　「意」，川本及嘉靖廣東通志初稿卷二一、嘉靖潮州府志卷一同，滬本及紀要卷一〇三作「惡」。順治潮州府志卷八云：「鱷溪，一名惡溪，亦名意溪。」

〔二〕隆津　「隆」，底本作「二」，川本同，據滬本及嘉靖潮州府志卷一改。

〔三〕南桂　「桂」，底本作「柱」，川本同，據滬本及嘉靖潮州府志卷一、順治潮州府志卷八改。

〔四〕園頭　「頭」，底本作「勁」，川本作「頸」，據滬本及嘉靖潮州府志卷一改。

〔五〕梅溪　「梅」，底本作「海」，據川本、滬本及嘉靖潮州府志卷一改。

〔六〕南關　「關」，底本脱，川本同，據滬本補。嘉靖潮州府志卷一作「桂」。

〔七〕南廂水　「廂」，底本脱，川本、滬本同，據嘉靖潮州府志卷一、順治潮州府志卷八補。

〔八〕北關　「關」，底本脱，川本同，據滬本及嘉靖潮州府志卷一補。

〔九〕横隴　底本空缺，川本同，滬本作「龍康」，據嘉靖潮州府志卷一補。

潮陽　大湖山，在縣東南十五里。枕大海，下有龍津潭，歲旱禱雨輒應。　臨崑山，在縣西三十五里。晉、唐間，置縣於山麓。　靈山，在縣西六十里。唐大顛創寺於此。　韓文公刺潮，有三書致之，及改袁州，親訪之，留衣爲别，有留衣亭。　練江，源出雲落山，東流一十里，至減水，又二十里至洋烏，有港曰繡溪港〔一〕，又二十里至舉練，又二十五里至黄隴，有溪曰東溪，又五里至和平，和平橋，在縣西三十里。石梁一十九間，廣九尺，長三十丈，以地名。又二十里至隆井，匯而爲江。紆迴如練，故名。

【校勘記】

〔一〕繡溪港　「繡」，底本作「繡」，川本、滬本同，據嘉靖潮州府志卷一、紀要卷一〇三改。

惠來　五潮山，在縣北五十里。層巒疊嶂，環列如屏，爲縣之枕山。　峽嶺，在縣西北六十里。路通梅林、雙派二屯〔一〕。山峽中旁蹊曲徑，爲盗賊出没之衝。　光華山，在光華溪中。長嶼、上溪水夾流而下。元末兵亂，土人胡禄爲衆所推，立爲寨長，保障一方。今光華、惠政二橋間〔二〕，即其地也。

【校勘記】

〔一〕梅林雙派二屯　「派」，底本空缺，川本同；「二」，底本作「三」，川本同，並據滬本及嘉靖潮州府志卷一補改。

〔二〕今光華惠政二橋間　「二」，底本作「上」，川本、滬本同，據嘉靖潮州府志卷一、清統志卷四四六改。

大埔　縣東二十里有風波嶂〔一〕。高四百餘丈，周迴四十里。

【校勘記】

〔一〕風波嶂　「風」，底本脱，川本同，據滬本及嘉靖潮州府志卷一、紀要卷一〇三補。

潮陽〔一〕　潮、揭之水，咸會於牛田洋，南入於海。潮陽舊縣，在今縣西三十五里臨崑山麓。

【校勘記】

〔一〕潮陽　底本、川本脱，據滬本補。

惠來[一]。嘉靖四年，析潮陽置惠來[二]。潮陽故所統地，南至海豐界，民依險阻，多逋負。弘治末，流賊劫掠益甚。正德七年，巡按御史熊蘭奏增縣治，以彈壓之。至是始析隆井三分之一，及大埿、酉頭、惠來三都，並割海豐之龍溪一都，分置惠來縣，割靖海千户所隸焉。

【校勘記】

〔一〕惠來 底本、川本脱，據滬本補。

〔二〕惠來 「惠」，底本作「會」，川本同，據滬本及紀要卷一〇三改。

普寧[一] 四十五年，復析潮陽置普寧。先是饒平撫盜，張璉以三饒叛，分部流劫江、閩二省，而海、程、潮、惠黠賊王伯宣、林朝曦、陳八、黄啓薦等，復與連和，爲犄角之勢。於是督撫都御史張臬會兵剿之，及璉等伏誅，因建議善後之策，以海、程邊地，分置澄海、平遠二縣，而析潮之洋烏、減水、黄坑三都，置縣曰普寧。

晉隆安元年[二]，分東官揭陽地，立義安郡，統綏安、海陽、海寧、義昭[三]、潮陽五縣。綏安即今漳浦縣，海寧即今龍溪縣，義昭即今程鄉、大埔縣。

【校勘記】

〔一〕普寧　底本、川本脱，據滬本補。

〔二〕隆安元年　川本、滬本同。按宋書州郡志：「義安太守，晉安帝義熙九年，分東官立。」元和志卷三四亦云晉安帝義熙九年，寰宇記卷一五八引南越志云義熙八年，此誤。

〔三〕義昭　底本倒誤作「昭義」，川本、滬本同，據宋書州郡志、南齊書州郡志乙正。下同。

澄海　國初潮州府屬縣四：海陽、潮陽〔一〕、程鄉、揭陽也。海陽附郭地方，半居府治之南，揭陽居西南，後析置饒平，居東北。海陽爲都十八，而上、中、下外三都居其南畫。揭陽爲都十三，而蓬州、鍔浦、鮀江三都居其東南畫。饒平爲都六，而蘇灣居其南畫。各畫處皆海也，去其縣遠或百餘里，或近不下七十里。往者夷寇屯舟海上，分哨入劫，左躪右蹂，無非七都之地，民既無城可依，官兵又以遠不及援，坐受荼毒。而山寇張璉、林朝曦等，復陰相連結，内外夾驅，民益不堪，相率奔竄，七都之地蕭然，而全潮亦被蠶食之害。四十二年，督府張公臬統兵征討，山酋授首，海寇亦皆告招，地方頗靖，乃奏割七都，置澄海縣於下外闢望村，以彈壓之。　潯洄山，亦曰巡梅〔二〕，去縣五十里。突起海中，接潮陽界，蜿蜒十餘里。　小萊蕪山、大萊蕪山、南澳山，突起海中，形如筆架，爲澳不一，惟隆澳、青澳、深澳，其水如瀦，周遭山擁，可以避風。今置總鎮。　侍郎嶼〔三〕，在南澳山左。　以上山皆在縣東海中。

【校勘記】

〔一〕潮陽　底本脱「陽」，川本同，據滬本及萬曆廣東通志卷三九補。

〔二〕巡梅　「梅」，底本作「海」，川本、滬本同，據康熙澄海縣志卷一、清統志卷四四六改。

〔三〕侍郎嶼　「嶼」，底本作「璵」，川本同，據滬本及紀要卷一〇三改。

信宜　六豪山，在縣東七十里。山勢高大。昔有傜人盤氏六家居此。今爲羅定界。東川，源出雷公嶺下，經雲岫山，中流至縣城，南合西水，入竇江。灘高水急，多峭石，可通舟楫，入高州界。西川，源出譚峨五都歐嶺下，即譚峨江也。順流至城南，合東水。民以竹牌運貨穀等物，至縣城南西河，下通舟楫至高州。麗水江。譚峨江，在縣西思賢嶺下。廢譚峨特亮江。竇江，合東西二水，八十里會於鑑江。廢竇州，在城南二里教場之左。廢特亮縣，在城西北二十里。今名舊縣村。廢懷德縣，在城東北五十里中道巡司之左。廢縣，見上。唐武德中，以本縣爲南扶州，領信義、譚峨二縣。貞觀元年，州廢，以縣屬瀧州。八年，改南扶爲竇州，領縣四：信義、譚峨、特亮、懷德。宋開寶七年，并譚峨、特亮、懷德入信義，屬竇州。太平興國中，改義爲宜。

儋州　黎婺山，在州南二百餘里。郡人少到，山勢峻拔。下有水泉，天色明霽，遥望尖插半空。若依舊志以爲五指山，則非本州所見。宋大觀初，置鎮州其側。大江，在州北門外。發源黎婺，流接沙鍋，經天角潭，會諸水，合流至州治東，衝決分爲二江，至潭龍復合，下與新昌江相會。新昌江，在州南十里。自深黎發源，流經頓驕鋪，會大江而之海。徐浦江，在州南二十里。發源落窑黎山，接新昌。榕橋江，在州東北三十里。下至頓積港，與潮會。珠崖，爲州郡，建置遷轉凡四處：漢武初，治瓊山東潭都〔一〕；梁治儋州義倫；唐治瓊山之顏城〔二〕，即今瓊山張吴都之顏村；宋以寧遠都爲崖州，乃今崖州。

【校勘記】

〔一〕治瓊山東潭都　「都」，底本脱，川本同，據滬本及萬曆瓊州府志卷四補。

〔二〕唐治瓊山之顏城　「城」，底本作「域」，川本同，據滬本及萬曆瓊州府志卷四改。

連平州　州治建惠化圖，舊河源縣地，正德十三年，提督南贛王守仁平浰頭賊〔一〕，建議和平縣分割四里〔二〕，惠化居一焉。去和平二百里許，鳥道險阻，峻嶺雲聯，而中爲九連山。隆慶初，渠賊陳闊口巢五虎營，盤踞四十餘年，每出必利。嗣後張庚子、林庚子巢長峯逕，趙十滿巢獐坑，相繼撲滅。最猖獗者，陳萬爲甚。萬巢九連肚，聚黨三千餘徒，出熱水，由龍南太平堡攻樂昌，破始興，江西泰和等處，皆被蹂躪。奉有四省會剿之旨，始克蕩平。於是巡撫南贛石門都御史陸問禮、總督兩廣兵部右侍郎熊文燦，先後疏請割惠化、長吉、忠信、東桃銀梅四圖，建連平州，轄河源、和平二縣〔三〕。　疏云：以周陂中區建立連平，城守而傍於西，和平在其東，河源在其南，翁源、長寧環其外，而又有復淛頭之兵，以控其北，合内外左右，屹然雄峙。　割和平縣惠化圖，長寧縣長吉二都，河源縣忠信一圖，韶州府翁源縣銀梅、東桃二鋪大隆都，以入連平。又割河源忠信二圖，以補和平，割博羅長平都二圖、六圖，以補河源，割英德〔四〕、龍門二縣附近田，以補長寧。　城周六百三十五丈。　府東北四百里。　州治北鷄公嶂，今改名鳳凰嶂。　九連山，在州東三十里。珠聯萬山，環通九縣，故名。夙爲賊巢。　猴子嶺，在州東南二十五里。　東桃逕，在州北七十里。　通江西龍南縣。　密溪水，自翁源楊梅坪發源，環繞州城右側，至合水墟，與麻陂水合流南下，經百口塘錫場，直抵河源大江。　銀梅水，發源楊梅坪，由牛嶺經蓮塘、英村，至南鋪，通英德縣大河，出三水直抵廣州府。　内管，爲九連門户，附近州治，設兵二百名，守備駐劄。　野鴨潭，係九連要路。　賊渠陳萬每從此出入，設兵五十名。　獐坑，係九連要害，賊首趙十滿故巢，設兵五十名。　櫸林，係長寧、連平要路，設兵四十名。　茶山、德慶屯、南湖陡、銀梅鋪四處，各設兵二十名。

【校勘記】

〔一〕提督南贛王守仁平浰頭賊　「賊」，底本脱，川本同，據滬本補。

〔二〕建議和平縣分割四里　「議」，底本脱，川本同，據滬本補。

〔三〕和平　「和」，底本作「河」，川本同，據滬本及明史地理志改。

〔四〕英德　「英」，底本作「應」，川本同，據滬本、本書下文改。

高要　宋崇郡故基，在縣東南三十里桂平都。宋元嘉十八年立，後更名宋隆〔一〕，俗稱宋崇〔二〕，聲之轉也。隋開皇間廢。今宋崇水口，即其故址。　廢南綏州，在府城西六十里。唐初置，領四會〔三〕、化蒙二縣。貞觀初廢。　舊樂城縣，在城東八十里劉村都。宋建，隋并入高要。　舊清泰縣，在縣東南七十里清泰都。　舊平興縣，在縣東南九十里黄村都。隋開皇中建，宋初并入高要。

【校勘記】

〔一〕宋元嘉十八年立後更名宋隆　「後」，底本作「復」，川本、滬本同。宋書州郡志：宋熙太守，元嘉十八年立，「二十七年，更名宋隆。孝武孝建中，復改爲宋熙。」萬曆廣東通志卷四七、萬曆肇慶府志卷七作「後」，是，據改。

〔二〕俗稱宋崇　「稱」，底本脱，川本同，據滬本及萬曆廣東通志卷四七、萬曆肇慶府志卷七補。

〔三〕四會　「四」，底本作「田」，川本同，據滬本及舊唐書地理志改。

新興　舊索盧縣〔一〕，在縣東南三十里仁豐都〔二〕。隋廢，唐武德復置，乾元復并入新興縣，址存。舊新昌縣，在縣東四十餘步。唐武德四年，析新興縣置，後省。今新昌驛即其舊址〔三〕。舊單牒縣，在縣東二十五里照會都。唐武德四年，析新興縣置，後省。址存。舊信安縣，在縣東南八十里。宋熙寧省爲鎮，入新興縣。元祐復爲縣，紹聖復省爲鎮，後復爲縣。舊永順縣，在縣北六十里芙蓉都。唐武德中置，宋開寶五年，并入新興。

【校勘記】

〔一〕舊索盧縣　「索」，底本作「紫」，川本同，據滬本及隋書地理志、舊唐書地理志改。

〔二〕在縣東南三十里仁豐都　「東」，川本、滬本同，萬曆廣東通志卷四七、萬曆肇慶府志卷八、康熙肇慶府志卷四無，蓋衍。

〔三〕今新昌驛即其舊址　「即其」，底本作「是爲」，川本同，據滬本及萬曆廣東通志卷四七、萬曆肇慶府志卷八改。

陽春　舊勤州，在縣北八十里順陽都。唐武德中置浮雲都，隨廢〔一〕。開元間，賊保銅陵北山，復置，治富林洞，因以爲縣。乾元徙治銅陵。宋開寶元年廢〔二〕，今爲民居。然則舊勤州當有三處，在順陽者其一也。　舊陽春縣，在縣北八十里思良都峒石山之南。宋景德以州水土惡弱，徙此，未幾復舊處。　舊銅陵縣，在縣北八十里思良都〔三〕。本劉宋龍潭縣。隋改銅陵。唐或屬春，或屬勤〔四〕。宋熙寧六年，并入陽春。　舊流南縣，在縣西北三十五里順陽都。隋開皇中置。宋開寶七年，并入陽春。　舊羅水縣，在縣西南九十里太平都。唐天寶末置。宋開寶五年，并入陽春。　舊西城縣，在縣西南七十里太平都。隋開皇中置。大業初，一作宋開寶中〔五〕。廢入銅陵。　舊傅林縣〔六〕，在縣北八十里思良都。隋開皇中置。宋開寶初廢。

【校勘記】

〔一〕隨廢　「隨」，底本作「隋」，川本、滬本同。舊唐書地理志：勤州，「武德四年析春州置，五年州廢。」萬曆肇慶府志卷八作「隨」，是，據改。

〔二〕宋開寶元年廢　川本、滬本同。按紀勝卷九八：「開寶五年，廢勤州。」此云「元年」，誤。

〔三〕縣北八十里　底本「八」下衍一「八」字，據川本、滬本刪。

〔四〕唐或屬春或屬勤　底本脱後「或」字，川本同，據滬本補。

〔五〕一作宋開寶中　「一作」，底本無，川本同；「宋開寶中」，底本錯簡於上文「大業初」前，並據滬本補改。按隋書地理志銅陵縣：「西城縣，大業初廢入。」則所謂「宋開寶中廢」，恐無實據。

〔六〕舊傅林縣　「傅」，底本作「傳」，滬本作「博」，據川本及隋書地理志改。

陽江　舊南恩州，在縣西二十五步。唐徙於恩平縣左，爲恩州。宋開寶復徙故地，復加南字。國初州廢，即其址立千户所。　舊西平縣，在縣西三十里虔儒都。舊志：晉屬高興郡。唐武德中，改隸高涼郡。貞觀中，隸恩州。宋開寶入陽江。按晉地理志始有西平，屬高興郡，自宋、齊以迄趙宋，高涼、南恩等州郡沿革，建省縣名，俱無西平，蓋立後尋廢〔一〕，獨一統志謂唐改西平曰陽江，屬恩州云。　舊杜陵縣，在縣西一百二十里白石都。

【校勘記】

〔一〕蓋立後尋廢　「立後」，底本作「後立」，川本同，據滬本及萬曆廣東通志卷四七、萬曆肇慶府志卷八乙正。

四會　舊化成縣，在縣西北五十里大圃都岡谷村。宋置。唐武德中，改爲化穆縣。宋熙寧六年，入四會〔二〕。　舊樂城縣，在縣西四十里橄欖都禄水村。宋置。唐武德中，改爲化注縣。宋熙寧六年，幷入四會〔三〕。　舊化蒙縣，在太平都東鄉水口。　舊新招縣，在橄欖都新招村。　舊綏州，在橄欖都石澗村。

【校勘記】

〔一〕舊化成縣至宋熙寧六年入四會　川本、滬本同。按宋書州郡志化穆縣：「何志新立。」舊唐書地理志：武德五年於四會縣治北置南綏州，領有化穆縣，貞觀十三年省化穆縣。紀勝卷九六同。則此「化成」爲「化穆」之誤，所云「唐武德中，改爲化穆縣」及「宋熙寧六年，入四會」，亦並誤。

〔二〕宋熙寧六年并入四會　川本、滬本同。按新唐書地理志四會縣：武德五年析置化注縣，貞觀元年省。紀勝卷九六同。此誤。

高明　舊平興縣，在縣西五十里黄村都。劉宋置〔一〕。宋開寶五年，省入高要。舊清泰縣，在縣東二十里清泰都。梁析平興爲梁泰縣。隋改清泰。唐省入平興。奢山，在縣東南二百三十里。高千仞，周圍百餘里。山有丹砂，夷語訛砂爲奢。山南有粟砦山，産山棗，葉似梅，果似荔枝，九月熟。又多錦鳥、鮫魚。又有玄鈎鳥〔二〕，鳴則雨至。

【校勘記】

〔一〕劉宋置　底本「劉」上衍「隋開皇中」，川本同，據滬本及萬曆廣東通志卷四七、萬曆肇慶府志卷八删。

〔二〕又有玄鈎鳥　「有」，底本脱，川本同；「鳥」，底本脱，川本同，並據滬本及明統志卷八一、萬曆肇慶府志卷八補。

恩平　通志〔一〕：古恩平郡，在縣東百四十里水東都。唐大順二年〔二〕，自陽江縣徙於恩平縣之左。宋開寶中，仍徙於陽江縣之東二十五步〔三〕。慶曆八年，改南恩州。址存。按恩平郡，大順時已改爲州，猶稱郡者，蓋通稱也。　古恩平縣，通志及府、縣志皆言在縣東北二十里，今爲恩平鋪，俗呼爲木綿鋪是也。通志又言：即今恩平縣治〔四〕，成化十五年以前爲恩平堡〔五〕。又言：唐徙恩州治於恩平縣左。考舊唐書，恩州治海安縣，至德改爲恩平，則州縣固在一處，但未知在今縣治，在恩平鋪孰是。〔旁注〕舊南恩州，在縣東二十步。唐大順二年，曾徙治恩平縣之左。宋開寶徙故地。至國初，州廢，即其地立千户所。　古杜陵縣，在縣西一百二十里白石都。　古西平縣，在縣西三十里虔儒都。舊志：晉置，屬高興郡。唐武德中，改隸高涼郡。貞觀中〔六〕，隸恩州。宋開寶入陽江。按晉地理志有西平〔七〕，屬高興郡。自宋、齊以迄宋、元，俱無西平，以爲立後尋廢是也〔八〕。　古海安縣，東一百五十里水東都。即古恩平縣。　古新安郡。通志：在縣北一百二十里靜德都，新興城之舊治也。考晉書，哀帝太和中〔九〕，置新安郡，即高涼、合浦二郡地，臨允屬合浦，新興亦臨允所分者，故郡在此。　古清海軍，府志在縣東北二十里，縣志在縣北二十五里，皆水東都潭流水渡旁東向。唐至德間，置戍兵三千人。宋開寶間廢，今址存。縣志又言：潭流渡在仕峒都，蓋二都之間也。　冒嵩少詩序：雲岫山距恩平一百八十里。天順間，忠襄毛公吉討賊火燈〔一〇〕，乘勝追至此，其遇害處方廣丈許，至今一草不生。

【校勘記】

〔一〕通志　底本爲旁注，川本同，據滬本及萬曆廣東通志卷四七改移。

〔二〕唐大順二年　「唐」，底本空缺，川本同，據滬本補。

〔三〕仍徙於陽江縣之東二十五步　「二」，底本作「一」，川本、滬本同，據萬曆肇慶府志卷九、道光恩平縣志卷一七改。

〔四〕即今恩平縣治　「即」，底本作「郡」，川本、滬本同，據萬曆廣東通志卷四七、萬曆肇慶府志卷九改。

〔五〕恩平堡　底本「堡」上衍「縣」字，川本同，據滬本及萬曆肇慶府志卷九、紀要卷一〇一刪。

〔六〕貞觀中　「貞」，底本作「夷」，川本同，據滬本及新唐書地理志改。

〔七〕晉地理志　「志」，底本脱，川本、滬本同，據晉書地理志、萬曆肇慶府志卷九補。

〔八〕以爲立後尋廢是也　「立後」，底本作「後立」，川本同，據滬本及萬曆廣東通志卷四七、萬曆肇慶府志卷九乙正。

〔九〕哀帝太和中　「哀」，底本作「宸」，川本同，滬本作「廢」，據晉書地理志改。

〔一〇〕忠襄毛公吉討賊火燈　「燈」，底本作「磴」，川本同，滬本作「磴」，據萬曆廣東通志卷四七、康熙肇慶府志卷四、道光恩平縣志卷四改。

廣寧　南綏州。一統志：在府城西六十里。唐初置，領四會、化蒙二縣。貞觀初廢。舊府志則書南綏州於四會，而於廣寧又書綏州，云在橄欖都石澗村〔一〕。劉宋時置，宋熙寧六年，并入四會。通志亦兩書之，而移南綏州於高要〔二〕。蓋誤執一統志府城西六十里之文也。考劉宋所置乃綏建郡，領縣則首新招，疑治於此，與石澗相近，皆橄欖都也。　舊新招縣，在橄欖都新招村。劉宋置，後省，址存。　舊化蒙縣，在太平都東鄉水口。劉宋時置，後廢，址存。　舊化穆縣，在縣東南五十里大圃都康谷村，後省。　舊志有化成縣，謂劉宋置，唐改爲化穆，非也。舊化注縣，在縣西四十里橄欖都緑水村。化注爲縣，見南齊書。宋書云：綏建領縣七。而闕其一，疑即化注，亦劉宋所置也。後省，址存。　舊志有樂成縣，謂劉宋置，唐改化注，非也。

【校勘記】

〔一〕云在橄欖都石澗村　「在」，底本脱，川本同，據滬本及萬曆廣東通志卷四七、萬曆肇慶府志卷九補。

〔二〕而移南綏州於高要　「南」，底本脱，川本、滬本同，據萬曆廣東通志卷四七、萬曆肇慶府志卷九補。

德慶州　廢悦城縣，在州東八十里。晉置樂成、悦城二縣，劉宋改成爲城。隋以悦城省入樂城，屬端州。唐改樂城曰悦城，屬康州。宋省入端溪。　廢濱江縣，在州東夫號水口。晉置。隋廢入端溪。　廢冗溪縣，在州東悦城鄉。晉置，隋廢入端溪，今舊縣里是也。　考晉及宋齊書，皆有元溪，而無冗溪，恐誤。〔旁注〕通志：東南百二十里曰甘山。其上有龍頭潭，其下有甘峯泉。山周一百餘里，高七百丈有奇，跨新定、富禄、清秀三里之地。　錦水，流於城南，爲大江。源出交趾廣源州，經潯州，與黔水合，是爲右江，東至於梧，與灕水合，是爲府江〔一〕，舟行二百里，至城南，出肇慶，南入於海。有鼎石之神，在江中，隨波出没，即赤松子煉丹處，其側有赤松子祠。舊都城縣，在州西都城鄉。晉置，宋開寶間廢。今爲都城巡檢司。舊晉康縣，在州南七十里。隋遂安縣，唐改晉康，屬康州，宋省入端溪。舊樂成縣，在州西都城鄉。隋時廢。此縣高要、四會、德慶凡三見。

【校勘記】

〔一〕是爲府江「府」，底本作「廣」，川本同，據滬本及嘉靖德慶州志卷七改。

封川　廢封州，梁置成州，隋改封州，本朝省。各志皆謂在縣北六里，但洪武初以州治爲縣治，則今縣治是也。何謂六里？舊唐書云：封州所治，在封水之陽。隋移州於封川，即今縣治。然則六里者，隋以前之封州也。舊封川縣，在縣西一里。國朝洪武二年，革封州入封川縣，以州署爲縣署，舊縣今爲民居。〔旁注〕都樂縣，在坊場鄉都樂村。唐末屬康州。

肇慶府

猺、僮。〔眉批〕通志：嶺西溪峒與海北海南，皆近駱越。隋書謂：南蠻雜類，與華人錯居，曰蜑，曰獽，曰俚，曰獠，曰㐌，多巢其中。好相攻討，浸以微弱，稍屬於中國〔一〕。其去廣州遠矣，故唐、宋分隸嶺南西道云。猺，其先盤瓠之苗裔也，產於湖北、湖南溪峒，即古長沙、黔中五溪之蠻。其後生齒日繁，播於兩粵〔二〕。其在肇慶，惟高明東臨大海，餘州縣往往有猺，東連中宿，西接蒼梧，南抵高涼，北通涔水〔三〕，綿亘千里，言語侏離，椎結跣足，衣斑斕布褐〔四〕，依林積木而居，刀耕火種。無積聚，濯則又徙一山。其俗喜讐殺，猜忍輕死，能饑行鬬，上下山坂若飛。其兵刀弩長戟，長戟前卻不常，以衛弩。弩者口銜刀而手射人〔五〕。敵或冒忍逼之，長戟無所施，則釋弩而取口中刀，奮擊以救。又多毒矢，中則應弦而倒。進整行列，退必伏弩。與之角技爭地利，往往不能決勝也。兒能行，則烙其蹠，使頑厚，故能履棘茨而不傷〔六〕。攻盜剽掠，其天性也。其居淺山峒中，聽約束而不爲盜，衣服飲食漸習齊民，則德慶、金林、悦城、高要頂湖諸山多有之，謂之「平猺」。僮性麤悍，露撮跣足，斑衣短裳〔七〕，鳥言夷面，自耕而食，又謂之「山人」，亦出湖南溪峒。其後稍入粵西古田諸縣，佃作草田，聚種稍多，因脅田主，據鄉落，遂蔓延而東。其初尚以招徠爲名，佃田輸租。與猺種類不同，時相讐殺，有司、田主頗賴其力捍猺，後亦與猺無異。自漢五溪蠻後，安帝時，蒼梧、合浦蠻反，其後或叛或服，不可得而記云。至元孔棘，世祖滅宋之歲，德慶、瀧水猺亂。其後成宗大德八年，猺李宗起寇新州。仁宗延祐六年，南恩、新州猺龍郎、庚起爲寇。泰定帝泰定二年，海北猺盤古祥寇陽春。至我朝洪武二十二年，德慶、瀧水猺復亂〔八〕，命總兵指揮劉備討平之。三十一年，德慶西山猺盤窮腸等復亂〔九〕，命指揮王濬討平之，立猺首猺甲，來朝者賜之鈔幣。永樂四年，石城縣吏馮原泰遂以瀧水猺目趙第二來朝，授原泰瀧水撫猺縣丞。六年，德慶州人陳朵朵，以傜首盤永用來朝。八年，瀧水撫傜縣丞馮原泰又以新落山傜目駱二第來朝。十年，進原泰爲德慶州撫傜判官〔一〇〕，撫德慶、瀧水諸傜，歲貢楠漆。賜敕諭曰：皇帝敕諭廣東肇慶府德慶州古蓬、下臺等山傜頭周八十、劉大〔一一〕，恁每都是好百姓，比先只爲軍衛有司官不才，苦害恁上頭，恁每害怕了，不肯出來。如今聽得朝廷差人來招諭，便都一心向化，出來朝見，都賞賜回去。今後恁村峒人民，都不要供應差發，從便安生樂業，享太平之福。但是軍衛有司官吏軍民人等，非法生事，擾害恁的，便將着這敕諭，直到京城來奏，我將大法度治他，故諭。十一年，肇慶府學生廖謙以新興縣傜目梁福壽來朝，以謙爲新興典史。十三年，德慶州傜首周八十來朝。十四年，高安縣傜首周四哥來朝。宣德復賜敕諭，稍得寧謐。其亂則自阮能者，正統間鎮守内官也，因傜朝貢，多索方物，於是寇賊四起。十一年，瀧水傜趙音旺與德慶傜鳳廣山作亂，撫傜判官馮述戰死之〔一二〕。述，原泰子也。自是民田多陷没矣。既而廣山聽撫，音旺合諸叛傜，大肆殺略。景泰初，都御史馬昂討平之。三年，總督兩廣、左都御史王翶招撫傜老、僮老人等〔一三〕，令歸峒生業。四年，巡按御史盛杲諭降瀧水縣傜〔一四〕。天順元年，鳳廣山之子鳳第吉作亂，巡撫都御史葉盛討擒之〔一五〕。二年，陽江縣官峒山傜彭震來朝。其秋，陽江縣傜黄勝富、高要縣傜鄧鉞來朝。新春傜叛〔一六〕，知府黄瑜招降之。三年，鷄籠嶺僮合廣西流賊陷開建縣，殺知縣朱瓊、典史蘇善，詔總兵官左都督劉深、副總兵都督同知歐信討賊。成化初，僉都御史韓雍乃用狼兵鵰剿，肇慶自羅旁、綠水至懷集，皆置戍兵。賊出即搗其穴，或要其歸。傜人畏服，州縣以安。十五年，傜寇陽春。弘治十四年，瀧水知縣翟觀於緣山一帶，令僮立寨禦傜。十五年，傜入陽春，總旗徐洪戰死。正德元年，德慶傜殺千户林熙、高謙，巡檢牟智〔一七〕。六年，傜劫新興縣庫。七年，嶺西兵備僉事汪鋐討陽春傜，以石綠僮爲導。僮與傜通，引入深險，殺傷甚衆，自是不敢言兵矣。十年，白飯坑、擔板嶺傜梗道殺人。陽春知縣黄寛討滅之，道始通。十二年，傜掠新興西郭。十六年，傜寇高明。封川、開建傜亂，提督都御史蕭翀、總兵官撫寧侯朱麒討平之。封川歸仁鄉僮陳公鏡、蒙公高叛。嘉靖元年，都御史張嵿招降之。其秋，傜賊合浪賊略新興南郭。二年，傜掠陽春，兵備副使王大用、分守參政羅僑擒之。德慶太學生陳天華上疏請討傜賊，事下督府，謫戍死。三軍參政羅僑招復陽春傜目梁烏皮等三百餘家。副使王大用討新興傜賊、浪賊，殲之。四年，傜趙木子襲殺德慶守備李松、判官陳踞。六年，陽春大風雨，諸傜山崩，溺死三百餘傜，畜産千計〔一八〕。七年，分巡僉事李香招復從傜亂民二千餘人。八年，封川石硯山傜亂，提督都御史林富〔一九〕、總兵官咸寧侯仇鸞討平之。十年，陽春傜趙林花等攻陷高州，提督都御史陶諧、總兵官咸寧侯仇鸞討平之。實以良民一千餘家，田一百三十九頃九十一畝〔二〇〕。二十一年，德慶萬峒僮目鄭公音等叛。二十二年，參將武鸞受賂撫之〔二一〕。二十三年，封川僮目蘇公樂、張公蕋叛〔二二〕。二十四年，都御史張岳、平江伯陳圭討平之。三十三年，德慶猺賊四掠，江道梗絶。乃議作遊魚舟，移戍於南岸水口。三十五年，提督都御史談愷討新興、恩平鴻鵞山猺賊，斬獲數千。其黨藍布平等十三村乞降，許之，未幾復叛。先是德慶諸山爲賊巢穴，盤據占種，民賠虚税。三十八年都御史鄭絅〔二三〕、巡按御史潘季馴，始税猺山物貨〔二四〕，以補虚税。四十四年，盡伐德慶上、下江茂木深箐，自南江口至新村降水一百二十里，爲十營。隆慶三年，猺陷海朗所。大抵猺既獷悍，四方亡命又從而糾合之，助其凶虐，謂之浪賊。攻城邑，略吏民〔二五〕，繫子女責贖。截江梗道，商旅不通。水道則羅旁上下二百餘里，陸則二十四山。及獨鶴、恩平、蓮塘、樂安，蜂屯蟻聚，越貨殺人，民不聊生。萬曆四年，總督都御史殷正茂請討之〔二六〕。會徵爲户部尚書，淩雲翼代之，調兵十萬有奇，分十部，以總兵張元勳、李錫，分駐瀧水東西統督〔二七〕，以副使趙可懷監諸軍，破巢五百六十有四，擒斬一萬六千一百餘級。羅旁平，奏設東安、西寧二縣。升瀧水縣爲羅定州，直隸布政使司，羅定駐州治焉。

獠。獠蓋蠻之別種。往代初出自梁、益之間。其在嶺南，則隋、唐時爲患孔棘。仁壽元年，馮盎討平潮、疑作瀧〔二八〕。成等五州之獠。武德七年，李光度討平瀧、扶之獠。貞觀間，馮盎又討平竇州之獠。其後復叛，廣州總管党仁弘坐是貶，南扶州廢，而以縣屬瀧者再，復爲州者再，皆獠之以。然是時叛不言猺，自宋以後，又不言獠，意其類已合，如匈奴、突厥隨代異名耶〔二九〕？蛋。蛋其種不可知。考秦始皇使尉屠睢統五軍，監禄鑿河通道，殺西甌王。越人皆入叢薄中，與禽獸處，莫肯爲秦。意此即叢薄中遺民耶？以舟楫爲宅，捕魚爲業，見水色則知有龍，故又曰「龍户」，齊民則目爲蛋家。洪武初，編户立長，屬河泊所，歲收漁課，然無冠履禮貌，不諳文字，不自記歲年，此其異也。

設官。景泰初，設左參將，分守高、肇、雷、廉四府，設德慶、瀧水守備。成化四年，設整飭兵備副使，高、肇一人，雷、廉一人，二十一年革。弘治九年，復設高、肇、雷、廉共一人。十六年，始以嶺西道分巡僉事，兼高、肇兵備，駐肇慶。海北道分巡僉事，兼雷、廉兵備，駐廉州。嘉靖三十二年，以左參將分守高、肇，兼管廣、韶〔三〇〕，海南參將兼管雷、廉。四十三年，設練兵遊擊。隆慶六年，設恩平守備，以西路巡海參將駐陽江。萬曆二年，設海防同知。四年，設北津水寨，改西路巡海參將爲陽、電海防參將。五年，以按察司副使爲嶺西道兵備，兼理分巡，罷高、肇參將〔三一〕、德慶瀧水守備，以陽、電海防參將兼管陸路。八年，設北津水寨把總，裁革陽、電海防兼管陸路參將，以恩平守備兼管陽、電，移駐陽江〔三二〕。

新會陳吾德曰：曩士大夫談經略東粤者〔三三〕，謂宜多置縣。或怪其言之無當，以爲十羊九牧，徒滋擾耳〔三四〕。觀廣、肇、肇安、安寧之置，至今賴之，非其明驗也耶？夫山海懸隔，遥制爲難，深溪可馮，狂圖易起。譬諸禽鹿不近羈勒，胡以服制。頃余登皂幕山，四顧徘徊，會、明、恩、興四邑於此襟喉，蓋皆百里而近，幾聲教不訖矣。議者欲因倉步舊城，益以會之古博平康、興之雙橋都置縣，招流亡，復里甲，十年生聚教訓，庶幾反逋負而供輸，帶牛佩犢之衆，盡緣南畝矣。嘗聞豐城李公曰：倉步建縣萬年計，建鎮數十年計，奈何置屯。開平屯，在恩平縣北一百一十里倉步村。萬曆二年，李材立守備司於此。非其計不終夕者耶？漢人有言，屯戍之士，非忠臣孝子，不可盡繩以法，況法所不繩，烏合數邑不逞之徒，據茲沃土，今稍四出剽掠，且爲逋逃藪矣。建縣議格不行，豈非更事者恨於後時哉！倉步，在縣東北一百一十里，東至豪坪營新會界，南至合水嶺、北獵山、馬騮砦，越此爲新寧界，西通鴻嶺山，北至那假關，計至枕頭賊營。扶、羅二山，（眉批）已下三段，俱宜與軍門志相參，補入傜、僮條下。四會縣扶溪、顧水等山，與清遠縣大羅山連，巖峒深峻，山木阻翳，延袤數百里。北通湖廣，西連廣西，峒落綿亘，星分棋布，人不敢至。成化、弘治間，衆未盈千，時一出劫，謂之借鹽布。嘉靖間，生齒日繁，賊勢漸盛，恣肆出没，撫之則陽從而陰叛，剿之則東突而西奔。壬子冬，賊首馮天恩、李汝瑞自號扶、羅二山左右都元帥，嘯聚萬餘人，屠掠人民，焚蕩廬舍。三十六年，提督都御史談愷以聞，乃調土、漢官兵七萬有奇，分嶺西、嶺南左右各二部，兵既進，有旨愷致仕，以王鈁代之，俘斬八千六百級。鐵場等巢，新興紅嶺山、四會扶羅山賊已平，而德慶、瀧水、陽春、高要、高明、新興、恩平連界，王三坑、鐵場、石人背、山棗坪等巢，盤據萬山之中，巖谷險峻，林箐叢密，盤永賢、劉毋正、梁德業等皆稔惡巨魁，招集浪徒，流毒無已。嘉靖三十七年，調廣西狼兵赴潮征倭。同知呂天恩言，諸巢自高要入可一百餘里，自德慶入不及二百里，因此狼兵銜枚疾走，一夕可至，出其不意，賊可擒也。都御史王鈁曰：善。爲三軍：右軍則都指揮蔡禎，由瀧水江沙田進剿山棗坪等巢；中軍則都指揮胡有名，由肇慶南岸進剿鐵場等巢；左軍則指揮張機，亦由南岸進剿石人背等巢，統督則參將鍾坤秀。大破之，斬首七十七級。賊奔集雲浮山，又破之。斬盤永賢、劉毋正、梁德業等二十七級，又擒斬四百七十餘級，奏凱而還。恩平十三村，恩、陽、會、寧界中，懷寧、苔村三巢爲害最甚，劫恩平，屠海朗，破蓮塘，皆此賊也。提督都御史殷正茂，以屬兵備僉事李材，材乃約參將梁守愚、遊擊王瑞，屯兵恩平近地，若常戍然。隆慶六年七月，遣湯鼎瑞爲導，一軍由赤水口，一軍由白蒙逕，出其不意，遂破三巢，擒斬八百餘級。材以十三村背招出劫，與三巢實相羽翼，乃籍其壯者爲兵，入征南鄉坑，於道遣開平屯〔三五〕，協總陳紹經圍十三村，誅之。置二十屯，募兵耕守。〔旁注〕詳軍門志。

【校勘記】

〔一〕稍屬於中國　「屬於」，底本脱，川本、滬本同，據隋書南蠻傳補。

〔二〕播於兩粵　「兩」，底本作「西」，川本、滬本同，據萬曆肇慶府志卷二一改。

〔三〕北通洊水　「洊」，底本作「游」，川本同，據滬本及萬曆肇慶府志卷二一改。

〔四〕衣斑斕布褐　「斑斕」，底本作「班爛」，川本、滬本作「班斕」，據萬曆肇慶府志卷二一改。

〔五〕弩者口銜刀而手射人　「而」，底本作「以」，川本同，據滬本及萬曆肇慶府志卷二一改。

〔六〕故能履棘茨而不傷　「茨」，底本脱，川本同，據滬本及萬曆肇慶府志卷二一補。

〔七〕斑衣短裳　「斑」，底本作「班」，川本、滬本同，據萬曆肇慶府志卷二一改。

〔八〕德慶瀧水傜復亂　「瀧」，底本作「龍」，川本同，據滬本及萬曆肇慶府志卷二一改。

〔九〕德慶西山傜盤窮腸等復亂　「腸等」，底本作「場寺」，川本同，據滬本及萬曆肇慶府志卷二一改。

〔一〇〕進原泰爲德慶州撫傜判官　「判」，底本作「叛」，據川本、滬本及萬曆肇慶府志卷二一改。

〔一一〕皇帝敕諭廣東肇慶府德慶州古蓬下臺等山傜頭周八十劉大　「諭」，底本作「論」，川本同；「等」，底本作「寺」，川本同，並據滬本及萬曆肇慶府志卷二一改。

〔一二〕撫傜判官馮述戰死之　「撫傜」，底本漫漶，據川本、滬本及萬曆肇慶府志卷二一補。

〔一三〕總督兩廣左都御史王翺招撫傜老僮老人等　「左都」，底本漫漶，川本作「右都」，據滬本及萬曆肇慶府志卷二一補。

〔一四〕盛杲諭降瀧水縣傜　「杲」，底本作「杲」，川本、滬本同，據萬曆肇慶府志卷二一改。「瀧水」，底本漫漶，據川本、滬本及萬曆肇慶府志卷二一補。

〔一五〕巡撫都御史葉盛討擒之　「擒」，川本、滬本同，萬曆肇慶府志卷二一作「平」。

〔一六〕新春傜叛　「新」，川本、滬本及萬曆肇慶府志卷二一、康熙肇慶府志卷二一同，疑爲「陽」之誤。

〔一七〕牟智　「牟」，底本作「平」，川本、滬本同，據萬曆肇慶府志卷二一、康熙肇慶府志卷二一改。

〔一八〕畜産千計　「計」，底本作「記」，川本同，據滬本及萬曆肇慶府志卷二一改。

〔一九〕提督都御史林富　「都」，底本脱，川本同，據滬本及萬曆肇慶府志卷二一補。

〔二〇〕田一百三十九頃九十一畝　「田」，底本作「名」，川本、滬本同，據萬曆肇慶府志卷二一、康熙肇慶府志卷二一改。

〔二一〕參將武鸞受賂撫之　「將」，底本作「政」，川本、滬本同，據萬曆肇慶府志卷二一、康熙肇慶府志卷二一改。

〔二二〕張公蒞　「蒞」，底本作「莅」，川本同，據滬本及萬曆肇慶府志卷二一改。

〔二三〕鄭絅　「絅」，底本作「綱」，川本同，據滬本及萬曆肇慶府志卷二一改。

〔二四〕始税傜山物貨　「物貨」，底本作「貨物」，川本同，據滬本及萬曆肇慶府志卷二一乙正。

〔二五〕攻城邑略吏民　「邑略」，底本作「掠邑」，川本同，據滬本及萬曆肇慶府志卷二一改。

〔二六〕殷正茂　「正」，底本作「世」，川本、滬本同，據萬曆肇慶府志卷二一、康熙羅定州志卷一改。

〔二七〕分駐瀧水東西統督　「駐」，底本作「住」，川本同，據滬本及萬曆肇慶府志卷二一改。

〔二八〕疑作瀧　川本、滬本同。按舊唐書馮盎傳：「仁壽初，潮、成等五州獠叛，盎馳至京，請討之。」則作「潮」是，此誤。

〔二九〕如匈奴突厥隨代異名耶　川本、滬本同，萬曆肇慶府志卷二一「突厥」之下另有「契丹」兩字。

〔三〇〕兼管廣韶　「韶」，底本作「肇」，川本、滬本同，據萬曆肇慶府志卷二一、康熙肇慶府志卷二一改。

〔三一〕罷高肇參將　「罷」，底本作「羅」，川本、滬本同，據萬曆肇慶府志卷二一改。

〔三二〕移駐陽江　「移」，底本脱，川本、滬本同，據萬曆肇慶通志卷二一、康熙肇慶通志卷二一補。

〔三三〕曩士大夫談經略東粵者　「談」，底本作「設」，川本同，據滬本及萬曆肇慶府志卷二一、康熙新會縣志卷一七改。

〔三四〕徒滋擾耳　「徒」，川本、滬本同，萬曆肇慶府志卷二一、康熙新會縣志卷一七作「且」。

〔三五〕於道遺開平屯　「道遺」，底本脱，川本同，據滬本補。

羅定州

羅旁東界新興，南連陽春，西抵鬱林、岑溪，北盡長江。與肇慶、德慶、封川、梧州僅隔一水，延袤千里〔一〕，萬山聯絡，皆傜盤據其間，租賦不入。且蠶食旁近諸村地，性頑獷嗜殺，多伏毒弩，以急榜横江中，奪舟越貨，即制帥大吏過之，不爲憚。又多萃四方亡命，名曰浪賊，爲之羽翼。萬曆四年，平之，乃析德慶之晉康鄉〔二〕，高要縣楊柳、都騎、思勞、思辨四都，新興縣芙蓉一、二圖，並瀧水所屬，設東安縣，南鄉、富林二所；德慶之都城鄉，並瀧水所屬，設西寧縣及涵口、封門二所；升瀧水縣爲羅定州，領二縣，直隸布政司，羅定道駐州統治之焉。餘見前傜、僮下。

萬曆十二年十二月〔三〕，懷、賀、開建三縣蠻賊嚴秀珠、鄭明瑞等三百餘，流劫開建蔡村、封川文德鄉。時方討府江，梧、肇兩郡大駭。總督都御史吳文華乃調兩省精兵六千餘，會梧鎮，若援府江，賊不爲備。令嶺西兵備副使王泮與蒼梧兵備僉事來經濟督軍，以明年二月，克松柏、金鵝等一十五峒，斬秀珠、明瑞等八百餘級，餘黨悉平，募兵屯田。

【校勘記】

〔一〕延袤千里　「延」，底本脱，川本同，據滬本及康熙肇慶府志卷二補。

〔二〕乃析德慶之晉康鄉　「鄉」，底本作「卿」，據川本、滬本及康熙肇慶府志卷二改。

〔三〕萬曆十二年十二月　「曆」，底本作「厝」，川本同，據滬本改。

高要　定山，在縣北六里。下有石室，亦曰崧臺。南越志：聳石廣六十餘丈，高二百餘仞，謂之崧臺。下有石室，南北二門，狀若人功。其中室櫳〔一〕，約高五丈餘，寬廣可坐百餘人。其前有浦，名高星。

【校勘記】

〔一〕其中室櫳　「室」，底本作「石」，川本、滬本同，據萬曆廣東通志卷四五、萬曆肇慶府志卷七改。

陽江　羅琴山，衆峯攢立，四面不殊。朝陽爲羅琴，夕陽爲磨刀〔一〕。陽爲射龍，陰爲茶水〔二〕。各有傜。通志：肇在嶺右，隆冬少寒，颶風時作，而山谷深遠，大海汪洋。故雄寇負險，憑嘯揭竿，波濤之上，出没叵測，羽檄甫至，又已鳥舉鼠匿矣。自非有征剿之法，以制其死命，招撫之術，以導其向化，肇安有寧歲耶？邇者開府新鎮，民知有朝廷威命之靈，督臣綏撫之政，亦稍自退戢矣。但餘氛未靖，殘傜爲梗，兼以異境遊棍，通山導海，貪墨下吏，羅織不休，雖欲稱熙和之盛，不能也。且小人仰止於君子，峒落從風於都會，而城郭俗頗君子，或不免任俠姦淩，細民又博塞以遊，舞文而逞，如葉計部所咨嗟太息者，雖其風氣固然，而挽回移易之術，伊誰責哉！

【校勘記】

〔一〕夕陽爲磨刀　「爲」，底本脱，川本同，據滬本及萬曆肇慶府志卷八、紀要卷一〇一補。

〔二〕陰爲茶水　「水」，底本作「山」，川本同，據滬本及萬曆肇慶府志卷八、紀要卷一〇一改。

合浦　大廉山，在縣東一百五十里。山形秀拔，林木葱鬱，盤薄數十里，與博白縣磻磷山相連，實爲廉郡之鎮。大廉峒在其陽，唐置大廉縣於此。五黄山，在縣北一百五十里。山高大，環數十里。冠頭嶺，在縣南七十里。形勢穹窿〔一〕，山色赤黑如冠，故名。脈自大廉來，南行至牛尾嶺，漸伏而西，躍出大海三十里，當郡城之坤維，若郡之外郛，其形隆起如冠。南北皆有澳，海舶艤焉。入海之水，其最著者曰南流江，源出廣西容縣之大容山，經鬱林、博白，至黄炳江，入合浦界。循油灘而下，至石康，曰宴江，又名宴水。西南流至石灣渡，曰石灣江，同一南流江，因地異名，自此至入海皆然。縣東北二百一十里〔旁注〕縣北一百八十里。會古欖江，源自歸德鄉六瀆村〔二〕，由博白之永寧鄉入南流江。六十里會張濛水，在縣東北一百五十里。發源東堂鄉，經濛村屯，南流入江。三十里會武利江，在縣北一百一十里〔三〕。發源有三：一自歸德鄉小雙山；一自靈山縣宋泰鄉張濛山；一自萬安鄉謝城嶺，會於武利埠，南流會於新倉江，入於海。其東會烏木江，江在石康北十里。發源大廉山，西南流經長沙村，南流入江。西北二十里會洪潮江，在縣西北五十里。發源自靈山之博峨山，東流至新村，南流入江。其分流，北二十里曰州江，〔旁注〕地名州江口。少西曰陳屋屯江，曰白沙塘江，曰大橋江。舊志又有曰新村江者，實南流江之本體〔四〕。凡五川分流，環繞郡城之西南，至三村鄉白鬚港入於海〔五〕。由州江而下，至郡城西，曰廉江。即今合浦江。南流至乾體，入於海。中有砥柱磯，在海角亭前江之中流，其上有亭。廉江之東五十里爲壓馬江，發源陸湖峒，由陳調入南流江。六十里爲新寮江，發源母雞山，循大廉港入海，潮漲非舟楫不可濟。成化間，僉事林錦爲建木橋，南岸砌閘設關，分營兵以司啓閉，亦郡東咽喉也。百里爲雙根江，發源博白之滎草岸，南流入海。百二十里爲白沙江，發源博白横山，南流入海。東南十里曰白鵝江，在府東十五里。源出青山脚，經大嶺村，由博峨江〔旁注〕清水〔六〕。達州江，入於海。三十里曰大河江，發源望牛嶺，南流入海。龍門水之陽有五里水，發源松木嶺，西流繞城入廉江。其陰有劉公涌、〔旁注〕縣東五里。發源城東之硃砂嶺。珠母水、發源城東之峽嶺。南津水。〔旁注〕縣東三里。與洗魚、酒篠二水，皆發源於薛屋嶺，及劉公涌、珠母二水，皆分流城之東南，俱合龍門水，由九頭埠入廉江。潿洲，在珠母海中。周圍一百里，當冠嶺之南，昔有野馬渡此，又名馬渡。去海壖大約二百里〔七〕。每天將陰雨，輒望見之，晴霽則否。洲之東南數十里有斜陽嶺，純石，峙海中。然不若潿洲，有澳可以泊舟。交州記曰：潿洲有石室〔八〕。其裏一石如鼓形，榴木杖，倚杖著石壁，采珠人常致祭焉。今遂溪縣西南二百里，特起西海中，周圍七十里，古名大蓬萊。其洲四圍皆海，故名之。洲上有温泉，黑泥，可以浣衣，令白如雪。

【校勘記】

〔一〕形勢穹窿　「穹」，底本作「窮」，據川本、滬本及明統志卷八二改。

〔二〕六瀆村　「六」，底本作「亦」，川本、滬本同，據康熙廉州府志卷一改。

〔三〕在縣北一百一十里　「北」，底本脱，川本同，據滬本及康熙廉州府志卷一補。

〔四〕南流江　「江」，底本脱，川本、滬本同，據康熙廉州府志卷一補。

〔五〕白鬚港　「港」，底本作「嶺」，川本、滬本同，據康熙廉州府志卷一改。

〔六〕清水　川本同，滬本「清」上有「博峨一作」四字。

〔七〕去海壖大約二百里　「壖」，底本作「濡」，據川本、滬本及康熙廉州府志卷一改。

〔八〕潿洲有石室　「室」，底本作「壁」，川本、滬本同，據康熙廉州府志卷一改。

欽州牙山，在龍門外海之東。〔旁注〕七十二徑之東〔一〕，去龍門六十里。廣十里。海中特起三山，形如排牙。萬曆三十六年，夷變，設營於此。〔旁注〕其東有淡水灣。羅浮山，在縣西南九十里〔二〕。〔旁注〕通志：涌淪江出其陰，漁洪江出其陽。本名安京山。脈接廣西宣化縣胡公山。峯巒峭拔，形類羅浮，故寧純易今名。隋置安京縣於此，羅浮水出焉。〔旁注〕流綬州南四十里。欽江，在州城東。發源靈山之洪崖都陽山，經縣南，合舊州、水車二水，流繞州治而東，轉而南二里，分一小江繞孟涌〔三〕，出猫尾，西向涌淪，其大江南行，繞文筆山，而東至猫尾，合漁洪江，出龍門，入於海。漁洪江，在州西二十里。發源靈山管根山，南流二十里，合那廹、板邊、大字三江，經牛皮灘，又十里，合流鳳凰、涌淪二江，注於海。龍門江，在州南六十里。州之山自東行者，經佛子面、黄坡頭至海〔四〕，轉西向；自西行者，經天板口、大小頭口至海，轉東向；兩山對峙若門，中有石若砥柱，内涵巨浸〔五〕，曰小海。欽江、漁洪二水會流於猫尾，出注大海，故曰龍門。東經牙山、烏雷，達合浦，西經涌淪、周墪達交阯之永安州，實州要害之地。南有七十二徑，龍門外羣山錯列〔六〕，海中七十二水道，隨山而轉，彼此相通，亦七十二，故俗呼爲龍門七十二徑。淡水灣，在龍門之外東七十里。南通大海，烏雷嶺旁有巨石，淡水出焉，往來舟楫，於此汲水。佛淘巡檢司，在時羅都。永樂十四年建，宣德五年廢。其地爲交阯所據。如昔巡檢司，在如昔都。宣德間廢交阯布政司，州民黄金廣等以其地降安南〔七〕，遂廢。其地屬萬安州，今復。又云：在州西一百七十里如昔都，防守那蘇等村，與交阯分界，據十萬大山〔八〕。勢甚險阻，宋置如昔砦，管轄如昔等七峒。今四巡司俱廢，巡檢各於所在結廬盤詰。

【校勘記】

〔一〕七十二徑　「徑」，底本作「經」，川本同，據滬本、本書下文改。

〔二〕在縣西南九十里　川本、滬本同。按清統志卷四五〇引欽州志：羅浮山，「在州西北九十里。」本書列於欽州下，當指州而言，此「縣」、「南」疑爲「州」、「北」之誤。

〔三〕分一小江繞孟涌　「一」，底本脱，川本、滬本同，據嘉靖欽州志卷一、萬曆廉州府志卷二補。

〔四〕黄坡頭　「坡」，底本作「坂」，據川本、滬本及嘉靖欽州志卷一改。

〔五〕内涵巨浸　「涵」，川本、滬本同，康熙廉州府志卷一作「涯」，清統志卷四五〇引廉州府志作「瀦」，當是。

〔六〕龍門外羣山錯列　「外」，底本脱，川本、滬本同，據嘉靖欽州志卷一、萬曆廣東通志卷五三補。

〔七〕黄金廣　「廣」，底本作「慶」，川本同，據滬本及嘉靖欽州志卷七、紀要卷一〇四改。

〔八〕十萬大山　「萬」，底本作「里」，川本同，據滬本及嘉靖欽州志卷七改。

靈山　洪崖山，在縣東北四十里。山極高大，發脈自廣西之南山，登高遠望，諸山皆爲培塿。大路經其上，南爲本縣，北爲橫州。大東山，在縣東北四十里。山極高大。發脈自橫州烏蠻山〔二〕，廣袤七、八十里。北爲橫州，東、西、南爲本縣。羅陽山，在縣東二十五里。脈自貴縣，〔旁注〕二十九峯。高大，延百餘里。東望興業，西俯本縣。林冶山，在縣西南一百六十里。山極高大，縣至州大道經其右。一統志云：古金坑之所。北峨山，在縣西南三百四十里。山極深峻。發脈自林冶。舊有軍營。欽、廉大道經其下。今建公館。管根山，在縣西九十里。山極深峻，來自流峒，〔旁注〕縣西七十里。山巔分界，東爲本縣西營都，西爲欽州新立鄉。馬鞍峒、〔旁注〕東五里〔三〕。古豆、〔旁注〕西二百里。狼濟〔旁注〕西一百二十里。皆支脈。百零山，在縣東四十五里。界石隆。狼傜出入，必由其間，乃往來險阻之路。按廉人呼山之有林木者曰山，無林木者曰嶺；水之通舟筏者曰江，不通舟筏，僅資灌溉者曰水，二水相通處曰滘，水之入海處曰港。僮人初來，自廣西之上思州。爲人賃耕，歲久土著。洪武中，知縣習從善編爲無糧里甲，凡十里，令皆服役於官，僅有里名，初無分地，皆附居各鄉。而習俗亦頗不類於編民云。廉俗淳樸，衣無華彩，雖婦人亦負擔貿易，以爲活計。地曠力靳，民無蓄積，耕者播種以後，一聽於天，耘糞桔槔不事焉。豐則侈，歉則貸，貸則息倍於本。男女遇而答歌，疾病作而媚鬼，輕生鬭忿，服毒自經，由來舊矣。

海路　郡東水路，自榕根大廉港一日至永安，一日至凌禄，日半至雷州。少南，二日至瓊州。正北，十日至廣州。西水路，自大潭口半日至大洸港。少北，一日至平銀渡。正西，二日至欽州，歷猪沙、南沙、大石、三娘灣、烏雷、三墩、篋簩灣、水急灣、麻藍頭、牙山、七十二徑、龍門、小海、茅墩、官渡等處。又自烏雷正南，二日至交阯，歷大小鹿墩、思勒隘、茅頭、捍門，入永安州。茅頭少東，則白龍尾海東府界。正南大海，外抵交阯、占城二國界。泛海者每遇暴風，則舟飄七八晝夜，至交阯青化府界。如舟不能挽，徑南則入占城。又自郡城西橋下舟，沿海而東至永安千户所，則歷乾體、高德港、冠頭嶺、龍潭、武刀、白沙、珠場、隴村、禄村等寨地方。瓊志又云：儋海之西，與廉境對，順風一日可至。據此，則廉之東實與瓊之儋州相望。雷、瓊海路，不可遂通，人謂走馬、武思之間，有陸道焉。鑿而撤之，僅三數里，會於香江。則二廣之物，皆得舫入於廉，廉可使富也。

海潮　方輿勝覽云：江、浙之潮，自有定候，廉、欽之潮，則朔望大潮〔三〕，謂之老水。日止一潮，謂之子水。　按他郡之潮〔四〕，每月三十日有二，自消至長，皆十五日，故月同而潮不改。惟廉、欽一月二潮，每潮退一日，凡退一日，如正月初一日長，至十四日而消，十五日長，至二十八日而消。其間消長，止十四日也。二月則退在前正月二十九日，至十一日而消〔五〕，十三日長，至二十六日而消，每月皆退二日，此其所以異也。　瓊州海潮之大小隨長短星，不係月之盈虧。半月東流，半月西流，與江、浙之潮異。

【校勘記】

〔一〕烏蠻山　「蠻」，底本作「巒」，據川本、滬本及嘉靖欽州志卷一改。

〔二〕東五里　底本脱，川本同，據滬本補。

〔三〕則朔望大潮　「朔」，底本作「溯」，據川本、滬本及崇禎廉州府志卷六改。

〔四〕按他郡之潮　「他」，底本作「地」，據川本、滬本及崇禎廉州府志卷六改。

〔五〕至十一日而消　「十一」，川本、滬本及正德瓊臺志卷四、崇禎廉州府志卷六同，疑爲「十二」之誤。

瓊州府

漢元帝初元三年，罷珠崖郡，置朱盧縣，隸合浦。按漢紀賈捐之傳，班固直書罷棄珠崖，似乎不然。夫武帝置崖、儋二郡，時有十六縣，後因十三縣屢反〔一〕，故罷郡，而以三縣之未反願內屬者，因以珠崖、顔盧之名，并爲朱盧，屬合浦。雖郡罷，實未嘗棄其地也。若盡棄之，則於合浦郡何爲書朱盧？蓋所謂罷棄者，棄其反者，未嘗棄其慕義内屬者也。不然，何八十六年後，馬伏波軍士未嘗至海南，而珠崖之復，不煩兵旅乎？後漢光武建武中，復置珠崖縣，屬合浦郡。國朝洪武元年七月，守臣陳乾富表納降欵〔二〕，以其地歸附。二年，改爲瓊、崖、儋、萬四州，省瓊山，復南建州爲定安縣，復萬安縣爲萬寧州〔三〕，仍各領屬縣〔四〕，隸廣西如故。三年，升瓊州爲府〔五〕，領州三，縣十三，復瓊山。隸廣東。十三年，割感恩縣屬崖州。正統五年，省三州附郭宜倫、萬安、寧遠三縣，領州三，縣十。郡居海洲中，東西廣九百里，南北袤一千一百四十里，綿亘三千餘里，自雷渡海，一日可至。瓊爲都會，居島之北陲，儋居西陲〔六〕，崖居南陲，萬居東陲，内包黎峒，萬山峻拔，外匝大海，遠接諸蕃。

【校勘記】

〔一〕後因十三縣屢反　「屢」，底本作「屬」，川本同，據滬本及萬曆瓊州府志卷二改。

〔二〕守臣陳乾富表納降欵　「欵」，底本作「疑」，據川本、滬本及正德瓊臺志卷三改。

〔三〕復萬安縣爲萬寧州　川本、滬本同。按明史地理志：萬州，元萬安軍，「洪武元年十月改爲萬州。」此「萬寧州」之「寧」蓋爲衍字。

〔四〕仍各領屬縣　「各」，底本作「名」，川本同，據滬本及正德瓊臺志卷三改。

〔五〕升瓊州爲府　「升」，底本作「改」，川本同，據滬本及正德瓊臺志卷三、萬曆瓊州府志卷二改。

〔六〕儋居西陲　底本脱，川本同，據滬本及正德瓊臺志卷四、萬曆瓊州府志卷三補。

瓊山　瓊山在縣南六十里白石都。土石白，如玉而潤，縣以此名。西石山嶺，在縣西四十里上石山都。一名馬鞍，爲郡城主山。上有井，與海通。泉出清洌。有洞可容數百人。崖州，在縣東二十里。本隋顔盧縣。唐更名顔城，武德中，置崖州於此。水會守禦所，在縣林灣都水蕉、火會二營之中。〔旁注〕去城三百里。萬曆二十八年，征平黎馬屎。按察使林如楚立城，周三百七十五丈，撥清、萬、儋軍三百名守之。

定安　黎母山，在縣西南三十里光螺都。虞衡志云〔一〕：山極高，常在雲霧中。圖經云：瓊島四州，此爲主山。水源皆從此出。舊志以爲即五指山，非也。大五指山，在縣西南四百里生黎峒中。五峯如人指屹立，四州山脈水源，皆出自此。

【校勘記】

〔一〕虞衡志　「虞」，底本作「盧」，川本、滬本同，據勝覽卷三引虞衡志改。

文昌　八角嶺，在縣西南一百二十里。山下垂八址〔二〕，盤環數十里。昔時黎人環居其下，先代築寨於此，亦名八角寨。石欄港，一名北嶺灘限頭，縣北一百二十里北嶺東。山下亂石，生出海洋中，闌障水中，開三門。商賈舟過〔三〕，最爲險要。俗呼鬼叫門。今航海者過此，每加隄防。

【校勘記】

〔一〕山下垂八址　「垂」，底本作「有」，川本、滬本同，據正德瓊臺志卷五、嘉靖廣東通志初稿卷一改。「址」，川本及正德瓊臺志卷五、嘉靖廣東通志卷一同，滬本作「趾」。

〔二〕商賈舟過　「商」，底本作「商」，據川本、滬本及正德瓊臺志卷五改。

樂會　萬全河，即縣西北江，受定安、會同思河南閭諸水，分爲北南二支，衿帶縣治，東北至雷樸山下，復會爲一，東流至博敖港入海。一名萬泉，亦名飲馬河。流馬河，縣東北，至樸石，與萬泉水合流，爲縣南之通津，亦名南門河。博敖港，去縣十里許〔一〕。受萬泉、流馬諸水。有聖石鎮於水口。

【校勘記】

〔一〕去縣十里許　川本、滬本同，正德瓊臺志卷五「縣」下另有「東」字。清統志卷四五二：「博敖江，在縣東十五里。」此疑脱「東」字。

儋州　大江，在州北一里。發源自黎母山，流接沙鍋，經天角潭，會諸水，合流至州，分爲二江，至龍潭復合，與新昌相會，入於海。

昌化　峻靈山，在縣東十里〔一〕，舊名落脯岡。爲縣主山。漢封其山之神爲鎮海廣德王。宋改封爲峻靈王，故曰神山。上有石池、石峯、石船。　昌江，在縣南十里。源自五指山，流經抱萬村，轉北至壩，復西折，達白南村〔二〕，會古鎮州溪水，轉北，又納峨娘溪水，合流至居侯村，始分爲南、北二江：南江西流，經赤坎村，轉出三家村，會潮，故名南崖江，又名三家港，西南有吉家漄〔三〕，不時灣泊海船；北江繞縣治，流至烏泥浦，會潮入海，故名北港，又名烏泥港，舊設烽堠其北。江水於弘治辛酉泛溢，衝没田土〔四〕，壅塞故流，俱從三家港出。至今軍民病之。

【校勘記】

〔一〕在縣東十里　「東」，川本、滬本及萬曆瓊州府志卷三同，正德瓊臺志卷六、嘉靖廣東通志初稿卷一、萬曆廣東通志卷五七作「北」，清統志卷四五二引通志作「北」，此「東」蓋爲「北」字之誤。

〔二〕白南村　「白」，底本作「自」，川本、滬本同，據正德瓊臺志卷六、康熙昌化縣志卷一改。

〔三〕吉家漄　「吉」，底本空缺，川本、滬本同，據正德瓊臺志卷六、萬曆瓊州府志卷三補。

〔四〕衝没田土　「田土」，底本作「土田」，川本同，據滬本及正德瓊臺志卷六乙正。

崖州　嶺頭，在州西二百餘里感恩縣界。舊有軍把截守禦。　高嶺，在州西三十里。下有抱拖軍堡。南枕海。

欽州　烏雷嶺，在州東南一百六十里，近交阯界。伏波廟在其上。交人每望祭之〔一〕。招遠山，在州西一百六十里。舊名灘淩山。正統五〔旁注〕宣德六。年，御史朱鑑於其上建旗，招諭四峒叛民，易今名。　十萬山，在州西南二百里。層巒疊嶂，起伏蜿蜒，甲於諸山。高大延長約四百餘里。峯巒層疊，不可勝計。西爲廣西上思州〔二〕。　靈屋江，在州東十里。　平銀江，在州東二十里。發源博峨山，至平銀渡入海。　源出靈山博峨鄉之高嵛嶺，流經平銀渡，至大洸港入海〔三〕。　鳳凰江，在州西南三十里。源出州西南百里墨抹山，合漁洪江入海〔四〕。　涌淪江，在州西南六十里。源出涌淪村山下，合漁洪鳳凰二江，注於海〔五〕。路通防城，商船多泊於此。　團良江，在州西北六十里。源出廣西𣏌羊嶺，流經永樂鄉，合漁洪江入海〔六〕。　那郎江，在州西北八十里。發源十萬山，合漁洪江入於海〔七〕。　丹竹江，在州北三十里。　水車江，在州東北一百里。　防城灣，在州南五十里。水經防城，流入交阯永安州。〔旁注〕萬曆三十四年，城欽州防城，周三百丈有奇。按防城在州西界。舊以木柵圍之，僅一市廛地耳。商貨多集於此，與夷人貿易，乃制稅焉。　防城，界連交阯，貿易咸集，多受夷害。三十四年建，城周三百餘丈。　淡水灣，在州南七十里龍門外。旁有巨石，淡水出焉。　州故城，在州東北三十里，故欽江縣址也。唐建州治於此，後廢。　南亭州，在州六屋村北。唐初置，領内亭、遵化二縣〔八〕。貞觀初廢。　玉州〔九〕，本梁安平縣，置黄州及寧海郡。隋廢郡，改州曰玉州，後廢。唐復置玉州，領内亭、〔旁注〕安海。遵化〔旁注〕玉山。二縣〔一〇〕，後廢。安海縣，即廢玉州屬縣改建。安遠縣，在州境。梁置安京郡，隋廢郡爲縣，唐改曰保京，宋改安遠，元因之，俱屬欽州。洪武八年，省入州。銅柱，在州東貼浪都古森峒上。漢伏波將軍馬援既平交阯，立銅柱以表漢界，後有銘云：「銅柱折，交阯滅。」交人懼，常以石土培之。

【校勘記】

〔一〕伏波廟在其上交人每望祭之　底本爲旁注，川本同，據滬本及萬曆廉州府志卷二改移。

〔二〕高大延長約四百餘里至西爲廣西上思州　底本爲旁注，川本同，據滬本及萬曆廉州府志卷二改移。

〔三〕源出靈山博峨鄉之高崙嶺流經平銀渡至大洸港入海　底本爲旁注，川本同，據滬本及萬曆廉州府志卷二改移。

〔四〕源出州西南百里墨抹山合漁洪江入海　底本爲旁注，川本同，據滬本及嘉靖欽州志卷一改移。

〔五〕源出涌淪村山下合漁洪鳳凰二江注於海　底本爲旁注，川本同，據滬本及嘉靖欽州志卷一改移。

〔六〕源出廣西樠羊嶺流經永樂鄉合漁洪江入海　底本爲旁注，川本同，據滬本及嘉靖欽州志卷一改移。

〔七〕合漁洪江入於海　底本爲旁注，川本同，據滬本及嘉靖欽州志卷一改移。

〔八〕領内亭遵化二縣　底本爲旁注，川本同，據滬本及舊唐書地理志、嘉靖欽州志卷七改移。

〔九〕玉州　底本作「玉山州」，川本、滬本同。隋書地理志：開皇十八年，「改黄州曰玉州，大業初州廢」。舊唐書地理志：武德五年，「置玉州」。寰宇記卷一六七、紀勝卷一一九同。此誤，據改。下同。

〔一〇〕領内亭安海遵化玉山二縣　川本、滬本同。按舊唐書地理志欽州：武德五年置玉州、南亭州，以内亭、遵化二縣屬亭州(按即南亭州)」,「貞觀二年廢亭州,復以内亭、遵化並來屬」。寰宇記卷一六七欽州:武德五年置玉州,以内亭、遵化二縣屬亭州,「貞觀二年廢玉州,以安海、海平二縣並廢亭州,以内亭、遵化並來屬」。則南亭州領内亭、遵化二縣,玉州領安海、海平二縣,此誤。

合浦　越州城,在府東北八十里蓬萊鄉。劉宋置,又名青牛城。按一統志及郡志皆云,越州城在府治東一十里。並無遺址,惟蓬萊鄉有此城。且伯紹見青牛,在郡北,則越州當在漢、唐故城之上游。又其城皆穿山爲之,而古城二處,不及此城遺隍之高峻,又城門屹峙如山,其爲越州城無疑。諸志謂在府城東十里者,其據漢、唐故城言乎,乃今去府治則遠矣。　太平軍,在府西南三十五里海門鎮。宋太宗置,咸平初廢〔二〕。　封山縣,在舊廉州南一百二十里。本漢合浦縣地,南齊置封山郡,隋罷郡爲縣。唐武德中,以縣置姜州,後州廢,以縣屬廉州。宋開寶五年廢。　蔡龍縣,在舊廉州北一百五十里。唐初置,屬姜州。貞觀中,改屬廉州,後廢。即今蔡龍洞。　東羅縣,唐初置,屬姜州。貞觀中,州廢,屬廉州,後省。　珠池縣,在合浦縣南境。唐貞觀中置,後廢入合浦。　大廉縣,在舊廉州東南一百里。唐初置,後廢入石康。　高城縣,在舊廉州境。貞觀中,省入蔡龍縣。　常樂縣,在石康縣南。南漢置,宋初廢,以其地置石康縣。　媚川都,在縣境東。南漢劉鋹置,令人采珠,溺死者衆。宋開寶五年廢。

【校勘記】

〔一〕太平軍至咸平初廢　底本爲旁注，川本同，據滬本及萬曆廣東通志卷五三、明統志卷八三改移。

萬州　萬安州城，在通化都。唐置，址尚存。今名舊州。富雲縣、博遼縣，俱在州境。唐貞觀中，析文昌地置，屬瓊州，尋屬崖州〔一〕。龍朔初，屬萬安州，南漢廢。一統志作在陵水縣境〔二〕。萬寧縣，宋置。在州城西北。國初遷於州治東。

【校勘記】

〔一〕析文昌地置屬瓊州尋屬崖州　底本爲旁注，川本同，據滬本及正德瓊臺志卷二七改移。

〔二〕一統志作在陵水縣境　底本爲旁注，川本同，據滬本及明統志卷八二改移。

崖州　寧遠縣，宋在城内州治西。本朝洪武間，遷在州南一里水南村。正統間革〔一〕。延德縣，在州西一百五十里。今白沙鋪西南黎白港〔二〕。大觀初，改爲軍。又置附郭縣曰通遠。政和初，省入感恩。臨川縣，在州東南一百三十里鹽場西南山中。唐置，五代省。落屯縣，在州東五十里。唐置，五代省。即今落屯村，熟黎居之。吉陽縣，在州城東。後廢爲寧遠軍。樂羅縣，在州西百里。今有樂羅村、德化驛。按隋後縣無此名〔三〕，恐爲漢時十六縣之一〔四〕。

【校勘記】

〔一〕宋在城内州治西至正統間革　底本爲旁注，川本同，據滬本及萬曆廣東通志卷五九改移。

〔二〕今白沙鋪西南黎白港　「今」，底本作「金」，據川本、滬本及萬曆廣東通志卷五九改。

〔三〕按隋後縣無此名　「後」，底本作「復」，川本同，據滬本及正德瓊臺志卷二七、萬曆廣東通志卷五九改。

〔四〕恐爲漢時十六縣之一　「之一」，底本脱，川本、滬本同，據正德瓊臺志卷二七、萬曆廣東通志卷五九補。

羅定州

廢正義縣，在州南百里開陽鄉一都。隋開皇八年置，尋廢。唐武德中復置，未幾又廢，并入懷德縣。遺址今爲民居。廢瀧水縣，在州南一百里開陽鄉二都。隋開皇間建，元大德中徙今治。廢懷德縣，在州南百里開陽鄉一都。唐武德四年置，貞觀十八年廢。古竇州，在州南百里開陽鄉一都。晋時爲永熙郡〔一〕。唐武德四年，改竇州〔二〕，尋改南建州〔三〕。貞觀中，改藥州。天寶元年，改瀧州〔四〕。宋開寶六年，并入瀧水縣。遺址今名平竇。廢開陽縣，在州南百里開陽鄉二都。梁置及開陽郡。隋并廢。唐復置縣。又有鎮南、〔旁注〕今鎮南鄉。建水〔旁注〕今建水鄉。二縣，亦在州境。宋俱省入瀧水。

【校勘記】

〔一〕晉時爲永熙郡　川本、滬本同。按南齊書州郡志，廣熙郡領有永熙縣，則永熙縣置於南朝齊。隋書地理志：永熙郡，「大業初置」。此誤。

〔二〕唐武德四年改竇州　川本、滬本同。按寰宇記卷一六三：竇州，隋爲永熙郡，唐武德四年置南扶州，「貞觀六年改南扶州爲竇州」。此誤。

〔三〕尋改南建州　川本、滬本同。按新唐書地理志瀧州鎮南縣：「武德四年置南建州。」則南建州非竇州所改。

〔四〕天寶元年改瀧州　川本、滬本同。按舊唐書地理志：武德四年置瀧州，「天寶元年改爲開陽郡」。此誤。

宋史陳堯叟傳：堯叟爲廣南西路轉運使。先是，歲調雷、化、高、藤、容、白諸州兵，使輦軍糧泛海給瓊州。其兵不習水利，率多沉溺，咸苦之。海北岸有遞角場，正與瓊對，伺風便一日可達，與雷、化、高、太平四州地水路接近。堯叟因規度移四州民租米輸於場，第令瓊州遣蜑兵具舟自取，人以爲便。

榮諲傳：爲廣東轉運使。廣有板步古河路絶險，林箐瘴毒。諲開真陽峽，至洸口古徑，作棧道七十間抵清遠，趨廣州，遂爲夷塗。

藝文類聚袁彦伯羅浮山疏曰：遥望一石樓直上，當十餘里，石樓之於山頂，十分之一耳。

去縣三十里，便見山基，至所登處，當百里許，山皆平敞極目。羅浮山記曰：「羅浮者，蓋總稱焉。羅，羅山也；浮，浮山也。二山合體，謂之羅浮。高三千丈，有七十石室，七十二長溪，神明神禽，玉樹朱草。」

元史烏古孫澤傳：爲海北海南廉訪使。雷州地近海，潮汐齧其東南，陂塘鹻，農病焉。而西北廣衍平衺，宜爲陂塘，澤行視城陰，曰：「三溪徒走海，而不以灌溉，此史起所以薄西門豹也。」乃教民浚故湖，築大堤，堨三溪瀦之，爲斗門七，堤堨六，以制其贏耗；釃爲渠二十有四，以達其注輸。渠皆支別爲牐，設守視者，時其啓閉，計得良田數千頃，瀕海廣潟并爲膏土。

張珪傳奏言：歲貢方物皆有常制。廣州東莞縣大步海及惠州珠池，始自大德元年，姦民劉進、程連言利，分蜑户七百餘家，官給之糧，三年一采，僅獲小珠五兩六兩，入水爲蟲魚傷死者衆，遂罷珠户爲民。其後同知廣州路事塔察兒等〔一〕，又獻利於失列門，創設提舉司監采，廉訪司言其擾民，復罷歸有司。既而内正少卿魏暗都剌，冒啓中旨，馳驛督采〔二〕，耗廪食，疲民驛，非舊制，請悉罷遣歸民。

南征紀略：大庾嶺〔三〕，粤有五嶺，此其最東，故稱東嶠，在大庾縣南〔四〕。岝㟧横雲，斗上斗下。初陟彌望荒岡，登降田疇，靡靡阡陌。二十里外，乃連峯側立，隔樹見行人遠從峯上度。將至嶺，更成削壁，横亘嶺頭。鑿石開徑，然後得通。嶺上有古雲封寺，寺有大鑒禪師卓錫泉，涓涓出鑿中，分嶺兩注，漱石長鳴。嶺西下深溪廣肆，砂樹平連，一一小岡起溪中，怪石橫煙，悉同翠黛。長松被阪二十里餘。過紅梅司，又歷武侯祠，乃平。一嶺南北，頓殊涼燠矣。故注又稱此嶺涼熱山。湞溪，即大庾嶠水之南津也。注謂其下船路，名湞溪。湞水南流，注於東溪。東溪亦曰東江，或曲江。武溪稱北江，故此名東耳。南雄。江介多見怪山。一峯最峻，上戴韶石。注記韶石高百仞，廣員五里，兩石對柱，相去一里，大小略均，似雙闕。言舜南巡，作樂其上〔五〕，又古老云：昔有二仙，分而憩之，自爾年豐彌紀。然韶石前後，怪石相望，直若危柱，削若堵牆，圓若廩囷。半削若瓠瓜，首尾翹翹似舟航，方幅如布帆，廉起如檐宇，皆亢石孤稜，棲煙帶樹，左右舟檣，青青未了。東江，過曲江縣城南，西得武溪水，乃成始興大江。按注，武水出臨武縣桐柏山，東南流，右合溱水，又東南，左合黄冷溪水，又過藍豪山，則崖壁峻阻，巖嶺干天〔六〕，交柯雲蔚，霾天晦景，懸湍迴注，崩浪震山，謂之瀧水。逕曲江縣東，蓋瀧中有曲江舊縣，是則瀧、武合流矣。曲江縣南三十里，江左有削崖壁直，洞穴梯連，時見烟墨。山下有曹溪，東來注江。蕭梁之世，有胡僧泛舶此溪，聞異香，謂上流必有勝地，遂乃開山棲，尋謂百七十年當有異僧來此演法，其後果有大鑒禪師傳衣，南歸於溪源，立寶林寺，沙門稱爲六祖者也。寺去江三十里，禪棲者萃焉。英德〔七〕。觀音巖，始興江上多懸崖，此巖特爲靈陗，削立逾百丈，洞口去江五丈餘，巖穴深廣，坐卧千人。上有石樓，相去如到江。從石罅間木石相銜，欄杆而上，仰穿裂石上穹窿，窺見天光，旁通户牖，江雲洲草，歷歷檻前〔八〕。鍾乳尋丈，冪洞口皆有像形，成就自然，刻畫髹塑亦所不及〔九〕，布滿巖壁。祠大士其間。湞陽峽，兩岸秀傑，壁立虧天。晉世嘗鑿石架閣，以拒徐道覆。又有一峽，曰中宿，盤阯長川，連崿雙挺〔一〇〕。西岸有峽山寺，左右巖谷，楓杉四合。下有禺、陽二帝子祠〔一一〕。舊傳軒轅氏二少子大禺、仲陽隱此峽，因號二禺山云。韶州〔一二〕。粤天不雪，粤樹不彫。過三水，青青彌茂，連村隔塢，悉是荔枝金橘，楓榕木棉，參天匝地。其人多樓居，甍宇交迴，一村如一屋。素封之家，水陸兩登，不止木奴千頭，竹竿萬个。貧者浮家江海，歲入估人舟算緡。中婦蕩槳賣魚〔一三〕，摇摇過客舟，倏忽以十數。弱齡崽子，身手便利，即張羅竿首，下拾中流，鼊蠏蜃蛤之入，日給有餘，不須衣食父母。人家牆屋，以螺蚌代瓦石。門户椽櫨，鐵木一色，更無餘材。自嶺以南，男女同屐。舟人之婦，一手把柁，一手煮魚，橐中兒在背上，終日垂垂如負米。扳罾摇櫓，批竹縱繩，兒在背上，惡踏索乳啼，亦不遑哺。地氣恒燠，既省絮衣之半，又素足臨流，不履不襪。男子冬夏不過一褌一襦，婦人量三歲再益一布裙，如是則女恒餘布。地惟秔稻，土厚獲多。人日計米一升，加以魚、蚌、烏菱、芰橘、橄欖，減炊米十二三，如是則男恒餘粟。故古今稱饒富，必甲南海也〔一四〕。五羊門外，海際於衢，宿舶無慮萬數〔一五〕。商舟魚艇，青帘酒船，交織錯雜，日中如市。城雖近海，然洲嶼瀠迴〔一六〕，去洋水尚遠。江水之未歸洋者，遇潮不前，退潴城下，故潮水未鹹。南海廟，在廣州府城東海道八十里曰波羅〔一七〕。韓退之碑，是循州刺史陳諫書，在東廊下，極爲精好。廟中有銅鼓二枚，一徑五尺，一減五之一，其高各稱廣。其文結索連錢，層開密麗，邊際各有六龜，發聲清宏，似是漢物。父老云：先年此鼓浮海而出〔一八〕，其鳴應潮。自靈龜殘缺，遂不復自鳴也。門内有波羅古樹，地受其名。其樹似華山莎羅坪神祠莎羅樹也。

【校勘記】

〔一〕其後同知廣州路事塔察兒等　「塔察兒」，川本、滬本同，元史張珪傳作「塔塔兒」。

〔二〕馳驛督采　底本作「驛采」，川本同，據滬本及元史張珪傳改補。

〔三〕大庾嶺　「庾」，底本作「廋」，據川本、滬本及南征紀略卷一改。

〔四〕大庾縣　「庾」，底本作「廋」，據川本、滬本及南征紀略卷一改。下同。

〔五〕作樂其上　「其」，底本脱，川本同，據滬本及南征紀略卷一補。

〔六〕巖嶺干天　「干」，底本作「千」，川本同，據滬本及水經溱水注改。

〔七〕英德　底本繫於「觀音巖」之後，川本同，據滬本及南征紀略卷一改移。

〔八〕歷歷檻前　「歷歷」，底本脱一「歷」字，川本同，據滬本及南征紀略卷一補。

〔九〕刻畫髹塑亦所不及　「畫」，底本作「晝」，川本同，據滬本及南征紀略卷一改。

〔一〇〕連崿雙挺　「崿」，底本作「堮」，川本同，據滬本及南征紀略卷二改。

〔一一〕下有禺陽二帝子祠　「祠」，底本作「者」，川本同，據滬本及南征紀略卷二改。

〔一二〕韶州　川本同，滬本作「廣州」，南征紀略卷二作「佛山」。
〔一三〕中婦蕩槳賣魚　「槳」，底本作「漿」，據川本、滬本及南征紀略卷二改。
〔一四〕必甲南海也　「甲」，底本作「首」，川本、滬本同，據南征紀略卷二改。
〔一五〕宿舶無慮萬數　「慮」，底本脱，川本同，據滬本及南征紀略卷二補。
〔一六〕然洲嶼瀠迴　「嶼」，底本作「嶼」，川本同，據滬本及南征紀略卷二改。
〔一七〕廣州府城　川本、滬本同，南征紀略卷二作「羊城」。
〔一八〕先年此鼓浮海而出　「海」，底本作「浮」，川本、滬本同，據南征紀略卷二改。

廣州府

宋帝后陵，在香山縣南五十里山中。有陵迹五處。舊志：端宗移師香山，暫宫於馬南寶家，后全氏崩，葬梅花水坡上。其後帝崩於舟中，葬壽星塘。今莫知真陵所在〔一〕。宋史載端宗崩於碙洲〔二〕，葬於國山。

通志：銅鼓，南海東西廟皆有之，蓋唐時物也。裴淵廣州記：俚、僚鑄鼓，以高大爲貴。面闊五尺餘，鼓臍隱起。或作海魚，周迴有蝦蟇十二相對。今南海廟、天妃廟皆有之。唐僖宗朝〔三〕，鄭續鎮番禺日，高州太守林靄所獻。初因鄉墅小兒，聞蛇鳴之怪〔四〕，遂得於蠻酋大冢中。

在唐時既能爲怪，則至今不知其幾百年物矣。虞喜志林載，建武一十四年，南郡男子獻銅鼓，有銘。馬援征交阯，得駱越銅鼓，豈漢已有之耶？南海百詠：東廟銅鼓，徑至五尺五寸，高有其半。俗謂洪聖王舊物〔五〕。凡春秋享祀，必雜衆重擊之以樂神〔六〕。又府之武庫，亦有其一，即林靄所獻者也。

崖山新志：雷州將王用降於元，言宋士卒止萬人，而硇洲無糧儲。聞瓊州守臣欲供糧二萬石，而海道灘水淺急，難於轉運，止有沓磊浦可通舟楫，宜急守之以兵。雷州總管忙兀䚟從之。張世傑以雷州既失守，而六軍所泊，居雷、化犬牙處，非善計。崖山在大海中，去新會縣八十里，與奇石山對峙，勢頗寬廣。中有一港，其口如門，可以藏舟。遂以己未發硇州，乙亥，至崖門駐蹕，遣人入山伐木，造軍屋千間，立行營三十間，正殿曰慈元殿，楊太后居之。

金石録：漢桂陽太守周府君碑陰。題名。按酈道元水經注：瀧水南逕曲江縣東，縣昔號曲紅。曲紅，山名也。而東、西兩漢史皆作曲江。今據此碑，自縣長區祉而下凡十七人，皆書爲「曲紅」，則是當時縣名曲紅，無可疑者，不知兩漢史皆作曲江，何也？又漢綏民校尉騎都尉桂陽曲紅灌陽長熊君碑，亦皆作「曲紅」。東坡集：天華宮，在羅浮山之西，南漢主建。有甘露、羽蓋等亭。雲華閣，初南漢主夢神人指羅浮山之西，去延祥寺西北，有兩峯相疊，一洞對流，可以爲宮，訪之得其地。又夢金龍起於宮所，遂改爲黃龍洞。此地即葛仙西庵，至宋朝革命，四方僭叛，以次誅服，劉氏懼焉。將欲潛遁羅浮，爲狡兔之穴，又命於增江水口，鑿濠通山，往來山峒，倉卒爲航舟之計。開寶四年，乃始歸命。

冒嵩少嶺西行紀：梅嶺上榜曰嶺南第一關。按宋謝靈運有度嶺賦。時梅關未鑿，入粵者由嶺之稍西北安庾里游仙鄉，所謂小梅關者也，又謂之少庾。唐開元中，始興張文獻公爲内供奉，奉詔鑿山巔爲路，通車馬。宋嘉祐八年，知南安軍、江西詳刑蔡公挺，與其兄轉運抗〔七〕，一時仕嶺之南北，乃陶甓，分甃南北嶺路，仍夾道種松，休行者。淳熙中，知軍管公鋭多植梅以實其名。本朝成化十五年，知府張公弼重修之，分潦爲溝，因山形之高下爲級，自郡治至嶺外之紅梅鋪。兩郡之民，負運貨物者，皆於中站兑换均利，相沿不變，皆公賜也。

【校勘記】

〔一〕今莫知真陵所在　「真」，底本作「其」，川本同，據滬本及明統志卷七九改。

〔二〕硇洲　底本作「峒州」，川本同，滬本作「峒州」，據宋史瀛國公紀改。

〔三〕唐僖宗朝　「朝」，底本作「時」，川本同，據滬本及南海百詠改。

〔四〕聞蛇鳴之怪　「聞蛇鳴」，川本、滬本同，南海百詠作「見蛙鳴」。

〔五〕俗謂洪聖王舊物　「舊」，底本脱，川本、滬本同，據南海百詠補。

〔六〕必雜衆重擊之以樂神　川本、滬本同，南海百詠作「必雜衆樂擊之以侑神」。

〔七〕與其兄轉運抗「兄」，底本作「弟」，川本、滬本同，據宋史蔡挺傳改。

南雄府

太平橋，凡八孔，墩以巨石者九，梁以巨木者八，覆以廠屋三十五楹，奠以平板，樹以欄檻，南北建樓，北曰金霓，南曰玉虹，長二十七丈，廣二丈。折而西門外曰萬年橋，制如太平，易名西□，高一丈二尺，覆屋三十一楹。

廣州城，在屬樓邊，閎廓壯麗，人煙霧繞，廛市星羅，東南一大都會。出郭則大浸浩渼，戒珠寺矗立波心。戎艦海舶，櫛比鱗次，小艇飛棹〔一〕，如奔馬渴驥。櫓聲夾人語，幾不可辨。西則白雲與西樵相望，秀峯姸岫，鬱若霞蒸。以趨五羊，有九龍之飛泉。歷修坂，下峻谷，洄洑環抱，而合浦涯。其前浴出日，眺扶桑潮汐吞吐。晉郭璞以爲盛衣冠之氣，盡徼南之大觀矣。

粵東諸郡潮汐，大較無異，一日二次，自長而消。每月以初一、二日，由子午時遞推而移，至巳亥而週〔二〕，皆十五日。一月三十日，而潮有二。蓋潮汐隨月爲長消〔三〕，氣之正也。獨欽、廉潮汐，逐月遷移，自長至消止十四日，而潮退一日，每月一潮〔四〕，各退二日，如正月初一日長，至十四日而消，十五日長，至二十八日而消，二月則退在月前二十九日長，至十二日消，十三日長，至二十六日消。其不同如此。

【校勘記】

〔一〕小艇飛棹　「棹」，底本作「掉」，川本同，據滬本改。

〔二〕由子午時遞推而移至巳亥而週　「巳亥」，底本作「己亥」，川本、滬本同。按顧炎武日知録卷二〇：「自漢以下，曆法漸密，於是以一日分爲十二時。」皆以十二地支爲名。「己」爲「巳」形近而訛，據改。

〔三〕蓋潮汐隨月爲長消　「長消」，底本作「消長」，川本同，據滬本乙正。

〔四〕每月一潮　「一」，川本、滬本同，疑爲「二」之誤。

肇慶府

北曰定山。瀦淵迴溪，奇峯雲矗。下爲石室，上曰崧臺。其枕流帶岨，列峙如斗折者，七星巖也，一曰石室大巖。其次爲屏風，爲閬風。其在石室西者，爲天柱。更西蟾蜍，爲仙掌，又西北爲阿坡，延袤幾十里。瀝湖環其下。城北六里曰定山。其下有石室，一名石室山。南越志：聳石廣六十餘丈，高二百餘仞，謂之崧臺。下有石室，南北二門，狀若人功，自生風煙。其中室櫳約高五丈餘，寬廣可坐百餘人。深入北向，高處通明。其左一穴，持燭入數十丈。內有龍井、龍牀、龍磨角石。歲旱禱雨輒應。其右一穴，亦用燭入十數步。北轉，石隙漏光，可容出入。其前有浦，名爲高星，號爲「神仙下都」〔一〕。七星巖，七區連屬，曲折列峙如北斗狀，內築斗魁臺。唐李邕作記鐫石〔二〕。石洞，在其東，七星巖之左，春夏之間，潦水泛溢，島嶼皆平没，惟石洞高聳，特出於水中浮焉。中置神祠。端溪出其南，是謂西江〔三〕。

韓退之詩：「衙時龍户集，上日馬人來。」按廣有蜑户者，以舟楫爲宅，捕魚爲業，或編蓬瀕水而居，謂之水欄〔四〕，見水色則知有龍，故又曰龍户。齊民則目爲蜑家。晉時，廣州南岸六十餘里，不賓服者五萬餘家，皆蠻、蜑雜居。國初，編户立里長〔五〕，屬河泊所，歲收魚課。然同姓婚娶，不諳文字，不記歲年，此其異也。東莞諸縣以至惠、潮尤多。今人過潮買舟，謂蜑家船者，即此也。

馬人，本林邑蠻。從伏波流寓，後隨衆來附者也。始十户，後蕃衍至三百，皆姓馬。其人深目猳喙，散居峒落中。獻歲時，至軍府聽令。傜、僮不與同羣。退之詩正元旦聽令時也。余又見吳淵穎南海記，龍户即盧亭，謂其祖循字元龍，故亦曰龍户。廣州志〔六〕：盧亭亦曰盧餘，相傳爲循遺種，能赤身伏水中三四月不死，蓋化爲魚類也。其捕魚使張罾，數人下水，引羣魚入罾內〔七〕，既入，引繩示之，則舉罾並其人以上。其人自一種，與龍户别。崑崙奴，一名鬼奴。人黑如墨，與龍户亦自不同。

嘉靖二十年，封莫登庸爲安南都統使，賜從二品，銀印，世襲。二十一年，登庸卒，以孫福海襲。二十五年，福海卒。三十年，始以子宏瀷襲。先是阮敬專兵，挾瀷自恣，登庸次子莫正中與莫文明，攻之弗克，奔欽州，奏發肇慶清遠安插。其臣范子儀詐稱宏瀷卒，擁兵迎正中嗣職，寇欽州，官軍誅之。至是，始護宏瀷赴鎮南關，勘明奏令襲職，後出奔海陽。自是不能赴關領職，貢使亦不通矣。今舊臣鄭松徑立黎民後，復修貢。

永樂三年七月，巡按廣東監察御史汪俊民言：瓊州府周圍皆海，中有大小五指、黎母等山，皆生熟黎人所居。比歲軍民間有逃入黎峒，甚至誘引黎人侵擾居民。今朝廷遣使招諭。臣以爲黎性頑狠，招諭之人，非其同類，未易信從。又山水峻惡，風氣亦異。中國之人，罹其瘴毒，鮮能全活。臣訪得宜倫縣熟黎峒首王賢祐，舊常奉命招諭黎民，信從歸化者多。況其服習水土，不畏瘴癘。臣請追還使命，仍召賢祐至京，量授以官，俾招諭未服黎人，戒約諸峒，無納逋逃。生黎歸化者，免其産税三年，峒首則量所招名數多寡給與職事。其熟黎則令隨産納税，一切差徭，悉與蠲免〔八〕。如此，庶幾黎民順服。從之。

十四年五月庚戌，交阯總兵官英國公張輔言：自廣東欽州天涯驛，經猫尾港，至涌淪、佛淘，從萬寧縣抵交阯，多由水道，陸行止二百九十一里，比丘温故路近七驛，宜設水馬驛傳〔九〕，以便往來。從之。設欽州防城、佛淘二水驛，寧越、涌淪二遞運所，佛淘巡檢司〔一〇〕，靈山縣龍門、安遷二馬驛，安河、格木二遞運所，改天涯水驛爲水馬驛。

【校勘記】

〔一〕城北六里曰定山至號爲神仙下都　底本爲旁注，川本同，據滬本及萬曆肇慶府志卷八改移。

〔二〕七星巖至唐李邕作記鐫石　底本爲旁注，川本同，據滬本及萬曆肇慶府志卷八改移。

〔三〕石洞至是謂西江　底本爲旁注，川本同，據滬本及萬曆肇慶府志卷八改移。

〔四〕謂之水欄　「欄」，底本作「撊」，川本、滬本同，據萬曆廣東通志卷七〇改。

〔五〕編户立里長　「立」，底本作「入」，川本、滬本同，據萬曆廣東通志卷七〇、康熙肇慶府志卷二一改。

〔六〕廣州志　「志」，底本作「至」，川本同，據滬本改。

〔七〕引羣魚入罾内　「入」，底本作「一」，川本、滬本同，據萬曆廣東通志卷七〇改。

〔八〕悉與蠲免　「與」，底本作「爲」，川本同，據滬本及萬曆廣東通志卷七〇改。

〔九〕宜設水馬驛傳　「驛傳」，川本、滬本同，崇禎廉州府志卷一、康熙廉州府志卷一作「遞轉」。

〔一〇〕佛淘巡檢司　「淘」，底本作「陶」，川本同，據滬本及崇禎廉州府志卷一改。

方輿崖略〔一〕：廣東，南越地。秦已爲南海郡，後龍川令趙佗格命自王，漢武帝征之。其當時〔二〕，兵以四道入，衛尉路博德爲伏波將軍，出桂陽，下滙水〔三〕。以今觀之，意滙水也。滙在英德縣東南四十里〔四〕，一名洸水，又名洭浦，源出永州界，過陽山，下三水與湞合。主爵都尉楊僕爲樓船將軍，出豫章，下橫浦。橫浦在今南安。此則過大庾嶺，由曲江下湞水入越者也。故歸義越侯二人爲戈船，下厲將軍出零陵〔五〕，下灕水，抵蒼梧，即今廣右府江。使馳義侯因巴、蜀罪人發夜郎兵，下牂牁江，咸會番禺，即今廣右左江。從蜀盤江過貴竹跌水，此皆灘險不可舟行，至田州、泗城方可舟行〔六〕，先與府江會於蒼梧東行至三水亦與湞合。其云咸會番禺者，總之之辭也。

廣中稱嶺外者，五嶺之外也。五嶺釋不同，裴氏廣州記云：大庾、始安、臨賀、桂陽、揭陽。鄧德明南康記云：五嶺者，臺嶺之嶠，五嶺之第一嶺也，在大庾；騎田之嶠，五嶺之第二嶺也，在桂陽；都龐〔旁注〕水經注作部龍。之嶠，五嶺之第三嶺也，在九真；萌渚〔旁注〕地輿志作明諸〔七〕。之嶠，五嶺之第四嶺也，在臨賀；越城之嶠，五嶺之第五嶺也，在始安。據此，則九真與揭陽稍殊，餘四嶺同。乃淮南子又曰：始皇利越之犀角、象齒、翡翠、珠璣，乃使尉屠睢發卒五十萬爲五軍，一軍塞鐔城之嶺，一軍守九疑之塞，一軍處番禺之都〔八〕，一軍守南野之界，一軍結餘干之水。注：鐔城在武陵西南，接鬱林，九疑在零陵，番禺在南海，南野、餘干在豫章。其說又不同。若云五嶺地方，當如廣州、南康二記，蓋其所言，乃南龍大幹橫過空缺處，皆當守塞也。淮南云云，豈秦始皇所戍者五嶺其名也，而當時調度，又不拘拘於此五處耶？〔旁注〕漢書張耳傳注：師古曰：五嶺者，西自衡山之南，東窮於海，一山之限耳。而別標名，則有五焉。裴氏廣州記云：大庾、始安、臨賀、桂陽、揭陽，是爲五嶺。鄧德明南康記曰：大庾嶺，一也；桂陽騎田嶺，二也；九真都龐嶺，三也；臨賀萌渚嶺，四也；始安越城嶺，五也。

廣南所產多珍奇之物。如珍則明珠、玳瑁。珠落蚌胎，以圓淨爲貴，以重一錢爲寶；玳瑁龜形，截殼爲片〔九〕，貴白勝黑，斑多者非奇〔一〇〕，出近海郡。石則端石、英石。端溪硯貴色紫潤而眼光明，下巖爲上，子石爲奇；英德石色黑緑，其峯巒竅竇摺紋〔一一〕，扣之有金玉聲，以爲窗几之玩。香則沉速，出黎母山，以密久近爲差〔一二〕。花則茉莉、素馨，此海外香種，不耐寒，具陸賈南中花木記。果則蕉、荔、椰、蜜。蕉，緑葉丹實，其木攢絲，食其實而抽其絲爲布；荔枝園，五月纍纍然，色如赤彈，肉如團玉，或云閩荔甘，廣荔酸；椰子樹似檳榔，葉如鳳尾，實如切肪，琢其皮可爲瓢、杓、栢、棬〔一三〕；波羅蜜大如斗，剖之若蜜，其香滿室，此產瓊海者佳。木則有鐵力、花梨、紫白檀、烏木。鐵力，力堅質重，千百年不壞；花梨亞之，赤而有紋；紫檀力脆而色光潤〔一四〕，紋理若犀，樹身僅拱把，紫檀無香而白檀香〔一五〕。此三物多出蒼梧、鬱林山中，粵西人不知用而東人采之。烏木質脆而光理，堪小器具，出瓊海。鳥則有翡翠、孔雀、鸚鵡、鷓鴣、鵁鶄、潮鷄、鴆〔一六〕。翡翠以羽爲婦人飾；孔雀食蛇，毛膽俱毒，最自愛其尾，臨河照影，目眩投水中；鸚鵡紅嘴緑衣，不減川、陜，有純白者勝之；鷓鴣滿山亂啼，聲聲「行不得哥哥」，行旅聞之，泣下〔一七〕；鵁鶄似山鷄，以家鷄鬬之則可擒，其羽光彩，漢以飾侍中冠；潮鷄似鷄而小，頸短〔一八〕，能候潮而鳴；鴆羽些須可殺人，止大腹皮樹入藥，刮去其糞。獸則有瀦牛、犦牛、熊。

潛牛魚形，生高、肇江中，能上岸與牛鬬，角軟則入水濕之，堅則復出；犦牛出海康，項有骨，大如覆斗，日行三百里；熊有似牛似人，膽明如鏡。亦有蚺蛇膽，用與熊異，熊治熱毒，蚺治杖毒。魚之奇而大者，有鯨、鰐、鋸、鯌。鯨魚吹浪成風雨〔一九〕，頭角可數百斛〔二〇〕，頂上一孔大如甕；鰐魚如鯪鯉，四足，長數丈，登岸捕人畜食之〔二一〕；鯌魚大盈丈，腹有洞，貯水以養其子，左右兩洞容四子，子朝出食〔二二〕，暮入宿，出從口，入從臍；鋸魚長二丈，則口長當十之三，左右齒如鐵鋸，生於潮、惠爲多。其他紅螺、白蜆、龜脚、馬甲、蠔、鱟等名品甚多，不可枚記。若夫犀、象、椒蘇、岐南、火浣、天鵝、片腦之類，雖聚於廣，皆西洋諸國番舶渡海外而來者也。俗好以蔞葉嚼檳榔，蓋無地無時，亦無尊長，亦無賓客，亦無官府，在前皆任意食之。有問，則口含而對，不吐不咽，竟不知其解也。或以炎瘴之鄉，無此則飲食不化，然余攜病軀入粤入滇，前後四載，口未能食錙銖，亦生還無恙也。大都瘴鄉惟戒食肉、絶房幃，即不食檳榔無害，渠土人食者，慣耳。滇人所食檳榔又與廣異。廣如鷄心，似果肉。滇如羌核，似果殻。滇止染灰，亦不夾蔞葉。蔞一名蒟苗，即蜀人所造蒟醬者也。蔞生，葉大而厚，實似桑椹，其苗爲扶留藤，人食之，唇如抹朱。楊萬里詩云：「人人藤葉嚼檳榔，户户茅檐覆土牀。」〔二三〕廣中地土低薄，炎熱上蒸，此乃陽氣盡泄，故瓜茄咸經冬不凋〔二四〕，留之閲歲，從原幹又開花結蕊〔二五〕，不必再種也。結之三、四歲，氣盡方枯，又得氣早，余以五月過端州，其地食茄已可兩月矣。南中多榕樹，樹最大者長可十丈，蔭數畝，根出地上亦丈餘。臬司分道中一樹，根下空洞處可列三棹〔二六〕，同僚嘗醵飲其中。余參藩廣右，嘗過榕樹門下，亦樹附地而生〔二七〕，刳其根空處爲城門也。

香山嶴乃諸番旅泊之處，海岸去邑二百里，陸行而至，爪哇、渤泥、暹羅、真臘、三佛齊諸國俱有之。其初止舟居，以貨久不脱，稍有一二登陸而拓架者〔二八〕，諸番遂漸效之，今則高居大廈，不減城市，聚落萬頭，雖其貿易無他心，然設有草澤之雄，睥睨其間，非我族類，未必非海上百年之隱憂也。番船渡海，其製極大，大者横五丈，高稱之，長二十餘丈，内爲三層，極下鎮以石，次居貨，次居人，上以備敵占風。每一舶至，報海道，檄府倅驗之，先截其桅與柁，而後入嶴。若入番江，則舟尾可擱城垛上〔二九〕，而舟中人俯視城中。又番舶有一等人名崑崙奴者，俗稱黑鬼，滿身如漆，止餘兩眼白耳。其人止認其所衣食之主人，即主人之親友皆不認也。其生死惟主人所命，主人或令自刎其首，彼即刎，不思當刎與不當刎也。其性帶刀好殺，主人出，令其守門，即水火至死不去，他人稍動其扃鐍則殺之，毋論盜也。又能善没，以繩繫腰入水底取物，買之一頭直五六十金。

潮州在唐時風氣未開，去長安八千里，故韓文公謫居以爲瘴癘之地。今之潮非昔矣〔三〇〕，閭閻殷富，士女繁華，裘馬管絃，不減上國。潮，國初止領縣四〔三一〕，而今已增其六，亦他郡所無也。

潮州古爲閩越之地。自秦屬南海郡〔三二〕，遂隸廣至今，以形勝風俗所宜，則隸閩者爲是。

南幹自九疑來，過大庾嶺至龍南、安遠，其夾汀與贛，夾建寧與建昌界，度分水而趨草坪者，正幹也。至龍南不過安遠即南行，接長樂、興寧趨海豐入海者，分南行一支也。其南支實隔閩於東，廣於西，故惠州諸邑皆立於南支萬山之中，其水西流入廣城以出，則惠真廣郡也。潮在南支之外〔三三〕，又水自入海，不流廣。且既在廣界山之外，而與汀、漳平壤相接，又無山川之限，其俗之繁華既與漳同，而其語言又與漳、泉二郡通，蓋惠作廣音而潮作閩音，故曰潮隸閩爲是。南中造屋，兩山牆常高起梁棟上五尺餘，如城垛然。其内近牆處不蓋瓦，惟以磚甃成路，亦如梯狀。余問其故，云近海多盜，此夜登之以瞭望守禦也〔三四〕。

雷州以雷名，或云在雷水之陽。雷水在擎雷山下，源出海康縣銅鼓村，南流七十里，東入於海，其初因雷震而得源者也〔三五〕。或又以爲地瀕南海〔三六〕，雷聲近在簷宇之間，故名。及讀雷公廟記，則云：「陳太建初〔三七〕，州民陳氏者因獵獲一卵如囊，攜歸家，忽霹靂震之而生一子，有文在手曰雷，俗謂雷種，後名文玉，爲本州刺史，有善政，没而以靈顯，鄉人廟祀之。」後觀國史補又云：「雷州春夏多雷〔三八〕，秋日則伏地中，其狀如彘，人取而食之。」夫雷霆天之威也，雷可食乎？以此爲雷，是妄之妄也。想炎海陽氣所伏藏，變爲蠕動之物，此造化所不可曉者爾。〔旁注〕沈括筆談：世傳雷州多雷，有雷祠在焉。其間多雷斧、雷楔。按圖經，雷州境内有雷擎二水，雷水貫城下，遂以名州，如此，則雷自是水名，言多雷，乃妄也。

廉州中國窮處，其俗有四民：一曰客户，居城郭，解漢音，業商賈；二曰東人，雜處鄉村，解閩語，業耕種；三曰俚人，深居遠村，不解漢語，惟耕墾爲活；四曰蜑户，舟居穴處，僅同水族，亦解漢音，以采海爲生。郡少耕稼，所資珠璣，以亥日聚市。黎、蜑壯稚以荷葉包飯而往，謂之趁墟。珠池在合浦東南百里海中，有平江、青嬰等三數池，皆大蚌所生也。海水雖茫茫無際，而魚蝦蛤蚌，其産各有所宜，抑水土使然。故珍珠舍合浦不生他處，其生猶免之育，惟視中秋之月，月明則下種多，昏暗則少。海中每遇萬里無雲，老蚌曬珠之夕，海天半壁閃如艷霞，咸珠光所照也。舊時蜑人采珠之法，每以長繩繫腰，攜竹籃入水，蛤蚌置籃内則振繩(三九)，令舟人汲上之，不幸遇惡魚(四〇)，一線之血浮於水面(四一)，則已葬魚腹矣。蚌極老大者，張兩翅亦能接人而壞之。後多用網以取，利多害少。珠池之盜，鳴鑼擊鼓，數百十人荷戈以逞(四二)，有司不敢近。然彼以劫掠無賴爲生(四三)，白手挈蜑人而竊之，多少所不論，皆其利也。若官司開采則得不償失，萬金之珠，非萬金之費，無以致之。世宗朝嘗試采之，當時藩司所用與内庫所入，其數具存，可鏡矣。盗珠者雖名曰禁，實陰與之(四四)，與封礦同。不則此輩行掠海上無寧居，然亦非有司之法所能扞也(四五)。

瓊州，南海中一大島，中峙高山，周圍乃平壤(四六)。南夷之性，好險阻而不樂平曠，故黎人據險先居之，在平壤者，乃能通中國聲教，則後至而附聚焉者也。黎人其先無世代，一日，雷攝一蛇卵墮山中，生一女，歲久有交阯蠻過海采香者，因與爲婚，生子孫，此黎人之祖，故山名黎母山。以有五峯，亦名五指山。山極高大，屹立瓊、崖、儋、萬之間，爲四州之望。每晝，雲霧收斂則五峯聳翠插天〔四七〕，昏時蔽不見。舊傳婺女星曾降此山，亦名黎婺山。諸黎環居，其去省地遠，不供賦役者號生黎；耕作省地者號熟黎。黎人之外始是州縣，四州各占島之一隅，北風揚帆，徐聞一日而渡〔四八〕。瓊地本東西長南北縮，志稱「東至海岸五百里，西至海岸四百里，不及千里而遥。」〔四九〕其至海南崖州乃云一千四百里者，中隔黎山〔五〇〕，由弓背上行也，周圍二千餘里。沉速諸香皆出其内。沉乃千年枯木，土蜂穴之，釀蜜其中〔五一〕，不知年代，浸透木身，故重者見水而沉。不甚沉者，未遍也。今爇之皆蜜〔五二〕，蜜盡而煙銷〔五三〕，浸而未透者，速也；得氣而未浸者，牙也。

銅柱在欽州分茅嶺下，漢馬伏波立以界欽州、安南者。或曰柱乃在安南境中。援當時誓曰〔五四〕：「銅柱折，交人滅。」今交人過其下，每以石培之，遂成丘陵，懼其折也〔五五〕。又有古銅鼓，蠻人重之，今廉、欽村落土中嘗有掘得者，亦云伏波所餘。

【校勘記】

〔一〕方輿崖略　川本、滬本同。按方輿崖略係明王士性廣志繹卷一篇名，以下諸條皆録自廣志繹卷四江南諸省。

〔二〕其當時　底本脱，川本、滬本同，據廣志繹卷四補。

〔三〕滙水　「滙」，底本作「湟」，川本、滬本同，據廣志繹卷四改。

〔四〕涯在英德縣東南四十里　「涯」、「東」，底本作「匯」、「西」，川本、滬本同，並據廣志繹卷四改。下「匯」改同。

〔五〕下厲將軍出零陵　「厲」，底本作「瀨」，川本同，滬本作「瀨」，據廣志繹卷四改。

〔六〕行至田州泗城方可舟行　川本、滬本同，廣志繹卷四無上「行」字，「舟行」作「進舟」。

〔七〕地輿志作明諸　「地輿志」，川本同，滬本作「輿地志」，當是。

〔八〕番禺　「禺」，底本脱，川本同，據滬本及廣志繹卷四補。

〔九〕截殼爲片　「爲」，底本作「成」，川本、滬本同，據廣志繹卷四改。

〔一〇〕斑多者非奇　「斑」，底本作「班」，川本、滬本同，據廣志繹卷四改。

〔一一〕其峯巒窩竇摺紋　「其」，底本作「具」，川本、滬本同，據廣志繹卷四改。

〔一二〕以密久近爲差　「密」，底本作「蜜」，川本、滬本同，據廣志繹卷四改。

〔一三〕瑑其皮可爲瓢杓栝棬　「瓢」，底本作「瓠」，川本、滬本同；「栝」，底本作「杯」，川本、滬本同，並據廣志繹卷四改。

〔一四〕紫檀力脆而色光潤　「色」，底本作「質」，川本、滬本同，據廣志繹卷四改。

〔一五〕紫檀無香而白檀香　「紫檀」，底本作「紫香」，據川本、滬本及廣志繹卷四改。

〔一六〕鳥則有翡翠孔雀鸚鵡鷓鴣鵁鶄潮鷄鳩　「有」，底本脱，川本同，據滬本及廣志繹卷四補。

〔一七〕泣下　川本、滬本同，廣志繹卷四作「真堪淚下」。

〔一八〕頸短　「頸」，底本作「頭」，川本、滬本同，據廣志繹卷四改。

〔一九〕鯨魚吹浪成風雨　「雨」，底本作「兩」，川本同，據滬本及廣志繹卷四改。

〔二〇〕頭角可數百斛　「角」，底本作「骨」，川本、滬本同，據廣志繹卷四改。

〔二一〕登岸捕人畜食之　「岸」，川本、滬本同，廣志繹卷四作「涯」。

〔二二〕子朝出食　「食」，川本、滬本同，廣志繹卷四無此字。

〔二三〕户户茅檐覆土牀　「檐」，底本作「簷」，川本、滬本同，據廣志繹卷四改。

〔二四〕故瓜茄咸經冬不凋　「冬」，底本作「霜」，川本、滬本同，據廣志繹卷四改。

〔二五〕從原榦又開花結蕊　「蕊」，川本、滬本同，廣志繹卷四作「子」。

〔二六〕根下空洞處可列三棹　「棹」，底本作「卓」，川本、滬本同，據廣志繹卷四改。

〔二七〕樹附地而生　「地」，底本作「城」，川本、滬本同，據廣志繹卷四改。

〔二八〕稍有一二登陸而拓架者　「拓」，底本作「柘」，川本同，據滬本及廣志繹卷四改。

〔二九〕則舟尾可擱城垛上　「擱」，底本作「閣」，川本、滬本同，據廣志繹卷四改。

〔三〇〕今之潮非昔矣　「非昔矣」，底本作「則」，川本、滬本同，據廣志繹卷四改補。

〔三一〕潮國初止領縣四　「潮」，底本脱，川本、滬本同，據廣志繹卷四補。

〔三二〕自秦屬南海郡　「秦」，川本、滬本同，廣志繹卷四作「秦始皇」。

〔三三〕潮在南支之外　「外」，底本作「中」，川本、滬本同，據廣志繹卷四改。

〔三四〕此夜登之以瞭望守禦也　「此」，底本脱，川本、滬本同，據廣志繹卷四補。「瞭」，底本作「燎」，據川本、滬本及廣志繹卷四改。

〔三五〕其初因雷震而得源者也　「也」，底本脱，川本、滬本同，據廣志繹卷四補。

〔三六〕或又以爲地瀕南海　「爲」，底本脱，川本、滬本同，據廣志繹卷四補。

〔三七〕陳太建初　「太」，底本作「天」，川本、滬本同，據廣志繹卷四改。

〔三八〕雷州春夏多雷　「雷州」，底本脱，川本同，據滬本及廣志繹卷四、説郛卷七五補。

〔三九〕蛤蚌置籃内則振繩　「置」，底本作「盈」，川本、滬本同，據廣志繹卷四改。

〔四〇〕不幸遇惡魚　「魚」，底本脱，川本、滬本同，據廣志繹卷四補。

〔四一〕一線之血浮於水面　「浮於水面」，川本、滬本同，廣志繹卷四作「浮水上」。

〔四二〕數百十人荷戈以逞　「數」，底本脱，川本、滬本同，據廣志繹卷四補。

〔四三〕然彼以劫掠無賴爲生　「劫掠無賴」，底本作「亡賴劫掠」，川本、滬本同，據廣志繹卷四改。

〔四四〕實陰與之　「與」，底本作「予」，川本、滬本同，據廣志繹卷四改。

〔四五〕然亦非有司之法所能扞也　「然」，底本脱，川本、滬本同，據廣志繹卷四補。

〔四六〕周圍乃平壤　「圍」，底本作「圜」，川本、滬本同，據廣志繹卷四改。

〔四七〕雲霧收斂則五峯聳翠插天　「五」，底本作「一」，川本、滬本同，據廣志繹卷四改。

〔四八〕徐聞一日而渡　「聞」，底本作「開」，川本同，據滬本及廣志繹卷四改。

〔四九〕不及千里而遥　「不及」，底本漫漶，據川本、滬本及廣志繹卷四補。

〔五〇〕中隔黎山　「中」，底本脱，川本、滬本同，據廣志繹卷四補。

〔五一〕釀蜜其中　底本漫漶，據川本、滬本及廣志繹卷四補。

〔五二〕今爇之皆蜜　「皆」，底本作「爲」，川本、滬本同，據廣志繹卷四改。

〔五三〕蜜盡而煙銷　「蜜盡」，底本漫漶，據川本、滬本及廣志繹卷四補。

〔五四〕援當時誓曰　「援」，底本脱，川本、滬本同，據廣志繹卷四補。

〔五五〕懼其折也　底本脱，川本、滬本同，據廣志繹卷四補。

雲南

志草：臨安南控交阯，蘭滄北馭吐蕃，曲靖東壓烏蠻，金騰西擁諸甸，扼吭拊背，並稱重地。

巡撫雲南、贊理軍務、兼建昌畢節川東等處〔一〕、兼督川、貴兵餉、都御史一員。正統五年，始敕都御史巡撫兼贊理軍務，尋罷。成化十二年，復設巡撫。嘉靖間，以交南之役，加贊理軍務，尋又罷。隆慶四年，復加贊理軍務，兼制建昌、畢節等處。萬曆十二年，加督川、貴兵餉。三十八年，加兼制東川。或尚書，或侍郎，或副都，或僉都，無專銜。

巡按雲南、監察御史一員。永樂九年，始命監察御史巡按，尋復設清軍御史。嘉靖末，罷清軍，以巡按兼攝〔二〕。

滇志：領府十二：雲南、大理、臨安、楚雄、澂江、蒙化、廣西、景東、廣南、順寧、永寧、鎮沅；軍民府八：永昌、曲靖、鶴慶、姚安、尋甸、武定、元江、麗江；武定今去軍民字。州一，北勝；長官司一，者樂甸。其羈縻府二，宣慰司六，宣撫司三，州四，長官司二。

雲南等處承宣布政使司，左布政使一，右布政使一，左、右參政三，左、右參議二。右布政使管清軍道，參政、參議俱分守各道。　分守安普道，駐省城。　督糧鹽法道，駐省城。　分守臨元道，駐新興。　分守金滄道，駐鶴慶。　分守洱海道，駐姚安。　原設督理銀場道參政一，萬曆十七年裁革。

雲南等處提刑按察司，按察使一，副使七，僉事四。　副使、僉事俱分理各道。　驛傳清軍道，駐省城。　屯田水利道，駐省城。　督學道，駐省城。　兵巡安普道，駐省城。　分巡臨元道，駐澂江。　分巡金滄道，駐大理。　分巡洱海道，駐楚雄。　金騰兵備道，駐永昌。　瀾滄兵備道，駐洱海。　臨安兵備道，駐臨安。　曲靖兵備道，駐曲靖。

雲南都指揮使司，都指揮使一，掌印。　都指揮同知一，督屯。　都指揮僉事一，領操。　近多以署銜遷除。　領衛十七，軍民指揮使司三，守禦千户所六。　分守臨元參將，駐臨安。　舊設臨元守備，隆慶四年，改參將。　萬曆七年，復改守備。　十年，復設參將。　分守永騰參將，駐永、騰。

分守武尋參將，駐武定。　天啓二年設。　霑益守備、洱海守備、順蒙守備〔三〕、姚關守備、蠻哈守備、隴把守備、蕎甸守備、儻甸守備，俱以都指揮體統行事，署指揮僉事。　衛二十：左衛、右衛、中衛、前衛、後衛、廣南、臨安、曲靖、平夷、越州、陸涼、大理、洱海、大羅、楚雄、景東、蒙化、瀾滄、永昌、騰衝。　守禦千户所八：宜良、安寧、易門、楊林、武定、木密、鳳梧、十八寨。　分隸於衛守禦千户所十一：通海、新安、馬隆、鶴慶、定遠、姚安、中屯、永平、鎮安、鎮姚、定雄。　土守禦千户所一，右甸。

鎮守雲南、掛征南將軍印總兵官、黔國公沐，歲禄三千石，米鈔中半兼支。洪武十六年，雲南平，詔留西平侯沐英鎮守。永樂間，子晟以平交阯功，進封黔國公，世襲。

舊志：東以曲靖爲關，霑益爲蔽；南以元江爲關，車里爲蔽；西以永昌爲關，麓川爲蔽〔四〕；北以鶴慶爲關，麗江爲蔽。東北貴州，東南交阯，西南緬甸，西北吐蕃。八百、老撾、交阯諸夷以元江、臨安爲鎖鑰。緬甸諸夷以騰越、永昌、順寧爲咽喉。吐蕃以麗江、永寧、北勝爲阨塞。

三代時爲徼外西南夷，僰、鳩僚、僄、䠡、毒僱蠻〔五〕、烏蠻是也。楚威王遣將軍莊蹻將兵循江上〔六〕，略巴、蜀、黔中以西，至滇池，方三百里。秦常頞略通五尺道〔七〕，頗置吏焉。漢武帝元封二年，以兵臨之。滇王舉國降，請置吏入朝，於是賜滇王印，以爲益州郡。蜀建興三年，諸葛亮南征，四郡既平，改益州爲建寧郡，分建寧、永昌爲雲南郡，又分建寧、牂牁置興古郡。晉立晉寧等郡，宋、齊並爲建寧郡。隋爲昆州。唐武德元年，開南中，置縣四，曰益寧、晉寧、安寧、秦臧。元壬子年歸附，乙卯年始立萬户府〔八〕。至元七年，改爲中慶路。十二年，設雲南行省，置路。

【校勘記】

〔一〕川東　川本、滬本同，本條下文作「東川」，疑此處有誤。

〔二〕以巡按兼攝　「攝」，底本作「撫」，川本、滬本同，據天啓滇志卷五改。
〔三〕順蒙守備　「蒙」，底本作「蘭」，川本同，據滬本及天啓滇志卷七改。
〔四〕麓川爲蔽　「川」，底本作「以」，川本同，據滬本改。
〔五〕毒儘蠻　「蠻」，底本作「笑」，川本同，據滬本改。
〔六〕將兵循江上　「江上」，底本倒誤爲「上江」，川本、滬本同，據史記西南夷列傳乙正。
〔七〕常頞　「頞」，底本作「頗」，據川本、滬本及史記西南夷列傳改。
〔八〕乙卯年始立萬户府　「府」，底本脱，川本同，據滬本補。

雲南府

十二城爲城〔一〕，滇池爲池。

古滇國。漢益州郡。元爲雲南行省中慶路。本朝洪武十五年，立雲南布政司，乃置本府。

府城周九里有奇。

領州四，縣九。　屬安普道。　舊有楊林縣，革。

府北二十里曰陆山〔二〕，一曰商山，俗又稱虵山，滇之望也。其高數十仞。漢書地理志〔三〕：陆在滇池之東。由商山而南，其山曰螺峯，滇城北郭倚以爲枕，埤堄占此山之陰。由螺山疊巘而下，曰五華山。喬林葱菁，管領衆山，咸在仙掌之上。厥土赤色，可以煆金。海外百里爲晉寧，其山聳拔相向，取以爲賓山。東北二十五里曰松華山。水由東北來者，此爲朝宗之徑路。其山聯絡若十二峯，當三川水口，一一深秀。玉案山，在城西二十里，又名列和蒙山。遠望其形方廣，出西南諸峯之上。有石棋坪，因又曰棋盤山。其下有泉，曰菩提泉。西湖，在滇池上流，又名積波池。周五里許。荇藻長青〔四〕，産衣鉢蓮〔五〕，花千葉，蕊分五色。外豐葭菼，内阜川禽，俗曰青草湖。近城可一里。西南八十里曰海口。以滇池瀦諸川之水至西，惟此一河泄之者，若咽喉然。沿海財賦，歲以萬計，其利害由於海口之通塞，誠要津也。歲一浚之。

史記西南滇國爲大，今爲行省，以滇爲上游，領袖諸城，所從來也。雖無山河表裏之固，江湖襟帶之雄，然商山之頂，北顧東川，金沙奔流，繞其趾而行〔六〕，至於蜀之戎、湖，曲州、靖州而外，峻嶺千里，受蘭滄之水以達粤西，庶幾乎此方之襟帶而表裏乎？

元史張立道傳：其地有昆明池，介碧鷄、金馬之間，環五百餘里，夏潦暴至，必冒城郭〔七〕。立道求泉源所自出，役丁夫二千人治之，泄其水，得壤地萬餘頃，皆爲良田。

雲南左衛。左、右、中、前、後、中左六千户所。右衛。同左衛。中衛。同右衛。前衛。左、右、中、前、後五千户所。後衛。同前衛。廣南衛。舊在廣南府，洪武二十九年建。

永樂元年，遷雲南府城。正統七年三月乙亥，設雲南永平軍民指揮使司，以廣南衛官軍實之。

滇陽驛，在府城外東南。　板橋驛，在府城東四十里。

【校勘記】

〔一〕十二城爲城　川本同，滬本「爲城」上有「華山」二字。圖書集成職方典卷一四五七：「十二城爲城，滇池爲池。」滬本恐誤。

〔二〕⿰阝虫山　底本作「陰山」，川本同，滬本作「陘山」，據圖書集成職方典卷一四五七、康熙雲南府志、道光昆明縣志改。下同。

〔三〕漢書地理志　按以下引文不載於漢書地理志，此書名當誤。

〔四〕荇藻長青　底本「藻」後衍「藥」字，據川本、滬本及圖書集成職方典卷一四五七删。

〔五〕産衣鉢蓮　底本脱「産」字，據川本、滬本及圖書集成職方典卷一四五七補。

〔六〕繞其趾而行　「趾」，底本作「利」，川本同，據滬本改。

〔七〕必冒城郭　「冒」，底本作「胃」，川本同，據滬本及元史張立道傳改。

昆明縣　漢爲滇池縣地。隋爲昆州境。唐武德元年，置昆州，領晉寧等縣。元收附雲南之初，分其地立千户所。至元十二年，改置善州，領昆明、官渡二縣。二十一年，廢善州，置録事，昆明縣如故，尋又省官渡縣來屬，今屢豐鄉是也。本朝爲雲南府倚郭縣。漢滇池縣。附郭。設土主簿〔一〕。在城堡，在府東南。板橋堡，在驛東南。金馬關，在府東十里。碧鷄關，在府西三十里。赤水鵬巡檢司〔二〕，在縣東七十里。馬氏。清水江巡檢司，在縣西北五十里。有二巡檢，一流、一土，李氏。其地控昆、富二邑之交，武夷累犯省城，恒經之。李氏所轄地方，有饞浪九村。金馬山，在府東二十五里。西對碧鷄山，中隔滇池。山不甚高，而綿亘西南數十里。上有長亭，下有金馬關。滇志：二十里。山勢蜿蜒，林壑幽異，綿亘數十里，至於古城，乃爲息壤。碧鷄山，在府西南三十里。東瞰滇池，蒼崖萬丈。其北麓有碧鷄關。漢宣帝時，方士言益州有金馬、碧鷄，可祭祀而致，遣王褒往祀，至蜀而卒。滇池，在府城西南，一名昆明池。周廣五百餘里，合盤龍江、黄龍溪諸水，匯爲此池。中産衣鉢蓮，花盤千葉，蕊分三色。下流爲螳蜋川。中有大小卧納二山。史記：滇池水源廣而末狹，有似倒流，故曰滇池〔三〕。漢武帝欲伐滇國，於長安西南穿昆明池象之，以習水戰。方輿：池在碧鷄山下，廣三百餘里。晉寧、昆陽在池南，中慶在池北。滇志：池北受水，而傾西南爲海口，北入富民縣，匯廣翅塘，赴金沙江〔四〕。楊慎碑：池在雲南治城之外，環而列者，州以安寧、昆陽、晉寧，縣以昆明、呈貢、歸化，皆邊昆池。土人亦稱曰海。盤龍江〔五〕，在城東五里。發源自嵩盟州故邵甸縣之東山、西山，凡九十九泉，合流經府城東，又南入滇池。穀昌城址，在府北十餘里。亦名苴蘭城。

楚莊蹻王滇時所築。

鐵，有池澤，北有黑水祠。高嶢關城〔六〕，在縣關津總要處。黑水祠。漢書地理志云〔七〕：滇池出

祖封其子忽哥赤爲雲南王，又復封其孫松山爲梁王，傳至柏匝剌瓦爾密，建宮於此。國初即其址

爲岷王宮，後移封武昌〔八〕，宮爲長春觀。萬曆四十年，改建孔子廟於此，左、右爲府、縣學。松

華壩，在府城東，滇上流〔九〕。元賽典赤贍思丁增修，爲壩分水，以溉東菑萬頃。

廢官渡縣，在府南二十里。即今官渡里。梁王宮，在府城中。元世

【校勘記】

〔一〕設土主簿　「土」，底本作「上」，川本漫漶，據滬本改。

〔二〕赤水鵬巡檢司　底本脱「司」字，川本同，據滬本補。

〔三〕滇池水源廣而末狹有似倒流故曰滇池　兩「池」字，底本脱，川本、滬本同。史記西南夷列傳索隱引後漢書云：「其池水源深廣，而末更淺狹，有似倒流，故謂滇池。」正義引括地志同，據補。

〔四〕金沙江　「江」，底本作「口」，川本同，據滬本改。

〔五〕盤龍江　「盤龍」，底本倒誤爲「龍盤」，川本、滬本同，據寰宇通志卷一一一、明統志卷八六、明史地理志乙正。

〔六〕高嶢關城　「關」，底本作「閭」，川本同，據滬本及明統志卷八六改。

〔七〕漢書地理志　按以下引文不見於漢書地理志，而出自續漢書郡國志，書名有誤。

〔八〕後移封武昌　「武昌」，川本、滬本同。明史地理志：昆明縣，「永樂二十二年遷岷王府於湖廣武岡州。」此「武

昌」蓋为「武岡州」之誤。正德雲南志卷二：故梁王府，「國初即其址建岷王府，後遷武前州。」正德志之「前」爲「岡」字之誤。

〔九〕松華壩在府城東滇上流　川本、滬本同，「滇」下疑脱「池」字。

富民縣　府北一百里。　舊有利浪驛，革。　唐諸蠻州九十一，梨州其一也，地接昆州。自高氏專大理國政，以高明賢長梨瀼。元至元四年，立梨瀼千户所。十二年，改爲富民縣，屬中慶路。本朝因之。　洞口山，在縣東南三里。下有洞，水從中出，流經縣南〔一〕，西北入安寧河。　洟札郎水，在縣東北一十里。西入大溪〔二〕。　農納水，在縣北五十里。源出武定府界，北流入大溪。

【校勘記】

〔一〕流經縣南　「流」，底本作「從」，川本同，據滬本及正德雲南志卷二改。

〔二〕西入大溪　「溪」，底本作「漢」，川本同，據滬本及寰宇通志卷一一一改。下同。

宜良縣　府東一百五十里。　舊有湯池驛，改爲巡檢司。　城周三里。　唐貞觀八年，以南雲州更置匡州〔一〕，領匡川等縣。　元丙辰年，始立宜良、匡城千户，隸嵩盟萬户；立大池千户，隸威楚萬户。至元十二年，立宜良州，治大池、大赤二縣。二十一年，州省，縣罷，更爲宜良縣。宜良守禦千户所，同城。直隸都指揮使司。湯池巡檢司，在縣西三十里。一流、一土，馬氏。鳳繼祖之亂，發其兵三百人。近以蕎甸不靖，復徵其衆戍昆陽。客爭容山，在縣東十里，爲邑鎮山〔二〕。盤江，一曰大池江。自澂江府舊邑市縣北入縣境〔三〕，盤折六十里〔四〕，過鐵赤河，至蓮花灘，入交趾〔五〕。大城江，源自陽宗縣明湖，流經縣東，下入盤江。

【校勘記】

〔一〕南雲州　「南雲」，底本作「雲南」，脱「州」字，川本、滬本同，據新舊唐書地理志改補。

〔二〕客爭容山在縣東十里爲邑鎮山　此文原列於下文「盤江，一曰大池江」下，且脱「山」字，川本、滬本同，據寰宇通志卷一一一、紀要卷一一四乙補。

〔三〕澂江府　「澂」，底本作「徵」，川本同，據滬本及明統志卷八六改。

〔四〕盤折六十里　「折」，底本作「北」，川本同，據滬本改。

〔五〕自澂江府舊邑市縣北入縣境至入交趾　川本、滬本同。紀要卷一一四：大池江，在宜良縣東八十里，「從曲靖陸涼州流入境，流六十里，出縣界，入澂江府界，名鐵池河」。清統志卷四七六：大池江，在宜良縣南八十里，一名盤江，「從曲靖府陸涼州西入境，經縣東南流六十里，出縣界，入澂江府界，謂之鐵池河」。又云：「按輿圖即八達河，其下流爲南盤江。」此逕流有誤，「鐵赤河」之「赤」疑爲「池」字之誤。

嵩明州　滇志亦作「明」。　府東北一百三十里。　磚城。　楊林堡，在驛西。　楊林驛，舊屬楊林縣。在州南二十五里。　古滇國地，名曰枳磓，又曰嵩盟。昔漢人築金城於此，曰長州，因築臺與蠻盟，故曰嵩盟。　蒙氏立長城郡。　大理改爲嵩盟郡。　元至元十二年〔一〕，改爲長州。十五年，升爲嵩盟府。二十二年，降爲州，領二縣。　楊林縣，治羊林城，在州東南四十里。昔有雜蠻四種居之，曰枳氏、車氏、斗氏、布麽氏。縣於東門有石狀如羊，因名羊林。元屬嵩盟部，丁巳年立羊林千户。至元十二年〔二〕，改爲楊林縣，隸嵩盟州。本朝因之。　邵甸縣，治在州西四十里〔三〕。舊烏蠻所據，地名東甸，語訛爲邵。元丁巳年，立邵甸千户。至元十二年，改置邵甸縣，屬嵩盟州。本朝因之。　兔兒關巡檢司，在州西南四十里。　秀嵩山，在州東二十里。頂如偃月，環州之山皆在其下，俗稱摇鈴山。孟獲嘗立寨於此。國初，尚書吳雲死節處。　彌雄山，在州北三十里。嶺崟疊出，望之蔚然。土壤肥沃。山下有泉，南流入羅婆澤〔四〕。　龍巨江，一名龍濟溪。源出尋甸果馬山，流經州東南，入嘉利澤。　彌雄水，出彌雄山，南入羅婆澤〔五〕。　牧槎水，源出牧槎澗，西南入滇池。　嘉利澤，在州東南一十五里。周百餘里。一名楊林澤。　盟蠻臺，在州南。舊志云：武侯南征至此，與蠻盟築。按元史：沙札卧城，烏蠻車氏所築〔六〕，白蠻名爲嵩明。昔漢人居之，後烏白蠻强盛，漢人徙去，盟誓於此，故曰嵩盟。州南土臺，盟會處也。不知孰是。　楊林縣，在州東南四十里。成化十七年革〔七〕。

滇志：州南三十五里。元史：城東門有石如羊形，故又曰羊林。唐有羊林部落，即此地。楊林堡守禦千户所，在楊林縣東五里。城周二里許，直隸都指揮使司。烏納山，在楊林縣西南一十里。周百餘里，西距呈貢，東接宜良，水草宜牧。絶頂有石如馬首，遠近禱祀，競以氊毳裹之，土人呼馬首爲「烏納」，故名。廢邵甸縣，在州西四十里。元至正間置〔八〕。

【校勘記】

〔一〕至元十二年　底本脱「元」字，川本同，據滬本及元史地理志補。

〔二〕至元十二年　「十」，底本脱，川本、滬本同，據元史地理志補。

〔三〕治在州西四十里　底本脱「西」字，川本同，據滬本及正德雲南志卷二補。

〔四〕羅婆澤　「婆」，底本作「波」，川本、滬本同，據寰宇通志卷一一一、明統志卷八六、紀要卷一一四改。

〔五〕南入羅婆澤　「澤」，底本作「山」，川本同，據滬本及紀要卷一一四改。

〔六〕沙札卧城烏蠻車氏所築　底本脱「札」字，「車」作「東」，川本、滬本同，據元史地理志補改。

〔七〕成化十七年革　「十七」，底本脱，川本、滬本同，據明史地理志補。

〔八〕元至正間置　川本、滬本同。本書上文載：「至元十二年，改置邵甸縣。」同元史地理志。此云「至正間置」，誤。

晉寧州　府東南一百里。城周三里。唐武德二年，置昆州，有晉寧縣，隸戎州都督。

元立陽城堡萬户府〔一〕。至元十二年，罷萬户府，置晉寧州。晉寧驛，在州東北五里。海寶山，在西三里。下有一竅，滇池水由此泄於澂江西浦龍泉溉田〔二〕。萬松山，在城東五里。又曰磐龍山。大堡河，源出新興州界，經州之永興鄉，分流入滇池。古土城，在州西北。隋刺史梁毗築，有九門十二衢。今所存惟陽城堡。廢晉寧縣址，建自唐武德間，後蒙氏廢爲陽城堡〔三〕。今尚有居民焉。廢大甫縣，在州南二十里。元至正間建。

【校勘記】

〔一〕陽城堡萬户府　「陽」，底本作「楊」，川本、滬本同，據元史地理志、元混一方輿勝覽改。

〔二〕浦龍泉溉田　「浦」，底本作「蒲」，據川本、滬本及圖書集成職方典卷一四五七改。

〔三〕後蒙氏廢爲陽城堡　「蒙氏」，底本作「蘭氏」，川本同，據滬本及正德雲南志卷二改。

歸化縣　府南六十里，州北三十里。無城。築土爲牆，周圍僅一里。元縣治安江城，亦名大吴籠。昔有吴氏者居之，因名。後爲些莫結蠻永偈奪據之。乙卯年歸附，隸呈貢千户。至元十二年，分置歸化縣，屬晉寧州。

呈貢縣　州北六十里，府南四十里。元縣治在州北六十里，古之呈貢城也。烏、白〔一〕、些莫結、阿茶、僰五種居之。其地西臨滇池。元乙卯歲歸附。丙辰年定籍，撥切籠、抹樣、雌甸、大烏納山、安江、安溯等七城〔二〕，立呈貢千户。至元十三年改爲晟貢縣。本朝復舊名。　呈貢堡，在縣西北。　雒龍河，在縣北十里。源從黑白二龍潭流出，下江尾村，入滇池。

【校勘記】

〔一〕白　底本作「曰」，川本同，據滬本及正德雲南志卷二改。

〔二〕丙辰年定籍撥切籠抹樣雌甸大烏納山安江安溯等七城　底本空缺「撥」字，川本同，據滬本補。元史地理志：「至元十二年（乙亥年），割詔營、切龍、呈貢、雌甸、塔羅、和羅忽六城及烏納山立呈貢縣。」所記年代不同，所列六城，城名亦有别。

安寧州　漢連然縣。府西南八十〔旁注〕西七十。里。外設土知州一，董氏。設流以來，政歸有司，每徵調，則倩鄉氓充行伍焉。　城周二里九分。　太極山，城環其外。　安寧堡，在州治西。　禄脿堡，在驛西。　煉象關堡，在巡檢司〔一〕。　西晉爲寧州建寧郡。唐武德元年，復置昆州安寧縣，隸戎州都督。元丁巳年，隸陽城堡萬户府〔二〕。至元三年，立安寧州，隸中慶路。　安寧守禦千户所，同城，直隸都指揮使司。　安寧鹽井鹽課提舉司，〔旁注〕舊在州治西。天啓三年，改爲琅井提舉司，移駐琅井。　禄脿驛，在州西七十里。　安寧驛，在州南。　禄脿巡檢司，土人，在州西八十里。貼琉巡檢司〔三〕，土人。滇志無。雒陽山，在州東一十里。下有泉，流經東橋，灌田三千餘畝。螳螂川，〔眉批〕水中有沙洲，其形類之，故名。源自滇池，縈繞州治，過昆陽州、富民縣，下入金沙江〔四〕。經富民、武定入普渡河，至廣翅塘，入金沙江。安寧河，源出州東，經富民縣南，又東至羅次縣爲沙摩溪〔五〕，至禄豐縣爲大溪，至易門縣爲九渡河，流入元江府界。

【校勘記】

〔一〕在巡檢司　川本、滬本同。正德雲南志卷二：「煉象關堡，在巡檢司西。」此蓋脱「西」字。

〔二〕隸陽城堡萬户府　「陽」，底本作「楊」，川本、滬本同，據元史地理志、元混一方輿勝覽改。

〔三〕貼琉　「琉」，底本作「流」，川本、滬本同，據明史地理志改。

〔四〕金沙江　「金」，底本作「倉」，川本同，據滬本及正德雲南志卷二改。

〔五〕沙摩溪　「沙」，底本作「河」，川本同，據滬本及正德雲南志卷二改。

羅次縣　府西北一百四十里。舊屬安寧州。弘治十二年，改屬府。外設土官知縣一，楊氏。米魯、安銓、那鑑之亂，咸徵其部兵，至五百而止。煉象關巡檢司〔一〕，在縣南一百三十五里。一流、一土，李氏。官兵討武定鳳氏及他役，李氏咸以兵從，多或至二百人。星宿河，由禄豐而西，經易門，入元江。煉象關，在縣東一百里。元縣治壓磨吕村，在州北九十里，即羅部農落彈之地。至元十二年，置羅次州，隸中慶路。二十四年省，更置羅次縣。二十七年，撥隸安寧州。

【校勘記】

〔一〕煉象關巡檢司　「煉」，底本作「煉」，川本同；「關」下底本衍「關」字，川本衍「閏」字，據滬本及正德雲南志卷二改删。

禄豐縣　府西北二百一十里，州西一百八十里。　城周三里。　禄豐堡，在縣西。　禄豐驛，在縣治西。　南平關巡檢司，在縣西二十里。　一流、一土，李氏。　阿克之變，有李印者死於陣。　星宿河，在縣西。源出武定府，過易門縣，流入元江。　元縣治禄琫甸白村。歸附之初，隸安寧千户。至元十二年，以禄琫、化泥、驥琮籠三處置禄豐縣，隸安寧州。二十一年省。二十四年復置，屬安寧州。

昆陽州　府南一百二十里。　土城，周三百五十丈有奇。　鐵冶所，在州南二十里。　本寧州地。梁爲土民爨瓚所據，隋遣史萬歲率兵，自蜻蛉入渠濫川〔二〕，破其三十餘部而還。唐置河東州等二十二州，初隸巂州〔二〕，後撥屬黎州都督府，後其地没於南詔〔三〕。元至元十二年，立昆陽州。二十一年，省河西縣入州爲屬鄉，仍領縣二〔四〕，隸中慶路。渠濫川，在州東南五里。東北流入滇池。廢河西縣，在河西鄉〔五〕。元至正間置〔六〕。

【校勘記】

〔一〕渠濫川 「川」，底本作「以」，川本同，據滬本及隋書史萬歲傳改。

〔二〕巂州 「巂」，底本作「舊」，川本、滬本同，據寰宇通志卷一一一、明統志卷八六改。

〔三〕後其地没於南詔 「没」，底本作「設」，川本、滬本同，據寰宇通志卷一一一、明統志卷八六改。

〔四〕仍領縣二 底本「縣」字重出，川本同，據滬本删。

〔五〕河西鄉 「河西」，底本作「西河」，川本、滬本同，據明統志卷八六、正德雲南志卷二、紀要卷一一四乙正。

〔六〕元至正間置 川本、滬本同。明統志卷八六作「元至元中置」，正德雲南志卷二同，此疑誤。

三泊縣 府西南二百里，州西北七十里。築土爲牆。三泊者，城東溪名也。昔僰、僚蠻居之，後地入大理，以隸善闡。元初，撥巨橋萬户。至元十二年，以那籠城之地平坦沃壤，遂置三泊縣。葱蒙卧山，在縣北十五里。有漢舊城及王仁求碑。資利河〔一〕，在縣治北。自北而南，交匯於縣，復北流入滇池。縣之得名以此。

【校勘記】

〔一〕資利河　川本、滬本同，紀要卷一一四、清統志卷四七六作「利資河」。

易門縣　府西南二百五十里，州西一百五十里。　城周二里。　易門者，以縣之西有洟水，出於石洞中，因名其甸曰洟門，後訛以爲易門。元丙辰年，立洟門千户所，隸巨橋萬户府。至元十二年，罷千户，更爲易門縣。　易門守禦千户所，同城，直隸都指揮使司。　禄益山，在縣西一百里。上有閟依土城，爲昔善闡戍邊之所〔一〕。　九渡河，源出法宜〔二〕，入元江，經蓮花灘而達於南海。　諸處之夷，種類非一，曰僰人〔三〕，曰爨人，即羅羅〔四〕，有黑、白二種，曰摩些，曰秃老，曰些門，曰蒲人，曰和泥蠻，曰百夷，又有小百夷〔五〕，曰土僚，曰羅舞，曰撒摩都，曰摩察，曰濃人，曰山後人，曰哀牢人，曰哦昌蠻，曰蝌蠻，曰魁羅蠻，曰傳尋蠻。大抵滇南之夷，皆此數種。其所習俗，各不相同。

【校勘記】

〔一〕爲昔善闡戍邊之所　底本脱「善」字，川本同，據滬本及圖書集成職方典卷一四五八補。

〔二〕源出法宜　「法宜」，川本、滬本同，圖書集成職方典卷一四五八作「和曲」，未知孰是。

〔三〕曰僰人　底本「曰」上衍「一」字，川本同，據滬本删。

〔四〕羅羅　底本作「羅二」，川本同，據滬本改。

〔五〕又有小百夷　底本脱，川本同，據滬本補。

大理府

西據蒼山，東距洱河，李元陽府治也。府城一名紫城，枕點蒼山中峯，即漢葉榆縣故地。磚表石裏，周十二里。〔眉批〕東連葉榆，西倚點蒼，南北百里，有二關。襟山帶河，地雖廣而險隘。雲南志。阻以迴嶺，緣以漾濞，鎖以石門，鎮以鐵柱。北跨洱河首，南跨洱河尾。上關城，在城北七十里。開四門。下關城，在府南三十里。城南有橋，橋南有壁，開三門。

宋政和七年，大理入貢，封其酋段氏爲王。此大理入中國之始。

領州四，縣三，長官司一。〔旁注〕屬金滄道。分巡與守備駐劄。

大理衛。左、右、前、後、中左、中右、中前、左前、右前〔一〕、太和十千户所。

東北一百里曰鷄足山。名山記爲九重嵓。岡巒奇詭，三支如鷄距。上有石門，儼如城闕，人莫能通。佛刹非一，其大者七十三寺。西洱河〔二〕，杜氏通典名昆瀰池，亦名瀰海，即水經所稱古葉榆水也。源出浪穹縣罷谷山下〔三〕，世傳黑水伏流。别派自縣西北來，匯於縣東，爲巨津。形如月生五日抱珥之狀〔四〕，故又曰珥河。繞縣西南，由石穴中出，又會蘭滄江而入南海。水中有三島，曰金梭，曰赤文，曰玉几。水涯有四洲，曰青莎，曰大鸛〔五〕，曰鴛鴦，曰馬簾。而大鸛洲隨水升沉，如世稱鸚鵡洲然。又有十八溪，源自點蒼山椒，懸瀑注下而成，曰南陽，曰葶冥，曰莫殘，曰清碧，曰龍，曰緑玉，曰中，曰桃，曰梅，曰隱仙，曰靈泉，曰錦，曰芒洟，曰陽，曰萬花，曰霞移〔六〕。溪各夾於十九峯中，同入於珥河。有峯十九，有溪十八，界在兩關之間。條岡百里，周迴萬步。五月積雪皓然，人取以食。續漢書注〔七〕：山似扶風太乙之狀。上有馮河，中多白石，穴而取之，白質異章。鶴慶守禦所〔八〕，在府城北。洪武二十年建，隸大理衛。點蒼山，在府城西。高千餘仞，有峯十九，蒼翠如玉。〔旁注〕片琢爲屏，有山川雲物態。盤亘三百餘里。山頂有高河泉，深不可測。又有瀑布諸泉，流注爲錦浪等十八川。蒙氏封爲中岳。本朝洪武中，沐英征大理，出點蒼後，立旗幟以亂之，遂克其城，即此山也。九曲山，在洱河東北百餘里。峯岳攢簇，狀若蓮花，九盤而上，又名九重嵓。西洱海，在府城東。古葉榆河也，又名西洱河。源出鄧川，合點蒼山之十八川而匯於此。形如人耳，周三百餘里，中有羅筌、濃禾、赤崖三島，及四洲、九曲之勝。下流合於樣備江。西洱河，即葉榆水。源出鄧川睒北山下，至喜州界，與點蒼山合，號龍首；至趙州界，與點蒼山合，號龍尾。蒙氏於南北築兩關。隋書史萬歲傳：南寧夷爨翫反，以萬歲爲行軍總管，率衆擊之，入自蜻蛉川〔九〕，經弄凍，次小勃弄、大勃弄〔一〇〕，至於南中，度西二河，入渠濫川，行千餘里，破其三十餘部〔一一〕。雪山，末些詔雪山，雲南無出其右者。峯巒如削玉。蒙氏封爲北嶽。葉榆河，昔人云，此水可當兵十萬。

【校勘記】

〔一〕右前　底本脱，川本同，據滬本補「右」字，依明代慣例補「前」字。

〔二〕西洱河　「洱」，底本作「泄」，川本、滬本同，據明統志卷八六、紀要卷一一七、明史地理志改。

〔三〕浪穹縣　「穹」，底本作「雲」，川本同，據滬本及紀要卷一一七改。

〔四〕形如月生五日抱珥之狀　底本脱「五」字，據川本、滬本及紀要卷一一七補。

〔五〕大鸖　川本、滬本同。紀要卷一一三：西洱河有四洲，「一曰青沙鼻，一曰大貫淜，一曰鴛鴦，一曰馬簾」，有九曲，其一曰大鸖。此以大鸖爲四洲之一，與紀要記載不同。

〔六〕又有十八溪至曰霞移　川本、滬本同。按本書列溪名僅十六，據紀要卷一一三、清統志卷四七八，脱「雙鴛」、「白石」兩溪名；又，「中溪」作「巾溪」，「芒洟溪」作「芒湧溪」。

〔七〕續漢書注　「續」，底本脱，川本、滬本同，據續漢書郡國志五永昌郡雲南劉昭注引南中志補。

〔八〕鶴慶守禦所　底本脱「守」、「所」二字，川本同，據滬本補「守」字，又據清統志卷四八五補「所」字。

〔九〕入自蜻蛉川　「入自」，底本倒誤爲「自入」，據川本、滬本及隋書史萬歲傳乙正。

〔一〇〕次小勃弄大勃弄　「次」，底本作「水」，川本、滬本同，據隋書史萬歲傳改。

〔一一〕破其三十餘部　「餘」，底本作「於」，據川本、滬本及隋書史萬歲傳改。

太和縣　附郭。　太和巡檢司。　土人。　末些蠻，在大理北。　地接吐蕃，依江附險，酋寨星列〔一〕，不相統攝。　善戰喜獵，淫亂無禁，風俗大抵與烏蠻相同。　五華樓址，在府城中央。唐大中時，南詔晟豐祐建，以會西南夷十六國。　方廣五里〔二〕，高百尺，上可容萬餘人。　元世祖征大理，駐師其下。　至正間重修。　國初兵火，始廢。　下關堡〔三〕，在德勝關驛右。　樣備堡，在下關西。　龍首關。　龍尾關。　穿城三渠，南曰白塔江，中曰衛前江，北曰大馬江〔四〕。　三渠穿城東出，一以備火，一以溉田。　漢武帝開西南夷，爲益州郡之嶲唐、楪榆之境。　後漢永平二年，分益州地置永昌郡治，楪榆屬焉。　蜀建興三年，平定南夷，割永昌之楪榆、雲南、邪龍、益州之梇棟等縣，置雲南郡。　晉泰始七年〔五〕，以益州之永昌、雲南等四郡屬寧州。　李特據蜀，分寧州之雲南、永昌等郡爲漢州〔六〕，尋爲晉有。　宋、齊仍爲寧州雲南、永昌等郡。　唐武德四年，置姚州，領姚城、瀘南、長明三縣〔七〕。　武德七年，兵至西洱河，諸蠻降附，置七州十五縣〔八〕，各以其豪帥爲刺史、縣令。　永徽二年〔九〕，始開蜻蛉、弄棟、大勃弄、小勃弄等川。　麟德元年，以昆明弄棟川置姚州都督府。　開元末，南詔皮邏閣幷蒙嶲詔〔一〇〕、越析詔、浪穹詔、邆賧詔、施浪詔、蒙舍詔爲一，徙治太和。　傳至其孫異牟尋〔一一〕，更徙羊苴咩城。　歷十四世而爲鄭買嗣所攘。　買嗣三世易於趙善政，國號興源。　後屬楊干貞〔一二〕，國號義寧。　又五年爲段思平所篡〔一三〕，國號大理。　傳二十二世至興智，元癸丑冬歸附。　初於大理立萬户府，中統三年，改大理，善闡金齒等處宣慰司。至元五年，立雲南王，鎮大理。七年，置大理路總管府。本朝洪武十五年，改爲府。唐開元末，皮邏閣逐河蠻，取太和城，又襲大釐城守之。至異牟尋徙羊苴咩城〔一四〕，始棄太和城。元丁巳年，立太和城千户所。至元十二年，爲理州，於此置河東縣。二十一年罷。二十四年，置太和縣，隸大理路。本朝因之。龍首關，在點蒼山北。龍尾關，在點蒼山南。有石長丈餘，名天橋，洱河之水過其下。兩岸石險，人不可度。太和城，在縣南一十五里。南詔徙治太和城，即此。羊苴咩城，在南北二關之間。城有九重。南詔異牟尋自太和徙此城。唐玄宗開元中，南詔皮邏閣始滅五詔爲一〔一五〕，築太和城，龍首龍尾二關，自蒙舍徙居之。

【校勘記】

〔一〕酋寨星列　「酋」，底本作「前」，據川本、滬本改。

〔二〕方廣五里　「方」，底本作「云」，川本同，據滬本及明統志卷八六、正德雲南志卷三改。

〔三〕下關堡　「關」，底本作「閲」，川本同，據滬本及正德雲南志卷二改。

〔四〕大馬江　「馬」，底本作「禹」，川本、滬本同，據正德雲南志卷三、清統志卷四七八改。

〔五〕晉泰始七年　「泰」，底本作「秦」，川本同，據滬本及晉書地理志改。

〔六〕李特據蜀分寧州之雲南永昌等郡爲漢州　川本、滬本同。晉書地理志：「寧州，其地爲李特所有，」「其後李壽分寧州興古、永昌、雲南、朱提、越巂、河陽六郡爲漢州。」則漢州爲李壽所置，非李特。

〔七〕領姚城瀘南長明三縣　「領」，底本作「治」，川本、滬本同。據元和志卷三二、寰宇記卷七九，姚州領姚城、瀘南、長明三縣，此「治」爲「領」字之誤，據改。

〔八〕置七州十五縣　底本脱「七」字，川本、滬本同，據新唐書韋仁壽傳補。

〔九〕永徽二年　「徽」，底本作「徵」，川本同，據滬本改。

〔一〇〕蒙嶲詔　「嶲」，底本作「舊」，川本同，據滬本及正德雲南志卷三改。

〔一一〕傳至其孫異牟尋　「其孫」，底本作「城縣」，川本同，據滬本改。新唐書南詔傳：「皮邏閣子閣羅鳳繼立，」「閣羅鳳卒，以鳳迦異前死，立其孫異牟尋以嗣。」則自皮邏閣至異牟尋歷四世，爲曾孫。

〔一二〕楊干貞　「干」，底本作「子」，川本、滬本同，據滇載記、南詔野史改。

〔一三〕爲段思平所篡　「篡」，底本作「纂」，川本同，據滬本改。

〔一四〕異牟尋　「牟」，底本作「年」，川本同，據滬本及舊唐書西南蠻傳、南詔野史改。

〔一五〕始滅五詔爲一　「滅」，底本作「城」，川本同，據滬本及舊唐書西南蠻傳改。

趙州　府東南六十里。　城周八百四十丈。　白崖土城，在州南六十里白崖甸。漢爲永昌郡地。唐爲姚州之境。南詔有十瞼，夷語瞼即州之類。今趙州有其二，曰白崖瞼，亦爲勃弄瞼，北臨洱河尾，南距白崖城。蒙皮羅閣改爲趙郡，閣羅鳳改趙州。大理段氏爲天水郡。元丁巳年，立趙瞼千户。至元十一年，改爲趙州，以白崖千户改置建寧縣來屬。後省建寧縣，以其地幷入本州，屬大理路。本朝因之。

定西嶺驛，在州南六十里。　德勝關驛，在府南三十里。

一流、一土。定西嶺巡檢司，土人，在州南四十里。乾海子巡檢司，萬曆三十二年革。迷渡市巡檢司，在州南九十里。順寧赤壁嶺巡檢司〔一〕，在州東南一百二十里，萬曆三十二年設。滇志：禮社江。又有毗雌江〔二〕，出蒙化之巍山，合禮社赤水二江，經元江，入於交趾。又有赤水江，源出定西嶺。不載白崖睑江。定西嶺，本名昆彌山，西平侯更名爲定西嶺。在州南四十里。高千餘仞，設關其上。大江，源出定西嶺，〔眉批〕滇志：在九龍頂山下。北流，經州治東南，下入西洱河尾，名波羅江。白崖睑江，源出定西嶺東，南流白崖睑，至定邊縣，入禮社江。禮社江，源自白崖，至楚雄府〔三〕，合瀾滄江。白崖城，在州東南九十里。南詔有十睑，此其一也。夷語睑即州之類。建寧縣城，在州南，即今迷渡市，武侯南征置縣，築。孔明鐵柱，在州南百里，地名白崖。

【校勘記】

〔一〕順寧赤壁嶺巡檢司 「赤壁嶺」，滬本同，川本作「亦壁嶺」，圖書集成職方典卷一四六七同。明史地理志順寧府、紀要卷一一八順寧府、清統志卷四八三順寧府關隘皆有「亦壁嶺」，但紀要卷一一七迷渡市條又載：「志云：州境又有赤壁嶺巡司。」

〔二〕毗雌江 「毗」，川本、滬本及清統志卷四七八同，紀要卷一一七、圖書集成職方典卷一四六七作「昆」，未知孰是。

〔三〕楚雄府 「府」，底本作「宮」，川本同，據滬本改。

雲南縣 府東南一百四十里，州南一百里。土丞、簿。兵備駐劄。縣城即洱海衛城，周四里三分。外設土知縣一。主簿，土人。白崖堡，在縣西。雲南堡，在縣南。普淜堡，在雲南驛東南。漢元封二年，置益州郡雲南縣。縣西北有山高大〔一〕，如扶風太乙之狀，鬱然與雲氣連結，因視之不見其山，以城在山之南，故名雲南。明帝永平二年，分益州置永昌郡，雲南縣隸焉。蜀改置雲南郡。唐武德七年，置南雲州〔二〕。貞觀八年，更名匡州，領勃弄、匡川二縣〔三〕。其處元白子所居之地，名清子川。昔一人張仁果，自號雲南王，爲白子國。至十六世孫張樂進求，讓位與蒙細奴邏，以建寧等三州封張樂進求，亦爲雲南州，後稱品甸。元癸丑冬内附，置品甸千户，隸大理下萬户。至元十一年，置雲南州，後改爲雲南縣。本朝因之。雲南驛，在縣東南四十五里。一流、一土。洱海衛左、右、中、前、中左、中右六千户所。楚場巡檢司，在縣東北一百三十里。安南坡巡檢司，在縣南六十里。你甸巡檢司，在縣東北六十里。並一流、一土。龍興和山，在縣西二十里。九鼎山，在縣西北二十里。亦曰九頂山，有九峯相並。鏡州舊城，在縣西南。唐置，領夷郎等六縣。遺址尚存。廢城，在縣東南。唐置勃弄、匡川縣，屬南雲州。今廢。

【校勘記】

〔一〕縣西北有山高大　「縣」，底本作「之」，川本同，據滬本及續漢書郡國志劉昭注引南中志改。

〔二〕南雲州　「南雲」，底本作「雲南」，川本、滬本同，據新舊唐書地理志乙正。下同。

〔三〕領勃弄匡川二縣　「領」，底本作「治」，川本、滬本同，據舊唐書地理志改。「匡川」，底本作「匡州」，川本、滬本同，據新舊唐書地理志改。

鄧川州　府北九十里。　州治，萬曆二十八年山水衝没，今改遷來鳳岡。　外設土知州一。　蒿箐關。　漢爲楪榆縣境。　唐爲澄備州，屬姚州都督府。　六詔澄賧，亦其一也。　南詔蒙氏改爲德源城。　大理段氏因之。　元癸丑冬，大理歸附。　至元十一年，立澄川州，屬大理路。　本朝因之，改澄爲鄧。　鄧川驛，在州南八里。　青索鼻巡檢司〔一〕，在州東二十里。　有兩巡檢，一流、一土。　葡萄江，源自浪穹縣寧河〔二〕，經州北至州南，入西洱河。　今名彌苴佉江。　劍川、浪穹、鳳羽諸水，皆由此入西洱河。

【校勘記】

〔一〕青索鼻巡檢司　「索」，底本作「蒙」，川本同，據滬本及明會典卷一一四改。

〔二〕源自浪穹縣寧河　「浪穹」，底本作「源窮」，川本同，據滬本及紀要卷一一七改。

浪穹縣　州西一十五里，府東北一百一十里。唐六詔，浪穹亦一詔也〔一〕。南詔立爲浪穹州。元幷寧北爲浪穹千户所〔二〕，屬大理上萬户。至元十一年，更置浪穹縣，屬鄧川州。本朝因之。　佛光山，在縣東二十五里。嶄然險絶。山半有洞，可容萬人。本朝征普顔篤於此。後尤嶮巇，僅容一人行，名爲一女關。　罷谷山，在縣北二十里。水經云：罷谷之山，洱水出焉〔三〕。其山崆峒，流傳以爲蘭滄江之伏流。　蒙次和山，在縣東北四十里。三面險峻，一面臨河。六詔時，施浪詔居焉。　梁王山，在縣北三十里。元時梁王行宫。今掘地嘗見琉璃瓦〔四〕。　縣北曰寧河，即一統志明河、寧湖也。出罷谷。　南曰蒲陀江，出罷谷山，注於西洱。一統志訛爲蒲萄江。　東十里曰大營河〔五〕。源出罷舍河〔六〕，流至水皮村與寧河合。　三江口渠，在縣東南九里。有三水，一自寧河，一自三營，一自鳳羽。惟鳳羽之水，其勢横射二水，河坭淤塞湖口，日爲茂草。分巡副使王惟賢，議築石堤以備災。　五井鹽課提舉司，在縣北三百里。　羅平關。　三營，在縣東南三十里蓮花山下。元世祖自石門關入取大理，見蒙次和爲吐蕃喉襟之地，留達軍三百户以鎮之，因名。　上江觜巡檢司，在縣西一百五十里。　下江觜巡檢司，一流、一土，在縣西南一百里。　順盪井巡檢司，一流、一土，在縣西南二百里。　上五井巡檢司，一流、一土，在縣西南三百里。　師井巡檢司，一流、一土，在縣西百里〔七〕。　十二關巡檢司，土人，在縣西三百五十里。　箭桿場巡檢司，土人，在縣南一百五十里。　蒲陀崆巡檢司，土人，在縣東南十五里。鳳羽鄉巡檢司，一流、一土，在縣西南四十里。漾濞江，源自劍川州，經浪穹縣，過點蒼山、西洱海，至趙州西南境，下流入瀾滄江。漢鳳羽廢縣〔八〕，在縣南。今名鳳羽鄉。

【校勘記】

〔一〕浪穹亦一詔也　底本「浪穹」上衍「浪等」二字，川本同，據滬本及寰宇通志卷一一一刪。

〔二〕浪穹千户所　「浪」，底本作「㝗」，川本、滬本同，據元混一方輿勝覽、元史地理志改。下同。

〔三〕水經云罷谷之山洱水出焉　川本、滬本同。按今本水經無此文。山海經西山經：「罷父之山，洱水出焉。」袁珂校注：「罷父，『王念孫、吴任臣、畢沅、邵懿行並校作罷谷。』」此「水經」爲「山海經」之誤。

〔四〕梁王山至琉璃瓦　川本、滬本同。按梁王山條疑爲錯簡，似應叙列於上文雲南縣，見寰宇通志卷一一一、清統志卷四七八。

〔五〕東十里曰大瞥河　「大」，底本作「火」，川本同，據滬本及圖書集成職方典卷一四六七、清統志卷四七八改。「十里」，川本及圖書集成同，滬本作「十五里」。

〔六〕罷舍河　川本、滬本作「羅舍河」。

〔七〕師井巡檢司一流一土在縣西百里　底本脱「師」字，川本同，據滬本及明會典卷一一四補。「在縣西百里」，川本及天啓滇志卷五同，滬本作「在縣西四百里」。

〔八〕漢鳳羽廢縣　川本、滬本同。紀要卷一一七：「鳳羽廢縣，「蒙氏所置，以鳳羽山爲名。或曰元時亦嘗置縣。」清統志卷四七八引明地理考：「鳳羽廢縣，「蒙氏置。」此云「漢」，誤。

賓川州　府東一百里。一作一百二十。　州與大羅衛同城。　枕鍾英山，弘治七年築。卜築之初，掘地得石碑，有古刻「大羅城」三字，莫考其始，因以名城，亦以名衛。　地邇賊巢，防守爲要。　畢鉢羅窟山，在州南二十里，距白崖川西，一名賓波羅窟。　巖巒聳拔千餘丈〔一〕。　其下林麓蓊鬱，上有獨木仙橋。　其木非常，每月十五夜，橋木自换。　又有奇樹名菩提樹，亦名思惟樹。酉陽雜俎云：畢鉢羅樹，出摩伽陀國〔二〕。　州東北曰金沙江〔三〕。　水經注所謂若水是也。　又有孫水，即金沙江之别流。　水經注曰白沙江〔四〕，司馬相如定西夷，梁孫原〔五〕，即此水也。　又南至會無入若水。　按注，若水南經雲南遂久縣〔六〕，即今府屬金沙江巡檢司地也。　繩水〔七〕、孫水、淹水、瀘水、大渡水，諸水沿注，通爲一津，即若水也。　東流注馬湖江，諸葛武侯南征渡此。　又有大河，出梁王山，合竹泉、横溪二水，經州界，北至金沙江。　順寧鍗水寨巡檢司〔八〕，在州西五十里。　原設神摩洞，今改。　弘治六年添設〔九〕。　七年，割太和九里、趙州一里、雲南縣二里設。　金沙江巡檢司，在州北一百五十里。　舊屬太和縣，一流、一土。　賓居巡檢司，在州西南三十五里，土人。　舊屬趙州，名蔓神寨，萬曆九年改。　赤石崖巡檢司，在州東八十里。　舊屬雲南縣。　舊有白羊市巡檢司，革。　在州北五十里。　滇志：改赤石崖。　漢遂久縣，在金沙江東北〔一〇〕。　古稱白門，蓋入雲南郡之門。　唐劉灣詩曰：白門太和城，往來一萬里。　大羅衛，弘治七年建。　左、右二千户所。

【校勘記】

〔一〕巖巒聳拔千餘丈　「巒」，底本作「蠻」，川本同，據滬本改。

〔二〕出摩伽陀國　「伽」，底本作「加」，川本同，據滬本及酉陽雜俎卷一八改。

〔三〕州東北曰金沙江　「金沙江」，底本作「金河山」，川本同，滬本作「金沙山」，據本書下文及圖書集成職方典卷一四六七、清統志卷四七八改。

〔四〕水經注曰白沙江　「白沙江」，底本作「白沙河江」，川本作「白河江」，據滬本及水經若水注改。

〔五〕梁孫原　川本、滬本同。按水經若水注作「橋孫水」，漢書司馬相如傳同，顏師古注曰：「於孫水上作橋也。」此「原」疑爲「水」字之誤。

〔六〕若水南經雲南遂久縣　「久」，底本作「火」，據滬本及水經若水注改。

〔七〕繩水　「繩」，底本作「純」，川本同，據滬本及圖書集成職方典卷一四六七改。

〔八〕順寧錛水寨巡檢司　川本及圖書集成職方典卷一四六七同，滬本作「順寧鉢水寨巡檢司」。按明史地理志、紀要卷一一八皆載順寧府有蟒水寨巡檢司，清統志卷四八三順寧府關隘有蟒水寨，卷四七八大理府關隘又載：「鉢水寨，在賓川州西五十里，本名神摩洞，有巡司。」此「順寧」二字疑衍，「錛」疑爲「鉢」字之誤。

〔九〕弘治六年添設　「弘」，底本作「洪」，川本同，據滬本改。

〔一〇〕在金沙江東北　「沙」，底本作「河」，川本同，據滬本及圖書集成職方典卷一四六九改。

雲龍州　府西五百里。一統志、輿考、〔旁注〕吾學編。縉紳同屬大理〔一〕，惟會典正統間改隸蒙化府。滇志但云本朝始設爲州。三崇山，在州西五里。壁立萬仞，人迹罕到。有行至半山者，遇烈風雷雨砂石而止。或云：即古三危山。原設土知州、流吏目。萬曆四十二年，題設流官知州，而降土官爲吏目。雲龍甸巡檢司，萬曆四十八年革。原設五井提舉司，提舉一，吏目一。萬曆四十二年，題以雲龍州知州兼攝鹺政，俱裁革。元至元二十六年，立雲龍甸軍民總管府，鎮西路西，於此置防送千户所〔二〕。本朝仍留爲州，屬大理府。蘭滄江，在州東二里，即黑水也。源出吐蕃鹿石山，本名鹿滄江。後訛爲瀾滄，今又訛爲浪滄。自麗江經州東南，流入永昌、蒙化、順寧、景東、元江、交阯，達南海。書經：華陽黑水惟梁州。即此。按地理志謂〔三〕：南中山曰昆彌，水曰洛。山海經曰：洱水西南流入於洛〔四〕。故蘭滄江又名洛水，言脈絡分明也。詳見郡志。

十二關長官司　府東南三百里。正統六年十月甲戌，設雲南大理衛下關、永平、沙木河〔五〕、樣備上、樣備下五堡，以大理營衛官軍守之。從户部左侍郎徐晞言也。

【校勘記】

〔一〕同屬大理　「屬」，底本作「原」，川本同，據滬本改。

〔二〕於此置防送千户所　川本、滬本同。明統志卷八六：「元至元末，立雲龍甸軍民總管府，本朝改雲龍州。」又十二關長官司，「元至正間，因僻險始置十二關防送千户所，本朝改置長官司」。正德雲南志卷三同。則此八字與雲龍州無涉，乃指下文十二關長官司而言，此爲錯簡。

〔三〕按地理志謂 「謂」，底本作「渭」，川本同，據滬本改。

〔四〕洱水西南流入於洛 「南」，底本脱，川本、滬本同，據山海經西山經補。

〔五〕沙木河 「沙」，底本作「河」，川本、滬本同，據明英宗實録卷八四改。

臨安府

北抵澂江，西連楚雄〔一〕。郡志。南鄰交阯，爲雲南極邊。建水州志。

古句町國。漢句町縣。

城周六里。

交岡爲交阯門户，找衛所材官及土司與有郤者〔二〕，時尋干戈。宣德五年五月乙丑，升藜花舊市栅爲臨安衛中右千户所。先是，黔國公沐晟以臨安地鄰交阯，時有寇盜，奏起民兵一千，選百夫長十人分領，於黎花舊市立栅處之，便與臨安官軍相兼守備。至是十餘年，其百夫長俱請冠帶及降印，選立千夫長統之。晟具以聞。從之。

漢爲益州牂牁郡，元鼎六年，置句町爲屬縣。蜀建興間立興古郡，句町縣屬焉〔三〕。晉泰始七年〔四〕，分置寧州，興古郡屬焉。唐武德三年置牂州，四年更柯州〔五〕，後復故名，屬黔州都督府〔六〕，皆羈縻郡也。後南詔於此置通海郡都督府。大理段氏初爲通海節度，尋改爲秀山郡，後復爲通海郡。元至元三年，改置南路總管府。十三年，更名臨安路，屬臨安廣西道元江等處宣慰司〔七〕。本朝洪武十五年，改臨安府〔八〕。

領州五，縣五，長官司九。屬臨沅道。兵備與參將駐劄。

臨安衛。左、右、前、後、中左五千户所。

北嶺山，在北三十五里。山勢嵯峨，林木葱蒨，爲一郡主山。東北八十里曰三台山，俗名三尖山。羊腸一線而下，有舊梁王城。夷寇恃險，剽掠四出，稱淵藪焉。西北百里箐口曰石門山〔九〕。鑿石爲門，以通車馬。下臨曲江，險隘可守。府諸水首曰牂牁山江。按舊志牂牁江在烏蒙界。莊蹻留王滇池，置且蘭牂牁國，漢立牂牁郡。東北二百里曰盤江。源自新興，經阿迷合衆流，入廣西府。新建驛，在府東。判文山，在府南三十里。高千餘仞，中有三峯削出，如筆架。昔大理段思平外舅爨判居其上，因名。石巖山，在府東十五里。峭壁千仞，下有巖洞。瀘江，在府城南。源出石屏州異龍湖，經府城南，折而東流，入阿迷州南爲樂蒙河，入於盤江〔一〇〕。曲江，在府東北九十里。源出新興州，由嶍峨縣、石屏州會諸水，至河西縣而東入於盤江。禮社江，〔旁注〕滇志無。在府城西。流經城南，入納樓茶甸界爲禄豐江，經蒙自縣爲黎花江，東南注於交阯清水江。

【校勘記】

〔一〕西連楚雄 「連」，底本作「建」，滬本作「達」，據川本及寰宇通志卷一一二、明統志卷八六改。

〔二〕找衛所材官及土司與有郤者 「與」，底本脱，據川本、滬本補。「郤」，底本作「卻」，川本同，據滬本改。

〔三〕句町縣屬焉 「町」，底本作「畦」，川本同，滬本作「町」。按三國志蜀書後主傳：建興三年，「又分建寧、牂牁爲興古郡」。漢書地理志：牂柯郡有句町縣。滬本是，據改。

〔四〕晉泰始七年 底本作「晉秦七年」，川本同，據滬本及晉書地理志改補。

〔五〕柯州 「柯」，底本作「牁」，川本、滬本同，據新唐書地理志、寰宇記卷一二〇改。

〔六〕屬黔州都督府 底本「屬」上衍「各」字，川本同，據滬本及新唐書地理志删。

〔七〕屬臨安廣西道元江等處宣慰司 川本、滬本同，元史地理志、事林廣記、明統志卷八六無「道」字。

〔八〕臨安府 底本作「臨江府」，川本、滬本同，明太祖實録載洪武十五年更置雲南布政司所屬府州縣，作「臨安府」，寰宇通志卷一一二、明統志卷八六亦作「臨安府」，此「江」爲「安」字之誤，據改。

〔九〕西北百里箐口曰石門山 「西北」，底本作「在」，川本同，據滬本及紀要卷一一五改補。

〔一〇〕盤江 「盤」，底本作「龑」，川本作「礱」，據滬本及正德雲南志卷三改。下同。

建水州 附郭。府治元時在通海縣，本朝移治建水州，而以通海隸寧州。唐烏麼蠻之地。

南詔征南中，得惠歷地築惠歷城。宋爲些麽蠻苴歷所據。元丁巳年歸附，立建水千户，屬阿僰萬户〔一〕。至元十三年，更千户所爲建水州，屬臨安路。本朝因之。曲江驛。曲江巡檢司。納更山巡檢司〔二〕，土人。曲江城遺址，在府北。有二，一築於漢，一築於蒙氏。

【校勘記】

〔一〕屬阿僰萬户　「阿」，底本作「附」，據川本、滬本及元史地理志改。

〔二〕納更山巡檢司　底本脱，川本同，據滬本及明會典卷一三九補。

石屏州　府西七十里。土城，周六百七十四丈。分野書作石平州。其地有澤曰異龍湖，内有三島。烏麽蠻始居一島，築末束城〔一〕。宋阿僰奪據之，闢地得石坪，方五里，邑聚而居，因名石坪邑。元丁巳年歸附，至元十三年，置石坪州。二十七年，屬臨安路。本朝因之。寶秀驛，在州東。寶秀關。寶秀巡檢司，在州西三十里。落矣河〔二〕，在州西八十里。源出元江府，流入虧容甸。異龍湖，在州東。湖有九曲，周一百五十里。中有三島。小島名孟繼龍，有蛇蟲不可居，蠻酋昔日流放有罪之所。中島名小末束，大島名和龍〔三〕，湖蠻城在其上，名水城，四面皆巨浸。

【校勘記】

〔一〕末東城　「末東」，底本作「未東」，川本作「未東」，據滬本及明統志卷八六、紀要卷一一五改。

〔二〕落矣河　底本作「矣賢落河」，川本同，據滬本及寰宇通志卷一一二、明統志卷八六、紀要卷一一五改。

〔三〕和龍　「和」，底本作「利」，川本同，據滬本及寰宇通志卷一一二、明統志卷八六、紀要卷一一五改。

阿迷州　府北七十里。東南一百二十里。　城周六百丈。　阿迷守禦城，在州東一百二十里，地名虛卜桶〔一〕。萬曆二年，巡撫鄒應龍創建。　三江口，在州東。　昔僰智高竄入大理路〔二〕。元乙卯年，立阿寧萬户。至元三年，屬南路總管府。大德五年，直隸宣慰司。本朝立爲阿迷州。　羅台舊驛，在州東一百二十里。　阿迷驛，在州東。　矣馬洞驛〔三〕，在州東六十里。三驛並嘉靖年間裁革，印記貯州。已上三驛，俱隆慶三年官革，站銀炤舊。　東山口巡檢司，土人。在州東二十里。係土官次於管〔四〕，久故絶，裁革。印存。舊有部舊村巡檢司，革。　烏充山，在州東一十五里。其西有禄豐山。又其西〔旁注〕西北一百八十里。有蓬和山。三山相連，環抱州治。　樂蒙河，出異龍湖，會盤江，下廣西府。　摩沙勒江〔五〕，源自大理白崖，流經州東南八十里，入元江。秋潦有瘴。元史以爲鹿滄江。　州北二十里曰盤江。河源自新興州，經建水，衆流所匯，爲阿迷、彌勒分界處。

【校勘記】

〔一〕虛卜桶　底本作「靈卜桶」，川本同，滬本作「虛一桶」，據紀要卷一一五、清統志卷四七九改。

〔二〕大理路　「理」，底本作「德」，據川本、滬本改。

〔三〕矣馬洞驛　「矣」，底本作「今」，川本同，據滬本及明會典卷一四六改。

〔四〕係土官次於管　「次於」，川本同，滬本作「次于」，疑爲「次子」之訛。

〔五〕摩沙勒江　「沙」，底本作「河」，川本同，據滬本及紀要卷一一五改。

丈。

寧州　漢筰都，後改沈黎郡〔一〕。　府東五十里。東北二百五十里。　城周五百六十丈。　甸苴關，本角甸山，在備樂鄉一百三十里。舊出盧甘石，封閉年久，州人不知。嘉靖乙卯，開局鑄錢，物色得故地，取石入銅。　州西南三里曰浣江。源從青龍潭流下，州南曰瓜水。浣江之流北經恩永山，過丁矣衝〔二〕，南會茶部衝，形如瓜字，故名。　寧海府故址，在州西三十里大雄寺旁。今名舊州。　西沙縣故址，在州西二里仁善坊內。　晉南寧州，梁亦爲南寧州之境。唐後置南寧州。武德七年，析南寧州二縣置西寧州。貞觀八年，更名黎州。唐末段没於蠻〔三〕，是爲些麽徒蠻，號步雄部。宋初爲寧部，後復爲步雄部。元初爲寧部萬户，後改寧海府。至元十三年，更置寧州，屬臨安路。本朝因之。　西沙縣，在州東六十里山麓之地〔四〕。丁巳初，屬寧部。至元十三年，置西沙縣。二十六年，隸寧州。本朝未立。　甸直巡檢司〔五〕，舊會典作苴，滇志同。在州西北四十里。登樓山，在州東南二十里。高可千丈，袤八十餘里。蒙氏封爲東嵎之神。婆兮江〔六〕，在州東六十里。源自澂江撫仙湖，經州境，匯於婆兮甸，入盤江。大相公嶺，以武侯得名，上有武侯廟。陟降百餘里，石徑狹隘，號小險、大險。依層崖，俯深谷，人馬不並行。下視白骨縱橫，皆大雪没脛時墜而死者也。

【校勘記】

〔一〕漢筰都後改沈黎郡　川本、滬本同。漢書武帝紀：元鼎六年，「定西南夷，以爲武都、牂柯、越嶲、沈黎、文山郡」。顏師古注引臣瓚曰：「茂陵書沈黎治筰都。」則元鼎六年置沈黎郡，治筰都縣。此云不確。其地治四川漢源縣東北，去寧州（今雲南華寧縣）殊遠，二者無關。明統志卷八六：寧州，「漢爲益州郡地」。是也。

〔二〕過丁矣衙　底本缺「矣」字，川本漫漶，據滬本及紀要卷一一五補。

〔三〕唐末段没於蠻　川本、滬本同。按元史地理志寧州：唐「天寶末没於蠻」。此「段」疑爲衍字。

〔四〕在州東六十里山麓之地　底本脱「東」字，川本同，據滬本及紀要卷一一五補。

〔五〕甸直巡檢司　「直」，底本作「置」，據川本、滬本及明會典卷一三九改。

〔六〕婆兮江　「兮」，底本作「號」，川本同，據滬本及寰宇通志卷一一二、明統志卷八六、明史地理志改。下同。

通海縣　府東北一百五十里。元初置通海千户，屬善闡萬户〔一〕。至元十三年，改爲通海縣，屬寧海府。二十七年，改屬臨安路，爲倚郭縣。本朝因之。　圓山堡。　東山關。　寧海關城，在縣東北，周二里，隸臨安衛。　守禦通海前前千户所〔二〕、守禦通海右右千户所〔三〕。　漢句町縣址，在縣北，即守禦所城。　蒙氏置都督府，段氏置節度，改秀山郡，又爲通海郡，元立宣慰總管府，皆此地。　通海驛，在縣東〔四〕。　通海湖，〔旁注〕杞麓。　在縣北三里。　源自河西縣，流注爲湖，周八十里。　寧海關，在東北一十里。　建通關，在東南一十里〔五〕。　廢臨安路，在縣北五里〔六〕。

【校勘記】

〔一〕善闡萬户　底本脱「闡」字，川本同，據滬本及元史地理志補。

〔二〕守禦通海前前千户所　「前前」，底本作「前二」，川本、滬本同，據明史地理志、紀要卷一一五改。

〔三〕守禦通海右右千户所　「右右」，底本作「右二」，川本、滬本同，據明史地理志、紀要卷一一五改。

〔四〕在縣東　「縣」，底本作「州」，川本同，據滬本及正德雲南府志卷四改。

〔五〕在東南一十里　「東南」，底本作「東西」，川本同，據滬本及明統志卷八六改。

〔六〕在縣北五里　底本缺「五」字，川本、滬本同，據紀要卷一一五補。

河西縣　府西北一百八十里。　城周四百餘丈。　曲陀關〔一〕。　唐武德七年，置西宗州。貞觀十一年，更名宗州，河西縣屬焉。後没於蠻，始於名休臘〔二〕，些摩徒、步雄蠻居之，阿僰部彊，遂占其地〔三〕。元至元十三年〔四〕，於休臘置河州，以其地在杞麓湖之西，土人稱湖爲河，因名河西。二十六年，降爲縣，屬臨安路。本朝因之。曲陀巡檢司，萬曆四十一年革。禄卑江，在縣西五十里，一名沾夷江。源自新興州，流經縣境，東入於曲江。元帥府〔五〕，在縣北三十里。夷名曲陀闗，又名萬松營。元至元二十年建。皇慶、延祐間，人物繁盛，市肆輻輳。後兵火，遺石碑。故址種桃，至今成林。

【校勘記】

〔一〕曲陀闗　「陀」，底本作「阿」，川本同，據本書下文、滬本及正德雲南志卷四改。

〔二〕始於名休臘　「於」，川本、滬本同。元史地理志：「夷名其地曰休臘。」此「於」疑爲「夷」字之誤。

〔三〕遂占其地　「占」，底本作「名」，川本同，據滬本改。

〔四〕至元十三年　底本脱「元」字，川本同，據滬本及元史地理志補。

〔五〕元帥府　「帥」，底本作「師」，川本同，據滬本及紀要卷一一五改。

嶍峨縣　府西北二百六十里。　外設土知縣、主簿。　土城。　伽羅闗。　興衣闗。

唐南寧州之境。昔僰蠻嶍猊之地，名嶍峨部。元初立嶍峨千户，屬阿僰萬户。至元十三年，改爲嶍峨州，治笻川〔一〕、平甸二縣。二十六年〔二〕，降爲嶍峨縣，隸臨安路。本朝因之。伽羅巡檢司，萬曆十九年革。興衣鄉巡檢司，在縣治西。嶍峨山，在縣東北二里。東南一里曰合流江。二水異流〔三〕，一源自新化〔四〕，流至縣北爲大河，一自石屏，流至縣南爲小河，合流而入曲江。西北二百五十里曰丁癸江。源自三泊，流經丁癸。合流江，在縣南。一源自新興州，一源自石屏州，俱至本縣合流入於曲江。廢平甸縣，在縣西北七十里平甸鄉。廢笻川縣，在縣西北九十里笻川鄉〔五〕。

【校勘記】

〔一〕笻川　「笻」，底本作「節」，川本同，據滬本及圖書集成職方典卷一四七六改。

〔二〕二十六年　「二」，底本脱，川本、滬本同，據元史地理志、正德雲南志卷四補。

〔三〕二水異流　「二」，底本作「江」，川本同，據滬本改。

〔四〕一源自新化　「一源」，底本倒誤爲「源一」，川本同，據滬本及紀要卷一一五乙正。按本書下重文云：合流江，「一源自新興州。」明史地理志：新興州，「有大溪，下流至嶍峨縣，入於曲江。」清統志卷四八一：大溪河，在新興州北五里，「出臨安府嶍峨縣入曲江，即嶍峨縣大河上源也。」則合流江一源出自新興州，此「新化」疑爲「新興」之誤。

〔五〕廢笻川縣在縣西北九十里笻川鄉　兩「笻」字，底本作「節」，據滬本及圖書集成職方典卷一四七六改。

蒙自縣　府東一百五十里。舊有蒙自驛，革。外設土知縣。滇志無。城周六百五十丈。嘉靖十七年，詔討安南。巡撫都御史汪文盛，以蒙自縣蓮花灘，其地當交、廣水陸衝，列栅樹營，以爲歸正人聲援，莫方瀛遂乞降。箐口關巡檢司，在縣西南六十里。新安守禦千户所，在縣西南。正德十四年，調臨安衛中所建，隸臨安衛。新安守禦城，在補瓦寨，距縣十五里。正德十二年修築〔一〕，周二百二十丈。目則山，在縣西三十里。横列二十餘峯，秀麗如畫。縣治目則山，距交阯。大理時爲阿僰蠻所有。丁巳年，置管民千户所，屬阿僰萬户。至元七年，改阿僰萬户爲南路，本部千户如故。十三年，以千户改置蒙自縣，屬臨安路。本朝因之。梨花江，在縣東南。來自元江，經納樓茶甸，至縣東，入交阯清水江。

【校勘記】

〔一〕正德十二年修築　「十二年」，川本、滬本同。按本書上文云「正德十四年建」，清統志卷四七九：新安廢所，「正德十四年築城。」此「二」爲「四」字之誤。

納樓茶甸長官司　府西南一百八十里。羚羊洞，在司北，産礦〔二〕。

寧遠州　元乙卯年歸附，至元十三年升爲路，後復爲州。本朝因之，屬臨安府。

教化三部長官司　府東南三百五十里。以上各土副長官一。　魯部河，在司西南三十里。源自禮社江，經司境，入梨花江〔一〕。

王弄山長官司　府東南二百五十里。

虧容甸長官司　府西南一百四十里〔二〕。　虧容江，〔旁注〕滇志作禮社江〔三〕。在司西五里。源自元江，入境東經車人寨，〔旁注〕司東。出寧遠州境。

溪處甸長官司　府西南一百五十里。

思陀甸長官司　府西南二百五十里。

左能寨長官司　府西南二百三十里。

落恐甸長官司　府西南二百里。

安南長官司　府東南一百九十里。　正德六年，省入蒙自縣。天啓二年，復設。

【校勘記】

〔一〕羚羊洞在司北產礦　底本叙列於下文寧遠州「本朝因之，屬臨安府」下，川本、滬本同，據明史地理志、紀要卷一一五、清統志卷四七九改移。

【校勘記】

〔一〕魯部河至入梨花江　底本叙列於「四容甸長官司府西南一百四十里」下，據滬本及寰宇通志卷一一二、明統志卷八六、紀要卷一一五、明史地理志改移。參見下文「虧容甸長官司」校勘記〔二〕。

〔二〕虧容甸長官司府西南一百四十里　底本上文寧遠州後，另有「四容甸長官司，府西南一百四十里」，當即此誤重，川本同，據滬本及正德雲南志卷四刪。

〔三〕禮社江　「禮」，底本脱，川本同，據滬本及明統志卷八六補。

楚雄府

東距禄豐之響水閘，禄豐有營有兵，兩郡縣咸賴之。西抵定邊。方緬、岳連兵時，定邊令以羽書乞兵守其地，謂國初緬入寇不由騰、永，直走定邊，蓋前時大侯州一帶岐路多也。又自謂遠邏鎮南之策應，近絶蒙化之救援，鞭長馬腹，固然矣。南連者樂甸，諸夷憑恃險遠，不可化服。北接金沙、黑水，爲武定之咽喉，扼四塞而圖萬全〔一〕，在一講求之耳。〔眉批〕威楚爲當陽之地，山川清秀，壤土肥饒，地利鹽井。南瞰金齒，北距羅婺，東接昆若諸郡，西連大理，威楚最爲大郡。元志。

領州二，縣五。　屬洱海道。　分巡駐劄。

石城，周七里三百六十步。

楚雄衛，同城。　左、右、中、前、後五千户所。　姚安守禦千户所，在府城内。　洪武二十一年建，隸楚雄衛。　峨碌驛，在府西城外。

晉咸康四年，分牂牁、夜郎、朱提、越巂四郡置安州〔二〕。　八年，罷入寧州。　唐貞觀二十三年，諸蠻内附，置傍、望、求、丘、覽五州〔三〕。　又節度南詔有六，此屬銀生節度，後爲安州威楚縣，些徒蠻居之，尋爲蒙氏所據。　段氏以隸姚州，號曰當筋瞼。　高量成治之，築德江城〔四〕，又改白鹿部。　元癸丑年歸附，置威楚路。　本朝洪武十五年，改爲楚雄府。

薇溪山，在府西二十五里。　高可千仞，峯巖百餘，溪箐如之。　每溪皆有泉，分流入於卧龍江。　龍川江，在府城北。　源自沙橋平夷川〔五〕，東南流經府城西合諸水，至青峯下爲硪碌川，又東合諸水，經定遠〔六〕，下流入金沙江。　平山河，在府東三里。　源自南安州，經府北，入龍川江。　西八里曰波羅澗。　其麓有夜合樹，樹下有滷水。　元至正間，設官開井，煎鹽輸課，今廢。

【校勘記】

〔一〕扼四塞而圖萬全　「全」，底本作「金」，川本同，據滬本改。

〔二〕越巂　「巂」，底本作「舊」，川本同，據滬本及晉書地理志改。

〔三〕置傍望求丘覽五州　「丘」，底本作「兵」，川本同，據滬本及新唐書地理志改。

〔四〕德江城　「德江」，底本倒誤爲「江德」，川本同，據滬本及紀要卷一一六乙正。

〔五〕沙橋 「沙」，底本作「河」，川本同，據滬本改。

〔六〕定遠 「遠」，底本作「邊」，川本、滬本同，據紀要卷一一六、清統志卷四八〇改。

楚雄縣 附郭。 土丞。 元丙辰年，立千户所。至元十五年，改置威州。二十一年，革州，立威楚縣爲本路倚郭。本朝改名楚雄。 德江城遺址，在府西北二里。宋高昇泰封其侄量成時築〔一〕。今廢。 阜民城址，在今阜民村。 和子城址，在鎮南州東一里。閣羅鳳伐東爨，侵峨碌。此城今存。 峨碌堡，在府西城外。 吕合堡，在驛左。 吕合驛，在縣西三十五里。 吕合巡檢司，在縣西北六十里。

【校勘記】

〔一〕量成 「成」，底本作「城」，川本同，據本書上文、滬本及明統志卷八六改。

廣通縣 府東七十里。 土簿。 城周五百三十丈。 元屬南安州，本朝改屬〔二〕。 路甸驛，在縣西。 捨資驛〔三〕，在縣東四十五里。 回蹬關巡檢司，在縣西二十里。滇志不載。 沙矣舊巡檢司〔三〕，在縣東北五十里。 捨資巡檢司，在縣東八十里。 東三里曰高登山。元時有鹽井，建鹽司於此，又名鹽倉山〔四〕。今廢。 西五十里曰羅苴甸山。平原沃野，四山環峙，一縣物産公輸，大半出此。其東有卧象山，形如象眠，礦出焉〔五〕。東五十里曰捨資河。源出武定，東流南安界，至元江，入交阯。南二十里曰羅繩河。流接黑井，至金沙江。和茶山，在縣南一十五里，清水河源焉。其東有阿納香山，一溪河源焉。二山相連，高聳峭拔，延亘二百餘里。阿陋雄山，滇志無。在縣東北一十五里。高逾千仞，有泉，出山西爲羅申河，出山南爲阿陋河。九盤山〔六〕，滇志無。在縣東。迴旋險峻，道路九盤，立關其中。回蹬山，有回蹬關〔七〕。山在縣西十八里〔八〕。有泉出山之東，爲觀山河〔九〕。

【校勘記】

〔一〕本朝改屬　「本」，底本作「金」，川本同，滬本作「今」。明統志卷八六廣通縣：「本朝改今屬。」據改。

〔二〕捨資驛　「捨」，底本作「拾」，川本同，據滬本及明會典卷一四六改。

〔三〕沙矣舊巡檢司　底本缺「矣」字，川本同，據滬本及明會典卷一三九補。

〔四〕鹽倉山　「倉」，底本作「蒼」，川本、滬本同，據紀要卷一一六、明史地理志改。

〔五〕礦出焉　底本脱「礦」字，川本空格，據滬本及紀要卷一一六補。

〔六〕九盤山　「盤」，底本作「龔」，川本同，據滬本及紀要卷一一六改。下「九盤」改同。

〔七〕有回蹬關　底本脱「有」字，川本同，據滬本補。

〔八〕山在縣西十八里　底本脱「八」字，川本同，據滬本及明統志卷八六、紀要卷一一六補。

〔九〕觀山河 「觀」，底本作「龍」，川本、滬本同。紀要卷一一六：回蹬山，「有泉出山之東，爲觀山河」。圖書集成職方典卷一四七九同。清統志卷四八〇：「關山河，在廣通縣西五里，一名觀山河。」此「龍」爲「觀」字之誤，據改。

定遠縣　漢爲越巂郡地〔一〕。蜀諸葛亮征蠻〔二〕，營於此，今之望子洞故址尚存。唐武德四年，置西濮州〔三〕，南接姚州。貞觀十一年，更名髳州，〔旁注〕後訛稱牟州。爨蠻名其城曰直香瓦〔四〕，又名矣滅泥睒。南詔遣爨酋撻萼鎮之，築新城曰耐籠。大理令高氏據之〔五〕。元甲寅年，取耐籠城。丁巳年，立牟州千户，以黄蓬穽立百户。至元十二年，改牟州千户爲定遠州，黄蓬穽爲南寧縣，屬本州〔六〕。後州省爲定遠縣，又省南寧縣入焉，屬威楚路。本朝因之。府北一百二十里。

土主簿。城周一里三分。定遠千户所，同城，隸楚雄衛。琅井巡檢司，在縣東五十里。會基關巡檢司，滇志在南安州。〔旁注〕按本縣有會基鋪，似屬此爲是。舊有黑鹽井、縣東七十里。滇志仍存。羅平關縣西三十里。二巡檢司，革〔七〕。黑鹽井鹽課提舉司，在縣東七十里，〔旁注〕定遠、廣通二縣之界。舊設提舉一、副提舉一。天啓元年裁革，以本府同知管理。三年，改以通判管理。赤石山，在縣西二十里。山多赤石，林木幽阻，延亘二百餘里。其東有泉，下流爲零川。會基山，在縣西四十里。高三千仞，連亘數百里。有五十餘峯，羣山之脈皆起於此。上有會溪關。羅平關，在縣西南三十里。

【校勘記】

〔一〕漢爲越巂郡地　「巂」，底本作「舊」，川本同，據滬本改。

〔二〕蜀諸葛亮征蠻　「蠻」，底本作「中」，川本漫漶，據滬本改。

〔三〕西濮州　「濮」，底本作「漢」，川本、滬本同，據兩唐書地理志改。

〔四〕直香瓦　川本同，滬本作「月直香瓦」。

〔五〕大理令高氏據之　底本缺「據」字，川本同，據滬本補。

〔六〕屬本州　底本脱「屬」字，川本同，據滬本補。

〔七〕羅平關縣西三十里二巡檢司革　「縣西三十里」，底本錯簡於句末「革」下，川本、滬本同，據上下文意乙正。正德雲南志卷五：「羅平關，在定遠縣西南三十里。」蓋是。

定邊縣　府西三百二十里。　舊有定邊驛，隆慶三年革。　土丞。　元屬鎮南州。　本朝改屬。　定邊驛，滇志。新田驛〔一〕，俱在縣南。　螺盤山，在縣北。山頂盤旋，形如螺髻。西平侯與刀思郎大戰於此。　舊產青碌。　上有自普關〔二〕。　無糧山，在北二十里。其山萬仞，爲西南天險。　定邊河，在縣前。源發蒙化府羅丘場，經和本村達元江〔三〕。五六月間，水洶湧不可渡。

【校勘記】

〔一〕新田驛　「田」，底本作「曰」，川本、滬本同，據寰宇通志卷一一二、明會典卷一四六改。

〔二〕自普關　「普」，底本作「善」，川本、滬本同，據明統志卷八六、紀要卷一一六、明史地理志改。

〔三〕和本村　川本、滬本同，紀要卷一一六作「利木村」，圖書集成職方典卷一四七九作「和上村」。

碍嘉縣　府南四百五十里。　土城，周四百丈。　元碍嘉縣。本朝因之。　黑初山，在縣治西，一名靈初〔一〕。高千餘仞，五峯聳列，連亘百里。下有一石，狀若冬瓜，其色如鐵，土人呼爲黑初，山名以此。　卜門山，在縣東北三十里。高可千仞，最爲險峻。下有卜門河，接卜門者，曰北門山，横峻險拔，郡路經之〔二〕，三十六折而上。

【校勘記】

〔一〕靈初　川本同，滬本作「雪初」。圖書集成職方典卷一四七九：黑初山，「一名虚初」。清統志卷四八〇：黑初山「滇志：一名虚初山，土人又呼爲照初山。通志：元泰定間，星隕化爲黑石，即此」。此「靈」疑爲「虚」字之誤。

〔二〕郡路經之　「郡」，底本作「羣」，川本同，據滬本及紀要卷一一六改。

南安州　因元舊。　府東南五十里。　在路東南，山嶺稠疊〔一〕，林麓四周。元史。　會基關巡檢司，在州南一百二十里。　表羅山，在州西南九十里。產銀礦，一名老場，滇諸銀場此稱最。

【校勘記】

〔一〕山嶺稠疊　底本脱「山」字，川本同，據滬本及元史地理志補。

鎮南州　因元舊。　府西北七十里。　土同。　城周六百七十八丈。　沙橋堡，在州西三十里。　沙橋驛，在州西三十里。　沙橋巡檢司，在州西三十里。　鎮南巡檢司，在州西十五里。一流、一土。　英武關巡檢司，在州西六十里。一流、一土。　阿雄村巡檢司，土人。在州西二百四十里。　馬龍江〔一〕，在州西南一百八十里。源自蒙化，入境西南，流經碍嘉縣東，又東南入於元江。　英武關〔二〕，在州西七十里。

【校勘記】

〔一〕馬龍江　底本倒誤爲「龍馬江」，據川本、滬本及明統志卷八六乙正。

〔二〕英武關　底本倒誤爲「武英關」，川本同，滬本作「英武關」，紀要卷一一六載：「英武關，州西七十里，有巡司戍守，亦曰鸚鵡關。」據以乙正。

澂江府

三隅負山，一面臨水。

府治舊在金蓮山。隆慶四年，遷舞鳳山。城周六百八丈。西街土城，在府西十里許。周二里。

楚莊蹻自王於滇，後爲滇國。漢元封二年，置俞元縣，屬益州郡〔一〕。蜀改益州郡爲建寧郡，俞元屬焉。晉以益州之建寧、興古、雲南，交州之永昌，合四郡置寧州〔二〕，俞元縣如故。梁屬南寧州。隋開皇初，置昆州。唐武德元年，復置昆州，治益寧。又置南寧州，治味縣，後改名郎州。天寶末，没於蠻，因廢。後蒙氏遂有其地，因號南詔，於此置河陽郡。大理段氏析爲三部，其步雄部後居羅伽甸，又改曰羅伽部。元丙辰年，於羅伽部置萬户府。至元十六年，改置澂江路總管府，屬雲南行省〔三〕。本朝洪武十五年，改澂江府。

領州二，縣三。舊有邑市縣，革。在路南州北八十里。屬臨沅道。

羅藏山，在府治西北。東漢志：裝山出銅。後訛曰藏。其上寬平，有龍湫。元梁王結寨其上，又名梁王山。南有泉，流爲羅藏溪，南入撫仙湖；北有泉，流爲錦溪，經陽宗縣西；西有泉，流爲彌勒石溪，經陽宗縣東，俱入於明湖。玗札山〔四〕，在府治北，〔旁注〕北二十里。今名烏劄。其麓有泉，流爲玗札溪，南入撫仙湖。玗劄溪，在府東北二十里。自寶鼎山發源，流經玗劄山下，抵郡城南，入撫仙湖。西北七里曰舞鳳山。自羅藏山來，左右兩山，宛若飛鳳展翼。隆慶四年，知府徐可久遷府治於麓。北十三里、西北二十里曰羅藏山。昔有虎爲民害，造柵取之，蠻語虎柵爲羅藏，故名。高五百餘丈，上有龍湫，時興雲霧。舊爲梁王寨，亦名梁王山。西十五里曰八仙巖。數峯峭拔，壤接葴甸，寇攘必經之地。昔有亭障戍卒，俱廢。議者謂當興，以備竊發云。

【校勘記】

〔一〕屬益州郡　底本脱「郡」字，川本、滬本同，據漢書地理志、續漢書郡國志、紀要卷一一五補。下同。

〔二〕晉以益州之建寧興古雲南交州之永昌合四郡置寧州　底本脱「益州之」、「之永昌」、「合」七字，川本、滬本同，據晉書地理志補。

〔三〕屬雲南行省　底本脱「雲」字，川本、滬本同，據元史地理志補。

〔四〕玗札山　「玗」，底本作「玕」，川本、滬本作「玗」。明統志卷八六：「玗札山，在府治北，一名無詐，今名烏劄。」則此「玕」爲「玗」字之誤，據改。下同。

河陽縣　附郭。　東關。　中關。　西關。　撫仙湖，在府城南十里。周三百餘里〔一〕。北納諸溪，南受星雲湖〔二〕，東會鐵池、盤江而達南海。　鐵池河，在府東二十里。源自陸涼州，流經宜良，至鐵池鋪，入山峽數十里，會撫仙尾閭，南過興寧溪，入盤江。　河外竹山五叢，林木深密，伏莽之警，扼河可守，蓋天塹也。　昔磨些蠻居其地，後判蠻奪有之。南詔於此置河陽郡〔三〕。元初爲羅迦甸。丙辰年，置羅迦萬户，仍置千户以領部民。至元十六年，改爲河陽州，二十六年，降州爲縣〔四〕。係本路倚郭。本朝因之。

【校勘記】

〔一〕周三百餘里　「里」，底本作「丈」，川本同，據滬本及紀要卷一一五、圖書集成職方典卷一四八五改。

〔二〕星雲湖　「雲」，底本脱，川本、滬本同，據本書下文及明統志卷八六、正德雲南志卷六補。

〔三〕河陽郡　「郡」，底本作「部」，川本、滬本同，據元史地理志、寰宇通志卷一一二、明統志卷八六改。

〔四〕至元十六年改爲河陽州二十六年降州爲縣　底本脱「至元」、「二十六年」六字，川本、滬本同，據元史地理志補。

江川縣　府東南九十里。　土城，周五百八十丈。　漢曰碌雲異城，又曰易籠。南詔徙曲旺蠻居此，以白蠻守治之。大理段氏以些麽徒蠻子孫分管其地，名曰步雄部〔一〕。元丙辰年，置千户所，隷羅迦萬户。至元十三年〔二〕，改千户所爲江川州。二十年，改州爲縣，屬澂江路。本朝因之。江川驛，在縣北三里。關索嶺巡檢司〔三〕，在縣北三十里。一流、一土。疊翠山，在縣北二十里。山勢如寨。其半湧泉三派，西入滇池，東入撫仙湖，南入星雲湖，溉田極爲民利。蟠坤山，在縣南十五里。東臨撫仙湖，西際星雲湖。山頂皆石，頽無草木。滇志同。星雲湖，在縣南，周八十餘里。四五月南風發，則魚盛。水由海門入撫仙，達南海。海門橋，在縣東南八里，爲臨安要路。通星雲湖水，入撫仙湖，登舟始此。中央有界魚石。澂江二川，其魚二種，以石爲界，不敢越。越則相鬪，鬪而死，爲兵象。

【校勘記】

〔一〕步雄部　底本作「羅雄郡」，川本、滬本同，據元史地理志、明統志卷八六、紀要卷一一五改。

〔二〕至元十三年　底本脱「至元」二字，川本、滬本同，據元史地理志、紀要卷一一五補。

〔三〕關索嶺巡檢司　「關」，底本作「閭」，川本同，據滬本及明史地理志改。

陽宗縣　府北四十里。土垣，周一百三十丈。盧舍之祖名强宗〔一〕，因以名部，後訛爲陽宗部。丙辰年，置千户所，屬羅迦萬户。至元十三年〔二〕，改千户所爲陽宗縣，屬澂江路。本朝因之。天馬山，在縣東三十里。危峯茂林，流泉環繞。明湖，在縣北一里。周七十里。水色深黑，源出羅藏山下，流入盤江。

【校勘記】

〔一〕强宗 「强」，底本作「疆」，川本、滬本同，據元史地理志、寰宇通志卷一一二、明統志卷八六、紀要卷一一五改。

〔二〕至元十三年 底本脱「至元」二字，川本同，據滬本及元史地理志、紀要卷一一五補。

新興州 府西北一百二十里。 分守駐劄。 城周六百四十餘丈。 梁時，土人爨瓚據有其地。後分爲東西爨之地。唐貞觀二十三年，以其地分爲求州，隸郎州都督府。後屬南詔，雲南王置温富州。大理段氏徙些麽徒蠻居之〔一〕。元丙辰年，分立二部千户所，屬羅迦萬户。至元七年，撥屬中路。十三年，置新興州，屬澂江路。本朝因之。 鐵爐關巡檢司，在州北六十里。 蒙習山，在西北七十里。 山頂與晉寧州分界。 關索駐驛處，在州西，即關索山。 道險，引繩而渡。 上有關索廟。 普舍縣〔二〕，治普札籠城。 昔大理國以强宗部傍之弟普舍治其城〔三〕，故名。 丙辰年，置千户，屬羅迦萬户。 至元十三年，改置普舍縣，屬新興州。 本朝未立。 研和縣，元些麽徒蠻部雄之地，號研和城。 丙辰年，立研和百户，隸部雄千户。 至元十三年，割研和百户置研和縣，隸新興州。 後省畔龍縣，以鄉隸焉。 本朝未立。

【校勘記】

〔一〕些麽徒蠻 底本作「些蠻徒蠻」，川本、滬本同，據明統志卷八六、紀要卷一一五改。

〔二〕普舍縣　「舍」，底本作「含」，川本、滬本同，據元史地理志、明統志卷八六、明史地理志、紀要卷一一五改。下同。

〔三〕部傍　「傍」，底本作「雄」，川本、滬本同，據元史地理志、明統志卷八六改。

路南州　府東一百三十里。　舊領邑市縣，弘治四年省。　土城，周四百四十餘丈。　蜀爲建寧郡境。唐爲昆州之地，天寶末没於蠻。後爲黑爨落蒙有其地。元號落蒙部，丙辰年，置落蒙管民萬户府〔一〕。至元十三年〔二〕，改萬户府爲路南州，屬澂江路。本朝因之。　邑市縣，州之西北有城二，曰彌沙籠，曰邑市城，乃昔落蒙子侄分治之處。至元十三年，於彌沙籠置彌沙縣，邑市城置邑市縣，皆屬路南州。後省彌沙縣入邑市縣，仍屬本州。本朝因之。　和摩驛，在州東北六十里。　革泥巡檢司〔三〕，在州東南六十里。萬曆四十一年革。　竹子山，在州西南五十里。高千仞，周百里。昔爲賊巢。弘治間，布政陳金剿平。今爲民居。　興寧溪，在州東二里。繞州治，西南與鐵池河會流，入盤江。

【校勘記】

〔一〕置落蒙管民萬户府　「民」，底本作「氏」，川本、滬本同，據寰宇通志卷一一二改。

〔二〕至元十三年　底本脱「至元」二字，川本、滬本同，據元史地理志、紀要卷一一五補。

〔三〕革泥巡檢司 「革」，底本作「草」，川本、滬本同，據明史地理志、紀要卷一一五、清統志卷四八一改。

蒙化府

滇志無屬邑。

城周四里三分。

漢爲益州郡之域〔一〕。後漢爲永昌郡。唐爲蒙舍詔。姚州之境有蒙舍城，在龍關、白崖甸之間。先是羅羅摩及僰蠻所居，後蒙舍改稱南詔，永泰初，改蒙舍城爲陽瓜州〔二〕。大理段氏改爲開南縣。元丁巳年，置蒙舍千户所。至元十一年，改爲蒙化州〔三〕，屬大理。本朝仍爲州，屬大理府〔四〕。正統十三年升，屬金滄道。

土知府，流同知掌印。

蒙化衛同城。左、右、中、前、後、中左、中右、中前八千户所〔五〕。樣備驛，土官，在府西北一百二十里。開南驛，在北門外。站銀、馬頭照舊，無官，天啓三年復設。樣備巡檢司，在府西北一百九十里。甸頭巡檢司，天啓三年革。備溪江巡檢司，土人，萬曆二十五年革。甸尾巡檢司，萬曆二十五年革。浪滄江巡檢司〔六〕，在府西南一百二十里。舊屬雲龍州。迷渡鎮城，嘉靖初，兵備姜龍築，控制白崖等要路。開南堡。隆慶關。

樣備江，在府西一百五十里。源自劍川州，過大理西洱河，〔旁注〕經趙瞼，過蒙舍。入境，南合於瀾滄江。瀾滄江，在府西南一百五十里。其南岸有馬耳坡。方輿：禮社江源自白崖，由蒙舍經威楚、盤羅，過金齒，入交趾。

𡼏屽山，在府西北三十五里。蒙氏龍伽獨自哀牢將其子細奴邏徙居於此，築𡼏屽圖城，自立爲奇王，號蒙舍詔。瀾滄江，在府西南一百五十里。源出吐蕃嵯和歌甸，南流至永昌，稍東至順寧，過府境，歷景東，入南海。蒙氏四瀆之一。陽江，在城西。源出甸頭花判澗，南流至甸尾巡司，九十里過定邊縣，與迷川禮社江合，入元江，達南海。漾濞江，在府西北二百里。一名神莊江。出劍川，經打牛坪，繞點蒼山後，至龍尾關，達洱水末流，合而入瀾滄江。

蒙舍城址，在府南，即古城村也。張氏讓國後所居，去𡼏屽圖城半舍〔七〕。𡼏屽圖城，在府南，乃細奴邏自居地。會典有雲龍州，舊隸大理府，正統間改隸。輿考作雲州舊雲龍甸流知州、吏目。縉紳：雲龍州自隸大理，雲州直隸，本府無隸。

【校勘記】

〔一〕漢爲益州郡之域　「郡」，底本脱，川本、滬本同，據漢書地理志、明統志卷八六、正德雲南志卷六補。

〔二〕陽瓜州　底本作「湯瓜州」，川本、滬本同，據向達蠻書校注附録南詔德化碑、正德雲南志卷六改。

〔三〕至元十一年改爲蒙化州　川本、滬本同。元史地理志：「至元十一年，立蒙化府。十四年，升爲路。二十年，降爲州。」正德雲南志卷六同。此「州」爲「府」字之誤，下脱「十四年升爲路，二十年降爲州」十二字。

〔四〕本朝仍爲州屬大理府　底本此下有「舊爲蒙化州，隸大理府」九字，川本同，顯係重出，據滬本及正德雲南志卷六删。

〔五〕八千户所　「千」，底本作「十」，川本同，據滬本及正德雲南志卷六改。

〔六〕浪滄江巡檢司　川本、滬本同。圖書集成職方典卷一五〇七：「瀾滄江巡檢司，在蒙化府西南一百四十里。」明史地理志亦作「瀾滄江巡檢司」。

〔七〕去巄岈圖城半舍　「去」，底本作「古」，川本同，據滬本改。

景東府

唐南詔設節度六，而銀生府其一也。舊爲開南州，濮、落蠻雜居之，後金齒白夷奪銀生之地。宋時，大理段氏莫能復，以此白夷子孫衆多，析爲賧川者有十二處，此阿只步爲首焉。元中統三年，都元帥闊闊朮遣將刺直，同威楚萬户領兵以開其地，阿只步酋將所部歸順〔一〕。至元十二年置。屬洱海道。　土知府，流同知掌印，土知事。　府署在衛城南門外之東。開南州，本朝洪武十五年改景東府。〔眉批〕開南州〔二〕，徼外荒僻之地。莊蹻王滇池，漢武開西南夷，諸葛孔明定益州，皆未嘗涉其境。元史。

民多百夷，性本淳樸。田舊種秫，今皆禾稻。昔惟「緬」字〔三〕，今漸習書史。

景東衛，兵食志作在府城内。左、右、中、前、後五千户。城周二里二百四十步。又别爲小城一座，在衛城西，據景董山之頂，周三十餘丈，開東門以望遠。板橋驛，土官。在府北六十里。景東驛，在府北。土官。景新堡，在府内。母瓜關。安定關。景闌關。三岔河巡檢司，在府北七十里。保甸巡檢司，土人。在府西北一百六十里。

宣德五年六月，雲南景東府奏，所轄孟緬、孟梳，地方僻遠，屢被外寇侵擾。乞幷孟梳於孟緬，設長官司，授把事姜嵩爲長官，以隸景東，歲增貢銀五十兩。從之。

景董山，在府治西。昔爲酋寨，今立衛城其上。邦泰山，在府治東。高聳延長。土官世居其麓。蒙樂山，在府北九十里。一名無量山。高不可躋，連亘三百餘里。中有石洞，深不可測。一峯特出，狀若崆峒。蒙氏封爲南嶽。其南有泉，爲通華河；其北有泉，爲清水河，俱東入於大河。瀾滄江，源出金齒，流經府西南二百餘里，南至車里。大河，源出定邊縣阿茈村〔四〕，合三岔河，經府治東南，入馬龍江。

母瓜關，在府南一百里。安定關，在府北一百五十里。景闌關，在府東南一百二十里。

【校勘記】

〔一〕阿只步酋將所部歸順　「部」，底本作「步」，據川本、滬本改。

〔二〕開南州　「開」，底本作「古」，川本、滬本同，據元史地理志改。

〔三〕昔惟緬字　「惟」，底本作「維」，川本同，據滬本及正德雲南志卷七改。

〔四〕阿苉村　川本及明統志卷八七、正德雲南志卷七同，滬本及紀要卷一一六作「阿笠村」。

廣南府

土同知。

府城在平突坡上，排木爲柵。周四里三百一十步。

儂人、沙人，男女同事犂鋤，構樓爲居。男服青衣曳地，賤者掩脛。婦綰髻跣足。好巫不好醫。恃險剽掠，時相讐殺。舊志。

領州一。屬臨沅道。

舊有在城驛、〔旁注〕府西城外。速爲驛，〔旁注〕府西六十里。革。滇志：萬曆四十一年革，印收土官處。

宋名特磨道，儂智高之苗裔也。元至元間歸附，立廣南西道宣撫司，領五州，在中慶東南一十三驛,約一千餘里。本朝洪武十五年,立廣南府。〔眉批〕崇崖巨壑,峻坂深林。近日富州、交阯,所在構兵,此郡足當咽喉之地〔一〕。

路城州〔二〕,元在宣撫司西南。本朝未立。安寧州,元至元十三年立。在安撫司西南〔三〕。本朝因之。上林州,元至元十三年立。在宣撫司東北。本朝因之。羅佐州,元至元十三年立。在宣撫司北。本朝因之。

西洋江,在府南八十里。源出本府板郎山、速部山、木王山,三流相合〔四〕,東南入於田州,至粵之右江。

【校勘記】

〔一〕此郡足當咽喉之地 「當」,底本作「崇」,川本同,據滬本改。

〔二〕路城州 「城」,底本作「成」,川本、滬本同,據寰宇通志卷一一二、明統志卷八七、紀要卷一一五、明史雲南土司傳改。

〔三〕在安撫司西南 「安撫司」,川本、滬本同,疑爲「宣撫司」。

〔四〕三流相合 「三」,底本作「之」,川本、滬本同,據明統志卷八七、正德雲南志卷七改。

富州 府東二百里。土知州。元至元十三年立。在宣撫司南。本朝因之。東南九十里曰者鷄山。山高可二百仞，怪石嵯岈。昔爲酋寨。東北一百五十里曰西寧山。下有巖洞，蠻多隱遁其中，潛出爲患。南木溪，在州東三十里。源出花架山。其水常温。南汪溪，在州治西。源出麻卯山、僻令山〔一〕，流至州南合南木溪，東行至石洞，伏流十五里復出，入於右江。

【校勘記】

〔一〕僻令山　「令」，底本作「今」，川本同，據滬本及明統志卷八七、正德雲南志卷七改。

廣西府

郡爲東南陲要害。其地東鄰水下沙夷，西近龜山寇巢〔二〕，南連路南，北接陸涼、舊越州土舍。夷儸四面雜處，而沙夷尤稱獷悍。舊爲矣邦〔三〕、生納二村，掌於土官。我朝成化中，更置流官。〔眉批〕東瞰廣西，南距交趾。舊志。　諸山環峙爲屏，八甸縈溪爲塹，北鄰廣源，密邇交阯，雜夷四姓，守在四隅，內屬州勢如兩翼，雖非要會之地，亦當夷、夏之交。

府城周七百二十四丈有奇。

漢武帝開西南夷，爲益州牂牁郡地。蜀隸興古郡。晉屬寧州。隋屬昆州。唐爲東爨之地。太和間，南詔蒙氏幷其國。宋土人師宗强盛，大理段氏莫能統制，師宗、彌勒析爲二部〔三〕，以據其地。元初，隸落蒙萬户。至元十二年〔四〕，置廣西路，領師宗、彌勒二部。二十七年，改師宗、彌勒並爲州，仍屬本路，隸臨安廣西元江等處宣慰司。本朝置廣西府。

領州三。　屬臨沅道。　土同專事〔五〕，土照磨。　督捕府城在龜山，係土城〔六〕，周三百餘丈。萬曆八年築。本府通判駐鎮其地。

盤江，自宜良縣流入羅平。郡中諸水，惟此爲大。　阿盧山，在府西三里。延亘四十餘里，南接彌勒州，北跨師宗州。舊有阿盧部。　巴盤江，一名番江。自澂江府入境，東南流，經師宗州及府之西境，西南至彌勒州，東注黔之普安州。　矣邦池，在府東南，一名龍甸海。周三十餘里，半跨彌勒州界。水源有二，一出阿盧山麓石竅，一出彌勒州吉雙鄉，南流入盤江。

【校勘記】

〔一〕西近龜山寇巢　「西」，底本作「而」，川本同，滬本作「西」；「寇巢」，底本作「巢寇」，川本、滬本同，據紀要卷一一五改。

〔二〕矣邦　底本作「無邪」，川本同，據滬本及紀要卷一一五改。

〔三〕師宗彌勒析爲二部　底本脱「宗」字，川本同，據滬本及正德雲南志卷七補。

〔四〕至元十二年　「十二」，底本作「元」，川本、滬本同，據元史地理志、正德雲南志卷七改。

〔五〕土同專事　底本缺「土」字，川本同，滬本作「丑」字，據本書前後文補。

〔六〕係土城　底本缺「係」字，川本同，據滬本補。

師宗州　府北八十里。　舊有在城驛，隆慶二年革。滇志仍存。　土同知。　城周五百八十丈。　本無爨蠻派，號師宗部據匿弄甸。　元初撥隸落蒙萬户。　至元十二年〔一〕，以師宗部爲四千户總把，隸廣西路，籍定爲軍户。　十八年，以軍户改爲民。　二十七年，更置師宗州。　本朝因之。　州西七十里曰龜山。　極高峻，夷儸之藪。

【校勘記】

〔一〕至元十二年　「十二」，底本作「十三」，據川本、滬本及元史地理志改。

彌勒州　府西九十里。　州舊爲八甸村。　土城周四里。　宋本些麽徒蠻之裔〔一〕，據部匍甸〔二〕、巴甸、部籠等處，號彌勒部。　元初，隸落蒙萬户。　至元十二年〔三〕，於彌勒部立總把四千户，籍爲軍户，隸廣西路。　十八年，改爲民。　二十七年，更置彌勒州，仍屬廣西路。　本朝因之。　捉招〔旁注〕捏沼。　巡檢司〔四〕，在州南一百八十里。　舊屬禄勸州。　雲南十八寨守禦千户所，在州西南。正德十六年建，直隸都指揮使司。　北傾山，在州北三十里。高可五十餘仞，西接阿欲、備甸二山〔五〕。　十八寨山，在州界。山箐連屬。其中夷種最蕃，爲盜藪。　阿欲部山，在州西一十里。岡巒森列，下有温泉。　盤亘七十餘里，東接北傾山。　盤江山，在州東南一百二十里。西東兩山相峙，盤江流其中。東抵師宗州，南界阿迷州，中有石竅，深廣丈餘，濁水湧出入盤江。　巴甸江，源出州治西北，南流數里，東入盤江。　八甸溪，在州治北。其源有三，一出阿欲山，一出舊村，一出北傾山，至州治東合流，南入盤江。

【校勘記】

〔一〕些麽徒蠻　「麽徒」，底本倒誤爲「徒麽」，川本、滬本同，據明統志卷八七乙正。

〔二〕部葡甸　川本、滬本同，元史地理志、正德雲南志卷七作「郭甸」。

〔三〕至元十二年　「十二」，底本作「十三」，川本、滬本同，據元史地理志改。

〔四〕捏沼　底本脱，川本爲旁注，滬本作「一作捏沼」，據補。

〔五〕備甸　「備」，川本、滬本及圖書集成職方典卷一四九一同，正德雲南志卷七、紀要卷一一五作「構」，未知孰是。

維摩州　府東南三百六十里。　土同知專事。　土城。　元置。本朝因之。　三鄉土城，萬曆二十年築。曲部驛。阿母驛〔一〕。維摩驛。已上三驛，俱隆慶三年官革，支應照舊〔二〕。小維摩山，在州東北八十里。高可千仞。大維摩山，在州東南二百里。高出衆山。土官世居其上。

【校勘記】

〔一〕阿母驛　底本脱，川本同，據滬本及明會典卷一四六補。

〔二〕已上三驛俱隆慶三年官革支應照舊　底本叙列於下文大維摩山條下，川本同，據滬本及明會典卷一四六改移。

鎮沅府

古西南極邊地，濮、洛雜蠻所居。是郡蓋緬甸之織路，而元江之鄰壤也。緬人近罕公戰，而那氏實爲私鬭〔一〕，葆就羈縻之説，於此地用之爲宜。

府署在按板山下，四面皆山。元時威遠州及按板寨地。本朝洪武三十三年，改置鎮沅州。永樂四年，升爲府。

領長官司一。屬洱海道。土知府，流同、判、推、經歷。參將駐劄。

城西曰波弄山。鹽井有六，皆出波弄山上下。土人掘地爲坑，深三尺許，納薪其中焚之，俟成炭，取井中之滷澆於上，次日視炭與灰，皆爲鹽筴。其色黑白相雜，而味頗苦。俗呼白鷄糞鹽。杉木江，源出者樂甸，流經府治南，下流入威遠州界。江岸多杉木。

禄谷寨長官司　府東北二百五十里。永樂十年設。馬容山，在司北八十里。高千餘丈，根盤數百里。石路險狹，僅容一馬。馬湧江，源自納樓茶甸，經司治東，下流合南浪江。南浪江，源出納羅山，經司治南，下流入寧遠州界。納羅山，在司西二百里。多虎豹，土人呼藏爲納，虎爲羅。

【校勘記】

〔一〕而那氏實爲私鬭　「爲」，川本同，滬本作「多」。

永寧府

大江自東北一瀉千里，向東南而去。其外即鹽井衛之山也，餘三面皆深山密林，亂流雜派〔一〕。郡治如斗大，稍稍平衍，無城郭宫室，土司亦不居也，居於遠山。郡中多麽些蠻，樸野而勇厲。山居板屋，俗皆披重氊，盛暑不去。四長官司皆西番，性最悍，隨畜遷徙。又有野西番者，倏去倏來，更不可制。舊志。〔眉批〕襟麗江，帶三湖，地廣人稀，山川險阻。雲南志。地廣人稀，非爂則爨，蓬跣强鷙，與番爲鄰。

初爲永寧州，屬鶴慶府。洪武二十九年，改屬瀾滄衛〔二〕。永樂四年，升爲府。領長官司四。屬金滄道。土知府，流同知掌印。

府署在邱把鄉。掌印同知署在瀾滄衛城，萬曆中建。

昔名樓頭賧，又名答卜剌。元至元十四年，置答藍管民官。十六年，更置永寧州，屬北勝府。本朝因之。

千木山〔三〕，在府東南一十五里〔四〕。勒汲河，源出西番，流經府治北，東折入四川鹽井衛界。瀘沽湖〔五〕，滇志：即魯窟海子。在府東三十里。周三百里。中有三島，高可百丈，土司水寨居其上。魯窟海子，在千木山下，周迴一百里。中有小山，名水寨。羅易江，源自浪蕖州，北流過府境。

剌次和長官司，府東北二百四十里。四長官司今故絶，俱廢。革甸長官司，府西北一百二十里。香羅長官司〔六〕，府北一百五十里。瓦魯之長官司，府北二百八十里。四司並永樂四年設，司西曰金沙江。

【校勘記】

〔一〕亂流雜派　川本、滬本同，圖書集成職方典卷一五一四作「亂石崩湍」，於文意相合。

〔二〕瀾滄衛　「瀾」，底本作「蘭」，川本、滬本同，據本書後文及正德雲南志卷八、明史地理志改。

〔三〕千木山　川本及寰宇通志卷一一三、紀要卷一一七同，滬本及正德雲南志卷八、明史地理志、清統志卷四九七作「干木山」。下同。

〔四〕在府東南一十五里　底本脱「南」字，川本同，據滬本及寰宇通志卷一一三、明統志卷八七、紀要卷一一七補。

〔五〕瀘沽湖　「湖」，底本作「山」，川本同，據滬本及正德雲南志卷八改。

〔六〕香羅長官司　川本、滬本及寰宇通志卷一一三、正德雲南志卷八、天啓滇志卷二同，明史地理志、紀要卷一一七作「香羅甸長官司」。

順寧府

古百濮所居。府之南有山並立如門，中有一路崎嶇阸塞，實險隘之區。雲南衆山環繞於西南，二江襟帶於東北。本蒲蠻所居之地。泰定三年歸附，天曆元年，設立府事。在中慶西南一十七程。本朝因之。慶甸縣，元屬。本朝因之。境内男耕女織，鮮習文字，九種雜居，相見屈膝不拜。設流之後，漸化漢俗。舊志。

府城在鳳山之中，周七百三十丈。

順寧驛。　觀音水井驛。　牛街驛。並在府東。　錫鉛驛。　右甸驛。　枯柯驛。六驛並土官。　錫鉛寨巡檢司。

萬曆二十七年，始設流。三十四年，以雲州爲屬。　屬金騰道。

東一百二十里曰泮山。其下即蘭滄、黑惠二江合流處。

右甸土守禦千户所城，在府西矣堵十三寨之中〔一〕。萬曆三十年，巡撫陳用賓從知府余懋學之請題設，以藩蔽順寧。　愠馬罕關。　等喇關。　把邊關。　蒲關。　臘門關。

把邊山，在府南四十五里。中有把邊關，兩山相對，一徑中通。　瀾滄江，在府東北七十里。源自金齒，東南流經府境，與黑惠江合，南歷景東、元江、交趾〔二〕，入南海。本府入景東府界，石齒嶙峋，波濤洶湧，實爲險阻。其東曰黑惠江，即備溪江。水由大理、劍川二澤，與漾濞水同爲一江，經府泮山下，入蘭滄，達南海。二江蒙氏俱封以瀆。

漾備江，在府東北一百八十里。源自蒙化府，流經府界，東南混流百里，合於瀾滄江。　順寧河，在府城東。源出甸頭村山箐，流入雲州孟祐河。　西添河，在府西北五十里。源出喻甸都甕村。

寶通州、慶甸縣址，俱在府南八里。元天曆元年建，今廢。

【校勘記】

〔一〕矣堵十三寨之中　「矣」，底本作「無」，川本同，據滬本及紀要卷一一八改。

〔二〕南歷景東元江交趾　「南」，底本作「萬」，川本同，據滬本及圖書集成職方典卷一四九三改。

孟定府

元至元二十六年，立孟定路軍民總管府。在鎮康之南三日程，領二甸。本朝洪武十五年，置孟定府。領安撫司一。

耿馬安撫司　萬曆十二年添設。

孟艮府

永樂三年七月癸丑，設孟艮府，隸雲南都司，以歹掯土官刀哀爲知府〔一〕。

【校勘記】

〔一〕以歹掯土官刀哀爲知府　「刀」，底本作「乃」，川本、滬本同，據明史雲南土司傳改。「歹掯」，滬本同，川本作「反揹」，寰宇通志卷一一三、明統志卷八七、明史雲南土司傳作「孟揹」。

曲靖軍民府

曲靖爲雲南襟喉。由府西而趨霑益之中路，以達四川、山、陝，曰西路；由府東而趨霑益及羅雄之旁徑，以達貴州，抵湖廣常德，分而南之浙江、江西、南直隸、山東，北之河南、北直隸，以會於京師，曰東路。四封之山，青龍、負金、勝峯，自東、自南、自西以爲固，而北據白石之江，當一面之阻，控制二爨。前志所稱如此。至於今日，則平夷以東，霑益以西，夷患震鄰，二方耦俱蹂躪。頃者，交水建城矣，平夷城郭人民如故矣，天兵西向，霑益收復有期，幸哉！此郡不扃鑰而守乎〔一〕。

東通兩廣，西接四川，北連貴竹，南上滇藩，要衝之地。雲南志。

漢爲夜郎味縣地。蜀漢置建寧、興古郡。

領州四，縣二。　屬安普道。　兵備駐劄。　土知事。

城周六里。

漢武帝開西南夷，爲益州之味縣。蜀建興初，改益州爲建寧郡〔二〕，又分立興古郡。晉爲寧州，復爲益州，又爲南寧。梁有爨瓚者據其地，後分東西二爨。隋開皇初，置恭、協等州。唐武德元年，開南中，因故同樂縣置南寧州，治味等七縣。四年，置總管府。五年，僑治益州。八年，復治味，更名郎州。貞觀元年，更屬戎州都督〔三〕。天寶間，味没於蠻，因廢。後南詔蒙氏爲石城郡。宋大理亦爲石城郡，後爲末彌地部所據。元至元十三年，改爲曲靖路。二十五年，升宣慰司兼管軍萬户府〔四〕。本朝洪武十五年，改爲曲靖軍民府。

曲靖衛同城。左、右、中、前、後五千户所。南寧驛，在府西北十五里。

負金山，在府南一十五里。山皆青黑石，可琢爲硯。又有石穴，狀若馬蹄，水深尺餘，謂爲硯池。郡中童子初學書，必投貝其中，然後汲以研墨。分秦山，在府南二十里。相傳蜀漢諸葛亮征蠻時，與諸酋會盟之所。瀟湘江，在府城南。源出馬龍州木容箐溪。白石江，在府北八里。本朝洪武十四年，西平侯沐英征雲南，聞元司徒平章達里麻擁兵十餘萬屯曲靖，遂進師至白石江，與之大戰，擒達里麻，俘甲士二萬餘人。白水關，在府東八十里。府東五里曰東海子，輪廣五十餘里。西一里曰勝峯山。東二十里曰青龍山。

【校勘記】

〔一〕曲靖爲雲南襟喉至此郡不扃鑰而守乎　底本叙列於曲靖軍民府標目之前，川本、滬本同，今據文意改移曲靖軍民府題下。

〔二〕建寧郡　底本作「建興郡」，川本同，據滬本及華陽國志南中志改。

〔三〕更屬戎州都督　「屬」，底本作「置」，川本、滬本同。舊唐書地理志：戎州都督府，貞觀四年於州置都督府，督戎、郎等十七州。郎州，武德元年置南寧州，七年爲都督。「貞觀六年，罷都督，置刺史。八年，改南寧爲郎州也。」新唐書地理志：南寧州：「貞觀元年，罷都督。」南寧諸州隸戎州都督府。據此，郎州自罷都督後，改隸戎州都督府。正德雲南志卷九：唐置南寧州，「屬戎州都督府。」是也。此「置」爲「屬」字之誤，據改。

〔四〕兼管軍萬户府　「萬户」，底本倒誤爲「户萬」，川本同，據滬本乙正。

南寧縣　附郭。元丙辰年，立千户所，屬末彌地部〔一〕。至元十三年，以千户所置南寧州。二十一年，革爲南寧縣。本朝爲府倚郭。舊南寧縣址，在府西十五里三岔平川中。白水關，在府東。白水關驛，在府東北八十里。舊有白水關巡檢司，革。滇志：仍存土官。正統七年三月乙亥，復雲南曲靖衛定南堡。是堡立於洪武中，後革去。至是，兵部尚書王驥等言：平夷衛白水堡去曲靖遼遠，且田土荒蕪，宜復立定南堡，撥軍屯守。從之。

【校勘記】

〔一〕屬末彌地部　底本脱「末」字，川本、滬本同，據寰宇通志卷一一二補。

亦佐縣　府東北二百五十里。土丞二，分左右。一沙姓〔一〕，至天啓四年故絶，裁革；一海姓。　本朝立此縣，屬羅雄州。洪武初，因元舊，屬羅雄州，後改隸府。天啓二年，逆賊補鮓、安應龍攻毀。四年，巡撫閔洪學題議，建石城，修復縣治。

【校勘記】

〔一〕一沙姓　「沙」，底本作「河」，川本同，據滬本及明史雲南土司傳改。

霑益州　界烏撒、東川之間。府東北一百一十三里。　外設土知州一。　烏蠻與霑益如犬相牙，往以鬩牆相戕，濁亂我官道，魚肉我平民。黔人方之虎〔一〕，有翼而飛，則烏蠻之以也。而霑益且爲磨牙吮血之餘，交水而外，一望莽然。　州城即貴州烏撒衛後所城，周三里三分。天啓二年陷於賊。四年，巡撫閔洪學檄副總兵袁善以兵復之，葺治城濠，與松林、炎方之城犄角，爲曲靖蔽。　漢爲牂牁郡宛温縣地〔二〕。蜀分牂牁立興古郡。晉泰始七年〔三〕，分益州之興古、建寧、雲南，交州之永昌，合四郡爲寧州。唐武德四年，以興古郡置西平州。貞觀八年，更置盤州〔四〕，領盤水等縣〔五〕。　後爲野蠻㸚、刺所有，居繕那甸，又號末彌地部。元至元十三年〔六〕，革中路爲曲靖路，移治南寧縣，將末彌地部置霑益州。本朝因之。　霑益驛，在州北。倘塘驛，在州北八十里。儻塘。炎方驛，在州南八十里。松林驛，在州南一百六十里。阿幢橋巡檢司，在州南一百九十里。松韶鋪巡檢司，在州南一百里。交水稅課局，在州南二百里。霑益站堡，在州城外。儻塘站堡，在驛西。炎方城，在舊火忽都堡，周三百丈。松林城，在舊普魯吉堡，周三百丈。並天啓五年巡撫閔洪學遣將築。交水城，周四百九十七丈。天啓三年巡撫閔洪學築，移平夷右所官軍守之。堆湧山，〔旁注〕滇志作伯蒙。在州東南二百里。延袤二百餘里，峯巒堆突，如湧出然。盤江，在州境。有二源：北流曰北盤江，南流曰南盤江。環繞諸山，各流千餘里，至平伐橫山寨合焉。州據二江之間。交河，在州西一百八十里。合盤江、蠟溪二水，故名。西一百二十五里曰車翁江。江内爲州，江外爲四川東川府。西平州古城，在州東二里。廢石梁縣址，在州東北五十里。元至元中置。廢交水縣址，在州南二百三十里。其先磨彌部酋蒙提居此〔七〕，名易陬籠城〔八〕，後爲大理國高護軍所奪。元初置交水縣。廢羅山縣址〔九〕，在州東南一百二十里平夷鄉落蒙山。元初置。

平夷衛，〔旁注〕左、右二千户所。在州南一百二十里。〔旁注〕府東北。近府，宜入府下。巒岡山，在衛東八里。高十餘里，雄視萬山。十里河，在城西南二里。合清溪河，至羅平，入廣西泗城州，達廣東，入南海。豫順關，在衛城北二里。宣威關，在衛城北一十五里。交水縣〔一〇〕，元乙卯年歸附，至元十三年立縣，治易陬籠。北有盤江，西有蒙忙、落溪二水，於縣之東一里許，因名曰交水，屬霑益州。本朝未立。　石梁縣，元乙卯年歸附，至元十三年立縣，屬霑益州。此末彌部之地〔一一〕，昔有蠻五勒爲巫，居石梁原山〔一二〕。本朝未立。　羅山縣，元乙卯年歸附，至元十三年立縣，屬霑益州。在州之東一百二十里落蒙山，皆末彌部之地。本朝未立。　越州衛，在州東南六十里。城周二里三百四十五步。　府東南左、中二千户所。　西五里有下橋大河〔一三〕，受曲靖大河水及龍潭河水，合流而下。　舊越州址，在衛北二十五里石堡山西。元置越州。漢爲味縣地。蜀諸葛亮登分秦山，即其地。晉爲寧州之域。唐爲悦州。元昔車蠻之地，後爲爨蠻所據，號普麽。甲寅年歸附，丙辰年立千户所。至元十三年，革千户所，置越州，隸曲靖路。本朝因之。　烏撒衛後千户所，在州治西北，隸貴州烏撒衛。

【校勘記】

〔一〕黔人方之虎　「人」，底本作「大」，川本同，據滬本改。

〔二〕漢爲牂牁郡宛温縣地　底本脱「温」字，川本、滬本同，據漢書地理志、寰宇通志卷一一二、明統志卷八七補。

〔三〕晉泰始七年　「泰」，底本作「秦」，川本同，據滬本及晉書地理志改。

〔四〕更置盤州　底本「更置」下有「一」字，川本、滬本同。舊唐書地理志：「武德七年，開置西平州。貞觀八年，改爲盤州。」新唐書地理志：「盤州，本西平州，武德四年置，貞觀八年更名。」此「一」字衍，據删。

〔五〕領盤水等縣　「領」，底本作「治」，川本、滬本同。舊唐書地理志：盤州，領縣三，附唐、平夷、盤水。寰宇記卷七九同。此「治」爲「領」字之誤，據改。

〔六〕至元十三年　底本脱「元」字，據川本、滬本補。

〔七〕磨彌部酋蒙提居此　底本「部」字重出，川本同，據滬本及正德雲南志卷九删。

〔八〕易陬籠城　底本脱「易」字，川本、滬本同，據明統志卷八七、正德雲南志卷九補。

〔九〕廢羅山縣址　「廢」，底本作「摩」，川本、滬本同，寰宇通志卷一一二、明統志卷八七、明史地理志、紀要卷一一四皆記羅山爲廢縣，據改。

〔一〇〕交水縣　「縣」，底本作「號」，川本同，據滬本及元史地理志改。

〔一一〕此末彌部之地　底本作「此未部之地」，川本同，據滬本改補。

〔一二〕居石梁原山　底本缺「居」字，川本同，滬本作「治」，據元史地理志補。

〔一三〕下橋大河　「下」，底本作「大」，川本同，據滬本及紀要卷一一四改。

陸涼州　一統志作梁。　府南一百二十里。　滇志：府同知一，土官。分巡駐劄。　土城。　鹵昌城址，在州西南中涎澤尾。　木栅羲城址〔一〕，在中涎澤中洲上。南有騎思籠城。　廢芳華縣址，在州西四十里。昔落温部之地，蠻名忻歪，又名部封。元置芳華縣。　廢河納縣址，在州南八十里蔡村。　蒙氏時置陸郎縣，後幷於落温部。元初置百户，至元中改河納縣。　陸涼衛，在州西南〔旁注〕治南。　二十五里。　左、右、中、前、後五千户所。　城周六里。漢牂牁郡平夷縣地。蜀地。蜀建興三年[二]，分牂牁立興古郡。晉永嘉二年，改益州郡曰晉寧，分牂牁立平夷、夜郎二郡。唐武德四年，置西平州。貞觀八年，更名盤州。元爲落温部，至元十三年，以落温千户所置陸涼州，領縣二，屬曲靖路。十八年，立雲南王宫。本朝因之。河納縣，元陸郎部，丙辰年立百户所，至元十三年改爲河納縣。在州南八十里，曰蔡村。昔皆落温部之地[三]。本朝因之。芳華縣，蠻名忻歪，又名部封。丙辰年立千户所，至元十三年，革千户，立爲縣。在州西五十里，曰中澗場，即芳華縣治也。昔皆落温部之地。本朝因之。普陀驛，萬曆四十三年革。木容關。石嘴關。天生關。丘雄山[四]，在州東七里。上有方池[五]，水無盈縮。下有泉十八。中涎澤，在丘雄山下。源自南盤江，經府東南，合瀟湘江，至是匯焉，十八泉與南澗[旁注]州西北。皆注其下。木容關，在州西一十里。石嘴關，在州北二十里。天生關，在州南九十里。石門，在州西。平壤之中，石笋森密，周匝十餘里。大者高百仞，參差不齊，望之如林，俯仰側植，千態萬狀。東西行者皆穿其中，故曰石門。

【校勘記】

〔二〕木栅羲城　「木」，底本作「本」，川本同，據滬本及寰宇通志卷一一二、明統志卷八七改。

〔二〕蜀建興三年　底本作「蜀建年興年」，川本同，滬本作「蜀建興□年」。三國志蜀書後主傳：建興三年春三月，「又分建寧、牂牁爲興古郡」。據改補。

〔三〕落温部　「落温」，底本倒誤爲「温落」，川本同，據滬本乙正。

〔四〕丘雄山　「丘」，底本作「兵」，川本、滬本同，據寰宇通志卷一一二、明統志卷八七、明史地理志改。

〔五〕上有方池　「方」，底本作「芳」，川本同，據滬本及正德雲南志卷九改。

馬龍州　府西北七十里。　城周四百五十丈。　分水嶺關。　三岔口關。　唐爲東西爨部屬，州治納垢部，距曲靖路西北七十里。元丙辰年，立千户所。至元十三年，革千户所，置馬龍州。本朝因之。　通泉縣，元丙辰年，立百户所。至元十三年，改置通泉縣。本納垢、盤些、難矣部屬。其城曰易龍，以其地東西有二泉，合流於縣之南，故名。屬馬龍州。本朝因之。　馬龍縣，元屬馬龍州。本朝未立。　馬龍守禦千户所，在州治北。　城周二里二百八十步。　隸曲靖衛。　馬龍驛，在州北一里。　魯婆伽嶺巡檢司，在州南二十里。　楊磨山，在州西七十五里。一名關索嶺，上有關。　東河，在州治東。　西河，在州治西。　東流合東河，入尋甸軍民府界。　分水嶺關，在州西南二十里。　三叉口關〔一〕，在州東三十五里。　廢通泉縣址，在州西四十里。　本槃瓠裔納垢之孫易陬分居其地。元初爲易龍百户，後改置縣。

【校勘記】

〔一〕三叉口關　「三叉」，底本作「二乂」，川本同，據滬本及正德雲南志卷九改。

羅平州　府東南二百七十里。滇志不載。　石城，周四百六十丈。　舊名羅雄州，萬曆十四年，始設流，更名羅平。　漢牂牁郡宛温縣地〔一〕。　蜀爲興古郡境。元甲寅年歸附，號羅雄部。丁巳年，屬普摩部千户。至元十三年，置羅雄州，隸曲靖路。本朝因之。　多羅驛，在平夷衛。　定雄守禦千户所，本曲靖衛中左千户所，萬曆十三年建州城〔二〕。　白蠟山，在州西南一十三里。　蒙氏封爲安邊景帝之神，州人至今祀之。　八部山，在州西北八十里。高二百餘丈。其麓百餘里。　大渡河，在州西南二里。

【校勘記】

〔一〕宛温縣　底本脱「宛」字，川本、滬本同，據漢書地理志、寰宇通志卷一一二、明統志卷八七補。

〔二〕萬曆十三年建州城　川本、滬本同。明史地理志：「定雄守禦千户所，萬曆十四年九月置。」此紀年有差，「州」字疑衍。

姚安軍民府

〔旁注〕漢弄棟、蜻蛉二縣。

城周二里三分。嘉靖三十九年，知府楊日贊於南關外新築土城，廣一百三十丈。萬曆四十六年，巡按御史潘濬建七百餘丈。

當段氏有國時，爲姚府，居南詔八大府之一。東有金沙江之利，西接雲南州之勝，南距楚雄，北瞰大理，爲要會之所。雲南志。崇山修谷，平疇廣川，各居其半，實六詔之中分，滇、蜀之要會。自李唐以逮勝國，皆由此地而南。忠武征蠻，駐兹籌軍。專以滇中西北論，門庭鎖鑰，非此不可。

漢元封二年置益州郡，爲弄棟縣〔一〕。後漢爲益州郡弄棟城。蜀爲雲南郡弄棟縣。晉置寧州，領雲南等四郡〔二〕。宋、齊因之，領郡十五，亦理於此。唐麟德元年，於昆明之弄棟川置姚州。神功二年，罷州屬巂府〔三〕。後南詔蒙勸利晟改姚州爲弄棟府〔四〕。宋時大理因之。元癸丑冬歸附，置姚州，又以大姚堡千户更置大姚縣，來屬。本朝置姚安府，姚州仍屬焉。

領州一，縣一。屬洱海道。舊有蜻蛉驛，革。土同。分守與守備駐劄。守禦姚安千户所。

東八里曰寨子山，爨自久叛〔五〕，立寨於上。有泉湧出，流入烏魯淜。東山，在府東一十里。其西有武侯塔，相傳漢諸葛亮征南駐兵之所，後人建塔於上。其南有唐張虔陀所築古城。青蛉河，在府南四十里。舊名三窠戍江。源出三窠山，流至府南瀦爲大石淜，周廣二百餘畝。分爲東淘溪、西淘溪，繞府而北，復合流大姚縣南，復東入金沙江。

白鹽井巡檢司，在州北一百二十五里。三窠巡檢司，在州南六十里。普淜巡檢司，在州西一百三十五里。前場巡檢司，在州東四十里。普昌巡檢司，在州西一百一十里。

【校勘記】

〔一〕弄棟縣　「弄」，川本、滬本同，續漢書郡國志作「梇」，華陽國志卷四作「弄」，它本亦作「梇」。

〔二〕領雲南等四郡　「郡」，底本作「縣」，川本、滬本同。本書前文霑益州云：「晉泰始七年，分益州之興古、建寧、雲南，交州之永昌，合四郡爲寧州。」與晉書地理志合，此「縣」爲「郡」字之誤，據改。

〔三〕麗州屬巂府　「巂」，底本作「舊」，川本、滬本同。通典州郡六：姚州，「武太后神功二年，蜀州刺史張柬之上表請廢州隸巂府」。此「舊」爲「巂」字之誤，據改。

〔四〕蒙勸利晟　底本作「蒙盛勸和」，川本同，滬本作「蒙盛勸利」，據南詔野史、滇載記改。

〔五〕爨自久叛　「久」，底本作「火」，川本同，據滬本及紀要卷一一六改。

大姚縣　府北三〔旁注〕東北六。十里。漢青蛉縣也〔一〕，屬越巂郡〔二〕。蜀分屬雲南郡。唐屬西濮州，後屬髳州，南接姚州之境。元丁巳年，立大姚堡千户所。至元十一年，改置大姚縣，屬姚州。本朝因之。縣北曰鐵索箐。逶迤千里，昔爲夷賊恃險出没。巡撫鄒應龍平之〔三〕。中屯千户所，在縣城東。兵食志作同城。城周一里三分。隸楚雄衛。書案山，在縣東北一百五十里。大姚河，源出書案山，西流至大姚縣西北，合鐵索箐之水，又南流至縣西南，合姚州小橋村之水，又東流繞縣南，復東北入於青蛉河。龍蛟江，在縣北一百二十里。今名苴泡江。源出鐵索箐，合姚州之連場、香水二河〔四〕，入金沙江。滇志並同。

【校勘記】

〔一〕漢青蛉縣也　「縣」，底本作「川」，川本同，據滬本及漢書地理志、正德雲南志卷九改。

〔二〕越巂郡　「巂」，底本作「舊」，川本同，據滬本及漢書地理志改。

〔三〕巡撫鄒應龍平之　「應」，底本脱，川本、滬本同，據明史雲南土司傳、紀要卷一一六補。

〔四〕合姚州之連場香水二河　「姚州」，底本作「姚周」，川本同，據滬本及正德雲南志卷九改。

鶴慶軍民府

左麗江，右劍湖。元志。城周五里五分。疊障平原，可戰可守，强夷悍卒〔一〕，可兵可農。

禦侮於近地者，四十有八區，是以西事頻仍，惟鶴川安枕。

漢爲永昌郡西北之域。唐爲南詔之地。南詔兼幷六詔，此浪穹詔也。後於劍川置劍川節度〔二〕，共川又名鶴川，今府治。元癸丑年歸附，甲寅年，以謀統郡置鶴州〔三〕。二十二年，升爲鶴慶府，後改鶴慶路總管府。本朝立鶴慶府。

領州二。屬金滄道。分守駐劄。土知事。

在城驛，府南。觀音山驛，在府西南一百二十里。二驛並一流、一土。觀音山巡檢司，一流、一土，在府西南一百二十里。宣化關巡檢司，在府西南二十里。舊有清水江巡檢司，革。

東南二十五里曰象眠山，下有石穴，潛泄漾共之水入金沙江。又云：水洞在府東五里象眠山下。西南一百里曰觀音山河，源出黑泥、山神二哨〔四〕，至大營分而爲二，一自浪穹縣，一自普陀崆，至鄧川合流入洱水。峯頂山，在府東十七里。峯巒起伏，南接龍珠山，北抵麗江界。下有五泉，可以溉田。方丈山，在府南一百二十里，巍然峻拔。山半有洞，中有池，深不可測。南詔名山凡十七，此其一也〔五〕。龍珠山，在府南五十里。漾共江，源出麗江，經州東南，至龍珠山入石穴，復出注金沙江。在府東五里，一名鶴川。源出麗江界，經府治東南象眠山麓，羣峯環合，豬而爲湖。石穴一百八孔，潛滲山後，復出會金沙江。

【校勘記】

〔一〕强夷悍卒　「卒」，底本作「雜」，川本同，據滬本改。

〔二〕後於劍川置劍川節度　底本脱前「川」字，川本同，滬本空格，據蠻書卷三、明統志卷八七補。

〔三〕甲寅年以謀統郡置鶴州　底本空缺「寅」字，川本、滬本同。元史地理志：「元憲宗三年内附，爲鶴州。七年，立二千户，仍稱謀統，隸大理上萬户。」按元憲宗三年爲癸丑年，正合本書上文云「癸丑年歸附」，三年至七年間之四年爲甲寅年，此缺者爲「寅」字，據補。「統」，底本作「繞」，川本同，據滬本及元史地理志改。

〔四〕源出黑泥山神二哨　「二」，底本作「神」，川本同，據滬本及圖書集成職方典卷一四九九改。

〔五〕此其一也　「也」，底本作「山」，據川本、滬本及正德雲南志卷一〇改。

劍川州　府西九十里　衛炳州治記：昔雲南六詔，劍川爲劍共詔地，後幷六爲一，遂置劍川節度使。元初，段氏世衰，高氏迭興，因請鶴川爲路，而劍川改縣屬焉，今柳龍充即其治也。元季大亂，土酋楊慶擅有其地〔一〕，要於雲南梁王，以縣爲州，授慶參政兼知州事。大明洪武十四年平雲南，劍川仍舊爲縣。未幾，普顔都等聚逋逃之虜〔二〕，據佛光山以拒官軍。慶弟楊奴潛詣軍門款附，因命知州事，而劍川復爲州。其後奴意不軌，乃廢舊制，即上登廣明寺爲治，以便私事。未三載，復創治於下登羅魯城，背山阻水，以爲負固之便。明年四月舉兵叛，官僚士庶悉罹其害。克平後，仍於廣明寺設州。二十三年，吴興趙彦良來判是州，治遷於柳龍充〔三〕。

羅魯城址〔四〕，在州南十五里瓦窑村。唐時築。德望城址，在州南三里水寨村。段氏時築。彌沙井巡檢司，在州西南一百五十里。彌沙井鹽課司，在州南。金華山，在州治西一里〔五〕。山脈自西番界羅均山盤曲而來，延亘二十餘里。山頂常有紫色如金。劍川湖，在州西北七十里。山頂有泉，廣可半畝，流注州東爲此湖。周數十里，繞流羅魯城，〔旁注〕州南。出趙州境。州南五里曰劍湖，周六十里。湖尾繞流羅魯城，南經漾濞與洱水合，歷車里、八百，入南海。十五里曰劍川，即湖尾水。曲流爲三折〔六〕，形如川字，以此名州，若蜀之巴江也。唐義督，羅魯城也，又名劍浪詔，南詔於此置劍川節度，大理段氏故置義督瞼。元至元十一年，革千户所，置劍川縣，隸鶴州。本朝洪武十七年，升爲劍川州〔七〕。

【校勘記】

〔一〕土酋楊慶擅有其地　「擅」，底本作「檀」，川本、滬本同，滬本眉批：「檀，疑當作擅，下文可證。」據下文文意改。

〔二〕普顔都　川本、滬本同，本書前文大理府浪穹縣作「普顔篤」。

〔三〕治遷於柳龍充　川本同，滬本作「始建於柳龍充」。圖書集成職方典卷一四九九作「遷於柳龍充」，此「治」疑衍字。

〔四〕羅魯城　「魯」，底本作「武」，川本、滬本同，據本書下文及明統志卷八七、紀要卷一一七、圖書集成職方典卷一五〇〇改。

〔五〕在州治西一里　底本倒誤爲「在州治一里西」，川本同，據滬本及紀要卷一一七乙正。

〔六〕曲流爲三折　「三」，底本作「之」，川本同，據滬本及圖書集成職方典卷一四九九改。

〔七〕本朝洪武十七年升爲劍川州　「州」，底本作「縣」，川本同，據滬本及明史地理志改。

順州　府東一百二十里。　土同知。　土城，周三里。　唐昔牛賧地。南詔徙諸浪人居之，與羅落、磨些參錯而處，至羅落蠻成斗爲酋〔一〕，至自瞪一十二世〔二〕，屬大理。元乙卯年歸附，至元十五年，以牛賧置順州，隸北勝府。　本朝洪武十五年，改屬鶴慶府。　元副州，屬鶴慶府。　本朝未立。　元木按州，屬鶴慶府。　本朝未立。

【校勘記】

〔一〕至羅落蠻成斗爲酋　底本「爲」字重出，川本同，據滬本删。

〔二〕自瞪　「瞪」，底本作「瞼」，川本同，據滬本及紀要卷一一七改。

武定府

俗尚强悍，難治。松皮覆屋，簑氈蔽身，交易用鹽。近建學校之後，舊習漸遷。舊志。

蜀爲建寧郡。晉爲寧州。隋置昆州。唐隸戎州都督，後屬蒙氏。宋時，地屬大理，權臣高量成平羅羅、些門諸部，遂有其地。元甲寅年歸附。丁巳年，立羅婺萬户府。至元八年，并仁德、于矢二部入羅婺〔一〕，更置北路總管。十一年，更名武定路。本朝改武定府。隆慶三年，平鳳賊之亂，始遷於獅子麓。城周六里。初爲武定軍民府。隆慶元年，鳳繼祖叛，呂光洵討平之，始設流。萬曆三十五年，鳳克復叛，去軍民二字，改爲武定府。

武定守禦千户所，同城。隆慶三年建，直隸都指揮使司。

領州二，縣一。屬洱海道。舊有南甸云云，在後。

府西一里曰獅子山。絶頂坦然，上有石城、清池。中藏深谷，可容萬人。

陳善府城記：地理志：南詔三十七部，武定其一也。宋淳熙間，段氏舉阿而者爲羅武部長，凡三傳爲矣格〔二〕。元世祖時，爲北部土官總管。至元七年，改武定路。至我朝〔三〕，阿而八代孫弄積妻商勝，倡義歸附，授武定軍民府土同知府。正德中，弄積三世孫阿英改鳳姓，蓄異謀。嘉靖七年，英子朝文叛附安賊，英娘瞿氏守土奉職。四十年，小人搆謀，劫印歸男婦索林，自此始多事矣。瞿氏嗣育逆祖〔四〕，冀圖襲官，屢撫屢叛。巡撫尚書呂公討誅之。隆慶元年，奏設流官，擇鳳氏族人思堯老，世授府經歷，以存其祀。三年，思堯父鳳曆糾合諸夷謀叛，知府劉宗寅討平之〔五〕，始遷府治。

金沙江，在府北三百八十里。源出吐蕃共龍川犂牛石下〔六〕，流經姚安，至本府北界，又東入黎溪州。蒙氏封爲四瀆之一。沿江多嵐雨〔七〕，即冬月行猶浹汗。行者多以雨中及夜渡。西溪河，源出鎮南，經楚雄，至元謀西而入金沙江。

【校勘記】

〔一〕于矢　「于」，底本作「於」，川本同，據滬本及元史地理志、明統志卷八七改。

〔二〕矣格　「矣」，底本作「無」，川本同，據滬本及明史雲南土司傳、武定鳳氏本末改。

〔三〕至我朝　「至」，底本空缺，川本同，據滬本補。「我」，底本作「武」，據川本、滬本改。

〔四〕瞿氏嗣育逆祖　底本「瞿氏」前衍「無」字，川本同，據滬本删。

〔五〕鳳曆糾合諸夷謀叛知府劉宗寅討平之　「曆」，底本作「歷」，川本、滬本同；「寅」，底本脱，川本漫漶，滬本作「實」，並據天啓滇志建設志、明史雲南土司傳、武定鳳氏本末改補。

〔六〕源出吐蕃共龍川犂牛石下　底本「共龍川」上衍「繼」字，川本、滬本同，據明統志卷八七、正德雲南志卷一〇删。

〔七〕沿江多嵐雨　「沿」，底本作「治」，川本同，據滬本及正德雲南志卷一〇改。

和曲州　舊在府東十五里。隆慶四年，改附府。　府西南三十里。舊領元謀、南甸二縣，而南甸爲府附郭。嘉靖末，築府城，移州附郭，省南甸焉。　乾海子、羅摩洱二巡檢司〔二〕，萬曆四十一年裁，以元謀縣典史兼攝。州在武定路西南三十里亘箐甸。元初隸羅婺萬户。至元二十六年，置和曲州，隸武定路。本朝因之。環州驛，在府西北二百一十里。隆慶元年，移小甸關。和曲驛，在府東城外。姜驛，在府西二百九十里。虚仁驛〔二〕，在府西北一百五十里。隆慶元年，移高橋地方。金沙江巡檢司，在府西二百五十里。羅摩洱巡檢司。小甸關巡檢司，在府南五十里。龍街關巡檢司，在府西北七十里。乾海子巡檢司，舊屬南甸縣。舊有撒里巡檢司，革。佐丘山，在州北一十里，府北二十五里。山之中平坦，花木長春。有澤廣五畝，水清無盈涸，名洗馬池，一流爲勒湊溪，一流爲東波湊〔三〕。

【校勘記】

〔一〕羅摩洱　「洱」，底本作「耳」，川本、滬本同，據明史地理志、明會典卷一三九改。下同。

〔二〕虚仁驛　「虚」，底本作「𩃎」，川本同，滬本作「靈」，據寰宇通志卷一一三、紀要卷一一六、天啓滇志旅途志改。

〔三〕東波湊　底本作「東波浪」，川本同，滬本作「東坡浪」，據寰宇通志卷一一三、明統志卷八七、紀要卷一一六改。

元謀縣　州西北一百九十里。舊設土知縣一，萬曆六年裁。縣在本路西北三百六十里。舊名環州。元初屬羅婺。至元二十六年〔一〕，置元謀縣，隸和曲州。本朝因之。南甸縣，本湊陑籠城，又名瀼甸，訛曰南甸。元至元間〔二〕，置南甸縣，後立武定路，治於本縣，爲倚郭〔三〕。住雄山，在縣西北一十里。俗呼環州山。頂摩蒼空，壁立萬仞〔四〕，西枕𡚁陋甸，東連諸山，環於州境。西溪河，源出鎮南州，經楚雄，至縣西境，下入金沙江〔五〕。

【校勘記】

〔一〕至元二十六年　川本、滬本同，元史地理志作「十六年」，無「二」字。

〔二〕元至元間　底本倒誤爲「至元元間」，據川本、滬本乙正。元史地理志作「至元二十六年」。

〔三〕南甸縣至爲倚郭　川本、滬本同。按廢南甸縣與元謀縣無涉，此條錯置。

〔四〕壁立萬仞　「壁」，底本作「璧」，川本同，據滬本及正德雲南志卷一〇改。

〔五〕金沙江　「金」，底本作「笠」，川本、滬本同，據明統志卷八七、正德雲南志卷一〇改。

禄勸州　府東北二十里。　州在武定路東北二十里，其石舊縣同甸。昔名洪農禄券〔一〕，易籠蠻居之。至元二十六年，置禄勸州，並置易籠、石舊二縣，屬武定路。本朝因之。普渡河巡檢司，在州北一百八十里。舊屬石舊縣。石闢。石門闢。烏蒙山，在州東北三百里。一名雪山。與東川爲界，北臨金沙江。上有十二峯，雄拔陡絶，盤旋七十里。八九月間常有雪。其頂有烏龍泉，下流爲烏龍河。蒙氏封此山爲東嶽。幸丘山，在故易籠縣之東北。四面陡絶，頂有三峯，可容萬家。昔爲羅婺寨，有天生城，牢不可破。廢易籠縣址，在州北一百八十里。有二水合流，繞之而東。昔羅婺酋居此，爲羣酋聚集之所。元爲易籠縣。　舊有南甸縣附郭，屬和曲州，革。　石舊縣，在祿勸州東五里，屬祿勸州，正德中革。　勒夷水，自南甸縣境北流，入金沙江。　掌鳩水，在石舊縣。其水繞縣三面，凡數十渡，自治北流入，東南與款莊、樂宰二水合，至普渡河達於江，凡數十渡。合處形如獅子，又名獅子口。　石舊縣，在掌鳩水於東有四甸〔二〕，曰掌鳩，曰法塊〔三〕，曰抹捻，曰曲蔽。掌鳩甸訛曰石舊。元至元二十六年，置石舊縣。本朝因之。　易籠縣，易籠，城名也，在州北一百八十里，地名倍場〔四〕。有二水，北曰托闕舊洟，西曰賀播陬洟，相合繞城而東。蠻謂易爲水，籠爲城，因是得名。昔羅婺大酋居之，初隸羅婺。至元二十六年，置易籠縣，屬祿勸州。本朝洪武十七年裁革。

【校勘記】

〔一〕洪農碌券　底本脱「券」字，川本、滬本同，據元史地理志補。

〔二〕在掌鳩水於東有四甸　「於」，川本同，滬本作「干」。「東有四甸」，川本、滬本同，明統志卷八七作「舊有四甸」，正德雲南志卷一〇同。

〔三〕法塊　底本脱「法」字，川本同，據滬本及元史地理志、正德雲南志卷一〇補。

〔四〕倍場　「倍」，底本作「培」，據川本、滬本及元史地理志、正德雲南志卷一〇改。

尋甸軍民府

西接中慶，東連曲靖，川原平衍，皆可耕稼。元志。地勢卑下，沮洳之場。東川盤據負嵎於北塞〔二〕，獨當一面。諸夷雜處，習尚頑梗。置流建學以來，其俗漸遷，人文可睹。舊志。

城周五百三十丈有奇。外接四川，内鄰武定、霑益諸夷。元仁德府遺址，在今城東五里。其遷於舊治莫考。嘉靖十年，始遷今地。滇志：成化十二年，土酋兄弟爭襲搆難，始改設流〔三〕，爲尋甸府。元中慶路東北二百里。昔僰剌蠻居之，號仲扎溢源部。後烏蠻名新丁者奪之，其後納周徙居府北呰送甸。五世又徙府東北判子城，以其祖新丁名部，又爲仁地部。至元四年，爲萬户府，隸北路。十三年，改爲仁德府，領爲美、歸厚二縣。本朝洪武十七年，改尋甸軍民府。

爲美縣治，在府北三里，地名溢浦。適吕賧甸方百里，即仁地之故部。至元二十四年置縣。本朝未立。

歸厚縣，地名易浪滴籠，舊屬仁地部。至元二十四年，置儻俸縣，後更名歸厚縣，屬仁德府。本朝未立。

鳳梧守禦千户所，同城。嘉靖六年建，直隸都指揮使司。屬安普道。流官，土酋專事。

木密關守禦千户所，在府東南六十里，直隸都指揮使司。城周四百六十四丈。易龍驛，在府東南六十里。

易龍堡，在府東南。古城堡，在木密所北三十里下板橋。

勇克山，在府西。亦呼雪山，林壑幽邃，積雪不消。下有泉，爲儻俸溪。在乞曲里曰怒勒峯。中有一海，多魚利，界連霑益，六寨乾夷居之。曰額吾峯。上有清水塘，下有濕寒泉，乾夷往來兩峯之間，以爲窟宅。曰那多峯。有大石寨，接連東川。俱乾賊潛處，下有龍泉。易龍驛東南中和山，又名賽武當，以祀真武。中途有關索嶺，下視左右兩山，排列各十二，以像旗鼓，有「旗鼓二十四山」之號。月狐山〔三〕，在府東北八里。環亘五十餘里。隱毒山，在府城西。相傳此山獨無嵐瘴，土人每歲夏月避居其上。其麓有泉，亦名隱毒。果馬山〔四〕，在府城西南六十里。下有泉，爲果馬溪〔五〕。落隴雄山，在故歸厚縣西南，〔旁注〕府西一百三十里。綿亘五十餘里。其東有哇山，聳秀如劍鋒。土人築寨其上，險不可攻，名曰安樂城。阿交合溪，在府東十五里。舊名些丘溢泒江。其源有二，一出嵩明州，一出馬龍州，至府東南十五里合流，入霑益州界。

廢爲美縣址，在府北三里。地名溢浦。廢歸厚縣址，在府西三十里。地名易浪滴籠。七星橋，在府東十五里。

【校勘記】

〔一〕負嵎於北塞 「塞」，底本作「寨」，據川本、滬本改。

〔二〕始改設流 「流」，底本作「法」，川本同，據滬本及正德雲南志卷一一改。

〔三〕月狐山 「狐」，底本作「孤」，川本、滬本同，據明統志卷八七、正德雲南志卷一一、嘉靖尋甸府志改。

〔四〕果馬山 「果」，底本作「杲」，川本同，據滬本及明統志卷八七、正德雲南志卷一一改。

〔五〕果馬溪 「果」，底本作「杲」，川本同，據滬本及明統志卷八七、正德雲南志卷一一改。

麗江軍民府

東有麗水，西有瀾滄，南接大理，北距吐蕃。元志。 雪消春水，遥連西蜀之偏；鱗次碉房，直接吐蕃之宇。語天塹則金沙、黑水，論地利則鐵橋、石門。 古荒服地，與吐蕃接壤。 衣同漢制，俗不類澤，板屋不陶，焚骨不葬，帶刀爲飾。 境内夷麼些、古宗〔一〕，或負險立寨，相讐殺以爲常。志草。 與蜀松、維如瓶相角。 松州賞番茶有雜木葉者，番人怒而擲之。 安知滇徼外之茶〔二〕，彼無仰給乎？聞麗江每有調遣，輒以防虜爲辭，輸餉代兵以爲常。

漢時，自巂以東北〔三〕，君長十數，惟筰都最大。武帝開越巂郡〔四〕，以筰置定筰、大筰、筰秦等縣〔五〕。隋爲巂州。唐改定筰昆明縣〔六〕，後又升爲昆明軍。太和以後没於蠻，是爲越析詔，或謂磨些詔，居故越州、析州。州後地屬南詔，於此置麗水節度。南詔衰後，大理莫能有其地，乃磨些蠻蒙醋醋爲酋長，世襲據之。元癸丑年平之。至元八年，置宣慰司。十五年，改爲麗江路軍民總管府。二十二年，更置軍民宣撫司。本朝洪武十五年，立麗江府。初爲麗江府，後改麗江軍民府。

土知府。　領州四。　屬金滄道。　流通判，僅通文移。

在城驛，隆慶二年官革，支應照舊，屬土官。

雪山，在府西北二十餘里。一名玉龍山。條岡百里，巋然千峯〔七〕，上插雲漢，下臨麗水。山巔積雪不消。蒙氏封爲北嶽。　清溪，其源有二，一出東山，一出雪山，至東圓里合流，繞府城前。灌溉之利甚溥。

【校勘記】

〔一〕麼些古宗　底本作「麼步步古古宗」，川本、滬本同，據圖書集成職方典卷一五〇五、一五一九改。

〔二〕安知滇徼外之茶　「徼」，底本作「微」，川本同，據滬本改。

〔三〕自嶲以東北　「嶲」，底本作「舊」，川本同，滬本作「越嶲」，據史記西南夷列傳改。

〔四〕越嶲郡　「嶲」，底本作「舊」，川本同，據滬本及漢書地理志改。

〔五〕莋秦　「秦」，底本作「奏」，川本、滬本同，據漢書地理志改。

〔六〕唐改定莋昆明縣　川本、滬本同。元和志卷三二：昆明縣，本漢定莋縣，後没蠻夷，周武帝立定笮鎮，「武德二年，於鎮置昆明縣」。寰宇記卷八〇略同。此「定莋」下疑脱「爲」字，或「唐於定莋置昆明縣」之誤。

〔七〕巋然千峯　「千」，底本作「十」，川本、滬本同，據明統志卷八七、正德雲南志卷一一改。

通安州　漢定莋縣。附郭。　土同知。　古笮都國地，曰三賧，又曰樣渠頭賧。　漢武帝開西南夷，爲越嶲郡以西之境〔一〕。唐越析州磨些詔之地，後并入南詔。宋大理時，其民本昔濮𢇲蠻，後爲磨些蠻葉古乍舒匿赤侵奪其地，世襲，據有三賧。元癸丑年歸附。至元十二年，置三賧管民官。十四年，更置通安州，屬麗江路。本朝因之。　石門關巡檢司，在州西一百二十里。

寶山州　在雪山之東，麗江西來〔一〕，環帶三面。元史。　府東二百四十里。　土知州。　漢爲永昌郡邪龍縣境。唐爲磨些蠻，兄弟七人，分據七處，城名魯普和寨。元癸丑年歸附。至元十四年，合大匱等七處置寶山縣〔二〕。十七年，升爲州，屬麗江路。本朝因之。　丘塘關。

【校勘記】

〔一〕越嶲郡　「郡」，底本作「群」，川本同，據滬本及漢書地理志改。

雪山門關。大匱寨遺址在州。唐磨些蠻兄弟七人居之，曰大匱，曰羅邦，曰羅寺，曰礙場，曰卞頭場，曰當波羅場，曰當郎將。元世祖南征至大理，悉内附。

【校勘記】

〔一〕麗江西來　「來」，底本作「東」，川本同，滬本作「東」，據元史地理志改。

〔二〕寶山縣　底本脱「寶」字，川本同，據滬本及元史地理志補。

蘭州　後漢博南縣。府西南三百六十里。土知州。漢爲永昌郡博南縣以北之地。唐爲南詔地。本儘蠻所居〔一〕，名羅眉川。西有蘭滄水，西北邊吐蕃界。蒙閣羅鳳嘗徙善闡楊城堡張、楊、李、趙、向、間、任七姓戍守之，以麗水節度領制之。宋大理段氏始置蘭滄郡，以董慶者治之。後周姓强盛，遂與董分爲東西部，以江爲限，各遣子入質於大理。元甲寅冬歸附。至元十三年，於羅眉川置蘭州，屬麗江路。本朝洪武十五年，改屬鶴慶府。福源山，在州治北。延亘東南五十餘里。瀾滄江，源出吐蕃嵯和歌甸，流經州西北三十里。東漢永平中，始通博南山道，渡蘭倉水，即此。

【校勘記】

〔一〕儃蠻　「儃」，底本作「櫨」，川本、滬本同，據明統志卷八七、正德雲南志卷一一改。下文巨津州「濮、儃二蠻」改同。

巨津州　府西北三百里。　唐爲羅婆九賧。　北有三川、鐵橋，西接牟浪共城，北瞰羅眉川。昔濮、儃二蠻所居，後爲磨些蠻奪其地。南詔幷六詔，以其地置麗水節度，本州屬之。元至元十五年，置巨津州，屬麗江路。本朝因之。　臨西縣，唐磨些蠻羅裒間之地。後西北邊吐蕃界。元至元十四年，以羅裒間置臨西縣，屬巨津州。本朝因之。　漢藪山，在州西北二百八十里。高可萬仞。上有三湖，各寬五畝，深不可測。　金沙江，古名麗水，源出吐蕃界犂牛石下，名犂水〔二〕，訛爲麗。流經巨津、寶山二州。江出沙金，故名。元憲宗三年征大理，從金沙濟江，即此。　雪山門，在州東北，舊名越滅根關。當吐蕃、摩些之界，極爲險峻。　鐵橋，在州北。〔眉批〕北一百三十餘里，跨金沙江，與吐蕃接界。或云隋開皇帝立，穴石錮鐵爲之。　橋之建，或云吐蕃，或云隋史萬歲及蘇榮，或云南詔閣羅鳳與吐蕃結好時置。　其處有鐵橋城，吐蕃嘗置鐵橋節度於此。　韋皐破吐蕃〔二〕，斷鐵橋，即此。　所跨處穴石錮鐵爲之，冬月水清猶見鐵環。　舊有臨西縣〔三〕，在府西北四百六十里。正統二年，爲番人所據，僅存一寨。後廢。

【校勘記】

〔一〕源出吐蕃界犁牛石下名犁水　底本「犁」皆作「黎」，脱「牛」字，川本同，滬本僅前者作「犁」，後者仍作「黎」，亦脱「牛」字，並據明史地理志、紀要卷一一三改補。

〔二〕韋皐　「韋」，底本作「封」，川本同，據滬本及正德雲南志卷一一改。

〔三〕臨西縣　「西」，底本作「江」，川本同，據滬本及明統志卷八七、正德雲南志卷一一改。

元江軍民府

古西南極邊之地。　地多瘴癘，檳榔蹈客，家藏積貝，日春自給。四時多熱，一歲再收。境內皆百夷，性懦氣柔，惟酋長所使。舊志。

城三面瀕河，延袤九里。　在雲南大理西南之境，極邊之地。

蒙氏南詔時，爲銀生節度所隸。　南詔末年，和泥侵據其地。　宋儂智高之黨逃徙於此，和泥開羅槃甸居之。　後麽些徒蠻阿僰渠悉幷威遠諸部〔一〕，和泥亦隸焉。　元甲寅年歸附。　至元十三年，置元江萬户府。　二十五年，於步日部更置元江路總管府，領步日、馬籠一十二部。　地連千里，隸臨安廣西元江等處宣慰司兼管軍萬户府。　本朝初爲元江府。　永樂四年，改元江軍民府。

土知府。　領長官司一。　屬臨沅道。

日因遠驛〔二〕，隆慶三年官革，支應照舊。　禾摩村巡檢司，在府東北六十五里。土人。

猛甸關。　瓦阸關。　杉木關。　定南關。

玉臺山，在府城東。舊名羅槃山。凡二十五峯，懸崖絕壁，險阸難登。　路通山，在府東五十五里〔三〕。舊名馬籠山。北瞰禮社江，高峯千仞，蔽虧日月，青入天際。一線羊腸，通臨安路。自樂山，在府東北一十里。一名棲霞山。有二十峯，懸崖峭壁，狀若崆峒。　禮社江〔四〕，一名元江。源自白厓江，合瀾滄江。流繞府城東南，入南安州。　西北三百里曰九龍山。産礦，名魚梟場。　南三百里有三江，一自猛野，一自景東，一自杉木，江流三合，故名三江口。

和泥路，元和泥二處羅配管民官，領甸四，後置和泥路。本朝未立。

因遠羅必甸長官司　附郭。

【校勘記】

〔一〕麽些徒蠻　川本、滬本及正德雲南志卷一一同，明統志卷八七、紀要卷一一六作「些麽徒蠻」。

〔二〕日因遠驛　「日」，川本、滬本同。按此條所載與明會典卷一四六同，正德雲南志卷一一、圖書集成職方典卷一五〇六作「因遠驛」，此「日」爲衍字。

〔三〕在府東五十五里　川本、滬本同。明統志卷八七：「路通山，在府城東二十五里。」正德雲南志卷一一同。此前

「五」爲「二」字之誤。

〔四〕禮社江　「江」，底本作「山」，川本同，據滬本及明統志卷八七、正德雲南志卷一一改。

鎮姚守禦千户所　在府南一百五十里。萬曆十三年，改永昌所建，隸永昌府。城在老姚鳳山之阿，土築，周八百一十八丈二尺。去所三十餘里曰茨竹坪。山路極險，接猛波羅界。

鎮安守禦千户所　在府西南潞江外三百五十里。萬曆十三年，改金齒所建，隸永昌府。疑當作隸永昌衛。

永昌軍民府

漢不韋縣。後漢永昌郡。〔眉批〕後漢書明帝紀：永平十二年，益州徼外夷哀牢王相率内屬〔一〕，置永昌郡。

兵備與參將駐劄。

府城周一十三里一十四步。

東蒙化府之漾備界，西隴川宣撫司界，南孟養府界，北雲龍州之崇山界〔二〕。東至大理府三百八十里，至雲南府一千一百六十五里。西南有潞江，東北有蘭滄江，深不可測，邊夷莫能越。

西南諸山則高黎共爲之祖，東北之險則博南衍其宗。〔眉批〕府志：百里平原，兩江設塹。注云：自天井山南來，一望百里，皆平廣之區。

元爲永昌府。本朝因之，置金齒衛。洪武二十三年，省府，改衛爲金齒軍民指揮使司。嘉靖元年，復置軍民府。領州一，縣二，長官司二，屬金滄道。同城。洪武十五年，建左、右、中、前、後、中左、中右、中前八千户所。永昌衛，以金齒軍民指揮使司改。

金齒驛，府北門外。沙木和驛，在府東北一百二十里。蒲縹驛，在府南六十里。南甸驛。此下滇志俱無，而有鎮姚驛，在姚城内，萬曆十二年建，萬曆十三年，移臘底地方。羅卜思莊驛，萬曆十三年，移愠木地方。孟哈驛，萬曆十三年，移布嶺地方。小保場驛。滇志有。老姚關驛。景永驛。邦曩驛。猛哈驛。鑾莫驛。以上俱土官，萬曆十三年設。舊有潞江驛，正統中革。滇志仍存。在府南一百二十里。

九隆山，在府西南十七里。山有九嶺，又名九坡嶺。連亘十里，高可百丈。沙河源出於此。哀牢山，在府東二十五里。本名安樂，夷語訛爲哀牢。高三百丈，袤延三十里許。絶頂有一石如人坐，懷中有二穴，名天井。土人於春首視水之盈涸，以卜歲之豐凶，至者見水溢以爲吉兆。穴下相通，取左穴水則右穴水涸，取右亦然。又山下有一石狀如鼻，二泉出焉。一温一涼，號爲玉泉，故又名玉泉山。金井，在哀牢山巔。一石二穴，相去一寸五分，各圍三尺，深二尺許，形圓如碗。以其居絶頂，故名之曰天池。孟春月，居民視井水之盈涸，以占歲之豐歉。城内之西曰太保山。高九十丈，横二里許。山巔平廣，可習騎射。峽口山，在府東南四十里。下有石洞，廣二丈。金齒川流俱入此洞，行地中，達瀾滄江。高半之。一郡諸水俱泄於此，伏流地中，達於施甸、枯柯，入蘭滄江。洞多魚，故又名魚洞。羅岷山，在府東北八十里瀾滄江西岸。高千餘仞，延袤四十餘里。頂常有石飛下，過者必趨。瀾滄江。方輿：源出西蕃，廣五十步。舊用竹索爲橋，今有木橋，曰霽虹。驛騎往來，如履平地。劉庭蕙記：源出吐蕃嵯和歌甸〔三〕，西南入麗江，度雲龍，折羅岷〔四〕，東流順寧，歷車里，下交阯，匯於南海。經府城東北八十里羅岷山下〔五〕。〔旁注〕廣可二十餘丈，深莫測，東奔流達順寧，歷車里，入於南海。漢明帝兵開博南，行者愁怨，歌曰：漢德廣，開不賓〔六〕。度博南，越蘭津。度蘭滄，爲它人。渡處舊以竹索爲橋，後廢。本朝洪武末，鎮撫華岳鑄二鐵柱於兩岸以維舟。〔旁注〕後架木橋，屢毁復建。潞山〔七〕，在府南一百里。清水河，在府北五十里。其源有二：一出本府阿隆村，一出甘松坡下。合流至潞江安撫司城東北，合鳳溪、郎義河。又至府城東南，合沙河諸水，入於峽口洞。〔旁注〕去府城西北五十里，南流渡清水關，是爲西河。東北合於鳳溪，繞流而南，入於峽口洞。郎義河，源出龍王泉，流於郎義村，泛於北津，合清水河，南入於峽口洞，是爲東河。沙木河，源自順寧府，與山澗水匯流，經府城東北一百二十里，西北入瀾滄江。

清水關，在府西北二十里卧佛山西。山達關，在府東北七十五里阿章寨。水眼關巡檢司，在府南五十里。土人。甸頭巡檢司，在府北四十里。土人。石甸巡檢司，施甸巡檢司。滇志。在府南一百里。金齒巡檢司。那蒲蠻關，在府南三十五里。萬曆四十七年革。沙木和巡檢司〔八〕，在府東北一百二十里。舊會典有浪滄江巡檢司，今無。清水關巡檢司，在府西北四十里。

【校勘記】

〔一〕益州徼外夷哀牢王相率内屬　底本「徼」作「檄」，「王」作「玉」，川本「王」作「玉」，據滬本及後漢書明帝紀改。

〔二〕北雲龍州之崇山界　底本「州」字重出，川本同，據滬本删。

〔三〕嵯和歌甸　底本脱「歌」字，川本、滬本同，據本書上文補。

〔四〕折羅岷　「折」，底本作「抔」，川本同，據滬本改。

〔五〕羅岷山　「山」，底本作「江」，川本同，據滬本及明統志卷八七改。

〔六〕開不賓　「不」，底本作「石」，川本、滬本同，據後漢書南蠻西南夷傳、華陽國志南中志改。

〔七〕潞山　川本、滬本同。按明、清地志皆不載永昌府有名「潞山」者。紀要卷一一七：「潞江，在永昌府南百里，舊名怒江。」圖書集成職方典卷一五〇九：「潞江，在永昌府城西百里，舊名怒江。」與本書頗合，疑「山」爲「江」字之誤。

〔八〕沙木和巡檢司 「和」，底本作「河」，川本同，據滬本及明會典卷一三九、明史地理志改。

保山縣 附郭。滇志云〔一〕：嘉靖三年添設。潞江關。清水關。蒲關。哀牢縣址，在府城太和坊之東。元爲永昌府。洪武中，省府，以其地爲中千户所軍營。不韋縣址〔二〕，在鳳棲山下。在古哀牢國境内，説者以爲在鳳溪山下。山塔關，在府東北。老姚關，在府東南一百七十里。丁當丁山關〔三〕，在府東。馬面關，在府西北二百五十里，上江外蠻雲喧山頂。山極高峻，削壁上有石，名黄牛石。行者阻險，必祭而後行。控茶山、里麻一帶要害。金勝關〔四〕，在姚城南四十里，當灣甸、猛波羅兩路中。萬曆十五年，參將鄧子龍建。銅壁關，在布嶺山頂。控制蠻哈、海墨、蠻莫等要路。巨石關，在户岡、習馬山頂。控制户岡迤西要路。萬仞關，在吊橋猛弄山。控制港得、港勒迤西要路。神護關，在盞西邦中山。控制茶山、古勇、威緬迤西等路。鐵壁關，在等練山。控制蠻莫要路。虎踞關，在邦杭山。控制蠻棍、遮鰲、光腦、猛密等路。天馬關，在邦欠山。控制猛廣、猛密、猛曲等路。漢龍關，在襲回要害。控制猛尾、猛曲、猛廣、猛密、猛育、壘弄、錫波要害。以上各關，並有樓臺、公署、營房〔五〕。萬曆二十二年，巡撫陳用賓檄知府漆文昌督建。

【校勘記】

〔一〕滇志云 「云」，底本作「元」，川本同，據滬本改。

〔二〕不韋縣 「不」，底本作「石」，川本同，據滬本及漢書地理志改。

〔三〕丁當丁山關 底本脱後「丁」字，川本、滬本同，據寰宇通志卷一一三、明統志卷八七、正德雲南志卷一三補。

〔四〕金勝關 川本、滬本及紀要卷一一八同，明史地理志、清統志卷四八七作「全勝關」。

〔五〕並有樓臺公署營房 「樓臺」，底本倒誤爲「臺樓」，川本同，據滬本乙正。「營」，底本作「管」，據川本、滬本改。

永平縣 後漢博南縣。府東北一百七十里。 土縣丞。 縣與永平禦同城。城周三里三分，計九百五十六丈二尺。 永平禦前前、右右二千户所〔一〕。 永平堡，在縣東五里。 黄連堡，在縣東一百里。 槺備上堡，在縣東七十里。 上甸關。 花橋關。 永平驛，在縣東五里。〔旁注〕北一里〔二〕。 打牛坪驛，土官，在縣東一百二十里。 府志：在巡司西南。 打牛坪巡檢司，土人，在縣東北九十里。 上甸定夷關巡檢司。 二司萬曆四十八年革。 西南三十五里曰花橋山。 高二十里許，上有鐵礦。 東八十里曰雙橋河。 源發上西里，泛於黄連堡東二里許，匯諸澗水，入勝備江。 東北五十里曰九渡河。 源發勝備江，沿山繞流，上跨九橋。 又有溪碧江〔三〕。 源發劍川，經趙瞼，過蒙舍，達於平坡，會四十里山溪合流。 府志：漾濞江一名神莊江，一名溪碧江云云。 西四里曰桃源河。 源發和丘山，至南蠻之東入銀龍江。 西南三十五里曰花橋河。源出博南山下，至龍尾之陽入銀龍江。北三里曰木里場河。西南十里曰曲洞河。和丘山，在縣西三十里。高千餘仞，盤迴五十里。東麓一潭，四時澄澈，流爲木里場河。西麓有泉，流爲曲洞河〔四〕。博南山，在縣西南四十五里。一名金浪巔山，俗訛爲丁當丁山。陟降約三十餘里，崇坡峻阪，委曲嶙峋，爲西郵通衢。府志。高二十里，連亘百餘里，漢以此山名縣。乃昔蒲蠻出没之所。北麓有泉，流爲花橋河。羅武山，在縣東北一百一十里。高一百五十丈。山半有泉，流爲勝備江。横嶺山，在縣東北一百三十五里。高三十里，延袤七十里。山極陡峻，驛路經其上。其西有泉，下流爲九渡河。寶藏山，在縣東七十里。一曰觀音山。武侯南征，大兵至此山，路迷，遇一老嫗，呼犬從絶徑中出，始得路。旋視老嫗，已失所在矣。因建廟於上，俗名娘娘叫狗山。府志已删此説。銀龍江，在縣東。守禦城枕跨其上。源自上甸里，合木里場河，又南合曲洞河，又東南過薩佑河、花橋河，又東南入瀾滄江。〔旁注〕源發阿荒山麓，經打牛坪諸寨達蘭滄江。一名太平河。每歲孟冬時，近曉有白氣横江，上下充滿，月色相映，盤旋如龍，日升則白氣散而盈川爲霧〔五〕，故曰銀龍。勝備江，源出羅武山，南流經縣東南境，合九渡、雙橋二河，至蒙化府合溪備江。丁當丁山關，在博南山。上甸關，在縣北二十里。花橋關，在縣西南四十里。博南縣址，在縣江東村。關索寨，在縣東北五里。下有洞，首尾相通，樵牧者嘗聞洞中有戈戟聲。永平前前千户所〔六〕，永平後後千户所〔七〕，隸永昌衛。

【校勘記】

〔一〕永平禦前前右右二千户所　底本「户」字重出，川本同，據滬本及紀要卷一一八删。明會典卷一二四作「永平前前千户所」、「永平後後千户所」。

〔二〕北一里　川本、滬本同。正德雲南志卷一三：「永平驛，在永平縣東五里。」紀要卷一一八同。此誤。

〔三〕溪碧江　川本、滬本同，寰宇通志卷一一三、明統志卷八七作「溪備江」。紀要卷一一三：「樣備江，亦曰漾濞江，亦曰濞溪江，亦曰黑惠江。」清統志卷四八七：「碧溪江在永平縣東北二百里。舊志：即漾濞江。」

〔四〕曲洞河　「曲」，底本作「史」，川本、滬本同，據明統志卷八七、正德雲南志卷一三改。

〔五〕盈川爲霧　「川」，底本作「以」，川本同，據滬本改。

〔六〕永平前前千户所　「前前」，底本作「前二」，川本、滬本同，據明會典卷一二四改。

〔七〕永平後後千户所　「後後」，底本作「後二」，川本、滬本同，據明會典卷一二四改。

騰越州〔旁注〕府南三百六十里。　磚城周八里三分。　元爲騰衝征緬招討司。本朝洪武三十三年，改騰衝守禦千户所，隸金齒司。正統十四年，紀作壬戌，乃七年。升騰衝軍民指揮使司，統五千户所。嘉靖二年，復置騰越州，永昌軍民府以騰衝所土民隸之，改騰衝軍民指揮使司爲騰衝衛。宣德五年六月，騰衝守禦千户所土官副千户張銘言：本所地方，遠在極邊。麓川宣慰思任發，不時讎殺，侵擾夷民〔一〕。乞設州治，置官吏，與騰衝守禦千户所相兼鎮撫，庶得其民安業。上從之，就以銘爲騰衝州知州〔二〕。騰衝去鎮二十有二程，山川限隔，險阨懸絶，夷僚環處，甲於西險，實諸夷出入要害地〔三〕。侯璡築騰衝司城記：宣德六年八月，以雲南騰衝守禦千户所隸雲南都指揮使司。先是，永樂中，析其地爲南甸州，宣德初，又析置騰衝州，俱隸雲南布政司，獨騰衝守禦千户所屬金齒軍民指揮使司。每有緩急，二州徑達布政司，而千户所必由金齒始達都司，往復旬餘，事多違誤。至是，奏乞徑屬都司〔四〕。從之。正統十年三月庚辰，設雲南騰衝衛軍民指揮使司。州東五里曰球玶山。下峻上平。正統間，麓川賊寇邊。守禦官軍居立此寨，軍民潛避其上，因又呼爲梗寨。西北二百二十里曰明光山。上有銀銅二礦。舊爲騰衝軍民指揮使司，嘉靖三年添設。騰衝衛，同城，正統二年建〔五〕。左、右、中、前、後、騰衝六千户所。以騰衝軍民指揮使司改。有税課司，爲諸蠻通市。騰衝驛，在城東門外。龍川江驛，在州東六十里。鎮夷關巡檢司，在州南四十里。舊屬騰衝衛。龍川江巡檢司，在州東六十里。舊屬騰衝衛。羅生山，在州城東南二十里。峯巒千丈，條岡百里。高黎共山，在州城東北一百二十里。山極高峻，介騰衝、潞江之間。冬月，潞江無霜，其山頂霜雪極爲嚴沍。蒙氏封爲西嶽。舊名崑崙岡，夷語訛爲高良公。界在潞江、麓川江之間。山極高峻，絶頂有泉分流而下，又名分水嶺。方輿：東臨潞江，西即麓川江索橋。府志：自皋登高，東西各四十里。天霽可望吐蕃之雪山。絶頂有泉，東流永昌，西流騰越，故又名分水嶺。大盈江〔六〕，一名大車江。在城西南。有三源：一出赤土山，流爲馬邑河；一出巃嵸山，瀦爲小湖，流爲高河；一出羅生山，流爲羅生場河，繞州城，自東而北而西。三水合爲大盈江，南入南甸州爲小梁河，至干崖爲安樂河，西流匯檳榔江。方輿：大居江出騰衝北山下，由南甸經乾崖合檳榔江，入江頭城，名大盈江。龍川江，源出峨昌蠻地七藏甸，繞越甸，經高黎共山北。渡口古有藤索橋，今爲木橋。下流至太公城，合大盈江。龍川江關，在衛城東七十五里江之西岸。古勇關，在衛城西一百里古勇甸。檳榔江，源出吐蕃，繞金齒僰夷界，經干崖阿昔甸合大盈江，入江頭城。疊水河，亦大盈江之派。山麓斷崖百尺，急水奔流。麓川江，源出峨昌蠻界，經騰、永中高黎共山下，由芒市孟乃甸入緬中。越甸縣址，在州西南冬甸。又有順江州、古湧縣，俱在甸內。羅密城，在州北三十里。夷酋所居，壕塹猶存。西源城址，在州西山平原中二里。有城及衢井遺址。

鳳溪長官司　府東二十五里。土正長官。本元永昌府東境，洪武二十三年設。永昌府西南臨諸夷之境，五百二十五里至南甸宣撫司，六百八十五里至干崖宣撫司，一千七百二十里至孟密宣慰司，又九百里始至寶井，二千一百六十里至木邦宣慰司〔七〕，三千里有奇至南海。此使臣撫治必由之道，故詳及之。其東南則四百八十里至順寧府，西北則五百三十里至五井提舉司。鳳溪山，在司治東。東西有二泉〔八〕，合流爲鳳溪。

施甸長官司　府南一百里。土正長官。唐爲銀生府北境。段氏置廣夷州。元爲石甸長官司〔九〕，隸金齒路，後訛爲施甸。本朝洪武十五年，仍置施甸長官司。小羅窑池河，〔旁注〕在司東南二里。源自秀巖山，下流經峽口，入蘭滄江。秀巖山，在司東南二里。小羅窑河源出於此。坪市河，〔旁注〕司西南三十里。一出甸頭山，一出石甸寨，合流經司，又南合蒲縹寨澗水，經新柵山口，從陡崖飛下，下流入於潞江。蒲闗，在司境之莽由寨。

【校勘記】

〔一〕麓川宣慰思任發至侵擾夷民　底本「麓」作「麗」，「思」作「司」，「侵」作「警」，川本、滬本同，據明史雲南土司傳二改。

〔二〕就以銘爲騰衝州知州　底本「就」作「龍」，「銘」作「名」，川本同，據滬本改。

〔三〕實諸夷出入要害地　底本脱「夷」字，川本同，據滬本補。

〔四〕奏乞徑屬都司　「徑」，底本作「經」，川本同，據滬本改。

〔五〕正統二年建　「二」，川本、滬本同。明英宗實録卷一二七：正統十年三月庚辰，「設雲南騰衝軍民指揮使司。先是，靖遠伯王驥、都督沐昂以騰衝爲雲南要地，宜置軍衛以鎮之」，「上悉從之」。此「二」爲「十」字之誤。

〔六〕大盈江　「江」，底本作「川」，川本、滬本同，據本書後文及正德雲南志卷一三、紀要卷一一八改。

〔七〕木邦宣慰司　「木邦」，底本作「本郡」，川本同，據滬本改。

〔八〕東西有二泉 「東」，底本作「之」，川本同，據滬本及正德雲南志卷一三改。

〔九〕石甸長官司 「石」，底本作「右」，川本、滬本同，據明統志卷八七、明史地理志改。

潞江安撫司 府西南一百三十里。府志同。已上三安撫、一長官司，並隸於永昌衛。滇志。

獨此隸永昌府〔一〕。舊名怒江甸。元至元間，置柔遠路軍民總管府，治怒江甸，隸金齒等處都元

帥府。後爲麓川宣慰司所據。滇志。洪武十五年，改爲柔遠府，後置潞江長官司。永樂九年，升

安撫司。宣德元年六月，以潞江安撫司隸雲南布政司。初，潞江與灣甸同爲長官司，屬金齒。

永樂間，升灣甸爲州，長官刁景發爲知州，隸雲南布政司；潞江亦升爲安撫司，仍屬金齒。至

是，安撫曩壁遣子入貢，奏乞改隸爲便，故有是命。正統三年五月壬寅，命雲南南甸、騰衝二

州，瓦甸、干崖二長官司，潞江安撫司，仍隸金齒軍民指揮使司，潞江州百夫長仍還永昌千户所，

潞江州知州刀珍罕、同知刀石浪仍充千夫長。從雲南總兵官黔國公沐晟等奏請也。潞江，

舊名怒江。府志。在府城南百里。源出雍望，經安撫司之北，兩岸陡絶，瘴癘甚毒，夏秋不可行。

蒙氏封爲四瀆之一。其深莫測，兩岸平廣，夏秋多瘴毒，行者患之。昔渡以索橋，今渡以舟。

潞江關，在潞江東岸。

【校勘記】

〔一〕已上三安撫一長官司並隸於永昌衛獨此隸永昌府　川本、滬本同。按上述者爲鳳溪、施甸二長官司，此下所述者爲鎮道、楊塘二安撫司，與潞江安撫司共三，又有茶山一長官司，則共三安撫司、一長官司，此「上」疑爲「下」字之誤。又本書云「獨此（潞江安撫司）隸永昌府」，則鎮道、楊塘二安撫司隸永昌衛，又與三安撫司隸永昌衛不符。此當有舛誤。

鎮道安撫司

楊塘安撫司

茶山長官司　宣德五年六月，雲南茶山長官司奏：所轄夷民，悉居深山，而滇灘當小茶山、瓦高之衝，寇常出没，人不能安。通事段勝頗曉道理，能安人心，乞於滇灘置巡檢司，以勝爲巡檢。從之。

新化州　入臨安。　府東北五百二十里。　土城，周五百丈〔一〕。　舊爲馬龍他郎甸長官司〔二〕，直隸布政司。弘治間，設新化州，直隸布政司。萬曆二十五年〔三〕，改屬臨安府。　領縣一〔四〕。　屬臨沅道。　土同知。　摩沙勒巡檢司，在州西南一百里。　迤陑山，在州治東。

山勢來自昆陽，連屬不絶。迤阻山，在州治西。與迤陑山對峙。徹崇山，在州北五十里。林木蓊鬱，巖石峻險。延長一百五十里。下有温泉，其熱如湯。馬籠山，在州西一百里。舊名馬籠，蠻酋常結寨其上，號馬籠部。摩沙勒江，源自大理白崖城，流經本甸東南八十里，東注元江，入交阯界。

【校勘記】

〔一〕周五百丈　底本脱「丈」字，川本同，據滬本補。

〔二〕馬龍他郎甸長官司　底本脱「甸」字，川本、滬本同，據明統志卷八七、正德雲南志卷一二補。

〔三〕萬曆二十五年　「二十五」，川本、滬本同，紀要卷一一五、明史地理志皆作「十九」。

〔四〕領縣一　「縣」，底本作「州」，川本同，據滬本及明史地理志改。

新平縣入臨安。府北一百二十里。流官。土牆。南峒巡檢司，在縣北三十里。土人。本元之平甸縣。本朝爲平甸鄉，隸嶍峨縣，後爲丁苴、白改夷賊所據。萬曆十九年討平之，始改爲縣，隸臨安府。平甸河，在縣東十里。大羅河，在縣東五十里。南硐山，在縣南二百里。有七十二硐。

北勝州

一江外繞，三關内囿。雲南志。　枕石峽，抱金沙，控吐蕃。土狹而饒，兵悍而勁。

土同知、判官。

州與瀾滄衛同城。　石城，周五里三分。

初屬鶴慶府。洪武二十九年〔一〕，置瀾滄衛軍民指揮使司〔二〕，以州隸之。正統六年，〔旁注〕實録：七。改隸布政使司。　舊隸瀾滄衛，正統中，改隸布政司。　屬金滄道。

瀾滄驛，在州東南。　清水驛，在州南九十里。　舊有寧番驛，革。　寧番巡檢司，在州東二百里。　土官。

習尚朴野〔三〕，勤於耕織。置衛建學後，境土不驚，人文漸盛。惟五方流移之人，聚黨搆訟。境内夷類挾弓弩，以采獵爲生。舊志。

金沙江堡，在賓川州金沙江巡檢司南。　南山關。　北山關。　西山關。

唐南詔異牟尋始開其地，名曰北方賧，徙瀰河白蠻施、蘇等一十八姓，及羅落、磨些、冬門、尋丁、俄昌諸蠻酋，以實其地，號曰成偈賧，又更名善巨郡。大理段氏以高大惠治此賧。元甲寅年歸附。至元十七年，置北勝州。二十四年，升爲北勝府，屬麗江路。本朝洪武十五年，改爲州。

州東曰羅易江，流入永寧府。南四十里曰程海，周八十餘里。五十里曰程湖，下流入金沙江。西南曰白角河，流入西番界。金沙江，源自麗江府，由西而東環州治。一名麗江。桑園河，源自雲南縣，經州西南一百五十里桑園村，下流入金沙江。

峎峨城址，在州南五十里峎峨村。蒙氏所築，今存。

【校勘記】

〔一〕洪武二十九年　底本缺「二十」二字，川本同，滬本作「十」，據寰宇通志卷一一三、明統志卷八七、明史地理志補。

〔二〕瀾滄衛軍民指揮使司　底本脱「使」字，川本、滬本同，據寰宇通志卷一一三、明統志卷八七、紀要卷一一七、明史地理志補。

〔三〕習尚朴野　底本「尚」下衍「於」字，據川本、滬本删。

威遠州

本南詔銀生府之地，沿革與蒙東府同〔一〕。至元十二年，置威遠州。洪武十五年，改爲威遠府。摩沙勒巡檢司〔二〕，土人。舊會典屬灣甸。考有蒙樂驛。谷寶江，自遮遇甸流至州境，下流合瀾滄江。

【校勘記】

〔一〕蒙東府　川本、滬本同，疑當作「景東府」。

〔二〕摩沙勒巡檢司　「沙」，底本作「阿」，川本同，據滬本及明會典卷一三九改。

灣甸州

本灣甸長官司，永樂三年升。舊有龍川江巡檢司，革。考有戛賴、大店、阿瓦三驛〔一〕。黑水，在州南數十步。每歲五六月，水自地湧出。人馬近之則病，飲之則死。土人用氈浸水中，久之，取出絲毫，可以殺人。每當水出時，人畜俱不敢近。俗傳孔明南征至黑水，即此。

【校勘記】

〔一〕考有戛賴大店阿瓦三驛　「三」，底本作「之」，川本、滬本同。明會典卷一四六載：「國初麓川平緬宣慰司有戛賴、大店二驛，緬甸宣慰司有阿瓦驛。」據改，但此三驛不在灣甸州境。

鎮康州

本灣甸地，永樂七年，灣甸州土官同知曩光言其地廣人衆，因命增設，以曩光爲知州。鎮康府，元中統元年歸附，立鎮康路。府在永昌府東南五日程，領二甸。本朝洪武十五年，立鎮康府，未知即此鎮康州否？潞江，俗名怒江。出路蠻，經鎮康，與大盈江合，入緬中。

雲州入順寧。府東三十里。原名大侯州，萬曆二十五年改。土判〔一〕。州城，萬曆三十一年，移建於大栗樹。周六百丈。宣德三年五月，升雲南大侯長官司爲大侯州，以土官刀章罕爲知州。蠻彌山，在州南二百五十里。林木陰森，崖石壁立。瀾滄江，在蠻彌山東南之麓。舊蠻猛祐地，元中統初，辟文内附，控長官司，屬麓川路〔二〕。本朝洪武中内附，仍以其酋爲長官司。正統三年，其酋隨征麓川有功，升大侯州。赦學，其後也，分居其地。後巡撫陳用賓因亂討平之，請設流官，賜名雲州，領猛緬長官司一，猛猛、猛撒土巡檢二〔三〕，隸布政司。萬曆三十四年，改隸順寧府。猛緬長官司。猛猛巡檢司。猛撒巡檢司。並土官，未請印信。　舊有臘丁鄉巡檢司，萬曆四十一年革。

【校勘記】

〔一〕土判　「判」，底本作「叛」，據川本、滬本改。

〔二〕麓川路　「川」，底本作「門」，川本同，據滬本及明統志卷八七改。

〔三〕猛撒　底本脱「猛」字，川本、滬本同，據本書下文及紀要卷一一八補。

瀾滄衛軍民指揮使司　境臨極邊，與西戎相接。山勢峻峭，一夫當關，百人莫越。雲南志。　與北勝州同城。　左、右、中、前、後五千户所。　領州一。

浪蕖州　一統志作蒗，滇志同。　衛城北二百八十里，北勝州北一百八十里。俗尚氣力，勇厲善戰，不離金革。　土知州。　洪武中，屬鶴慶府，尋改屬本衛。唐舊名羅共川。澄賧詔王豐咩初據澄賧，子咩羅皮自爲澄川州刺史，治大釐城。南詔蒙歸義襲敗之〔一〕，走保野共川，即此地。後南詔破劍川，虜之，徙於永昌。後有樓頭〔二〕、磨些裔與羅落蠻居之。元至元九年歸附。十八年，以羅共賧置浪蕖州，隸北勝府。本朝屬鶴慶府。　羅易江，源出州東，合數溪，北流入永寧府。　白角河，源出州西南綿綿鄉，經州西北白角鄉，入西番界。

【校勘記】

〔一〕南詔蒙歸義襲敗之　底本脱「歸」字，川本、滬本同，據新唐書南詔傳、南詔野史補。

〔二〕樓頭　「樓」，底本作「棲」，川本同，據滬本及圖書集成職方典卷一五一三改。

車里軍民宣慰司　隆慶二年，頒隆慶年號金牌十一道。　車里軍民府，在浪滄江之南，地接南海、交趾、八百媳婦。髡髮，文身。甸夷蠻及倭泥、貉獠、蒲剌、黑角諸類雜居，亘古未通中國。元癸丑年歸附。至元十一年，立徹里路軍民總管府，在建水西南十五程，領六甸。本朝洪武十七年，立爲車里軍民府。　六慰者，西南之極際，騰、永之外藩。輪廣八九千里〔一〕，前代皆不能有之。我朝威德，無遠不被，乃編置爲六宣慰：曰木邦，曰緬甸，曰八百，曰車里〔二〕，曰老撾，曰孟養；一宣撫，曰猛密。

【校勘記】

〔一〕輪廣八九千里　底本「八」後衍「十」字，川本同，據滬本删。

〔二〕車里　「車」，底本作「東」，川本同，據本書上文、滬本改。

木邦軍民宣慰司　元至元二十六年，立木邦路軍民總管府。在木朵西南五日程，領三甸。

本朝洪武十五年，置木邦府。

孟養軍民宣慰使司　本朝洪武十五年置。〔旁注〕孟養府。　鬼窟山，在司境。極爲險隘，夷人據爲硬寨。

緬甸軍民宣慰使司　國初，麓川平緬宣慰司有戞賴、大店二驛，緬甸宣慰司有阿瓦驛。正統間，失緬甸，革麓川平緬宣慰司，改立三宣撫。今惟干崖有驛。方輿：平緬路有檳榔江，出吐蕃，經乾崖阿共睒，入緬界。　地勢廣衍。有金沙大江，闊五里餘，水勢甚盛，緬人恃以爲險。

八百大甸軍民宣慰使司　南格剌山，在車里、八百之界。山上有河。其南屬八百，其北屬車里。

老撾軍民宣慰使司　三宣、六慰，嚮爲我藩籬。今盡爲緬人屏蔽，幸道阻且遠，不能越數千里空國而來。若曰恃吾有以待之，則防緬之兵無時，焉可撤也。

南甸宣撫司　宣德五年六月，雲南南甸州奏：先被麓川宣慰司侵奪其地，賴朝廷威力復之。

若不置官司以正疆界，恐侵奪未厭。乞於木縛、雷傍哈、丘壠磨、孟倫四處，置巡檢司以鎮之。從之。正統九年六月癸未，升雲南南甸州及干崖長官司俱爲宣撫司，以南甸州知州刁落硬爲南甸宣撫，通判劉思勉爲同知，干崖長官刀怕便爲干崖宣撫司，副長官劉英爲同知。先是，雲南總督軍務靖遠伯王驥奏：南甸、干崖宜設宣撫司，撫安夷民。刁落硬等屢從征剿，宜升任之。故有是命。元至元二十六年，立南甸路軍民總管府，在騰衝之南半日程，領三甸。本朝洪武十五年，置南甸府。舊爲南甸府。永樂十二年，改南甸州。正統八年，升宣撫司。舊會典有南甸驛。今無。蠻干山，在司東一十五里。土酋恃其險阻，世居其上。沙木籠山，在司南一百里。上有關。南牙山，在司西一百八十里。山甚高，延袤一百餘里。樹木陰翳，官道經之。上有石梯，夷人以此據險。又有清泉，下流入南牙江。小梁河，在司東北三十里。源有二，一出騰衝赤土山麓，一出騰衝緬箐山麓，至此合爲一。西南流至干崖爲安樂河，而合於大盈江。其在司境流經南牙山西南，又謂之南牙江。孟乃河，在司東南一百七十里。即騰衝龍川江之源。大盈江，源自騰衝，流至司境，過鎮西，入緬甸。

干崖宣撫司　初隸金齒軍民指揮使司。宣德五年六月，改隸雲南都司。正統九年六月，升宣撫司。見南甸。國初爲鎮西府，後爲干崖長官司，正統中升宣撫司。古剌驛。甸頭驛。雷弄驛。俱土官。　雲晃山，在司南一十五里。上有瀑布泉，即雲晃河之源。　雲籠山，在司東二十五里。　雲晃河，在司治南。源出雲晃山，下流與雲籠河合。　安樂河，源出騰衝，經南甸，迤邐至雲籠山之麓，亦名雲籠河。沿至司北，折流而西一百五十里，爲檳榔江。至比蘇蠻界〔一〕，注金沙江，入於緬中。　止西河，在司東北三十里〔二〕。源出雲籠山，流十五里，與雲籠河合。

【校勘記】

〔一〕比蘇蠻　「比」，底本作「北」，川本、滬本同，據明統志卷八七、正德雲南志卷一四改。

〔二〕在司東北三十里　底本脱「司」字，川本同，據滬本及明統志卷八七、正德雲南志卷一四補。

隴川宣撫司　正統九年九月己亥，立雲南隴川宣撫司，以麓川頭目恭項爲宣撫使。時麓川既平，恭項請除授官吏。上從之，立宣撫司，設宣撫使、同知副使、僉事各一員，以恭項首先歸順，授宣撫使，副使以下僚屬，俱命恭項推舉以聞。　元中統元年歸附，立麓川路軍民總管府。本朝洪武十七年，立麓川平緬宣慰司。　舊爲麓川平緬宣慰使司，正統三年，其土酋思任發叛〔一〕，大軍平之，遂革其司。十一年，置隴川宣撫司於隴把。　景永城，在隴川宣撫宅後。　萬曆六年建。平麓城，麓川宣撫司舊址，多俺分地，即猛卯也。在三宣外，當諸夷衝。萬曆二十三年建。馬鞍山、摩梨山、羅木山，俱在境内，極高大，夷人恃以爲險。

【校勘記】

〔一〕思任發　「任」，底本作「伍」，川本同，據滬本及明史雲南土司傳改。

蠻莫安撫司　萬曆十三年添設。會典兵部。

猛密宣撫司　舊爲安撫司，隸灣甸州。萬曆十三年改，隸布政司。會典。

者樂甸長官司　已下俱隸布政司。蒙樂山，在司東二百里。巍然高峻，行一日方至其頂。中有毒泉，人畜飲之即死。景來河〔一〕，源自景東府，流經本甸，下入馬龍江。

【校勘記】

〔一〕景來河　底本作「景東河」，川本同，滬本及明史地理志作「景來河」。紀要卷一一六載：景來河「以自景東府來，因名。」則此「東」爲「來」字之誤，據改。

鈕兀長官司　宣德八年十月，置鈕兀長官司。鈕兀、五隆諸寨在和泥之地。時其酋伍者、陀比等朝貢至京，皆奏地遠，夷民蕃多，請設官授職，以總其衆。行在兵部請幷五隆於鈕兀，設鈕兀長官司。從之。遂以伍者爲長官，陀比等爲副。

芒市長官司　青石山，在司西南。峭拔千仞，奇怪萬端。又司境有永貢幹〔一〕、孟契二山，皆高大。夷酋立寨居之，以爲險要。下有芒市河。麓川江，在司西。源出昌峨蠻境〔二〕，流至司境，又至緬地合大盈江。〔旁注〕方輿：出莺昌，經越賧，傍高黎共山，由益施孟乃甸入。金沙江，源出青石山，流入大盈江。大車江，源自騰衝，流經青石山，下流至江頭城，名大盈江，入緬地蒲甘城界。

【校勘記】

〔一〕永貢幹　川本、滬本及明統志卷八七、正德雲南志卷一四同，紀要卷一一九、明史地理志作「永昌幹」。

〔二〕源出昌峨蠻境　「昌峨」，川本、滬本及明統志卷八七同，正德雲南志卷一四作「昌娥」。

猛臉長官司　考作孟璉。

分野書：茫施府，元中統元年歸附，立茫施路軍民總管府。在騰衝府東南四日程，領二甸。本朝洪武十五年，置茫施府。

木連府，元至元二十六年，立木連路軍民總管府。在謀粘之南七日程，領一甸。本朝洪武十五年置。

木朵府，元至元二十六年，立木朵路軍民總管府。

孟愛府，元至元二十六年，立孟愛路軍民總管府。在木邦之東三日程，領六甸。本朝洪武十五年置。

鎮西府，元中統元年，立鎮西路軍民總管府。在騰衝之南二日程，領二甸。本朝洪武十五年置。

柔遠府，元中統元年，立柔遠路軍民總管府。在騰衝東南一日程，領五甸。本朝洪武十五年置。

通西府，元至元二十六年，立通西府。在歹難西南五日程。本朝洪武十五年置。

雲遠府〔二〕，元至元二十六年，立雲遠路軍民總管府。即香柏城，在蒙光西北十五日程。本朝洪武十五年置。

蒙萊府〔三〕，元至元二十年，立蒙萊路軍民總管府。在麓川之南五日程。本朝洪武十五年置。

孟傑府，元泰定年間，置孟傑府，屬蒙慶宣慰司。本朝洪武十五年置。

孟絹府，元中統元年，置八伯等處宣慰司〔三〕，領孟絹路、者線府及五甸。本朝洪武十五年置。

太公府，元至元二十六年，置太公府。屬緬中，在江頭之南。本朝洪武十五年置。

木沾府，本朝洪武十五年置。

孟光府，本朝洪武十五年置。

蒙憐府，本朝洪武十五年置。

【校勘記】

〔一〕雲遠府　「遠」，底本作「路」，川本同，據滬本及大明清類天文分野之書卷一六、明史地理志改。

〔二〕蒙萊府　川本、滬本及大明清類天文分野之書卷一六同，明史地理志作「蒙來路」。

〔三〕八伯等處宣慰司　川本、滬本及大明清類天文分野之書卷一六同，「伯」，明史地理志、明史雲南土司傳作「百」。

輿考　大明官制載名而沿革無考者附：

大古剌宣慰司。

底馬撒宣慰司。

里麻長官司〔一〕。

【校勘記】

〔一〕里麻長官司　「里麻」，底本倒誤爲「麻里」，川本、滬本同，據明太宗實録卷五七永樂六年七月丙辰及卷六九永樂八年四月庚申、明史雲南土司傳乙正。

吐蕃，在雲南鐵橋之北，一名古宗，一名西蕃，一名細腰蕃。在唐嘗雲南，南詔不能勝〔一〕，讓之爲兄。後劍南節度提南詔兵大破之，永斷鐵橋，自是不復爲雲南患。至本朝高皇帝既平雲南，遂裂吐蕃爲二十三支，分屬郡邑，以麗江控制古宗，永寧、北勝控制諸蕃。麗江北境復與虜接近者木氏，屢以兵捕虜，拓地歲增，差發大麥有差。木氏自唐至今千餘年〔二〕，有土有官，益蕃日盛〔三〕，蓋天樹之爲中國禦西戎。木氏世守臣節而順天道，宜其長世也。

【校勘記】

〔一〕南詔不能勝　「南詔」，底本作「二詔」，川本同，據滬本改。

〔二〕木氏自唐至今千餘年　「千」，底本作「十」，川本同，據滬本改。

〔三〕益蕃日盛　「日」，底本作「目」，川本同，據滬本改。

交阯，唐堯宅之，漢州之，六代及唐並爲郡縣。宋不競，始失。我朝永樂初，破交阯，立布政司，以復漢舊〔一〕，偉矣。尋又棄爲外國，豈地分合自有數，抑人謀之不臧也？今黎氏竄於海濱，尚據數郡；莫氏之境，與廣南、富州接；又有交同者，介於滇、交阯之間，蓋彼亦裂而爲之矣〔二〕。交人皆左衽蓬跣，長技在銃與象。臨安諸土司足爲捍蔽，尚未煩内地備禦也。

【校勘記】

〔一〕以復漢舊　「復」，底本作「後」，據川本、滬本改。

〔二〕蓋彼亦裂而爲之矣　「之」，川本、滬本同，疑爲「三」字之誤。

兵巡安普道，分署雲南府。轄府二：雲南，武定；衛六：左衛、右衛、中衛、前衛、後衛、廣南衛；守禦千户所四：安寧、宜良、易門、武定。

臨安兵備道，分署臨安府。轄府五：臨安、澂江、廣西、廣南、元江；長官司八：納樓茶甸、教化三部、王弄山、虧容甸、溪處甸、思陀甸、左能寨、落恐甸；衛一，臨安；守禦千户所三：通海、新安、十八寨。

曲靖兵備道〔一〕，分署曲靖府。轄府二：曲靖、尋甸；衛四：曲靖、平夷、越州、六涼〔二〕；守禦千户所五：木密、鳳梧、馬隆、楊林、定雄。

金騰兵備道，分署永昌府。 轄府二：永昌、順寧；安撫司一，潞江；長官司二：施甸、鳳溪；衛二：永昌、騰衝；守禦千户所三：永平、鎮姚、鎮安；土守禦千户所一，右甸。

瀾滄兵備道，分署洱海衛。 轄府九：大理、楚雄、姚安、蒙化、鶴慶、景東、麗江、永寧、鎮沅；長官司六：十二關、六谷寨〔三〕、剌次和、革甸〔四〕、香羅〔五〕、瓦魯之〔六〕；衛七：大理、洱海、大羅、楚雄、蒙化、景東、瀾滄；守禦千户所四：鶴慶、姚安、中屯、定遠。

【校勘記】

〔一〕曲靖兵備道 「兵」，底本作「分」，川本、滬本同，據本書雲南總序改。

〔二〕六涼 川本、滬本及明會典卷一二四同，明史地理志作「陸涼」。

〔三〕六谷寨 川本同，滬本誤作「六合寨」，明史地理志作「祿谷寨」。

〔四〕革甸 「革」，底本作「華」，川本、滬本同，據明統志卷八七、明史地理志、明史雲南土司傳改。

〔五〕香羅 川本、滬本同，明史地理志、紀要卷一一七作「香羅甸」。

〔六〕瓦魯之 底本脱「之」字，川本、滬本同，據明統志卷八七、明史地理志、紀要卷一一七補。

會典南甸、干崖、隴川宣撫司下注云： 舊爲麓川平緬宣慰使司，正統三年革。 十一年，改置三宣撫司。 按一統志，惟隴川以麓川平緬改。 其南甸司自是正統八年升，干崖甸司正統間升。會典誤。

會典兵部瀾滄衛注云：以瀾滄軍民指揮使司改。而户部於浪蕖州上仍稱瀾滄衛軍民指揮使司。疑。

滇志舊志十七卷，葉榆李仁甫編，時爲萬曆元年。志草二十二卷，句町司空包汝鈍編，時爲萬曆三十一年。

舊志曰：梁州黑水，今瀾滄江是。此江所經，峽壑深塹，兩山夾流，原非禹鑿〔一〕。元張立道使交阯，由黑水入三崇山，蘭滄經其麓，今其地蓋有黑水祠。詳郡志。考究不無據矣。乃永昌諸生黄貞元，又以黑水歸金沙江，謂有兩金沙，而非李氏以蘭滄爲黑水，以江内外分夷漢，又非樊綽以麗水爲黑水，非程氏以西沂爲黑水，非地理志以南廣爲黑水。詳騰越志中〔二〕。

【校勘記】

〔一〕原非禹鑿　「非」，底本作「兆」，川本同，據滬本改。

〔二〕騰越志　「騰」，底本作「勝」，川本同，據滬本改。

朱泰禎疏：建昌一道，從雅、黎至滇界，分爲五大信地，將領五人畫疆而守。南北亘二千里而遥，中止一條如線鳥道，兩界俱屬夷落。其西界爲西番，名烏思藏、小西天諸國，即漢西域、唐吐蕃遺族；其東界爲倮儸，種類甚繁〔一〕。

【校勘記】

〔一〕種類甚繁 「繁」，川本、滬本作「蕃」。

楊廷和新建永昌府治記：永昌古哀牢之地，置郡自漢永平始，歷代多因之。元務遠略，創立金齒大理都元帥府於銀生崖甸。其地在今千餘里，是所謂金齒也。後以遠不可守，改爲衛，移就永昌府，仍冒金齒之名，其實非也。我明洪武壬申〔一〕，省府，以其名幷入金齒、永昌兩千户所，改金齒衛軍民指揮使司，永平縣亦隸之。領之者衛官，尚未有鎮守内臣及武臣也。景泰中，始有之。嘉靖元年，始革鎮守，置永昌軍民府。

【校勘記】

〔一〕我明洪武壬申 「我明」，川本同，滬本作「我朝」。

巡撫陳用賓裒所部輿記圖刻之〔一〕，名曰滇南修攘備考圖說。

【校勘記】

〔一〕輿記圖　「記」，底本作「范」，川本同，據滬本改。

元史世祖紀：至元二十八年二月，雲南行省言：叙州、烏蒙水路險惡，舟多破溺，宜自葉稍水站出陸，經中慶，又經鹽井、土老、必撒諸蠻，至叙州慶符，可治爲驛路，凡立五站。從之。

升庵集：唐地理志安南通天竺道，自羊苴咩城西至永昌故郡三百里，又西渡怒江，至諸葛亮城二百里。羊苴咩今在大理，怒江今在騰越。怒江，江波洶湧如怒也。或作露，非。

大理府。舊唐書韋仁壽傳〔一〕：將兵五百人至西洱河，承制置八州十七縣。南詔傳：異牟尋使其子閣勸及清平官等〔二〕，與崔佐時盟於點蒼山神祠。盟書一藏於神室，一沉於西洱河〔三〕，一置祖廟，一以進天子。

【校勘記】

〔一〕韋仁壽傳　底本作「封仁封傳」，川本同，據滬本及舊唐書韋仁壽傳改。

〔二〕異牟尋　「牟」，底本作「年」，川本同，據滬本及舊唐書南詔蠻傳改。

〔三〕一沉於西洱河 「沉」，底本作「溉」，川本同，據滬本及舊唐書南詔蠻傳改。

常璩南中志〔一〕：寧州，晉泰始六年初置〔二〕，蜀之南中諸郡，庲降都督治也〔三〕。南中在昔，蓋夷越之地，滇、濮、句町、夜郎、葉榆、桐師、嶲唐〔四〕，侯王國以十數。編髮左衽，隨畜遷徙，莫能相雄長。下永昌郡有嶲唐縣。周之季世，楚威王遣將軍莊蹻，泝沅水，出且蘭，以伐夜郎，植牂牁，繫船於是。且蘭既克，夜郎又降，而秦奪楚黔中地，無路得反，遂留王滇池。蹻，楚莊王苗裔也〔五〕。以繫船，因名且蘭爲牂牁國。分侯支黨，傳數百年。秦并蜀，通五尺道，置吏主之。漢興，遂不賓。

有竹王者，興於遯水。有一女子浣於水濱，有三節大竹流入女子足間，推之不肯去。聞有兒聲，取持歸，破之，得一男兒。長養，有才武，遂雄夷狄，氏以竹爲姓〔六〕。捐所破竹於野，成竹林，今竹王祠竹林是也。王與從人嘗止大石上，命作羹。從者曰：無水。王以劍擊石，水出。今王水是也〔七〕，破石存焉。後漸驕恣。武帝使張騫至大夏國，見邛竹、蜀布，問所從來，曰：吾賈人從身毒國得之。身毒國，蜀之西國，今永昌是也。騫以白帝。東越攻南越，大行王恢救之〔八〕。恢使番陽令唐蒙曉諭南越。南越人食有蒟醬〔九〕，蒙問所從。曰：牂牁來。蒙亦以白帝，因上書曰：「南越地東西萬里，名爲外臣，實一州主。今以長沙、豫章往，水道多絕，難行。

竊聞夜郎精兵可得十萬，若從番禺浮船牂牁，出其不意，此制越之一奇也〔一〇〕。可通夜郎道〔一一〕，爲置吏主之。」帝乃拜蒙中郎將，發巴、蜀兵千人〔一二〕，奉幣帛，見夜郎侯，喻以威德，爲置吏。旁小邑皆貪漢繒帛，以爲道遠，漢終不能有也，故皆且聽命。司馬相如亦言：西戎邛、笮〔一三〕，蜀之後園，可置爲郡。帝既感邛竹，又甘蒟醬〔一四〕，乃拜爲中郎將，往喻意，皆聽命。後西南夷數反，發運役〔一五〕，費甚多。相如知其不易也，乃假巴、蜀之論以諷帝，且以宣指便於百姓。卒開僰門，通南中。相如持節開越嶲，按道侯韓説開益州。武帝轉拜唐蒙爲都尉〔一六〕，開牂牁，以重幣喻告諸種侯王服從。因斬竹王，置牂牁郡，以吴霸爲太守，及置越嶲、朱提、益州四郡。後夷濮阻城，咸怨訴竹王非血氣所生，求立後嗣。霸表封其三子列侯，死，配食父祠。今竹王三郎神是也。

昭帝始元元年〔一七〕，益州廉頭、姑繒等二十四縣民反，水衡都尉吕破奴募吏民及發犍爲、蜀郡奔命擊破之。後三歲，姑繒復反，都尉吕辟胡擊之〔一八〕，敗績。明年，遣大鴻臚田廣明等大破之，斬首捕虜五萬人，獲畜産十萬餘頭〔一九〕，富埒中國〔二〇〕。封其渠帥亡波爲句町王，以助擊反者故也。廣明賜爵邑。成帝時，夜郎王興與句町王禹、漏卧侯俞更相攻擊。帝使太中大夫張匡持節和解之。句町、夜郎王不服，乃刻木作漢使射之。大將軍王鳳荐金城司馬陳立爲牂牁太守，何霸爲中郎將，出益州。立既到郡，單至夜郎召興。興與邑君數千人來見立，立責數，斬興〔二二〕，邑君皆悦服。平帝末，梓潼文齊爲益州太守。公孫述時，拒郡不服。光武稱帝，以南中有義。按漢書，述據益土，齊固守拒險，述拘齊妻子，許以封侯，終不降。聞光武即位，間道遣聞。蜀平，封齊成義侯。章帝時，蜀郡王阜爲益州太守，治化猶異，神馬四匹出滇池河中。安帝永初中，漢中、陰平、廣漢羌反，征戰連年。元初四年，益州、永昌、越巂諸夷封離等反，衆十餘萬，多所殘破。益州刺史張喬，遣從事楊竦將兵討之，凡殺虜三萬餘人，諸郡皆平。靈帝熹平中，蠻夷復反，擁没益州太守雍陟。遣御史中丞朱龜將并、涼勁兵討之〔二三〕，不克。朝議欲依朱崖故事棄之。太尉掾李顒獻陳方策，以爲可討。帝乃拜顒益州太守，與刺史龐芝伐之，徵龜還。顒將巴郡板楯軍討之，皆破，陟得生出。

蜀後主初立，越巂叟帥高定元殺郡將軍焦璜，舉郡稱王以叛。益州大姓雍闓亦殺太守正昂。更以張裔爲太守，闓復執送與吴。吴王孫權遥用闓爲永昌太守〔二三〕，遣故劉璋子闡爲益州刺史〔二四〕，處交、益州際。牂牁郡丞朱褒領太守〔二五〕，恣睢。丞相諸葛亮以初遭大喪，未便加兵，遣越巂太守龔禄住安上縣，遥領郡。從事常頎行部南入，以都護李嚴書曉諭闓。闓答書傲慢。頎至牂牁，收郡主簿考訊姦。褒因殺頎爲亂。益州夷復不從闓。闓使建寧孟獲説夷叟曰：「官欲得烏狗三百頭，膺前盡黑，蟎腦三斗，斵木構三丈者三千枚〔二六〕，汝能得否？」夷以爲然，皆從闓。斵木堅剛，性委曲，高不至二丈，故獲以欺夷。建興三年春，亮南征，自安上由水路入越嶲。別遣馬忠伐牂牁，李恢向益州，以犍爲太守王士爲益州太守。高定元自旄牛、定笮、卑水多爲壘守。亮欲候定元軍衆集合並討之，軍卑水。定元部曲殺雍闓及士庶等，孟獲代闓爲主〔二七〕。亮既斬定元，而馬忠破牂牁，李恢敗於南中。夏五月，亮渡瀘，進征益州。生虜孟獲，置軍中，問曰：「我軍如何？」獲對曰：「恨不相知，公易勝耳。」亮以方務在北，而南中好叛亂，宜窮其詐，乃赦獲，使還合軍更戰。凡七虜七赦，獲等心服，夷、漢亦思反善。亮復問獲，獲對曰：「明公天威也，邊民長不爲惡矣。」秋，遂平四郡，改益州爲建寧，以李恢爲太守，加安漢將軍，領交州刺史，移治味縣。分建寧、越嶲置雲南郡，以呂凱爲太守。又分建寧、牂牁置興古郡，以馬忠爲牂牁太守。移南中勁卒、青羌萬餘家於蜀〔二八〕，爲五部，所當無前，號爲飛軍。分其羸弱配大姓焦、雍、婁〔二九〕、爨、孟、量、毛、李爲部曲，置五部都尉，號五子。以夷多剛狠，不賓大姓富豪，乃勸令出金帛，聘策惡夷爲家部曲，得多者奕世襲官〔三〇〕。於是夷人貪貨物，以漸服屬於漢，成夷漢部曲。亮收其俊傑爲官屬，出其金、銀、丹、漆、耕牛、戰馬，給軍國之用。

晉泰始六年，以益州大，分南中四郡爲寧州，鮮于嬰爲刺史。〔眉批〕分益州南中建寧、雲南、永昌、興古四郡爲寧州。咸寧五年，尚書令衛瓘奏幷州郡。太康三年，罷寧州，置南夷，以李毅爲校尉，持節統兵鎮南中，統五十八部夷族都監行事。每夷供貢南夷府，入牛、金、旃、馬，動以萬計，皆豫作忿恚致校尉官屬。其供郡縣亦然。南人以爲饒。自四姓子弟仕進，必先經都監。夷人大種曰昆，小種曰叟，皆曲頭木耳環〔三一〕，鐵裹結，無大侯王，如汶山、漢嘉夷也。夷中有桀黠能言議屈服種人者，謂之耆老，便爲主〔三二〕。論議好譬喻物，謂之「夷經」。今南人言論，雖學者亦半引「夷經」。與夷爲姓曰「遑耶」，諸姓爲「自有耶」。世亂犯法，輒依之藏匿。或曰，有爲官所法〔三三〕，夷或爲執仇。與夷至厚者，謂之「百世遑耶」，恩若骨肉，爲其逋逃之藪〔三四〕。故南人輕爲禍變，恃此也。其俗徵巫鬼，好詛盟，投石結草，官常以盟詛要之。諸葛亮乃爲夷作圖譜，先畫天地、日月、君長、城府；次畫神龍，龍生夷及牛馬羊；後畫部主吏，乘馬幡蓋，巡行安恤；又畫牽牛負酒、齎金寶詣之之象，以賜夷。夷甚重之，許致生口直。又與瑞錦、鐵券，今皆存。每刺史、校尉至，齎以呈詣，動亦如之。太安元年，行部永昌從事孫辨上南中形勢〔三五〕：「七郡斗絶〔三六〕，晉弱夷强，加其土人屈塞〔三七〕，應復寧州〔三八〕，以相鎮慰。」冬十一月，詔書復置寧州，增統牂牁、益州、朱提〔三九〕，合七郡爲刺史。

牂牁郡，漢武帝元鼎二年開。屬縣，漢十七〔四〇〕，及晉，縣四。郡上值天井，故多雨潦〔四一〕。俗好鬼巫，多禁忌。畬山爲田，無蠶桑。頗尚學書，少威儀，多懦怯。寡畜產，雖有僮僕，方諸郡爲貧。王莽更名曰同亭〔四二〕。郡多阻險，有延江、霧赤煎水爲池衛〔四三〕。晉元帝世，太守孟才以驕暴無恩，郡民王清、范朗逐出之〔四四〕。刺史王遜怒，分鷩半爲平夷郡，夜郎以南爲夜郎郡〔四五〕。四縣。萬壽縣，郡治。有萬壽山〔四六〕。沮，本有鹽井，漢末時，夷民共詛盟不開。今三郡皆無鹽。　且蘭縣，音沮。漢曰故且蘭。有柱蒲關也。按地道記曰，有沈水。　廣談縣。　毋斂縣，有剛火也。

平夷郡，晉元帝建興元年置，屬縣二。　平夷縣，郡治。有硃津、安樂水。山出茶、蜜。　鼈縣，故犍爲郡城也。不狼山，出鼈水，入沅。有野生薜，可食。

夜郎郡，夜郎國也。屬縣二。　夜郎縣，郡治。有遯水，通廣鬱林。有竹王三郎祠，甚有靈響。　談指縣。按漢書，談指縣出丹。注云：有不津江，江有瘴氣〔四七〕。

晉寧郡，本益州也。元鼎初，屬牂牁、越巂。漢武帝元封二年，叟反，遣將軍郭昌討平之。因開爲郡，治滇池上，號曰益州。漢屬縣二十四，晉縣七。司馬相如、韓説初開，得牛馬羊屬三十萬。漢乃募徙死罪及姦豪實之。郡土大平敞，原田。多長松皋，有鸚鵡、孔雀、鹽池、田魚之饒，金銀畜産之富。俗奢豪，難撫御。惟文齊、王阜〔四八〕、景毅、李顒及南郡董和爲之防檢，後遂爲善。蜀建興三年，丞相亮南征，以郡民李恢爲太守，改曰建寧，治味縣。寧州別建，爲益州郡。後太守李遏〔四九〕，恢孫也，與前太守董懂、建寧爨量共叛，寧州刺史王遜表改益州爲晉寧郡。　滇池縣，郡治，故滇國也。有澤水，周迴二百里。所出深廣，下流淺狹，如倒流，故曰滇池。長老傳言，池中有神馬，或交焉〔五〇〕，即生駿駒，俗稱之曰「滇池駒」，日行五百里。水神祠祀。亦有温泉，如越巂温水。又有白蝟山，山無石，惟有蝟也。　同勞縣〔五一〕。　同安縣。

連然縣，有鹽泉，南中共仰之。建伶縣。毋單縣。秦臧縣。

建寧郡，治故庲降都督屯也〔五二〕，南人謂之屯下。屬縣，晉太安二年分爲益州、平樂二郡，合縣十三。有五部都尉、四姓及霍家部曲。味縣，郡治。有明月社，夷、晉不奉官，則官與共盟於此社也。升麻縣，山出好升麻。有塗水。按漢書爲收靡〔五三〕。李奇曰：靡音麻。晉書建寧郡有牧麻。同樂縣。穀昌縣，漢武帝時將軍郭昌討夷，平之，因名郭昌以威夷。孝章時改爲穀昌。同瀨縣。按漢書、地道記曰：銅虜山，米水所出〔五四〕。雙柏縣。存駹縣。雍闓反，結壘於縣山，繫馬柳柱生成林。今夷言無雍梁，夷言馬也〔五五〕。昆澤縣。漏江縣，九十里，出蟥口。談稾縣，有濮、僚。泠丘縣〔五六〕，有主僚。修雲縣。新定縣。

平樂郡，元帝建興元年〔五七〕，刺史割建寧新定、興遷二縣，新立平樂、三沮二縣，合四縣爲郡。後太守董霸叛降李雄，郡縣遂省。寧州北屬，雄復爲郡。

朱提郡，本犍爲南部。漢武帝元封二年置，屬縣四。建武後，省爲犍爲屬國。至建安二十年，鄧方爲都尉，先主因易名太守，屬縣五。先有梓潼文齊，初爲屬國，穿龍池，溉稻田，爲民興利，亦爲立祠。其民好學，濱犍爲，號多士人，爲寧州冠冕。朱提縣，郡治。螳螂縣，因山名也。出銀、鉛、白銅、雜藥，有螳螂附子。南秦縣，自僰道、南廣，有八亭，道通平夷。漢陽縣，有漢水、延江。南昌縣，故都督治，有鄧安遠城。

南廣郡，蜀延熙中置，建武九年省〔五八〕。元帝世，刺史王遜移朱提治郡南廣。太守李釗數破雄，殺賊大將樂初。後刺史尹奉却郡還舊治。及雄定寧州，復置郡，屬縣四。自僰道至朱提，有水、步道。水道有黑水及羊官水，至險難行。步道度三津，亦艱阻。故行人爲語曰：「猶溪、赤木，盤蛇七曲；盤羊、烏櫳，氣與天通。看都濩泚〔五九〕，住柱呼尹。庲降賈子，左儋七里。」又有牛叩頭、馬搏坂，其險如此。土地無稻田、蠶桑，多蛇、蛭、虎、狼。俗妖巫，惑禁忌，多神祠。　南廣縣，郡治。漢武帝太初元年置。有鹽官。　臨利縣。　常遷縣。　新興縣。

永昌郡，古哀牢國。哀牢，山名也。其先有一婦人，名曰沙壺，後漢有沙壹。依哀牢山下居〔六〇〕，以捕魚自給。忽於水中觸一沈木，遂感而有娠。度十月，産子男十人。後沈木化爲龍，出謂沙壺曰：「君爲我生子，今在乎？」而九子驚走。惟一小子不能去，陪龍坐，龍就而舐之。沙壺與言語，以龍與陪坐，因名曰元隆，猶漢言陪坐也。沙壺將元隆居龍山下。元隆長大，才武。後九兄曰：「元隆能與龍言，而黠有智，天所貴也。」共推以爲王。時哀牢山下復有一夫一婦，産十女，元隆兄弟妻之。由是始有人民，皆像之，衣後着十尾〔六一〕，臂脛刻文。元隆死，世世相繼〔六二〕，分置小王，往往邑居，散在溪谷。絶域荒外，山川阻深，生民以來，未嘗通中國也。南中昆明祖之，故諸葛爲其國譜也〔六三〕。孝武時，通博南山，度蘭滄水、渚溪，置嶲唐〔六四〕、不韋二縣。徙南越相呂嘉子孫宗族實之〔六五〕，因名不韋，以彰其先人惡行。人歌之曰：「漢德廣，開不賓。渡博南，越蘭津〔六六〕。渡蘭滄，爲他人。」渡蘭滄水以取哀牢地，哀牢轉衰。至世祖建武二十三年，王扈栗後漢作賢栗。遣兵乘箄船南攻鹿茤〔六七〕。鹿茤民弱小，將爲所擒。會天大震雷，疾風暴雨，水爲逆流，箄船沈没，溺死者數千人。後扈栗復遣六王攻鹿茤。鹿茤王迎戰〔六八〕，大破哀牢軍，殺其六王。哀牢人埋六王。夜，虎掘而食之。哀牢人驚怖，引去。扈栗懼，謂諸耆老曰：「哀牢略徼，自古以來，初不如此。今攻鹿茤，輒被天誅，中國有受命之王乎？」即遣使詣越巂太守，願帥種人歸義奉貢。世祖納之，以爲西部屬國。其地東西三千里，南北四千六百里。有穿胸、儋耳種，閩、越濮、鳩僚。其渠帥皆曰王。明帝永平十二年，哀牢抑狼遣子奉獻。明帝乃置郡，屬縣八，寧州之極西南也。有閩濮、鳩僚、僄越、躶濮、身毒之民。土地沃腴，黄金、光珠、虎魄、翡翠、孔雀、犀、象、蠶桑、綿絹、采帛、文繡。又有貊獸，食鐵；猩猩獸，能言，其血可以染朱罽。有大竹，名濮竹，節相去一丈，受一斛許〔六九〕。有梧桐木，其花柔如絲，民績以爲布，幅廣五尺，潔白不受汙，俗名曰桐華布。以覆亡人，然後服之，及賣與人。有蘭干細布。蘭干，僚言紵也，織成，文如綾錦。又有罽旄、帛疊、水精、瑠璃、軻蟲、蚌珠。宜五穀。山出銅錫。章武初，郡無太守。值諸郡叛亂，功曹吕凱奉郡丞王伉保境六年。丞相亮南征，高其義，表曰：不意永昌風俗乃爾。以凱爲雲南太守，伉爲永昌太守，皆封亭侯〔七〇〕。李恢遷濮民數千落於雲南、建寧界，以實二郡。凱子祥，太康中，獻光珠五百斤，還臨本郡，遷南夷校尉。祥子，元康末爲永昌太守。值南夷作亂，閩濮反，乃南移永壽，去故郡千里，遂與州隔絶。不韋縣，故郡治。比蘇縣〔七一〕。哀牢縣。永壽縣，今郡治。嶲唐縣，有周水從徼外來。雍鄉縣。南涪縣〔七二〕，有翡翠、孔雀。博南縣，西山高四十里〔七三〕，越之，得蘭滄水。有金沙，以火融之，爲黄金。有光珠穴〔七四〕，出光珠。有虎魄，能吸芥〔七五〕。又有珊瑚。

雲南郡，蜀建興三年置，屬縣七。本雲川地。有熊倉山，上有神鹿，一身兩頭，食毒草。有上方下方夷。亦出華布。孔雀常以二月來翔，月餘而去。土地有稻田，畜牧，但不蠶桑。雲南縣，郡治。葉榆縣，有河洲。遂久縣，有繩水。按廣志曰：有縹碧石，有緑碧。梇棟縣，有無血水〔七六〕，水出連山。蜻蛉縣，有鹽官。濮水同出。山有碧鷄、金馬，光影倏忽，民多見之，有山神。漢宣帝遣諫議大夫王褒祭之。其縣二，別爲郡。

河陽郡，刺史王遜分雲南置。河陽縣，郡治。在河中源州上。

梁水郡，刺史王遜分置。在興古之盤南。梁水縣，郡治。有振山，出銅。賁古縣，采山出銀、鉛、銅、鐵。西隨縣。按地道記曰：麋水西受徼外，東至麋冷水斷龍鷄〔七七〕。

興古郡，建興三年置，屬縣十一。多鳩僚、濮。特有瘴氣。自梁水、興古、西平三郡少穀。有桄榔木，可以作麪，以牛酥酪食之，人民資以爲糧。欲取其木，先當祠祀。温縣〔七八〕，郡治。元鼎二年置。律高縣，西有石空山，出錫；東南有盢町山〔七九〕，出錫。鐔封縣，有温水。

句町縣，故句町王國名也。其置自濮王，姓毋。漢時受封迄今。漢興縣。勝休縣，有河水也。一本云：河水從廣百四十里，深數十丈。地道記曰：水東至毋掇入橋水。唐都縣，故名雲夢縣。

西平郡〔八〇〕，刺史王遜時，爨量保盤南。遜出軍攻討，不能克。及遜薨後，寇掠州下，夷民患之。刺史尹奉重募徼外夷，刺殺量，而誘降李遏。盤南平，乃割興古、雲南之盤江、南如、南零三縣爲郡〔八一〕。

右寧州，統郡十四，縣六十八。

【校勘記】

〔一〕常璩　「璩」，底本作「據」，川本同，據滬本及華陽國志改。下同。

〔二〕泰始　「泰」，底本作「秦」，川本同，據滬本及華陽國志南中志改。

〔三〕庲降都督　底本空缺「庲」字，川本同，據滬本及華陽國志南中志補。

〔四〕滇濮句町夜郎葉榆桐師嶲唐　底本「夜郎」下衍「臺」字，川本同，據滬本及華陽國志南中志删。

〔五〕楚莊王　底本脱「楚」字，川本同，據滬本及華陽國志南中志補。

〔六〕氏以竹爲姓　「氏」，底本脱，川本同，據滬本及華陽國志南中志補。

〔七〕王與從人至今王水是也　底本脱此二十九字，川本同，據滬本及華陽國志南中志補。

〔八〕大行王恢救之　「大行」，底本作「大竹」，川本同，據滬本及史記西南夷列傳、華陽國志南中志改。

〔九〕蒟醬　「蒟」，底本作「藥」，川本同，據滬本及華陽國志南中志改。
〔一〇〕此制越之一奇也　「之」，底本脱，川本同，據滬本及華陽國志南中志補。
〔一一〕可通夜郎道　底本「通」下衍「後」字，川本同，據滬本及華陽國志南中志删。
〔一二〕發巴蜀兵千人　底本脱「發」字，川本同，據滬本及華陽國志南中志補。
〔一三〕西戎邛笮　「邛」，底本作「即」，川本同，據滬本及華陽國志南中志改。
〔一四〕又甘蒟醬　「甘蒟」，底本作「有藥」，川本同，據滬本及華陽國志南中志改。
〔一五〕發運役　底本「運」下衍「興」字，川本同，據滬本及華陽國志南中志删。
〔一六〕武帝轉拜唐蒙爲都尉　「轉」，底本作「傳」，川本同，據滬本及華陽國志南中志改。
〔一七〕昭帝始元元年　「元年」，底本作「二年」，川本同，據滬本及漢書西南夷傳、華陽國志南中志改。
〔一八〕吕辟胡　底本脱「吕」字，川本同，據滬本及漢書西南夷傳、華陽國志南中志補。
〔一九〕獲畜産十萬餘頭　底本脱「産」字，川本同，據滬本及華陽國志南中志補。「十萬餘頭」，川本、滬本同，漢書西南夷傳作「十餘萬」，華陽國志南中志作「十餘萬頭」。
〔二〇〕富埒中國　底本「埒」下衍「乎」字，川本同，據滬本及華陽國志南中志删。
〔二一〕靳興　底本作「新興」，據川本、滬本及華陽國志南中志改。
〔二二〕將并涼勁兵討之　「勁」，底本作「動」，川本同，據滬本及華陽國志南中志改。
〔二三〕吳王　川本同，滬本及華陽國志南中志作「吳主」。
〔二四〕劉璋子闡　「闡」，底本作「闓」，據川本、滬本及華陽國志南中志、三國志蜀書劉璋傳改。
〔二五〕牂牁郡丞朱褒領太守　底本脱「領」字，川本同，據滬本及華陽國志南中志補。

〔二六〕三千枚　「枚」，底本作「牧」，川本同，據滬本及華陽國志南中志改。
〔二七〕孟獲代闓爲主　「代」，底本作「伐」，川本、滬本同，據華陽國志南中志改。
〔二八〕青羌萬餘家　「家」，底本作「宗」，川本同，據滬本及華陽國志南中志改。
〔二九〕婁　底本作「安」，川本同，據滬本及華陽國志南中志改。
〔三〇〕奕世襲官　「奕」，底本作「蠻」，川本同，據滬本及華陽國志南中志改。
〔三一〕木耳　底本作「末了」，川本作「未了」，據滬本及華陽國志南中志改。
〔三二〕便爲主　「便」、「主」，底本作「使」、「生」，川本同，據滬本及華陽國志南中志改。
〔三三〕有爲官所法　「法」，底本作「注」，川本同，據滬本及華陽國志南中志改。
〔三四〕爲其逋逃之藪　「藪」，川本同，滬本、華陽國志南中志作「藪」。
〔三五〕行部永昌從事孫辨　川本、滬本同，華陽國志南中志無「行」字。
〔三六〕七郡斗絶　「郡」，底本作「部」，川本同，據滬本及華陽國志南中志改。
〔三七〕土人屈塞　「塞」，底本作「寒」，川本同，據滬本及華陽國志南中志改。
〔三八〕應復寧州　「復」，底本作「浚」，「州」，底本脱，川本同，據滬本及華陽國志南中志改補。
〔三九〕增統　「統」，底本作「繞」，川本同，據滬本及華陽國志南中志改。
〔四〇〕漢十七　底本「漢」下衍「溪」字，川本同，據滬本及華陽國志南中志删。
〔四一〕故多雨潦　「潦」，底本作「僚」，川本同，據滬本及華陽國志南中志改。
〔四二〕同亭　「亭」，底本作「方」，川本同，據滬本及華陽國志南中志改。
〔四三〕有延江霧赤煎水爲池衛　「衛」，底本脱，川本、滬本同，據華陽國志南中志補。

〔四四〕范朗　「朗」，底本作「期」，川本同，據瀘本及華陽國志南中志改。

〔四五〕夜郎以南　「郎」，底本作「郡」，川本、瀘本同，據華陽國志南中志改。

〔四六〕萬壽縣郡治有萬壽山　底本兩「壽」字皆作「封」字，川本同，據瀘本及華陽國志南中志改。

〔四七〕按漢書至江有瘴氣　川本、瀘本同。按此見於續漢書郡國志及劉昭注引南中志。「漢書」當作「續漢書」。

〔四八〕王阜　底本脱「阜」字，川本同，據瀘本及華陽國志南中志補。

〔四九〕李遢　「遢」，底本作「遏」，川本、瀘本同，據華陽國志南中志改。下同。

〔五〇〕或交焉　「焉」，底本作「専」，川本同，據瀘本及華陽國志南中志改。

〔五一〕同勞縣　「同」，底本作「周」，川本、瀘本同，據華陽國志南中志改。

〔五二〕治故庲降都督屯也　底本缺「庲」字，川本同，據瀘本及華陽國志南中志補。

〔五三〕收靡　「收」，底本作「牧」，川本、瀘本同，據漢書地理志改。

〔五四〕漢書地道記曰銅虜山米水所出　川本、瀘本同。按「銅」、「米」，續漢書郡國志劉昭注引地道記同，而漢書地理志作「談」、「迷」，與此引異。

〔五五〕繫馬枊柱生成林今夷言無雍梁夷言馬也　「枊」，底本、川本作「柳」，瀘本作「枊」。按水經存水注：「繫馬枊柱，柱生成林，今夷人名曰雍無梁林，□梁，夷言馬也。」太平御覽卷三五九引華陽國志作「繫馬馬柳柱生成林，今夷言無梁林，無梁，夷言馬也」。二書對勘，互有脱誤，蓋本作「繫馬枊柱生成林，今夷人名曰雍無梁林，無梁，夷言馬也」，此「柳」蓋爲「枊」字之誤；「無雍梁」，蓋爲「雍無梁林，無梁」之誤脱。

〔五六〕冷丘縣　「冷」，川本同，瀘本作「伶」，華陽國志南中志作「泠」。

〔五七〕元帝建興元年　川本、瀘本同。按建興爲愍帝年號。本書下文「後太守董霸叛降李雄」，通鑑卷八九愍帝建興四年載：「五月，平夷太守雷炤、平樂太守董霸帥三千餘家叛，降於成。」則此「元帝」爲「愍帝」之誤。

〔五八〕建武九年　川本、瀘本同。按方愷新校晉書地理志：「建武爲惠帝年號，是終武帝之世，南廣置郡如故。」晉惠帝建武僅一年，此「九年」疑爲「元年」之誤。三國郡縣表楊守敬謂建武九年爲泰始九年即晉武帝即位九年之誤，任乃強華陽國志校補圖注作「建武元年」。

〔五九〕看都濩泚　「濩」，底本作「護」，川本、瀘本同，據華陽國志南中志改。

〔六〇〕依哀牢山下居　「居」，底本脱，川本同，據瀘本及華陽國志南中志補。

〔六一〕衣後着十尾　川本、瀘本同。按後漢書南蠻西南夷傳、水經葉榆河注作「衣皆著尾」，疑此「十」字衍。

〔六二〕世世相繼　底本「繼」字重出，據川本、瀘本及華陽國志南中志删。

〔六三〕故諸葛爲其國譜也　「諸葛」，川本、瀘本同，華陽國志南中志作「諸葛亮」，此脱「亮」字。

〔六四〕巂唐　「巂」，底本作「舊」，川本同，據瀘本及華陽國志南中志改。

〔六五〕徙南越相吕嘉子孫宗族實之　「徙」，底本作「徒」，川本、瀘本同，據華陽國志南中志、三國志蜀書吕凱傳裴松之注引孫盛蜀世譜改。

〔六六〕蘭津　「蘭」，底本作「南」，川本同，據瀘本及華陽國志南中志改。

〔六七〕箄船　「箄」，底本作「單」，川本同，據瀘本及華陽國志南中志改。下同。

〔六八〕鹿茤王迎戰　底本脱「鹿茤」二字，川本同，據瀘本及華陽國志南中志補。

〔六九〕受一斛許　底本脱「許」字，川本同，據瀘本及華陽國志南中志補。

〔七〇〕亭侯　「亭」，底本作「高」，川本同，據瀘本及華陽國志南中志改。

〔七一〕比蘇縣　「比」，底本作「北」，川本同，據瀘本及華陽國志南中志改。

〔七二〕南涪縣　「涪」，底本作「里」，川本同，據瀘本及華陽國志廖寅本、晉書地理志改。

〔七三〕西山高四十里　「四」，川本、瀘本同。後漢書南蠻西南夷傳李賢注引華陽國志作「三」，續漢書郡國志劉昭注引華陽國志同，此「四」爲「三」字之誤。

〔七四〕有光珠穴　「穴」，底本作「凡」，川本同，據瀘本及華陽國志南中志改。

〔七五〕能吸芥　「吸」，底本作「拾」，川本同，據瀘本及華陽國志南中志改。

〔七六〕無血水　「血」，底本作「臼」，川本同，據瀘本及華陽國志南中志改。

〔七七〕按地道記曰麋水西受徼外東至麋泠水斷龍鷄　川本同，瀘本「泠」作「泠」，今本華陽國志南中志無此段小字。「東至麋泠水斷龍鷄」，華陽國志明張佳胤刻本、吴琯刻古今逸史本、何允中刻漢魏叢書本作「至麋泠入斷龍谿」，叢書集成本作「東至麋泠，入尚龍谿」。

〔七八〕温縣　川本、瀘本同。按漢書地理志、續漢書郡國志、晉書地理志皆作「宛温」，宋書州郡志：宛暖，「本名宛温，爲桓温改」。則此脱「宛」字。

〔七九〕盤町山　「盤」，底本作「嗑」，川本同，據瀘本及華陽國志南中志改。

〔八〇〕西平郡　「郡」，底本作「縣」，川本、瀘本同，據華陽國志南中志改。

〔八一〕乃割興古雲南之盤江南如南零三縣爲郡　底本缺「郡」字，川本同，據瀘本及華陽國志南中志補。又，宋書州郡志：西平郡，「晉懷帝永嘉五年，寧州刺史王遜分興古之東立」。分興古郡之東部置西平郡，西去雲南郡千餘里，二者不相及，此「雲」蓋爲「盤」字之誤，謂盤江之南也。

通典：禹貢曰：華陽、黑水惟梁州。孔安國以爲東據華山之南，西距黑水也。又曰：導黑水，至于三危，入于南海。孔安國注云：黑水自北而南，經三危，過梁州，入南海。鄭玄云：按三危在鳥鼠之西，而南當岷山，又在積石之西，南當黑水祠，黑水出其南脅。此云經三危，彼云其出，明其乖戾。又按漢書地理志，益州郡滇池之地有黑水祠〔一〕，而不記水之所在〔二〕，即今中國無之矣。又按酈道元注水經，鋭意尋討，亦不能知黑水所經之處。顧野王撰輿地志，以爲至僰道入江。其言與禹貢不同，未爲實録。至於孔、鄭通儒，莫知其所。或是年代久遠，遂至堙涸，無以詳焉。

【校勘記】

〔一〕滇池之地有黑水祠　「池」，底本錯於「黑水」下，川本、滬本同，據漢書地理志、通典州郡五乙正。又，漢書、通典無「之地」二字。

〔二〕而不記水之所在　川本、滬本同，通典州郡五「水」作「山」。

永昌軍民府

太古爲戎州之域。淮南子曰：西南戎州曰滔土。唐、虞爲昧谷之處。禹貢梁州，爲西南徼外之域。中古爲哀牢國。本安樂國，夷語訛爲哀牢。一云身毒國。常璩志：身毒國，蜀之西國，今永昌是也。九隆氏居之，未通中國。漢武帝開西南夷〔一〕，始通博南，置不韋縣，屬益州郡。後叛。建武中，其王賢栗等。常璩志作扈栗。率其種萬餘，詣越巂太守鄭鴻降。光武封爲酋長。永平元年〔二〕，諸夷復叛，益州太守張翕討平之，立瀾滄郡〔三〕。瀾滄在今大理府東一百里外。十二年春，哀牢内附，乃以其地置永昌郡，以廣漢鄭純爲太守，遂置哀牢、博南二縣，割益州郡西部都尉所領六縣隸焉：曰不韋，曰巂唐，曰比蘇，曰楪榆，曰邪龍，曰雲南。蜀漢仍爲永昌郡。建興三年，改益州郡爲建寧郡，又分永昌之邪龍、雲南、楪榆等縣置雲南郡。今在雲南縣。三年，雍闓以永昌附吴，丞相諸葛亮討平之。是時，益州、永昌、牂柯、越巂四郡俱平。即其渠帥，用龍佑那爲酋長，賜姓張氏。晉泰始七年，分益州地置寧州。永昌，其屬郡也，領縣八：曰不韋，曰永壽，曰比蘇，曰雍鄉，曰南涪〔四〕，曰巂唐，曰哀牢，曰博南。永嘉四年，分永昌東地置梁水郡。咸和八年，李雄陷寧州，復置漢州〔五〕，永昌郡隸焉。咸康八年，省郡。宋、齊、梁、陳仍置永昌郡，屬寧州。隋初，郡廢爲益州總管府地。唐初，屬姚州都督府，府治在昆明弄棟川。屬劍南道。開元以後，爲南詔蒙氏所據。五代唐、晉時，爲鄭買嗣、趙善政、楊干貞相繼竊據〔六〕。宋乾德間〔七〕，段氏乃置永昌府〔八〕。元豐間，高氏因之。寶祐二年，高氏以其地來附。元丁巳年，於永昌立千户所，隸大理萬户府。至元十一年，置永昌州〔九〕，以永平爲縣屬焉。十五年，升爲府，隸大理路。二十二年，革鎮康、建寧路宣慰司，並立大理金齒等處宣撫司總管，置司治於永昌，尋改爲宣慰使司都元帥府。治蒙化、鄧川、喜州、趙州、巨津六州〔一〇〕，内轄永昌府、騰衝府、四川軍萬户府、蒙古軍千户所、回回軍千户所、爨白軍千户所，外統大理府迤西、迤東、金齒諸路。大明洪武十五年。平定雲南，前永昌萬户阿鳳率其衆詣指揮王貞降附，仍置永昌府，立金齒衛。十六年六月，麓川夷叛永昌，屠其城。是年十月，指揮李觀來署，復設金齒衛。二十三年，省府，改金齒衛爲金齒軍民指揮使司，統十四千户所。先是，洪武十五年，立衛。十六年，設左、右二千户所。十九年，設中、前、後、中左、金齒五千户所，又以指揮雷嵩分領官軍於永平縣守禦，永平官軍設前前、右右二千户所〔一一〕。三十二年，招集山寨蒲、僰之無户籍者，設永昌千户所。三十三年，設騰衝守禦千户所。凡十有四所，永平縣亦隸焉。景泰中，設鎮守。弘治二年，設金騰兵備道。嘉靖元年，罷鎮守，復設永昌軍民府，屬雲南布政使司，分隸金滄道；開保山縣，並治永昌、金齒二千户所；改金齒軍民指揮使司爲永昌衛，統八千户所，仍以二千户所立禦於永平；改騰衝軍民指揮使司爲騰衝衛，統五千户所；增置騰越州，并永平縣皆隸焉。府領州一、縣二，仍統潞江安撫司〔一二〕、鳳溪、施甸二長官司。

【校勘記】

〔一〕漢武帝開西南夷　「開」，底本作「間」，川本同，據滬本改。

〔二〕永平元年　底本脱「平」字，川本、瀘本同，據後漢書南蠻西南夷傳補。

〔三〕立瀾滄郡　川本、瀘本同。後漢書南蠻西南夷傳：「永平元年，姑復夷復叛，益州刺史發兵討破之，斬其渠帥，傳首京師。後太守巴郡張翕，政化清平，得夷人和。」不載「立瀾滄郡」。它書亦無後漢「立瀾滄郡」，當誤。

〔四〕南涪　「涪」，底本作「辨」，川本、瀘本同，據華陽國志南中志、晉書地理志改。

〔五〕李雄陷寧州復置漢州　川本、瀘本同。晉書地理志：「李壽分寧州興古、永昌、雲南、朱提、越巂、河陽六郡爲漢州。」則非李雄置。

〔六〕楊干貞　「干」，底本作「子」，川本、瀘本同，據滇載記、南詔野史改。

〔七〕宋乾德間　「間」，底本作「開」，川本同，據瀘本改。

〔八〕段氏乃置永昌府　「乃」，川本同，瀘本作「仍」。

〔九〕至元十一年置永昌州　「州」，底本作「府」，川本、瀘本同，據元史地理志改。

〔一〇〕治蒙化鄧川喜州趙州巨津六州　「治」，川本、瀘本同，疑爲「領」字之誤。按所列僅五州，與「六州」不合。

〔一一〕永平官軍設前前右右二千户所　川本同，瀘本作「永平官軍設前二、右二二千户所」，明會典卷一二四作「永平前前千户所，永平後後千户所」。

〔一二〕潞江安撫司　底本脱「潞」字，川本同，據瀘本及明史地理志補。

保山縣　漢以來皆爲哀牢縣境，其東北爲不韋縣境。大明洪武以來，爲永昌、金齒二千户所民地。嘉靖元年，設府，設置保山縣，以新舊屯住軍民並永昌、金齒二千户所夷民編户。

騰越州　古越賧地，㚟、驃、俄昌三種蠻居之。漢爲永昌郡西境。唐置羈縻州。南詔蒙氏九世孫異牟尋即其地立軟化府。〔眉批〕唐羈縻諸州寓各夷落，騰充其一也。又曰芊咩城。南詔異牟尋取之，改爲軟化府。其後白蠻徙居之，改騰衝府。宋隸大理段氏。元憲宗三年内附。〔旁注〕時地屬段氏，任高泰連治騰衝。元癸丑年平定大理，同時歸附。至元十一年，改騰越州及置騰越縣。十四年，升騰衝府。二十四年，省順江州及騰越、越甸〔一〕、古湧三縣，省入府，本朝未立。隸大理路。大明因之，洪武三十三年云云。

【校勘記】

〔一〕越甸　底本作「二甸」，川本同，據滬本及正德雲南志卷一三改。

永平縣　後漢爲博南縣，屬永昌郡。明帝永平十二年〔二〕，於故哀牢國蘭滄江迤東之地置縣。晉因之，永和中，改永平縣。唐南詔蒙氏置勝鄉郡。宋時，大理因之。元丁巳年，立永平千户所。至元十一年，更爲永平縣，屬永昌府。大明洪武十五年因之，仍屬永昌府。三十二年，改屬金齒軍民指揮使司，立永平禦前前、右右二千户所。嘉靖二年，改隸永昌軍民府。

按永昌非金齒也。金齒在永昌徼外千里，古蒙樂山之銀告甸〔三〕。綱目注云：金齒地連八百媳婦。則其去永昌遠矣。元置金齒百夷諸路，而永昌則隸大理路，初不相攝也。及伐緬，爲金齒夷所遮，遂移兵伐之，乃合思他、伴谿、七溪三部，立斡尼路〔三〕，統斡尼、哈迷、矣尼迦、沙資、教合、納樓、刀刀王、鍾家、點燈諸部，並統王弄山、鐵鎖甸、花角蠻、大甸、大籠刀蒙甸、胡椒壩、南關甸、徹里路等夷。既又於銀生甸立通西府，最後不能守，移置金齒衛於永昌，乃遂以永昌爲金齒，而諸志皆然，豈非誤耶！

【校勘記】

〔一〕永平十二年　「十」，底本脱，川本、滬本同，據本書上文及後漢書南蠻西南夷傳補。

〔二〕銀告甸　川本、滬本同，滬本眉批：「告，疑當作生。」本書下文之「銀生甸」是也。

〔三〕斡尼路　「斡」，底本作「幹」，川本、滬本同，據元混一方輿勝覽改。下同。

保山　法寶山，在城南十里。勢鄰九隆，而沙河限之。其東臨寶山海。昔異牟尋於此建寺〔一〕，曰法寶，因以名山。雲巖山，在城北二十五里。高二百丈餘，盤迴三里許。雜木陰森，巖石深百步。中有石橫卧於下，長丈餘，好事者鑿而爲佛，建寺以覆之，扁曰「雲巖卧佛」。其左有洞，洞門高三尺，深十丈餘。寺外築臺建門，臺下有池。東望泬寥，足爲佳麗。羅岷山云云。巖下時墜飛石，過者驚趨，俗謂之「催行石」。按飛石本巖上野獸抛踏而下，相傳有人於將曉時，見石自江中飛上，霧中甚多。羅岷之南爲險山，勢極峻絶，邇年循鳥道闢仄路以通往來〔二〕，行者便之。蘭滄江，在羅岷山之麓。漢書所謂博南蘭津〔三〕，即此江也。後世誤爲瀾滄，謫吏楊慎始正其誤。一名鹿滄，石形似鹿，故名。俗呼爲浪滄。源出吐蕃嵯和哥甸，或云出莎川石下。度雲龍，江至於羅岷，廣二十六丈，其深莫測，其流如奔。東流於順寧，達於車里，江入於南海。沙河，在九隆法寶二山兩崖間。發源北衡交椅山及大雪山，二水合流，循山而下，匯於大諸葛堰，流於諸葛營。沙河之南爲大諸葛堰〔四〕，本諸葛孔明所浚，久爲淤澤。成化三年，巡撫御史朱皚浚鑿，伐石積缶，築岸爲堤。人稱之曰御史堤。堰之東一里，有中堰、小堰。沙河水勢，盈涸無常，軍民患之。初，郡人未知所自。嘉靖二十九年，兵備郭春震始募土人遡流窮源，有二：一由北衡交椅山泉，南流六十里有奇，入馬鹿塘；一由雪山下，東流四十里，亦入馬鹿塘。合流五十里許，泄入石竇中，本山之麓出流。十里許，又泄入小竇中，陰流四十里，出流青崗壩。二十里許，又泄入豪豬石洞，陰流十里許，出流香竹林。十里，又泄入新石洞中，陰流十里餘，至漫塘出流。三里，則又泄入沙石洞中，十五里許，至溜鍾灘出流。其間山竇旁通，浮沈出没，澌流散漫，是故其源也滚滚，其竟也悠悠，其流也浮於沙河，其東南匯於大諸葛堰，其東北小溪泛於諸葛營，以達於東河。易羅池，在西南龍泉門外。瞰九隆山麓，泉沸九竇，混混不竭，故又名九龍池。池方而廣，周遭二百七丈，甃其堤以磚石。自洪武中度田分力，分其水爲四十一號，歲以武官一員司之，凡灌田二萬四千二百八十畝。大諸葛堰，石岸土堤，厚丈有二尺，周遭九百八十丈，中深丈餘，以其視衆水爲廣，故俗呼曰大海子。分水口爲三纂，歲仲秋則障，仲春則開，凡灌田二萬一千四百三十六畝。導南纂於卧獅窩，導北纂於諸葛營之東，導中纂於落龍村、哱囉村、茨坪村、西方村、牟求村，以達於東河。中堰，今呼曰中海子。源自九龍池三十六號水幷沙河水，灌積周遭土堤三百三十七丈，凡水口爲南、北、小北三纂，凡灌田四千三十四畝。下堰，今呼曰小海子。周遭土堤二百八十丈，分水口爲南、北二纂〔五〕，凡灌田一千八百畝。

霽虹橋，在城北八十里，跨瀾滄江。古以舟渡，狹險湍急，行者憂之。後以篾繩爲橋，攀援而渡。諸葛孔明南征，架木橋以濟師。元元貞乙未，也先不花西征，始更以巨木，題曰「霽虹」。丁酉冬，宣慰都元帥達思撤而新之。元季橋圮，復以舟渡。國朝洪武二十八年，鎮撫華岳以鐵鑄二柱，深入於石孔中，以繫舟者。成化中，僧了然始募建今橋，以巨木爲梁，而以鐵纜隱然横貫，繫於兩岸。其下無所倚，洞然虚明，勢若空懸。橋之上爲亭二十三楹，兩岸各爲一坊，岸北設官廳以駐使節。歲以民兵三十人更番戍守。

【校勘記】

〔一〕異牟尋　「牟」，底本作「年」，川本同，據滬本及舊唐書西南蠻傳、南詔野史改。

〔二〕闢仄路以通往來　「仄」，底本作「反」，川本同，據滬本改。

〔三〕漢書所謂博南蘭津　川本、滬本同。按「博南蘭津」，不載於「漢書」，後漢書南蠻西南夷傳：「度博南，越蘭津。」即此謂也，則此「漢書」上脱「後」字。

〔四〕沙河　底本作「河河」，川本同，據滬本及圖書集成職方典卷一五〇九改。

〔五〕分水口　「分」，底本作「八」，據川本、滬本及圖書集成職方典卷一五〇九改。

騰越　羅左衙山、半箇山，俱在州治南六十里。上有鎮夷關，後即南甸之界，懸崖峭壁，是爲華夷之限。

永平　天馬山，在縣東五十里。一名龍尾山。高十五里，盤迴五十里。山勢自西而東，横鎖銀龍江之衝。和丘山，在縣西三十里。高可千餘仞，盤迴五十餘里。漾備渡，江東隸蒙化，西隸永平，皆商賈居之。水急不可爲橋，故濟以小舟。

貝，俗名𧵢〔一〕，本南海甲蟲，滇人皆用之以代銀。其數以一顆爲一妝，四妝爲一手，四手爲一苗〔二〕，五苗爲一索，九索折銀一錢。凡市井貿易皆用之，甚便。續録云：夷以爲飾，故曰妝。夷屈大拇指數之，故曰手。總以穿之，故曰索。積賣海貝者，謂之收荒。以二十索爲一結，每結除去若干手，謂之數錢。白金以五兩爲一錠，每錠除去三錢，謂之街市。

【校勘記】

〔一〕貝俗名貶 「貝」，底本作「目」，川本同，據滬本改。

〔二〕四妝爲一手四手爲一苗 川本同，滬本作「四妝爲一錢，四錢爲一苗」。

僰人村居近城。私居皆土語，聲出於鼻。與漢人言，則皆正音。禮儀衣冠與城中同。今讀書者亦多，但婦人以帕蓋頭，交繫於項下，爲少異耳。

宣德八年十一月丁未，改雲南金齒廣邑州隸雲南布政司，以前永昌千户所百户莽賽爲州同知。正統元年三月，改建雲南廣邑州。先是，永昌衛千户所故土官副千户阿牙子都魯奏：世居金齒廣邑寨，祖於永樂初招集生蒲五千餘、馬步官軍一千七十餘，請另立衙門掌管。宣德五年，准改寨爲州，以都魯爲知州。既而本所千户楊廣奏：都魯以招集生蒲爲由，希求升用，冒請立州，以軍作民，畏懼征差。上命兵部移文都、布、按三司覆實。至是三司具奏：永昌千户所原管馬步官軍，分在廣邑州者〔二〕，宜還隸本所。其餘丁户籍並生蒲五千餘户，宜隸本州。並改建州治於順寧府右甸地方爲便。從之。

七年七月，先是，靖遠伯王驥等奏：雲南永平地方蒲蠻出没〔二〕，欲將廣南衛調於永平。至是，雲南按察使賴巽等言：永平地狹田少〔三〕，原有二所守禦，累年缺食，若又將廣南全衛男婦六萬餘口調去設衛，實難存活。上命不必立衛，惟將廣南衛精壯官軍委官管領，前去輪番操備，家口不動；或别於附近衛所摘撥官軍，輪流哨守。仍令總兵官商確奏聞，務在邊方有備，軍不失所。

十年三月庚辰，設雲南騰衝軍民指揮使司。先是，靖遠伯王驥、都督沐昂以騰衝爲雲南要地，宜置軍衛以鎮之。上命昂等詳議。至是，昂同參贊軍務刑部右侍郎楊寧，具屯守經久利便事宜以聞。上悉從之，仍命築騰衝城。

【校勘記】

〔一〕分在廣邑州者　「在」，底本作「五」，川本同，據滬本改。

〔二〕蒲蠻出没　底本「蒲」上衍「爲」字，據川本、滬本删。

〔三〕永平地狹田少　「狹」，底本作「挾」，據川本、滬本改。

然。

方輿崖略〔一〕：李月山謂滇中夏日不甚長，余以漏準之，果短二刻；更以月食驗之〔二〕，良然。萬曆二十年五月十六日望，月食。據欽天監，行在乙亥夜，月食八分一十九秒，月未入見食七分一十七秒，月已入不見食一分二秒。初虧在寅初一刻五更三點〔三〕，正東。食甚在卯初刻，在晝。復圓卯正三刻，正西。食甚，月離黄道箕宿七度八十八分二十七秒。據此，稱月食不見一分乃卯初。余在雲南救護，月生光一半以上，不及三分尚見。豈地高耶？抑算者入晝總以不見稱耶？又已食八分，天止將明，未及晝也。則信乎似日稍短耳。

兩山夾隴丘行，俗謂之川。滇中長川有至百十餘里者，純是行龍，不甚盤結。過平夷以西，覺天地開朗，不行黯黮中。至漾濞以西，又覺險峻崚嶒，然雖險，猶不闇也。行東西大路上，不熱不寒，四時有花，俱是春秋景象。及岐路走南北入土府州縣，風光、日色、寒熱又與内地差殊。土官多瘴。余入景東，過一地長五里，他草不生，遍地皆斷腸草，輿人馳過如飛。似此之地，安得不成瘴也？斷腸草之葉爲火把花，幹爲酒弔藤，根名斷腸草。滇人無大小，裙袖中咸齎些須，以備不測之用，其俗之輕生如此。

采礦事惟滇爲善。滇中礦硐，自國初開采至今，以代賦税之缺，未嘗輟也。滇中凡土皆生礦苗。其未成硐者，細民自挖，掘之一日，僅足衣食一日之用，於法無禁。其成硐者，如某處出礦苗，其硐頭領之，陳之官而准焉〔四〕，則視硐之大小，召義夫若干人。義夫者，即采礦人，惟硐頭約束者也。擇某日入采，其先未成硐，則一切工作公私用度之費，皆硐頭任之，硐大或用至千百金者。及硐已成，礦可煎驗矣，有司驗之。每日義夫若干人入硐，至暮，盡出硐中礦爲堆，畫其中爲四聚瓜分之：一聚爲官課，則監官領煎之以解藩司者也；一聚爲公費，則一切公私經費，硐頭領之以入簿支銷者也；一聚爲硐頭自得之；一聚爲義夫平煎之〔五〕。其煎也，皆任其積聚而自爲焉。硐口列爐若干具，爐户則每爐輸五六金於官，以給劄而領煅之。商賈有酤者、屠者、魚者、菜者〔六〕，任其環居於硐外，不知礦之可盜，不知硐之當防，亦不知何者名爲礦徒。是他省之礦〔七〕，所謂「走兔在野，人競逐之」，滇中之礦，所謂「積兔在市，過者不顧」也。采礦若此，以補民間無名之需，荒政之備，未嘗不善。

金沙江源吐蕃，過麗江、北勝、武定、烏撒、東川，入馬湖江，出三峽。滇池水過安寧入武定合之。舊有議開此江以通舟楫，使滇貨出川以下楚、吴者。余初喜聞其議。會黄直指復齋鋭意開之，已遣人入閩取舟工柁師而黄卒〔八〕。余同年郭少參朝石欲必終其事。余多方逭之，繪爲圖，乃知此江下武定境〔九〕，皆巨石塞江，奔流飛駛，石大者縱横數丈，小者丈餘，間有平流可施舟楫處，僅一二里絶流横渡者也。若順流而下，兩岸皆削壁，水若懸注，巨礁巉巖承其下，自非六丁神將，安能鑿此。過萬人嵌，深潭百丈，杉板所陷，舟無不碎溺者。又皆夷人所居，旁無村落，即使江可開，舟亦難泊，適爲夷人劫盜之資也。天下有譚之若美而實不然者，類如此。滇有兩金沙江，東江出東海，即此；西江下緬甸，過八百媳婦，入南海。東江狹而險，西江平而闊，隔岸視牛馬如羊，然皆源出吐蕃，中隔瀾滄與怒江二江，地尚千里。而當時條陳開江，有作一江論者，謂恐通緬人，最可笑。

滇雲地曠人稀，非江右商賈僑居之，則不成其地，然爲土人之累亦非鮮也。余讞囚閲一牘，甲老而流落，乙同鄉壯年，憐而收之，與同行賈，甲喜得所〔一〇〕。一日，乙遉土人丙富〔一一〕，欲賺之，與甲以雜貨入其家，婦女爭售之。乙故啓爭端〔一二〕，與丙競相推毆，歸則致甲死而送其家，嚇以二百金則焚之以滅迹，不則訟之官。土僰性畏官，傾家得百五十金與之，是夜報將焚矣。一親知稍慧，爲擊鼓而訟之，得大辟。視其籍，撫人也。及遉之，其事同，其騙同，其籍貫同，但發與未發，結與未結，或死或幸脱，亡慮數十家。蓋客人訟土人，如百足蟲，不勝不休。故借貸求息者，常子大於母，不則亦本息等，無錙銖敢逋也。獨余官瀾滄兩年，稔知其弊，於撫州客狀，一詞不理。〔眉批〕正統十四年十月辛亥，河南右布政使年富言：陳、潁二州逃户不下萬餘，皆北人，性魯，爲江西人誘之刁潑，請驅逐江西人，以絶姦萌。都察院言：江西人在河南者衆，如概驅逐之，恐生變，宜但逐其逋逃者，其爲商者勿逐〔一三〕。從之。

省會吉壤，莫過於五雲山下〔一四〕。當黔國封賞時，聖祖命以自擇城中善地造府第，畫圖以進。黔國乃擇此地，拓架大廈數層。比進呈，聖祖覽圖，以硃筆横作一畫於其層院中，云前面作雲南布政使司。以故黔國宅至今無大門，唯作曲街，開東向出。其圖至今藏沐府。

樂土以居，佳山川以遊，二者嘗不能兼，惟大理得之。大理，點蒼山西峙，高千丈，抱百二十里如弛弓，危岫入雲，段氏表以爲中嶽。山有一十九峯，峯峯積雪，至五月不消，而山麓茶花與桃花爛熳而開〔一五〕。東匯洱河於山下，亦名葉榆，絶流十里〔一六〕，沿山麓而長，中有三島、四洲、九曲之勝。春風掛帆，西視點蒼如蓬萊、閬苑，雪與花爭豔，山與水爭奇，天下山川之佳莫逾是者。且點蒼十九峯中，一峯一溪，飛流下洱河，而河涯之上，山麓之下，一郡居民咸聚焉。四水入城中，十五水流村落，大理民無一隴半畝無過水者。古未荒旱，人不識桔槔。又四五月間，一畝之隔，即倏雨倏晴，雨以插禾，晴以刈麥，名「甸溪晴雨」。其入城者，人家門扃院落，捍之即爲塘，甃之即爲井。謂之樂土，可矣。

迤西土官惟麗江最黠。其地山川險阻，五穀不產，惟產金銀。其金生於土，每雨過則令所在犁之，輸之官，天然成粒，民間匿銖兩者死，然千金之家亦有餓死者。郡在玉龍山下〔一七〕，去鶴慶止五十里而遥，然其通中國只一路。彼夷人自任往來，華人則叩關而不許入。一人入，即有一關吏隨之，必拉以見其守，其生死所不可知矣，故中國無人敢入者。且均一郡守職也，而永寧、蒙化等守咸君事之。元旦、生辰，即地隔流府者，不敢不走謁。其謁也，抹額叩頭，爲其扶輿而入，命之冠帶則冠帶而拜跪，命之歸則辭，不命咸不敢自言。其自尊不啻天子，坐堂則樂作，而樂人與侍班官吏隸卒咸跪而執役，不命之起，則終日不起，以爲常。其父子不相見，見則茶酒咸先嘗之。祖父以來，皆十年則相弑。而其毒藥又甚惡，勘其事者，如大理、鶴慶二太守，咸毒殺之。鶴慶縉紳亦往往中其毒，一侍御則毒而死，一中丞爲令時，毒而幸不死。鶴慶人無論貴賤大小，咸麗江腹心〔一八〕，金多故也。余備兵瀾滄，正渠助千金餉於朝廷，欲請敕加大參銜。奏下部行，院道相視，莫敢發言。余奮筆駁罷之，遂毀敕書樓。後陪巡鶴慶，最爲戒心，乃得生還，幸也。他如沅江〔一九〕、廣南亦不逞，然無甚於麗江者。

丁苴、白改盜，山箐在臨安、南安、新化之間，乃百年逋寇。辛卯夏，因緬報調兵，後緬退而兵無所用，吳中丞遂檄鄧參戎子龍移師襲之。夷盜止長於弓弩，不知火器。鄧擊以大砲，聲振山谷。盜駭，謂後山崩，巢穴當毀，乃四散走，遂悉蕩平之。人謂吳好用兵邀功，然此舉良爲得策。

永昌即金齒衛。金齒者，土夷漆其齒也。諸葛孔明征孟獲，破藤甲軍，今其夷人漆藤纏身，尚有藤甲之遺〔二〇〕。余聞之同年保山令楊君文舉也。其初只南征一軍處於此地，謂之諸葛遺民，今則生齒極繁。然其地乃天地窮盡處，而其人反紅顔白皙，得山川清麗之氣，而言語服食，悉與陪京同。其匠作工巧，中土所無，良樂土也。自有緬莽之亂，調兵轉餉，閭閻始憊。

琥珀、寶石舊出猛廣井中。今寶井爲緬所得，滇人采取爲難，而入滇者必欲得之，大爲永昌之累。余在滇中，聞前兩直指皆取琥珀爲茶盞，動輒數十，永民疲於應命，可恨也。

各鹽井惟五井多盜。其盜最黠而横。其穴前臨井，後倚深林大箐，巨墳遥岑〔二一〕，過此則爲吐蕃之地〔二二〕。故緩之則劫人，急之則走蕃，追兵見箐不敢深入，最爲害也。路内即箐，賊嘗坐箐中，射過客而掠其貨。又其射皆毒弩，技最精。夷賊習射者，於黑夜每三十步插香一枝，九十步插三香，黑地指火影射之，一箭而三香俱倒，方爲上技。余已約鄧參戎子龍，欲從永昌小捷徑抄番人後襲之，以瀕行，不果。

莽酋王南海，去永昌尚萬里，行閲兩月，與東北走京師同，但半月而至金沙江，則緬與中國之界也。其初，莽瑞體者，亦緬甸六宣慰之一，世宗朝爲猛廣所殺僇，隻騎不留，乃求救於朝，不許，遂發憤，孤身走洞吳起兵〔二三〕，不數年，遂盡有南海之地，掃平諸夷，復仇猛廣，亦蠻貊一英雄也。今莽應龍即其子。諸葛孔明南征至江頭城，與今莽都海岸僅隔十日之程〔二四〕，若王靖遠所到，則去此尚遠。爲其地遠，莽人亦不能深入，惟是岳鳳勾之，曾一至姚關。餘則皆莽酋分布之部曲〔二五〕，近金沙江者，過江盜殺諸土寨而劫掠之耳。勢不得不出兵應之，而滇中兵每出則於蠻莫〔二六〕。其地在蠻哈山下，江之北岸，最毒熱，多蠅，人右手以匕食，則左手亂揮蠅，稍緩則隨飯入喉中〔二七〕。土人遇熱甚〔二八〕，亦剪髮入水避之。而緬之犯又每於夏熱之時，内地兵一萬至者，常熱死其半。故所調之兵，每人先與七八金安家，謂之買命錢，盤費、芻菽不與焉。故調兵一千，其邑費銀一萬。而此土兵不甚練戰陳，不調則流兵少，又不足以當。數年間，内地民緣此以糜爛窮極，是調兵之難，一難也。永昌至蠻哈半月，省城左右至永昌又半月，山坂險峻。運米一石，費脚價八金，僅一兵三月糧耳。滇兵之調，每以數萬計，是轉餉之難，一難也。坐是〔二九〕，藩臯以至士民無不畏用兵，而大中丞與永兵備則云：「今日失一寨，十年後亦追咎，謂某撫某道手失也，而兵不得不用，彼無職掌者，可高議不用兵也。」如是，則亦不得而盡非之，但須以不用之心，行不得已之事。蓋永以外，將帥偏裨無不樂用兵以漁獵其間者，故緬至，每每作虚報。如辛卯夏，余聞緬二千人渡江，而參戎報二十萬是也。永以内，總戎大將又喜一出兵則隨路朘削，且以張皇其事。是在大中丞主持之，不爲虚報所惑而遽動兵，以鎮定行之，則内地之福也。即今屯田三宣，餉得策矣，而兵之調，歲歲騒動，終非久長之畫。以余之意，必起自金沙江，將三宣夷寨盡遷内地，四方空千里不留一人，則彼既不得因糧於敵〔三〇〕，若轉餉而至，其難與我同。緬夷盜劫之輩，庶其阻江而止乎？大寧神京擁護〔三一〕，哈密累世屬夷，本朝業已棄之，無非權其利害之重輕，於雲南萬里外千里荒服之地，何有不然，滇人終無息肩之期矣。

緬人於壬辰歲以貢物入，余時在瀾滄犒之。牙象一，母象一，番布、古喇錦、金段諸布帛皆與中國異，一金瓶嵌碎寶極工〔三二〕。蓋先是張憲使文耀遣黎邦柱入緬探事〔三三〕，黎説之而來。據邦柱對余云：「莽酋應龍在五層高樓上，柱皆金髹。呼邦柱與席地坐，謂渠未嘗侵中國，乃其部下爲盜也。渠亦是漢地，乃諸葛孔明所到，有碑立江頭城。一金塔高數十丈，照耀天日，衆酋所依歸。其人只布裹身，無上衣下裳。酋持齋念佛，不用兵。用時，以大緬莽一擊，聲聞數十里，如中國之烽燧。擊此則千里外夷兵皆自裹糧而來，不若中國轉餉之難也。緬莽者，大銅鼓之名。」邦柱之言雖真僞不可知，然其物已千金之外，非虛也。當事者必駁之，謂邦柱私物，誤矣。如此等事，使爲之處置得宜，令鈐束部曲〔三四〕，受其封貢，西南可以遺數歲之安。既不能以大擔肩之，並此物亦爲之含糊泯滅，夷酋安得不忿然以逞。及羽書一至，周章調發，徒疲內地之民，是當事者之謀國不良，而自取破敗也。

廣南守爲儂智高之後。其地多毒善瘴，流官不敢入，亦不得入。其部下土民有幻術，能變猫犬毒騙人，往往爰書中見之。然止以小事惑人，若用之大敵，偷營劫寨，未能也。有自變，亦有能變他人者。此幻術迤西夷方更多。李月山備兵於滇，親見之，載在叢談及蓬窗日録最詳。

雲南十四府、八軍民府、五州，惟雲南、臨安、大理、鶴慶、楚雄五府嵌居中腹，地頗饒沃，餘俱瘠壤警區。大抵雲南一省，夷居十之六七，百蠻雜處，土酋割據。但黔、寧遺法，沐氏世守，比廣西、貴州土官不同，差有定志。而西有瀾滄衛，聯屬永寧、麗江以控土蕃，南有金齒、騰衝以持諸甸〔三五〕，東有沅江〔三六〕、臨安以扼交趾，北有曲靖以臨烏蠻，各先得其所處。惟尋甸、武定防戍稍疏，木邦、孟密性習叵測〔三七〕，元江、景東土酋稱桀，老撾、車里姻好安南，阿迷、羅台瘴癘微梗，廣南富州界臨右江，所當加意。

元江、麗江、蒙化、景東等府，師宗、彌勒、新化、寶山、巨津、和曲、禄勸、蘭、順等州，元謀等縣，役無定紀，故科無定數。惟大理太和十年一役，鄧川、賓川〔三八〕、騰越、北勝、趙、姚、浪穹〔三九〕、永平五年一役，雲南縣三年一役，餘州縣一年一役。

貿易用貝，俗謂之肥。以一爲妝〔四〇〕，四妝爲手〔四一〕，四手爲苗，五苗爲索，索蓋八十貝也。

全省四路：一自貴州烏撒衛入曲靖霑益州，爲通衢，烏撒衛實居四川烏撒府之地；一自貴州普安入曲靖；一自廣南府，路出廣西安隆、上林、泗城，今黔國禁不由；一自武定，路從金沙江出四川建昌衛，今亦莽塞〔四二〕。

六詔乃西南夷雲南全省之地〔四三〕。夷語謂王爲詔。其都在大理、麗江、蒙化三府及四川行都司建昌等衛，而居大理尤久。六詔俱姓蒙氏，凡名，嗣代各頂父名下一字。蒙舍詔在蒙化府，浪穹詔在浪穹縣，鄧賧詔在鄧川州，施浪詔在浪蕖縣，麽些詔在麗江府，蒙巂詔在建昌衛。六詔惟蒙舍居南。蒙舍至皮羅閣始强盛，滅五詔，盡有其地，遂總名南詔，遷居太和城。子閣羅鳳用段儉魏爲相，獲唐西瀘令鄭回而尊之。至其孫異牟尋，創立法制，修議禮樂，設三公、九爽、三託諸府之官，以分其任，回復勸之歸唐。是開南詔聲名文物者，段、鄭之力居多。蒙氏歷年二百五十，而鄭氏、趙氏、楊氏迭興，皆不久。至石晉天福間，段氏始立。至元世祖得南詔，降段爲總管。至我朝，尚爲鎮撫不絕。

諸省惟雲南諸夷雜處之處，布列各府，其爲中華人，惟各衛所戍夫耳〔四四〕。百夷種曰僰人、爨人，各有二種，即黑羅羅、白羅羅。麽些、秃老、些門〔四五〕、蒲人、和泥蠻、土僚、羅武、羅落、撒摩都、摩察、儂人、沙人、山後人、哀牢人、俄昌蠻、獬蠻、魁羅蠻、傳尋蠻、色目、瀰沙〔四六〕、尋丁蠻、栗些〔四七〕，大率所轄惟僰、羅二種爲多〔四八〕。僰人與漢人雜居，充役公府。羅羅性疑，深居山寨，人得紿而害之。廣南、順寧諸府，俗好食蟲，諸處好食土蜂。南徼緬甸、木邦、老撾、車里、八百、干崖、隴川、孟艮、孟定，俱女服外事。

雲南風氣與中國異，至其地者乃知其然。夏不甚暑，冬不甚寒，夏日不甚長，冬日不甚短，夜亦如之〔四九〕，此理殆不可曉。竊意其地去崑崙不遠，地勢極高，高則寒；以近南，故寒燠半之；以極高，故日出日没，常受光先而入夜遲也。鎮日皆西南風。由昆明至永昌，地漸高；由通海至臨安，地漸下；由臨安至五邦、寧遠，地益下，下故熱。五邦以南，民咸剪髮以避暑瘴。寧遠舊屬臨安府。黎利叛，陷入安南〔五〇〕，分爲七州。林次崖謂欽州四洞原内屬，不知寧遠大於四洞多矣。

地多海子，蓋天造地設以潤極高之地，亘古不淤不堙，猶人之首上脈絡也。水多伏流，故落坎數十百丈〔五一〕，飛瀑流沫數十里。月山。

雲南一省以六月二十四日爲正火把節。云是日南詔誘殺五詔於松明樓，故以是日爲節。或云，孟獲爲武侯擒縱而歸，是日至滇，因舉火祓除。或又云，是梁王擒殺段功之日，命其屬舉火以禳之也。二十後，各家俱燃巨燎於庭〔五二〕，人持一小炬，老幼皆然，互相焚燎爲戲，燼鬚髮不顧。貧富咸羣飲於市〔五三〕，舉火相撲達旦，遇水則持火躍之。黑鹽井則合各村分爲二隊，火下鬭武，多所殺傷。自普安以達於雲南，一境皆然，至二十五乃止。月山。

麓川俗，其下稱宣慰曰昭，其官屬則有昭孟、昭録、昭綱之類。乘則以象。雖貴爲昭孟，領十餘萬人，賞罰任意，見宣慰莫敢仰視，問答則膝行，三步一拜，退亦如之。賤事貴，少事長，皆然。小事則刻木爲契，大事則書「緬」字爲檄，無文案。男貴女賤，雖小民視其妻如奴僕，耕織、貿易、差徭之類皆繫之，雖老，非疾病不得少息。生子三日後，以子授其夫，耕織自若。男子皆髡首黥足〔五四〕。人死則飲酒作樂，歌舞達旦，謂之娱尸〔五五〕。其小百夷阿昌、蒲、縹、哈剌諸風俗，與百夷大同小異。月山。

南甸宣撫司有婦人能化爲異物，富室婦人則化牛馬，貧者則化猫狗。至夜，伺夫熟睡，則以一短木置夫懷中。夫即覺，仍與同寢。不覺，則婦隨化去，攝人魂魄，至死，食其尸肉。人死則羣聚守之，至葬乃已，不爾，則爲所食。鄰郡民有經商或公事過其境者，晚不敢睡，羣相警戒〔五六〕。或覺物至，則羣逐之。若得之，其夫家亟以金往贖。若登時殺死，則不能化其本形〔五七〕。孟密所據有地羊寨〔五八〕，當官道往來之地。其人黄睛黧面，狀類鬼，剪舊銅器聯絡之，自膝纏至足面爲飾。有妖術，能易人心肝腎腸及手足而人不知，於牛馬亦然。過者曲意接之，賞以針線果食之類，不則離寨而死，剖腹皆木石。車里、老撾，風俗大抵相同。過景東界，度險數日皆平地。貴賤皆樓居，其下皆六畜。俗多婦人，下户三四妻不妬忌，頭目而上，或百十人供作。夫死則謂之鬼妻，皆棄不娶。省城有至其地經商者贅之，謂之上樓，上樓則剪髮不得歸矣，其家亦痛哭爲死别也。凡食牲，不殺，咒而死，然後烹。楚雄迤南，夷名真羅武。人死則裹以麂、鹿〔五九〕、犀、兕、虎、豹之皮，擡之深山棄之，久之，隨所裹之皮化爲其獸而去。又蒲人、縹人、哈剌，其色俱正黑如墨，有被殺者，其骨亦黑，蓋烏骨鷄類。

【校勘記】

〔一〕方輿崖略 「崖略」，底本倒誤爲「略崖」，川本同，據滬本及廣志繹卷一乙正。按方輿崖略係明王士性廣志繹卷一篇名，以下諸條皆録自廣志繹卷五西南諸省。

〔二〕更以月食驗之 底本脱「食」字，川本同，據滬本及廣志繹卷五補。

〔三〕初虧在寅初一刻五更三點 「寅」，底本作「亥」，川本同，據滬本及廣志繹卷五改。

〔四〕陳之官而准焉 「准」，川本、滬本同，廣志繹卷五作「準」。

〔五〕一聚爲義夫平煎之 「煎」，川本同，滬本及廣志繹卷五作「分」。

〔六〕菜者 「菜」，底本作「萊」，川本同，廣志繹卷五作「採」，據滬本改。

〔七〕是他省之礦 「省」，底本作「有」，川本同，據滬本及廣志繹卷五改。

〔八〕舟工柁師　「工柁」，底本作「上枕」，川本同，據滬本及廣志繹卷五改。
〔九〕乃知此江下武定境　底本脱「此」字，川本、滬本同，據廣志繹卷五補。
〔一〇〕與同行賈甲喜得所　「賈」，底本作「貨」；「甲喜得所」，底本脱，川本、滬本同，據廣志繹卷五改補。
〔一一〕乙逌土人丙富　「丙」，底本作「兩」，川本、滬本同，滬本眉批：「兩，疑當作丙。」廣志繹卷五作「丙」，據改。
〔一二〕乙故啓爭端　底本脱「啓」字，川本及廣志繹卷五同，據滬本補。
〔一三〕其爲商者勿逐　底本脱「勿逐」，川本同，據滬本及明英宗實録卷一八四補。
〔一四〕五雲山　川本、滬本及廣志繹卷五同，疑當作「五華山」。
〔一五〕桃花　川本、滬本同，廣志繹卷五作「桃李」。
〔一六〕絶流十里　「十」，川本、滬本同，廣志繹卷五作「千」。
〔一七〕郡在玉龍山下　「郡」，底本作「即」，川本同，據滬本及廣志繹卷五改。
〔一八〕咸麗江腹心　「咸」，底本作「或」，川本同，據滬本及廣志繹卷五改。
〔一九〕沅江　川本、滬本及廣志繹卷五同，疑當作「元江」。
〔二〇〕尚有藤甲之遺　「遺」，底本作「夷」，川本同，據滬本及廣志繹卷五改。
〔二一〕巨墳遥岑　「墳」，川本、滬本同，廣志繹卷五作「阪」。
〔二二〕吐蕃　「吐」，底本作「土」，川本同，據滬本及廣志繹卷五改。
〔二三〕洞吳　川本及廣志繹卷五同，滬本及明史雲南土司傳作「洞吾」。
〔二四〕十日　川本、滬本同，廣志繹卷五作「六日」。

〔二五〕餘則皆莽酋分布之部曲　底本「酋」字重出，川本同，據滬本及廣志繹卷五刪。
〔二六〕蠻莫　「莫」，川本、滬本同，廣志繹卷五作「哈」。
〔二七〕隨飯入喉中　「喉」，底本作「唯」，川本、滬本同，據廣志繹卷五改。
〔二八〕土人遇熱甚　「遇」，底本作「過」，川本、滬本同，據廣志繹卷五改。
〔二九〕坐是　「坐」，底本作「生」，川本同，據滬本及廣志繹卷五改。
〔三〇〕既不得因糧於敵　「因」，底本作「固」，川本同，據滬本及廣志繹卷五改。
〔三一〕大寧神京擁護　底本「京」字重出，川本同，據滬本及廣志繹卷五刪。
〔三二〕一金瓶嵌碎寶極工　川本同，滬本「極工」作「種種」，廣志繹卷五「瓶」作「甌」。
〔三三〕遣黎邦柱入緬探事　「遣」，底本作「遺」，川本同；「探」，底本作「揮」，川本同，並據滬本及廣志繹卷五改。「黎邦柱」，川本、滬本同，廣志繹卷五作「黎邦桂」。下同。
〔三四〕令鈐束部曲　「令」，底本作「今」，川本同，據滬本及廣志繹卷五改。「鈐」，底本作「鈐」，據川本、滬本及廣志繹卷五改。
〔三五〕南有金齒騰衝以持諸甸　底本作「南有金齒騰衝」，川本同，據滬本及廣志繹卷五改補。
〔三六〕沅江　川本、滬本同，廣志繹卷五作「元江」，此「沅」當作「元」。
〔三七〕性習叵測　「性」，底本作「惟」，川本同，據滬本及廣志繹卷五改。
〔三八〕賓川　「川」，底本作「州」，川本、滬本及廣志繹卷五同，據明史地理志改。
〔三九〕浪穹　「穹」，底本作「窮」，川本同，據滬本及廣志繹卷五改。

〔四〇〕妝　川本同，滬本及廣志繹卷五作「莊」。
〔四一〕手　川本及廣志繹卷五同，滬本作「錢」。下同。
〔四二〕今亦莽塞　「塞」，底本作「寨」，據川本、滬本及廣志繹卷五改。
〔四三〕乃西南夷雲南全省之地　底本脱「夷」字，川本、滬本同，據廣志繹卷五補。
〔四四〕惟各衛所戍夫耳　底本脱「所」字，川本、滬本同，據廣志繹卷五補。
〔四五〕些門　「些」，川本、滬本及本書雲南府易門縣下所載同，廣志繹卷五作「步」。
〔四六〕瀰沙　川本同，滬本作「瀰河」，滬本眉批：「瀰，瀰之訛。」廣志繹卷五作「瀰河」。
〔四七〕栗些　「些」，川本、滬本同，廣志繹卷五作「步」。
〔四八〕大率所轄惟僰羅二種爲多　「轄」，底本作「豁」，川本、滬本同，滬本眉批：「豁字疑有誤。」廣志繹卷五作「轄」。據改。
〔四九〕夜亦如之　底本缺「夜」字，川本同，據廣志繹卷五補。滬本作「春秋如之」。
〔五〇〕安南　底本倒誤爲「南安」，川本同，據滬本及廣志繹卷五乙正。
〔五一〕故落坎數十百丈　川本同，滬本「坎」後有「輒」字，廣志繹卷五作「或落坎輒數十百丈」，此蓋脱「輒」字。
〔五二〕巨燎　「巨」，底本作「炬」，川本、滬本同，據廣志繹卷五改。
〔五三〕貧富咸羣飲於市　「咸」，底本作「成」，據川本、滬本及廣志繹卷五改。
〔五四〕黥足　「黥」，底本作「黔」，川本、滬本同，據廣志繹卷五改。
〔五五〕謂之娛尸　「尸」，川本、滬本同，廣志繹卷五作「死」。

〔五六〕羣相警戒　「警」，底本作「驚」，川本、滬本同，據廣志繹卷五改。
〔五七〕則不能化其本形　底本脱「其」字，川本、滬本同，據廣志繹卷五補。
〔五八〕孟密所據有地羊寨　川本、滬本同，廣志繹卷五作「孟密所屬有地羊」。
〔五九〕鹿　底本脱，川本同，據滬本及廣志繹卷五補。

正統元年十一月，初，洪武間克平雲南，惟百夷酋長思倫發未服，後爲頭目刀干孟所逐，赴京陳訴。命爲宣慰，回居麓川，分其地設孟養、木邦、孟定三府，隸雲南，設潞江〔一〕、干崖、大侯〔二〕、灣甸四長官司，隸金齒。永樂元年，升孟養、木邦爲宣慰司。孟養宣慰刀木旦與其鄰境讎殺而死，緬甸乘機并其地。未幾，緬甸宣慰新斯加又爲木邦宣慰所殺。是時，思倫發已死，其長子思行發襲父職，亦死。次子思任發襲兄職，爲麓川宣慰，狡獪逾於父兄，差發金銀，不以時納，朝廷稍優容之。適會緬甸之危，思任發侵有其地，遂欲盡復其父所失故地，稱兵擾邊。至是，雲南總兵官黔國公沐晟奏，思任發侵占孟定府及灣甸等州，殺掠人民，焚毀甸寨。事下行在兵部，請令晟等計議，撫、捕何者爲便。從之。

三年十一月壬寅，敕雲南總兵官黔國公沐晟奏思任發。是月，晟與都督沐昂、方政等，統兵至金齒司駐劄。賊沿江立栅拒守。政等造舟六十艘，渡江攻之，大敗賊衆，追至潞江安撫司。賊遁入景罕寨。指揮唐清、舍人方瑛等進擊，賊潰散。指揮高遠等復追抵高黎共山下〔三〕，擊敗之，共斬首三千餘級。

四年正月壬午，晟等進攻舊大寨，破之，追至空泥。賊出象陣邀擊，我軍敗績，方政陷没。思任發遂遣兵犯景東、孟定，殺大侯州知州刀章漢等十餘人，破孟賴諸寨及孟璉兵，官司等處皆降之。

六年正月乙卯，命定西伯蔣貴佩平蠻將軍印，充總兵官，都督同知李安充左副總兵，都督僉事劉聚充右副總兵，都指揮使宫聚充左參將，都指揮僉事冉保充右參將，行在兵部尚書兼大理寺卿王驥總督軍務，統率大軍，征討麓川叛寇思任發。

七年正月己丑，驥、貴奏：上年十一月初十日，破上江賊寨，由夾象石渡下江，通高黎貢山道。閏月初，至騰衝，留左副總兵都督同知李安領軍提備。臣等由南甸至羅卜思莊〔四〕，令指揮江洪等率精鋭八千人，哨至杉木籠山。賊首思任發令陶孟、靠者、罕心等，率其衆二萬餘據高山，中立硬寨，左右山巔連環爲七營，首尾相應。左參將宫聚、右副總兵劉聚分左右翼，攀緣山嶺林木而上，攻之不下。臣等遂同内官蕭保由中路進，左右翼亦賈勇夾擊，賊遂潰，殺靠者、罕心等，斬首數百級，乘勝進戛賴、隴把，至馬安山，於十二月初直擣賊巢。山岡陡峻，周迴三十餘里〔五〕，立栅開塹，深廣不可越，東南一面傍江壁立。臣令前哨官軍三千人，周視攻取地利。賊伏兵泥溝箐，驅象陣突起〔六〕，爲我軍所敗。賊復從永毛、摩泥寨至馬安山，潛出我軍後。臣等令軍中毋得擅動，即調都指揮方瑛等，率軍六千，突入賊寨。賊首衣黄衣，居帳中，麾衆拒敵。我軍擊敗之，斬首數百餘級。賊投崖谷，自相蹂踐，死者甚衆。未幾，賊驅象八十餘，復來衝陣。我軍佯卻，尋整隊力殺，敗之。而原委右參將冉保、動衛陳儀報云，已從東路會合木邦人馬，招徠夷民一十二寨〔七〕，降孟通賊首刀門顛。元江府同知杜凱等亦報，率車里〔八〕、大侯夷兵五萬，招降孟璉長官司亦保等寨，攻破烏木弄、戞邦等寨，斬首二千三百餘級。餘黨招剛火頭人等，率夷民詣軍門降，撫令復業者五千餘户。差人守把西峨渡，以阻賊奔竄之路，就通木邦信息，俱刻期至麓川策應。臣等於是添造攻具，分定地方，期以環圍齊攻，且遣人齎榜招諭。賊誓以死守，拒而不納。遂令貴攻西中門，臣驥攻西北門，都指揮李信、内官吉祥攻西南門，宫聚攻西南、江上二門，蕭保、劉聚攻東北門，冉保攻東北出象門，分遣少卿李蕡、郎中侯璡等往來督戰〔九〕，且令軍士廣積薪草。會西風大作，隨風舉火，煙焰漲天，死者不計其數。明日，獲思任發從者，詰之，云：賊父子三人，挈妻孥七人〔一〇〕，象馬數十，從間道渡江，遁往孟養等處。其餘老稚數萬人，俱就溺，浮尸蔽江。獲原給虎符、金牌、信符、宣慰司印〔一一〕，及賊所虜掠騰衝千户所等衙門印三十二顆。隨平其巢穴，撫其流散，臣等於是月十五日班師。

八年五月己巳，復命定西侯蔣貴充總兵官，都督冉保、毛福壽充參將，兵部尚書靖遠伯王驥總督軍務，調雲南、湖廣、四川、貴州官軍土兵五萬，聽其節制，征麓川。先是，驥奏：數遣人往緬甸，索賊首思任發，不報，而賊子思機發復據麓川侵擾，故有是命。

九年五月辛亥，執思機發男菡蓋等至京。宥菡蓋等四人死〔一二〕，没入御馬監養馬，餘十二人謫戍口外邊衛。

十年十二月丙辰，雲南千户王政誅思任發於緬甸。先是，總兵官黔國公沐斌等遣政諭緬甸宣慰男卜剌浪馬哈省〔一三〕，以思任發及其妻孥部屬三十二人付政〔一四〕。時思任發不食已數日，政慮其即死，遂戮於市，函首及俘馳獻京師。

【校勘記】

〔一〕潞江　「潞」，底本作「路」，川本、滬本同，據明英宗實録卷二四、明史雲南土司傳改。

〔二〕大侯　「侯」，底本作「候」，川本、滬本同。滬本校記：「候，當作侯。」明史雲南土司傳作「侯」。據改。下同。

〔三〕指揮高遠等復追抵高黎共山下　「追」，底本作「亞」，川本、滬本同。滬本校記：「亞，疑當作追。」明史雲南土司傳作「追」。據改。

〔四〕羅卜思莊　底本「思」字重出，川本同，據滬本及明英宗實録卷八八、明史雲南土司傳删。

〔五〕周迴三十餘里　「餘」，底本倒誤於「周迴」下，川本同，據滬本乙正。

〔六〕驅象陣突起　底本脱「象」字，川本、滬本同，據明英宗實録卷八八補。

〔七〕招徠夷民一十二寨　「徠」，底本作「練」，川本、滬本同，據明英宗實録卷八八改。

〔八〕車里　「里」，底本作「李」，川本、滬本同，據明英宗實録卷八八、明史雲南土司傳改。
〔九〕侯璡　「璡」，底本作「璀」，川本同，據滬本及明英宗實録卷八八改。
〔一〇〕挈妻孥七人　「孥」，底本作「帑」，據川本、滬本及明英宗實録卷八八改。
〔一一〕宣慰司印　「慰」，底本作「尉」，川本同，據滬本及明英宗實録卷八八改。
〔一二〕宥函蓋等四人死　「宥」，底本作「省」，川本、滬本同，據明英宗實録卷一一六改。
〔一三〕宣慰　「慰」，底本作「尉」，川本同，據滬本及明英宗實録卷一三六改。
〔一四〕妻孥　「孥」，底本作「帑」，據川本、滬本及明英宗實録卷一三六改。

貴　州

總督湖廣川貴軍務、都御史一員。間值地方有警，特命專征，事定還朝，不常設。嘉靖間，御史宿應麟奏設總督一員，駐沅州，節制三省。尋停省。

巡撫貴州、都御史一員。駐省城，正統間設。至嘉靖四十二年，因省沅州總督，奉敕加提督軍務，兼制湖北、川東地方〔一〕。

巡按貴州、監察御史一員。駐省城，行巡各屬。

貴州等處承宣布政使司。永樂十一年設。左布政使一員，左參政一員，左參議一員，右參議二員。一清軍督糧，分守安平道，駐省城。一分守貴寧道，駐烏撒。一分守新鎮道，駐平越。一分守思仁道，駐思南。各道參政、參議互用，無定銜。舊設清軍右參政一員，後以督糧道兼理，裁省。

貴州等處提刑按察使司。永樂十八年設。按察使一員，副使四員，僉事二員。一提督學院校道〔二〕，駐省城，巡各屬。一清軍兼理驛傳道，駐省城。一兵備分巡威清道，駐普定。兼制廣西、雲南霑益二州。一兵備分巡畢節道，駐畢節。兼制烏撒、永寧四衛，並烏撒、烏蒙、東川、鎮雄、水西、永寧等府。一兵備分巡都清道，駐都勻。一兵備分巡思石道，駐銅仁。各道副使僉事互用，無定銜。

鎮守貴州兼提督平清等處地方總兵官一員。舊駐省城，嘉靖間，移駐銅仁。

貴州都指揮使司。洪武十五年設。軍政掌印都指揮一員，管屯都指揮一員。管操捕都指揮一員〔三〕，近改遊擊將軍。

【校勘記】

〔一〕兼制湖北川東地方 「制」，底本作「至」，據川本、滬本改。

〔二〕提督學院校道 川本同，滬本無「院」字，嘉靖貴州通志卷五作「提督學校副使」，此「院」字衍。

〔三〕管操捕都指揮一員 「操」，底本作「採」，川本同，據滬本及嘉靖貴州通志卷五改。

貴陽府

舊省城無府，距省南九十里有程番長官司，成化十三年〔一〕，升府。隆慶二年〔二〕，巡撫、都御史杜拯奏於省城設府，即以程番府移入省城。領縣一，州一〔三〕，安撫司一，長官司十六。屬貴寧道。〔眉批〕富水繞前，貴山擁後，沃野中啓，複嶺四塞。省志。據荆、楚之上游，爲滇南之門户。一統志。

貴山，在城北二里〔四〕。蜀道所經。銅鼓山，在城東二里。高百餘仞，山半常有聲如銅鼓，相傳爲漢諸葛武侯藏銅鼓處。高連山，在城南二里。即新添關諸山，高而連絡，有天馬、貴人諸峯。唐史謂牂牁境内有高連石門二山，即此。富水，在城南一里。源出八里屯龍井，東北流入南明河。南明河，在南門外。源出定番州界，東北流經郡城，至巴鄉北流合烏江，通思南府，繞城河入蜀涪州界，會川江。新添關，在城東南二里。貴州站在其下。鴉關，在城北八里。在楊柳浦之左，四川驛道經此〔五〕。响水關，在城西北五里。有兵戍守。

新貴縣　附郭。舊爲貴竹長官司，萬曆十四年〔六〕，幷龍里衛之平伐長官司，共置爲新貴縣，以貴竹司爲貴竹鄉，平伐司爲平伐鄉。雜苗、獠，多流寓，頗淳簡。土縣丞宋氏本貴竹司正長官，土主簿寧氏本貴竹司副長官，土主簿廷氏本平伐司安撫，俱設縣後改今職。平壩驛，又見後。

貴定縣　新設流官。考。

定番州　府南九十里。舊爲程番府，隆慶中，移設貴陽府。萬曆十四年奏後，於舊府置州。領長官司十六、里四。　城周五百丈。　流知州，判官。〔眉批〕四水交流，八番羅列。程番志。　牂牁江〔七〕，在州南。源出西北三十里濛潭，南流至地名破蠶，入廣西泗城州，出番禺城下，入南海。

程番長官司　附州。　正長官程氏。

小程番長官司　州西北五里。　伏龍坡，在治南二里。上通上馬橋，下通盧番司。　漣江，在治東百步。南流合牂牁江。　正長官程氏。

盧番長官司　州北五里。　正長官盧氏。

上馬橋長官司　州西北二十里。　上馬橋河，在治東。　正長官方氏。

方番長官司　州南八里。　正長官方氏。

韋番長官司　州南五里。　大韋河，在治南三里。上通程番，下接臥龍。　正長官韋氏。

洪番長官司　州南十里〔八〕。　正長官洪氏。

臥龍番長官司　州南十五里。　繞翠江，在治前。　正長官龍氏。

小龍番長官司　州東南二十里。　九龍山，在治後。　雙峽水，在治南。二水會於司東，故名。　正長官龍氏〔九〕。　平壩驛。

大龍番長官司　州東南五十里。　奔龍江，在治東一里。　大龍河〔一〇〕，在治後。　正長官金氏〔一一〕。

金石番長官司　州東二十五里。　回龍江〔一二〕，在治左。　正長官石氏。

羅番長官司　州南三十里。　環帶江，在治前。　羅番河，在治後。　正長官龍氏。

盧山長官司　州南一百里。　以上十三司舊隸貴州衛。正統中，隸貴州宣慰司。成化十三年，改隸程番府。萬曆十四年隸州。　盧山，在治前，極高。旁有三石峽如門，盤旋而上，頂平廣，可容千人。有泉池，土田可耕，傳爲鄉人避兵處。　腰帶河，在治前。　正長官盧氏。

木瓜長官司　州東一百里。　九曲溪，在治南八里。　正長官石氏，副長官顧氏。

麻嚮長官司　州東二百里。　正長官得氏。

大華長官司〔一三〕　州南二百三十里。　以上三司舊隸貴州衛。正統改隸金筑安撫司。成化十三年，改隸程番府。萬曆十四年隸州。　正長官狄氏。

木官里，在州南一百四十里。　克度里，在州東南一百里。分上下克度二里。　通州里，在州東南一百五十五里。並隸州。

廣順州　新設。考。

緡紳又開州〔一四〕。　流知州、判官。

金筑安撫司〔一五〕　府西南一百二十里。　舊隸貴州衛。正統元年，改隸貴州布政司。成化十三年，改隸府。正統三年八月癸丑朔，改貴州金筑安撫使並鎮寧州、永寧州、安順州俱隸貴州布政司，上馬橋等十三長官司並平壩驛俱隸貴州宣慰司〔一六〕，木瓜等三長官司隸金筑安撫司〔一七〕，十二營康佐二長官司、在城税課司、安莊驛隸鎮寧州，慕役頂營二長官司〔一八〕、盤江巡檢司、查城驛隸永寧州，寧谷寨西堡二長官司〔一九〕、普利驛隸安順州，增置金筑安撫司流官同知一員。以巡按監察御史陳嘉謨言，夷民苦於衛官、土官侵漁故也。〔眉批〕田饒地阜，平康如砥，據諸夷叢聚之地。金筑志。

螺擁山〔二〇〕，在治東二十里。山高五里，狀如螺擁。上有深淵，水碧如藍，四時不涸。每天欲曙，鳥獸皆集而飲之。　麻線河，在治北一十里，流涎如線。　安撫金氏。

【校勘記】

〔一〕成化十三年「十」，底本脱，川本、滬本同，據嘉靖貴州通志卷一補。明史地理志作「成化十二年」，清統志卷五〇〇同。

〔二〕隆慶二年「二」，底本作「六」，川本、滬本及紀要卷一二一同。明穆宗實録卷二一：隆慶二年六月，貴州撫按官杜拯言：「宜移程番府入省城。從之。」圖書集成職方典卷一五二三亦作「二年」，此「六」爲「二」字之誤，據改。

〔三〕領縣一州一　二「一」，川本、滬本同。按本書下文載：貴陽府附郭新貴縣，貴定縣新設。又載：定番州，廣順州新設，「貓紳又開州」。此云「縣一，州一」，不計新設，又不計開州而言。明史地理志：貴陽軍民府「領州三，縣二」，皆計數在内，是也。此既載又不計，前後不一。

〔四〕城北二里　底本「二」下有「十」字，據川本、滬本及嘉靖貴州通志卷二删。

〔五〕在楊柳浦之左四川驛道經此　底本「在」錯簡於「浦」下，脱「之左」二字，川本、滬本同，據嘉靖貴州通志卷四補正。紀要卷一二一：「鵶關在府北鵶關山下，關西爲楊柳浦，四川驛道所經也。」與此有異。

〔六〕萬曆十四年　「四」，底本作「九」，川本、滬本及圖書集成職方典卷一五二三同。明神宗實録卷一七一：萬曆十四年，「兵部覆貴州程番府改州，貴竹、平伐二司改縣事，依科議行，撫按虚心體勘，處置得宜。上從之」。明史地理志亦作「十四年」，此「九」爲「四」字之誤，據改。

〔七〕牂牁江　「江」，底本脱，川本、滬本同，據紀要卷一二一、圖書集成職方典卷一五二三補。

〔八〕州南十里　川本、滬本同。紀要卷一二一作「州西九里」，明史地理志作「州西」，此「南」疑爲「西」字之誤。

〔九〕正長官龍氏　底本脱「氏」字，川本同，滬本不脱。按紀要卷一二一：「明朝洪武五年，酋長龍泉歸附，改置今司授之。」據補。

〔一〇〕大龍河　「河」，底本作「江」，川本同，據滬本及嘉靖貴州通志卷二改。

〔一一〕金氏　底本脱，川本同，據滬本補。

〔一二〕回龍江　「回」，底本作「四」，川本、滬本同，據嘉靖貴州通志卷二、圖書集成職方典卷一五二三改。

〔一三〕大華長官司　「司」，底本脱，川本同，據滬本及嘉靖貴州通志卷一補。

〔一四〕縉紳又開州　川本、滬本同。按此句疑有脱文，似當作「縉紳又載有開州」。

〔一五〕金筑安撫司　川本、滬本同，據明史地理志，廣順州本金筑長官司，洪武十年改安撫司，萬曆四十年置州。則金筑安撫司後已改置廣順州。

〔一六〕上馬橋等十三長官司並平壩驛俱隸貴州宣慰司　「三」，底本作「二」，川本、滬本同。按本書上文載：程番、小程番、盧番、上馬橋「十三司舊隸貴州衛，正統中，隸貴州宣慰司。」明史地理志：程番長官司，「洪武五年三月置，屬貴州衛。正統三年八月屬貴州宣慰司」，「下十二司所屬倣此。」下列小程番、上馬橋等十二長官司，與程番長官司共十三。此「二」爲「三」字之誤，據改。

〔一七〕木瓜等三長官司隸金筑安撫司　「三」，底本作「四」，川本、滬本同。按本書上文載：木瓜、麻嚮、大華「三司舊隸貴州衛，正統改隸金筑安撫司」。嘉靖貴州通志卷一：金筑安撫司，「所屬木瓜、麻嚮、大華三長官司」。明史地理志：木瓜長官司，「正統三年八月屬金筑安撫司。成化十二年七月屬程番府。萬曆十四年三月屬定番州。下二司倣此」。下二司，即下列麻嚮、大華二長官司。則此「四」乃「三」字之誤，據改。

〔一八〕慕役頂營　底本脱「營」字，川本、滬本同，據紀要卷一二一補。

〔一九〕寧谷寨西堡　「寨」，底本作「塞」；「西」，底本作「四」，川本同，據滬本及紀要卷一二一改。

〔二〇〕螺擁山　「螺」，底本作「蝶」，據川本、滬本及嘉靖貴州通志卷二改。

史記正義曰：崔浩云：牂牁，繫船杙也。常氏華陽國志云：楚頃襄王時，遣莊蹻從沅水伐夜郎，軍至且蘭，椓船於岸，後人以且蘭有椓船牂牁處，乃名其地爲牂牁。滇志：牂牁者，立兩椿於兩岸，中繫以繩而渡，所謂椓船也。蓋其水性急，不容持楫也。今貴州盤江、崇安江皆然。

漢時有女子浣於遯水，有三節大竹流入足間，聞號聲，剖之得一男，養之長，自立爲夜郎侯，以竹爲姓。武帝威服西南夷，夜郎侯迎降，封爲夜郎王，又稱竹王。貴竹之名本此。

屬夷種類不一。曰八番子者，服食居處與漢人同。婦人直項作髻，不施被飾，俱以耕織爲業。穫稻和稭儲之，刳木作臼，長四五尺，曰椎塘，每臨炊，始取稻把入臼手舂之，其聲丁東，抑揚可聽。曰苗人者，性惡喜殺，僻居鮮儔。然甚重信，亦知愛親，每春暮聞鵑啼，則比屋號泣之聲振林谷。問之，則曰：禽鳥去，猶歲一至，父母死不再來矣。曰仲家者，姦宄無義，多爲寇盜。曰仡僚者，衣服鄙陋，飲食穢惡。

府治新設，征役頗驚。然苗民素淳畏法，不敢與吏抗，苦其擾則相率亡去。土官利其遺田，亦不知禁，故附郡村落，寂然無居人。善牧者蠲其逋負，省其征徭，還定而安集之，亦易治也。

貴州衛　左、右、中、前、後五千户所。

貴州前衛　左、右、中、前、後五千户所，俱在省城。

貴州宣慰使司　在省城内。舊領長官司十，正統十四年，以貴州衛長官司十三增入，共領長官司二十三。成化十三年，以原割十三長官司隸程番府。隆慶六年，又以貴竹長官司隸程番〔一〕。今仍領長官司九。〔眉批〕東阻五濱，西距盤江。一統志。宣慰安氏，親領夷羅民四十八部。宣慰宋氏，親領夷漢民十二部。同知安氏，親領夷羅民一部。安氏謂部長曰頭目，宋氏謂部長曰馬頭。

木閣箐山，在西北五十里。延袤百餘里，林木蓊蔚，中有道通水西、畢節〔二〕。魯郎山，在北八十里。地名乖西，一名書案山。南望山，在北一百里。崇峯大箐，嵐氣晝冥，爲郡之鎮。瑪瑙山，在西二百五十里。峯巒逶迤，林木疊翠。水西宣慰安氏宅居其山麓〔三〕。烏江，在北二百里。湍流洶湧，乃貴、播之界，北岸〔旁注〕一統志作南。有烏江關。清水江，在東一百五十里。水甚清明。岸峯壁立，崎嶇難行，乖西、巴鄉諸部苗、佬倚此爲險。景泰三年，南和侯方瑛將兵濟此，平其兩岸以爲坦途，自此苗、佬失所恃矣。落折水，在閣鴉、歸化二驛界。有渡。濟番河，在西南三十里。俗名花仡佬河，八番路所經。成化初，宣慰使宋昂壘石爲橋其上〔四〕。陸廣河，在陸廣驛下。〔旁注〕一統志：西北一百五十里。當水西驛道，置巡檢司。水西城，在城西北二百五十里。本朝初築，壘門尚存。

水東長官司　城北三里。正長官向氏，副長官胡氏。

劄佐長官司　城北八十里。　正長官宋氏。　劄佐驛。

底寨長官司　城北一百里。　正長官蔡氏，副長官梅氏。

乖西蠻夷長官司　城東一百五十里。　正長官楊氏，副長官劉氏。

龍里長官司　城東五十里。　正長官何氏。

中曹蠻夷長官司　城南三十里。　正長官謝氏，副長官劉氏。

白納長官司　城南七十里。　正長官周氏，副長官趙氏。

青山長官司　城西北三十三里。　正長官蔡氏，副長官劉氏。

養龍坑長官司　城北二百二十里。　正長官蔡氏，副長官謝氏。　養龍坑驛。　養龍坑，在本司兩山之間，泓渟淵深，靈物藏其下。當春初和暢，夷人立柳坑畔，擇牝馬之貞者繫之。已而雲霧晦冥，類有物蜿蜒，與馬接，其產必龍駒。本朝洪武四年，僞夏明昇降，獻良馬十，其一白者，乃得之於此，首高九尺，長丈餘，不可控御。詔祀馬祖，然後敕典牧者囊沙四百斤，壓而乘之行苑中，久漸馴習。後將行夕月之禮於清涼山，乘之如躡雲，一塵弗驚，賜曰飛越峯，且命繪形藏焉。翰林學士宋濂爲之贊。

〔眉批〕已下會典並隸宣慰司。　舊有六廣河巡檢司，在城北一百二十里。〔旁注〕革。　黄沙渡巡檢司，在城北一百四十里。〔旁注〕土人。　沙溪巡檢司，在城北二百里。〔旁注〕的澄河巡檢司。

龍谷巡檢司。土人。　貴州驛，在城南門外。　威清驛，在城西北四十里。　劄佐驛，〔旁注〕本司。在城北五十里。　小龍番司，平壩驛〔五〕，在城西北九十里。　底寨驛，在城北八十里。　舊有渭河驛，在城北一百里。〔旁注〕萬曆九年革。　養龍坑驛，〔旁注〕本司。在城北二百里。　龍場驛，在城西北七十里。　陸廣驛，在城西北一百二十里。　谷里驛，在城西北一百七十五里。　水西驛，在城西北二百一十里。　奢香驛，在城西北二百六十里。　金鷄驛，在城西北三百二十里。　閣鴉驛，在城西北三百七十里。　歸化驛，在城西北三百九十里。　畢節驛，在城西北四百三十里。　龍里驛，在城東五十里。　舊有畢節遞運所，革。

【校勘記】

〔一〕隆慶六年又以貴竹長官司隸程番　川本、滬本同。按本書上文載：「成化十三年，以原劄十三長官司隸程番府。」其中含貴竹長官司者也。明穆宗實録卷三〇：隆慶三年三月，「更名貴州新遷程番府爲貴陽府」。則是年已名貴陽府，貴竹長官司隸程番府應在是年以前之成化十三年，此疑誤。

〔二〕中有道通水西畢節　「有」，底本脱，川本、滬本同，據嘉靖貴州通志卷二、圖書集成職方典卷一五二三補。

〔三〕安氏　「安」，底本脱，川本、滬本同，據嘉靖貴州通志卷二、紀要卷一二一補。

〔四〕宣慰使　「使」，底本脱，川本、滬本同，據嘉靖貴州通志卷二、紀要卷一二一補。

〔五〕小龍番司平壩驛　「小龍番司」，底本繫於上文「劄佐驛」之上，川本同，據滬本及明會典卷一四六乙正。又，底本脱「驛」，川本同，據滬本及紀要卷一二二、明會典卷一四六補。

思州府

城周三百二十丈。萬曆十年，知府蔡懋昭謂後山高峻，俯瞰城中，敵至難守，乃議包築後山石城一百二十丈。　屬思石道。　府治孤懸，曾被苗夷殘破。考。　正統末遭寇城陷。成化中重修，調威、興、平、清四衛官軍哨守，而清浪參將往來調度。隆慶初，以供億奔命之苦，遷治平溪衛〔一〕，然舍僻就衢，民苦益甚。萬曆五年復舊。　洪武初，爲思州宣慰使司，隸湖廣布政司。永樂十一年，宣慰使田琛與思南宣慰使田宗鼎有隙，弄兵坐廢，改爲思州府，隸貴州布政司。　領長官司四。〔眉批〕東連沅、靖，西抵涪、渝，扼槃瓠之襟喉，作吳、楚之唇齒。郡志。　據勝山，在府後，舊名松園囤。高大爲郡之鎮。　灑溪，繞城北東，即清江。　平溪關，在府東北三十里。　黃土關，在府南二十五里。　鮎魚關，在府東北六十里。一統志有，省志俱無。　盤山關，在府北。倚城阻水，一徑盤山。萬曆十年，知府蔡懋昭建。　平溪馬驛，在府東四十里平溪衛城外。

都坪峩異溪蠻夷長官司　附郭。　十萬囤〔二〕，在治東十里。　龍塘山，在治東六十里。

產鐵。上下住溪山，在治西三十里。產木，可供國用，封禁不得砍伐。岑賈坡，在治南百里。外接洪江，苗常出没爲患。今立哨，以土舍坐守。轉水，在治西北四十里。四面山嶺，水合衆流，盤旋數曲，風氣完固，可建城邑。凹溪〔三〕，在治西二十里。

都素蠻夷長官司　府西九十里。一統志云〔四〕：六十里。天平囤山，在治南二里。土人據險避兵。獅子口山，在平牙寨。銅苗出没〔五〕，土司設兵防守。馬口溪，去治里許。即灑溪源。正長官周氏，副長官何氏。

黃道溪長官司　府東北一百三十里。一統志：南一百二十里。旗頭山，在治西三十里。孤高萬仞。黃崖沖山，在治西南五里。有據險避苗囤。九曲坡，在治西十里。山高路險。田堜坪，在治西北三十里。廣原沃野，山環道衝，設有公館。田塍巖溪，在治西五十里。有渡。瑰樓溪，在治西北三十里。水出山洞，日三消長，人謂蛟龍所潛。白崖溪，治西北五十里，思、銅分界。常有戍兵屯守於溪左山〔六〕。黃道溪，在治西南八十里。溉田甚廣。正長官劉氏，副長官黃氏。

施溪長官司　治北二百二十里。六龍山，在治北二十里。苗常出没。獨逕巖，在治東北十里〔七〕。路狹巖險，設隘禦苗。龍門灘，在治北十里。江自銅仁來，灘險損舟。施溪，在治東里許。水達辰、常。正長官劉氏。

【校勘記】

〔一〕平溪衛　「衛」，底本脱，川本、滬本同。圖書集成職方典卷一五二七：思州府治，「隆慶四年，遷於平溪衛」。本書下文載有平溪衛，嘉靖貴州通志卷五思州府同。據補。

〔二〕十萬囤　「囤」，底本作「國」，川本、滬本同。紀要卷一二二載：「十萬囤，在府東十里。其地平曠，可屯十萬兵。」據改。

〔三〕凹溪　「凹」，底本作「四」，據川本、滬本及紀要卷一二二改。

〔四〕一統志云　底本脱「志云」二字，川本同，據滬本及明統志卷八八補。

〔五〕銅苗　「銅」，川本、滬本同，紀要卷一二二、圖書集成職方典卷一五二七作「洞苗」。

〔六〕白崖溪至常有戍兵屯守於溪左山　底本脱上「溪」字，「五」作「三」，川本、滬本同；「常有」，底本作「昔嘗成」，川本同，滬本作「常成」。紀要卷一二二：黄道溪長官司，「西北五十里有白崖溪，爲思州、銅仁分界處，溪左山上常有戍兵屯守」。清統志卷五〇六：西北「五十里有崖溪，爲思州、銅仁分界處，溪左山上，常有戍兵屯守。」據以改正。

〔七〕獨逕巖在治東北十里　「獨逕巖」，底本倒作「獨巖逕」，川本、滬本同，據紀要卷一二二、圖書集成職方典卷一五二七乙正。「東北」，底本作「南北」，川本、滬本同，據紀要、圖書集成改。

思南府

城周七百七十丈。覃韓偏刀水巡檢司，土官。都儒五堡三坑等處巡檢司。〔旁注〕舊會典屬婺川。板橋巡檢司，舊屬石阡府。分守駐劄。民夷相安，爲貴州首郡。考。洪武初，爲思南宣慰使司，隸湖廣布政司。永樂十一年，宣慰田宗鼎以不法廢，改爲思南府，隸貴州布政司。領縣三，長官司四。有隨府辦事長官田氏，副長官楊氏。〔眉批〕牂牁要路。唐書。東接酉陽，西連錦、播，二江襟帶於左右，重岡起伏於四隅，誠控夷咽喉之墟。郡志。

萬聖山，在府南一里。四面陡絶，上平坦可耕。思唐山，在城東四里。南連河只水，北枕内江。巖門山，在城西。兩山對峙，巖壁險峻，官道出其中。左曰大巖門〔一〕，右曰小巖門，永勝、武勝二關依巖而立，郡之門户也。思王山，在城西南三百里。〔旁注〕一統志〔二〕：三百七十里。舊名龍門山，與古費州扶陽縣分界〔三〕。烏江，源出貴陽府，東北流注郡城西鮎魚峽〔四〕，東流經府，入四川涪州，合川江〔五〕。水德江，在城東一里。源出烏江，下通彭水。鮎魚峽，在城南十里。烏江之下流，至此頓發，奔湧澎湃，險不可言。旁有大巖，巖有一孔，若鮎魚口然。獅吼洞，亦烏江之流，越府城三十里至洞，下瀉十餘里，聲如獅吼，舟莫能行。潮底泊，在獅吼洞下。水流至此平靜不波，商人於此易舟，下流川江，達荆楚。

安化縣　附郭。本水德江長官司地。□□年分置〔六〕。

水德江長官司　附郭。正長官張氏，副長官楊氏。

蠻夷長官司　附郭。　正長官安氏，副長官李氏。　覃韓偏刀水巡檢司，在府西北二百八十里。隸水德江長官司。土巡檢陸氏。

婺川縣　府北二百四十里。　城周四百丈。　有隨縣辨事土百户謝氏、田氏。　正德中，流賊自四川江津行劫，屯聚婺川。本朝立婺川縣，屬鎮遠州。〔眉批〕縣有江城關、豐樂渡。地險流深，足稱西南之壯域〔七〕。郡志。　華蓋山，在縣西十里。　大巖山，在縣東八十里。　倒羊江，在縣北五里。　豐樂河，在縣北五十里。　河只水，在縣東二十里。　河只者，僚之姓名。　羅多水，在縣東八十里。因僚姓名爲名。下合豐樂渡。　江城關，在縣北五里。　九杵關，在縣東三十里〔八〕。爲播要害，　都儒五堡三坑等處巡檢司，在府北三百七十里，隸縣。

印江縣　府東三十里。　牆四百九十丈。　舊爲思印江長官司，弘治七、八年〔九〕，長官張鶴齡有罪廢，改爲縣。　思印江，在縣十里。　源出朗溪，北流入德江〔一〇〕，即古思邛水也，訛爲印。　大聖登山，〔旁注〕又作地。在縣東五里。

沿河祐溪長官司　府北二百一十里。　曰冉家蠻者，性凶惡，不憚深淵猛獸，出入持刀弩，好漁獵。　鬼巖山，在治東十里。　高百丈，麓延二十餘里，爲江東諸山之望，東南距酉陽地〔二二〕。石馬江〔二三〕，在治西一百三十五里。河由江，在治北十里。源出銅仁烏羅。培塔灘，在治北四十里。亂石横江，水勢洶湧。舟楫至此，去載方可上下。正長官張氏，副長官冉氏。

朗溪蠻夷長官司　府東四十五里。曰峒人者，多以苗爲姓，皆前代避兵流民，以獵爲生業，近亦頗類漢人。舊隸思南宣慰使司，永樂十一年，改屬烏羅府〔二三〕。正統四年，廢烏羅府，仍屬思南府。琴德山，在治東五里。仁溪，在治前。發源最高，居人引以灌田。正長官田氏，副長官任氏。板橋巡檢司，在府東一百二十里。國初隸石阡府。弘治間，四川酉陽宣撫使侵沿河祐溪司地，當事議設藩籬爲限，乃遷板橋司治於思渠，改隸本府。

【校勘記】

〔一〕左曰大巖門　底本「左」下衍「門」字，川本、滬本同，據嘉靖貴州通志卷二、紀要卷一二二删。

〔二〕一統志　底本脱「志」字，川本同，據滬本及明統志卷八八補。

〔三〕與古費州扶陽縣分界　「扶陽縣」，底本作「浮陽縣」，川本、滬本同。新唐書地理志作「扶陽縣」，明統志卷八八有「廢扶陽縣」。據改。

〔四〕鮎魚峽　「鮎」，底本作「鱣」，川本、滬本同，據嘉靖貴州通志卷二、明史地理志改。下同。

〔五〕合川江　「川」，底本作「州」，據川本、滬本及嘉靖貴州通志卷二改。

〔六〕□□年分置　川本、滬本同。圖書集成職方典卷一五二八：萬曆三十三年，改德江司爲安化縣。明史地理志：萬曆三十三年，改水德江長官司置安化縣。紀要卷一二二：萬曆二十八年，由水德江長官司分置安化縣。此缺者當是「萬曆三十三」五字。

〔七〕足稱西南之壯域　「南」、「域」，底本作「北」、「城」，川本、滬本同，據嘉靖貴州通志卷二引郡志改。

〔八〕在縣東三十里　川本、滬本同。紀要卷一二二：婺川縣西南百三十里有九杵關，路通遵義，「通志：九杵關在縣東三十里。似誤。」按本書云「縣東」，則不西通遵義，此「東」乃「西南」之誤。紀要云「百三十里」，過遠，「百」字當衍。

〔九〕弘治七八年　川本、滬本同。嘉靖貴州通志卷一：「弘治八年，長官張鶴麟有罪，廢其職，改印江縣。」圖書集成職方典卷一五二八同。明史地理志：「弘治七年六月改爲印江縣。」

〔一〇〕北流入德江　「流」，底本作「溪」，川本、滬本同，據嘉靖思南府志、紀要卷一二二改。

〔一一〕酉陽　底本作「西陽」，川本同，據滬本及紀要卷一二二改。

〔一二〕石馬江　底本作「馬江」，川本、滬本同，據嘉靖思南府志、紀要卷一二二、清統志卷五〇四補「石」字。

〔一三〕改屬烏羅府　「屬」，底本作「爲」，川本、滬本同，據明統志卷八八、明史地理志改。

石阡府

領縣一，長官司三。　屬思石道〔一〕。　守備駐劄。〔眉批〕南通鎮遠，北距思南。郡志。　烏江，在府西一百四十里。源自四川播州，流入思南府界。石阡江，在府西，下流入烏江。深溪，在府西一百二十里，下流入烏江。

石阡長官司　附郭。

龍泉縣　府西一百二十里。舊爲龍泉坪長官司。萬曆二十九年改爲縣〔二〕。

苗民長官司　府西北八十里。

葛彰葛商長官司　府西一百里。

【校勘記】

〔一〕思石道　「思石」，底本作「石思」，川本、滬本同，據本書下文銅仁府所叙及明史職官志乙正。

〔二〕萬曆二十九年改爲縣　底本缺「萬曆二十九」五字，川本、滬本同，據明史地理志補。

銅仁府

領縣一，長官司六。屬思石道。兵備與守備駐劄。東山，在府治東。雄壯秀拔，爲一方之鎮。銅崖山〔二〕，在府治南，屹立銅仁大小二江之中。新坑山，在府南九十里。巖谷深邃，土人嘗避兵於此。岑嶂山，在府西一百一十里。銅仁大江，在府治西南。銅仁小江，在府治西北。源出甕濟洞，東南合銅仁大江。逌邏江，在府西一百六十五里。提溪，在府西一百七十里。

銅仁縣　附郭。

銅仁長官司〔三〕　附郭。

省溪長官司　府西一百里。

提溪長官司　府西一百四十里。

烏羅長官司　府西二百里。舊隸思南宣慰使司。永樂十一年改置烏羅府。正統四年廢府，仍爲長官司，改隸。

大萬山長官司　府南二百。

平頭著可長官司　府北一百三十里。舊隸思南宣慰使司。永樂十一年，改隸烏羅府。正統四年，改隸本府。正統三年五月庚寅，革貴州烏羅府。其所屬治古、答意二長官司，先經作耗，官軍剿捕，殘民無幾，亦並革之。惟存烏羅、平頭著可二長官司以隸銅仁府，朗溪蠻夷長官司以隸思南府。

【校勘記】

〔一〕銅崖山「崖」，底本作「産」，川本、滬本同，據嘉靖貴州通志卷二、明史地理志改。

〔二〕銅仁長官司 川本、滬本同。按紀要卷一二二，萬曆二十五年，以土司李永不職，改銅仁長官司置銅仁縣。明史地理志載其時爲萬曆二十六年。則銅仁長官司後已改置銅仁縣。

鎮遠府

〔眉批〕東通沅水，西接貴州。府志〔一〕。

枕山襟河，雲、貴門户，舟行者不絶。南有永安渡，東有沙灣渡，西有本家灣。上崖下淵，中行道，涉雲、貴者，此其通衢云。嘉靖中，知府程[火鄉]於三處並建門樓。本朝初立鎮遠府。洪武五年改爲州。　領縣二，長官司三。　屬都清道，辰沅道得兼制。　土同知。　參將駐劄。　石崖山，在府治北。屹然壁立，狀如列屏，郡之鎮山也。　巴邦山，在府東南四十五里。四圍陡絶，居人常避苗蠻於此。　思邛山，府東南八十里，連思邛水。　鎮遠河，在府南。　鎮遠水馬驛。

鎮遠縣　附郭。

鎮遠金容金達蠻夷長官司〔二〕　附郭。

施秉縣　府西南四十五里。　外設土知縣。　縣當岑嶅、景洞之間，西控播、凱，南枕洪江，獨以一面北通郡治，走滇、楚而觀上國〔三〕。施秉固，則播、凱、洪江之苗不敢北首窺鎮陽，而滇、楚道通。提學劉曰材建城記。　舊爲施秉蠻夷長官司。正統十年改爲縣。　清浪水馬驛。偏橋驛。

偏橋長官司　府西六十里。

邛水十五洞蠻夷長官司　府東八十里。〔眉批〕僻在一隅，山箐深阻，諸苗出没無常。巡撫何起鳴疏。

【校勘記】

〔一〕府志　底本脱「志」字，川本同，據滬本及明統志卷八八補。

〔二〕鎮遠金容金達蠻夷長官司　川本、滬本同。按嘉靖貴州通志卷一，洪武五年，改設鎮遠金容金達蠻夷長官司，弘治十一年，長官何倫以罪革職，因改爲鎮遠縣，選流官。則鎮遠金容金達蠻夷長官司後已改置鎮遠縣。

〔三〕走滇楚而觀上國　底本「觀」上有「通」字，據川本、滬本及施秉縣志卷二明提學劉曰材建施秉縣城碑記删。

鎮遠衛　在府治西。　土城周九里三分。

偏橋衛　在府西六十里。　土城周六里。

清浪衛　在府東七十五里。　城周六里一百步。　並隸湖廣都司。

臻剖六洞横坡等處長官司　隸鎮遠衛。

黎平府

永樂十年，置黎平、新化二府。宣德末，以新化府省入黎平。

新化府，永樂十一年置，宣德九年，幷入黎平府，以新化、湖耳、亮寨、歐陽、中林驗洞、龍里、赤溪湳洞七蠻夷長官司皆隸黎平府，以地狹民稀故也。　領縣一，長官司十三。　屬都清道。　總兵並鎮筸參將、靖州守備駐劄。〔眉批〕東連靖州，西控生苗，南通交、廣，北達辰、沅。府志。　摩天嶺，在府東八十里。　福禄江，源自苗地，至府西境爲古州江，東至永從縣南合彩江〔二〕，爲福禄江。又東合大巖江，爲南江，流入於廣西柳州界。　新化江，源自府城西，爲三十里江，北流爲八舟江，又東北爲新化江，又西北合於清水江。　清水江，源自生苗地，東至赤、白兩江口，合新化江。

永從縣　府南六十里。　舊爲福禄永從蠻夷長官司，正統七年〔旁注〕六年九月。改爲縣，以土官李瑛故絶歲久，從按察使應履奏請也。

潭溪蠻夷長官司　府西南三十里。　銅關鐵寨山，在司西南。其山高峻，上頗平廣，可容千人。三面據險，惟南可登。

八舟蠻夷長官司　府北二十里。　八舟山，在司南。

洪州泊里蠻夷長官司　府東一百五十里。　洪州江，在司北。〔旁注〕府東一百里。經龍見山下，合渠陽江。　潭洞江，在司東。　潭溪，在司南。

曹滴洞蠻夷長官司　府南三十里。　容江，在司西南。源出苗地，北入福禄江。

古州蠻夷長官司　府西六十里。

西山陽洞蠻夷長官司　府東南一百里。

湖耳蠻夷長官司　府北一百三十里。

亮寨蠻夷長官司　府北一百里。

歐陽蠻夷長官司　府北九十里。

新化蠻夷長官司　府西六十里。六疊山，在司西一十五里。盤迴六疊至頂。

中林驗洞蠻夷長官司　府西北一百里。

赤溪南洞〔旁注〕一統志作湳。蠻夷長官司　府東北二百里。正統六年九月戊辰，割貴州思州府新溪等十一寨，隸黎平府赤溪南洞長官司。以其地里相近，易於統屬，從行在户部奏請也。

龍里蠻夷長官司　府西北九十里。以上七長官司，舊隸新化府，後府廢來屬。

【校勘記】

〔一〕東至永從縣南合彩江「合」，底本脱，川本、滬本同，據紀要卷一二二、圖書集成職方典卷一五三四補。

五開衛　在府治東北。城周一千二十餘丈。

銅鼓衛　在湖耳長官司西。城周六百五十丈。二衛並隸湖廣都司。

黎平守禦千户所　在府城西南二十里。土城三百八十丈。

中潮守禦千户所　洪州泊里長官司西南。　土城周三百五十六丈。

新化亮寨守禦千户所　在新化長官司東。　土城周六百二十丈。

龍里守禦千户所　在龍里長官司南。　城周二百七十丈。

新化屯千户所　在新化長官司西南三十里。　城周三百五十丈。　五所並隸五開衛。

湖廣志尚有銅鼓守禦千户所，土城周二百二十丈。　平茶千户所，土城周三百四十四丈九尺。　平茶屯千户所，土城周二百五十丈。　中右千户所〔一〕，土城周三百五十丈。　中中千户所，土城周三百七十丈。

【校勘記】

〔一〕中右千户所　「中右」，底本作「中有」，據川本、滬本改。

都匀府

内城周三百三十餘丈。　外城周八里有奇〔一〕。　弘治七年開設。　領州二，縣一，長官司八。

屬都清道。　兵巡與守備駐劄。〔眉批〕東距播州，西連龍里，北通平越，南抵南丹。衛志。　來遠馬驛，舊隸都匀衛軍民指揮使司。舊有都鎮馬驛，萬曆九年，革。舊有獨山鎮巡檢司，革。

都匀長官司　衛城南七里。都匀河，在司治南。

清平縣　府北六十里。考。舊有清平長官司〔二〕，隸清平衛。香爐山，在縣東三十里。盤亘兩重，壁立千仞，形如香爐。苗蠻常據此山爲險。

平浪長官司　衛西五十里。舊隸都司，今隸府。凱陽山，在司西南六十里。山甚險峻，有寨在其上。麥沖河，在司東南一十里。旁有寨。副長官王氏。萬曆中，王應麒有罪誅，其弟應麟准以土民名司，管理白頭等五牌地方。其凱口等五牌地方與小爛土户西徑屬府管理。

邦水長官司　衛西二十里。箐口山，在司西南。

平州陸〔旁注〕統志作洲六。洞長官司　衛西南一百五十里。六洞山，在司西南七十里。其山險峻，山有大六洞寨。

九名九姓獨山州長官司　衛南一百五十里。舊隸都司，近隸府。鎮夷山，在司治南。山高頂平，土酋結寨其上，以鎮苗賊。獨山，在司南二十里。其山尖圓而峻，無他山相連，因名。

麻哈州　平越衛東三十里。　土同知。　萬曆十二年，完者牙寨苗阿詔、樂三等搆亂，巡撫舒應龍討平之，請立宣威營於者牙舊地，又請添設撫夷州判一員，駐劄平定司。　舊爲麻哈長官司，隸平越衛。　弘治七年，改爲州，隸都勻司。　領長官司二。〔眉批〕當都、清咽喉，輪蹄人達之所。四際夷人，林莽綿密。　劉東仁修城記。　麻哈河，在司治南。　擺遞河〔三〕，在州南五里。

樂平長官司　平越衛北二十里。　舊隸平越衛，弘治七年改隸。　馬場山，在司東北五十六里。　樂平溪，在司治南。

平定長官司　清平衛南六十五里。　洪武二十二年隸平越衛。　三十年，改隸清平衛。　弘治七年改隸都勻府〔四〕。　舟溪江，在司八十里。　平定溪，司東。

獨山州　衛東二十里〔五〕。　土同知。　舊爲合江洲陳蒙爛土長官司，隸都司〔六〕。　梅花洞，在司東南三十里。　宣德九年，都指揮顧勇等嘗攻破此洞。

豐寧長官司〔七〕　衛南二百二十里。　舊隸都司，今隸府。

【校勘記】

〔一〕外城周八里有奇　底本缺「八里有奇」四字，川本、滬本同，據紀要卷一二一補。

〔二〕舊有清平長官司　川本、滬本同。嘉靖貴州通志卷一：洪武二十二年，置清平長官司，隸平越衛，三十年改隸清平衛。弘治八年改清平縣。明史地理志同，惟弘治之八年作「七年」。則此「有」爲「置」字之誤。

〔三〕擺遞河　「遞」，底本作「坨」，川本、滬本同，據圖書集成職方典卷一五三九、清統志卷五〇二改。

〔四〕弘治七年改隸都匀府　底本缺「弘治七」三字，川本、滬本同，據明史地理志補。

〔五〕衛東三十里　川本、滬本同。按此「衛」指與府同城的都匀衛。明統志卷八八：「獨山州，在都匀府城南一百五十里。」紀要卷一二一同。嘉靖貴州府志卷五作「府城南一百里」。考其地即今獨山縣，此誤。

〔六〕獨山州至舊爲合江洲陳蒙爛土長官司隸都司　川本、滬本同。據嘉靖貴州通志卷一：獨山州，洪武十六年置九名九姓獨山州長官司，「弘治八年改獨山州」，非合江洲陳蒙爛土長官司。合江洲陳蒙爛土長官司洪武十六年置，屬都匀衛，後改屬都匀府。明史地理志云：弘治七年改屬獨山州。此誤。

〔七〕豐寧長官司　「寧」，底本作「亨」，川本、滬本同，據明統志卷八八、嘉靖貴州通志卷一改。

都匀衛　在府城内。

平越衛　馬場江，在衛城南四里，與羊腸河通〔一〕。其水湍急而深，中流如沸。武勝關，在衛城南二里。左右崖削，一水中貫，實當諸路之衝。清水江，在司西五十五里。

【校勘記】

〔一〕羊腸河　川本、滬本及本書下文同，明統志卷八八、嘉靖貴州通志卷二作「羊場江」。

清平衛　羅城山，在衛城北，有關。　清平驛。

平越府

屬新鎮道。　分守駐劄。

湄潭縣　附郭。　平越驛。考。

餘慶縣　鰲溪驛。　岑黄驛。並考。

甕安縣

黄平州　雲貴門户。　守禦黄平千户所。　黄平驛。考。

安順府

元安順州，屬普定路。本朝因之，屬普定軍民府。舊爲安順州，隸普定府。洪武十八年，府廢，隸普定衛，隸四川都司。正統三年，設流官，改隸貴州布政司。萬曆三十年升府〔一〕。領寨十二，長官司二。兵備駐劄。〔眉批〕連貴州，抵普安，通金筑，據水西。西南衝，夷深襟喉。舊志。巖孔山，在府東四十五里。高峯平廣，可坐萬人。普利馬驛，在南門外。普定站，在城西一里。　土同知阿氏。

寧谷長官司　府西南二十五里。　領二十九寨。　乾海子，在司東。水泛甚闊，與雲南旱潦彼此相反，或其地脈更迭盈縮，故靈異如此。　正長官顧氏。

西堡長官司　州西北九十里。　領四寨。　白石崖，去司五十里。崖高頂平，泉四時不竭，一徑攀援而上，蠻人常恃爲梗。成化間，官軍破之。　楚曲洞，在司東南五十里。山高數仞，迤邐三百里。洞在山畔，深廣百里。　播老鴉洞，去司六十里。山勢峻險，洞深不可測。谷隴河，在司前。流合烏江。　正長官卜氏，副長官温氏。

【校勘記】

〔一〕萬曆三十年　「萬曆三十」四字，底本缺，川本、滬本同。明神宗實録卷三七六：萬曆三十年九月，「升貴州安順州爲安順軍民府」。明史地理志同，據補。

普定衛　左、右、中、前、後五千户所〔一〕。與安順府同城，周一千四百丈。洪武十四年爲普定府，領州三，長官司六，隸四川布政司。尋增置普定衛。十八年，廢府，以州司附於衛軍民指揮司，仍屬四川統屬。正統三年，割所領三州、六長官司隸貴州布政司，而本衛改屬貴州都司。

歡喜嶺，在北二里。洪武中，蠻賊攻城，鎮遠侯顧成追殺大勝於此，故名。　蠻名普栗部〔二〕，又謂之羅甸國，與普安路磨溪隔格孤山。治羅鬼、仡佬、可劚、苗蠻。歸附後立萬户，又改普定府，後改爲路。在曲靖東九百里，領四州、五寨，屬雲南行省。本朝立爲軍民府，改隸四川布政司。

【校勘記】

〔一〕左右中前後五千户所　「户」，底本作「斤」，據川本、滬本及嘉靖貴州通志卷五改。

〔二〕普栗部　川本、滬本同。元史地理志：「羅甸即普里也。」嘉靖貴州通志卷一：「唐爲羅甸國地，乃羅鬼、仡佬、可劚、苗民所居，號普里部。」紀要卷一二三同。皆作「普里」，與此異。

普安州　屬威清道。兵巡駐劄。舊無城郭。萬曆十三年，遷入衛城。〔眉批〕南詔襟喉〔一〕，滇南孔道，諸嶺攢天〔二〕，長亘千丈。宗魯修路記。地陟煙瘴，冬居磨溪，夏遷黨壁。格孤山，在州東四百五十里。山在普安、普定間，勢極高峻，陟降二百餘里，俗名故故山。古夜郎國地。漢元鼎六年，置牂牁郡。蜀析其地，置興古郡。隋爲協州、恭州以東之地。唐屬戎州都督府，爲東爨之地。後并入南詔，名於矢郡。元丁巳，置於矢萬户府。至元十三年，改置普安路。十三年，改招討司〔三〕。十六年，更爲宣撫司。二十二年，置普安路總管府。本朝洪武十五年，改爲普安軍民府。

番納牟山〔四〕，在州治西北，爲州鎮山。羅磨塔山，在州北一百八十里。四面峭壁，上有寨，惟一徑可達，東北瞰盤山。盤江山，在州東北一百八十里，爲安南、安莊二衛界山。黨壁山，在州西南二百七十里。四山環繞，東南一箐，外狹中曠，可容數百家。夏月，土人遷此以避暑。盤江，源自普暢寨，經州境東北，下流合烏泥江。者卜河，在州東南一百八十里。〔旁注〕州南一百六十里。源出楊那山，下流爲磨溪，下流入盤江。其地四時常煖，土人冬月遷居其旁。深溪河，在州東南一百二十五里。源出木家寨，西南流經黃草壩，曲折三百里，入烏泥江。湘滿驛〔五〕。新興驛。尾洒驛。亦資孔驛。

【校勘記】

〔一〕南詔襟喉　底本脱「南」字，川本同，據滬本補。

〔二〕諸嶺攢天　底本脱「諸」字，川本同，據滬本補。

〔三〕至元十二年改置普安路十三年改招討司　川本、滬本同。元史地理志：「至元十三年，改普安路總管府。明年，更立招討司。」此紀年恐誤。

〔四〕番納牟山　「牟」，底本作「年」，川本、滬本同，據明統志卷八八、嘉靖貴州通志卷二改。

〔五〕湘滿驛　「湘」，底本作「相」，川本、滬本同，據紀要卷一二一、圖書集成職方典卷一五三七改。

普安衛　在州治南。

樂民守禦千户所　在州西南九十里。

平夷守禦千户所　在州西一百里〔一〕。

安南守禦千户所　在州東南一百六十里。

安籠守禦千户所　在州東南三百二十里。

【校勘記】

〔一〕在州西一百里　底本「西」下衍「周」字，據川本、滬本及明統志卷八八删。

永寧州　元永寧州，屬普定路。本朝因之，屬普定軍民府。舊隸四川，正統三年改隸。親領六寨及領長官司二。　屬威清道。　土同知。　參將駐劄，爲省外户。　查城驛。　盤江巡檢司，土人。

慕役長官司　州西一百七十里。　安龍箐山，在司西五十里，横亘十餘里。　白水河，在司北二十里。

頂營長官司　州南一百五十里。　關索嶺，在司治東。勢極高峻，周圍百餘里。　元習安州，屬普定路。本朝因之，屬普定軍民府。

鎮寧州　城周七百八十丈。　兵備駐劄。　元鎮寧州，屬普定路。本朝因之，屬普定軍民府。舊隸四川普定府，尋隸普定衛。正統三年，改隸貴州布政司。　親領六寨及領長官司二。　舊治火洪哨。嘉靖十一年，遷於安莊衛城。　白崖山，在城西三里。山勢起伏連絡。　螺山，在城西三十里。下有大河，每風雨交作，毒蛇猛獸並出。　烏泥江，在城南一百里。南流入廣西田州。〔眉批〕白林〔一〕、白崖諸山，依繞衛治。盤江、烏泥二江，引帶東南。安莊衛志。　楊吉河，城南十五里。　白水河，在城南三十里。懸巖飛瀑，直下數十仞爲河。　安莊驛，原名疊水驛，離安莊城三十里。　查城站，在城西八十里。　萬曆二十二年，因於關嶺所添設關山嶺驛，將疊水驛移城内，改今名。　安莊站，在城南二十里。　白水堡，在安莊站西。　北口堡，在城南五十五里。　南口堡，在查城站西。

十二營長官司　舊州北三十里。　領二十九寨。　公具河，在司東北四十里。　阿破河〔二〕，在司北五十里。二河並以寨得名。　正長官龍氏，安撫蕭氏。

康佐長官司　舊州東四十里。　領四寨。　正長官薛氏，安撫于氏。

【校勘記】

〔一〕白林　「白」，川本、滬本同，嘉靖貴州通志卷二作「百」，疑此「白」爲「百」字之誤。

〔二〕阿破河　「破」，底本作「坡」，川本、滬本同，據明統志卷八八、紀要卷一二一、明史地理志改。

添設。

安莊衛　領左、右、中、前、後五所。

關索嶺守禦千户所　在州南五十里。　隸安莊衛。　有城。　關山嶺驛，萬曆二十二年

威清衛　左、右、中、前、後五所。　城周七百五十七丈。　香爐嶺，在城西北。　的澄河，

在城西八里。源出普定九溪壩，流經本衛，入洞伏流十里，至青山復出。的澄河巡檢司，在城西五里。路通滇南，特設巡檢司守之，隸宣慰司。威清驛，在城南，隸宣慰司。

平壩衛　左、右、中、前、後五所。城周七百八十丈。守備駐劄。鹿角山，在城南十五里。車頭河，在城南十里。水勢盤旋百折，漁舟往來其間。平壩驛，在城東南，隸宣慰司。

龍里衛軍民指揮使司　左、右、中、前、後五所。領長官司一。城周五百三十八丈。〔眉批〕當滇、楚往來之要衝，控諸夷出入之喉舌。衛志。龍架山，在城南一百里，爲衛之鎮。長衡山，在城西四十里。苗賊出没，成化間，置哨堡守之。龍里驛，在城西。

大平伐長官司　衛城南八十里。冗刀山，在司治西。〔旁注〕一統志作在平伐長官司西。省志作大平伐。峯巒高聳，狀如列屏，元時有土人保郎者，〔旁注〕瞽在大平伐司西南八里。集兵民保據此山，以功授安撫使。甕首河，在司東南二十里。下合清水江。副長官宋氏。

新添衛軍民指揮使司　左、右、中、前、後五所。領長官司五。城周一千丈有奇。〔眉批〕東界平越，西接龍里。衛志。　楊寶山，在城北十里。高峻薄天。　谷定山，在城北十〔旁注〕一統志：西北五。里。懸巖斗壁，瀑布分流，冬夏不涸。　八字河，在城東二里。水自遠澗發源，與西流合，中大石觸激，分流如八字。　瓮城河，在城西二十里。源發自平伐，視諸水獨大。〔旁注〕錢鉞記云：遠不可考其自出，由平伐至於龍里、新添之間，諸山之流皆注焉。　麥新溪，在城西。　新添驛，在北門外。　考有瓮城巡司。

新添長官司　附郭。　正長官宋氏。　瓮城河巡檢司。　土人。

小平伐長官司　衛西五十里。　正長官宋氏。

把平寨長官司　衛南六十里。　正長官蕭氏。

丹平長官司　衛西南一百〔旁注〕省志：三百。里。　正長官莫氏。

丹行長官司　衛西南一百二十〔旁注〕省志：三百。里。　正長官羅氏。

平越衛軍民指揮使司　左、右、中、前、後五所。　領長官司一。　城周一千四百丈。　文筆山，在城東南五里。三江會其下。　石闕山，在城東南二里。兩崖如門，官道經其中。　七盤坡，在城南五里。官道經其上，轉折凡七。　羊腸河，在城南十里，橫截驛道。　麻哈江，在城東南五里。江水清深，縈城而去。　清水江，在城西四十里。源出貴州宣慰司界，流入新添司界。三江口，在城東南七里〔一〕。王嶭囤，四圍險峻，上寬平。先年，賊兵據之，藍總兵征克。平越驛，在城南。

楊義長官司　衛東五十里〔二〕。杉木箐山，在司治西五十里。峯巒險峻。副長官金氏。

【校勘記】

〔一〕三江口在城東南七里　底本脱「東南」，川本、滬本同，據嘉靖貴州通志卷二、紀要卷一二一補。

〔二〕衛東五十里　川本、滬本同。嘉靖貴州通志卷五：「楊義長官司，在衛城東二十里。」紀要卷一二一作平越府「東南二十里」，此「五」疑爲「二」字之誤。

畢節衛　隸都司，受雲南巡撫節制。兵備駐劄。〔眉批〕東抵赤水，西連烏撒。衛志。既平楊酋，與遵義並爲黔門户。自永寧、赤水至衛境，重岡巨箐，馬不成列。木稀山，在城東四十里。巉崖陡峻，石磴崎嶇，僅容一馬，設關以守其險。七星關河，在衛城西九十里。兩岸壁立，立鐵柱鐵鎖，繫浮梁以渡。

安南衛　尾洒山，在城南二里。山勢高聳，其巔常有雲霧，土人因名尾洒，猶華言水下也。　盤江山〔一〕，在城東三十七里，與安莊衛爲界。石路紆險。　盤江，在城東四十里。源自西堡諸溪，流經皮古、毛口諸屯，合規模小溪水，至下馬坡，轉南入巖穴，或見或隱，下通烏泥江。　者卜河，在城東南四十里。自普安州楊那山水溪合流，曲折二百餘里，入盤江。　烏鳴關，在城南二里山巔，下入深箐。洪武中置關，有戍兵。

【校勘記】

〔一〕盤江山　「江山」，底本倒誤爲「山江」，川本、滬本同，據嘉靖貴州通志卷二、明史地理志乙正。

興隆衛　在四川遵義府。

烏撒衛　在四川烏撒軍民府。〔旁注〕分守駐劄。

永寧衛　在四川永寧宣撫司。

赤水衛　並所領摩泥千户所、阿落密千户所、白撒千户所，在四川永寧宣撫司。

普市守禦千户所　在四川永寧宣撫司。〔旁注〕直隸都司。

守禦七星關後千户所　在四川烏撒軍民府。〔旁注〕隸畢節衛〔一〕。　已上並隸貴州都司。

凱里安撫使司　舊隸四川，嘉靖九年改隸〔二〕。

【校勘記】

〔一〕守禦七星關後千户所在四川烏撒軍民府隸畢節衛　川本、滬本同。紀要卷一二三：畢節衛領守禦七星關後千户所，「洪武二十二年置，屬烏撒衛，永樂十二年改今屬」。明史地理志守禦七星關千户所屬畢節衛，是也，此文錯簡，應改屬上文畢節衛後。

〔二〕凱里安撫使司舊隸四川嘉靖九年改隸　川本、滬本同。紀要卷一二一：平越軍民府領凱里安撫司，明正統中分播州宣慰司地置，「嘉靖九年，改屬貴州清平衛，萬曆二十七年改今屬」。明史地理志平越軍民府領凱里長官司，云：嘉靖八年置安撫司，「屬清平衛，萬曆二十九年來屬。三十年六月，改爲長官司」。此「嘉靖九年改隸」下脱「清平衛」三字，應改移於上文清平衛下方合。

黔於禹貢爲梁州之境。殷爲鬼方。周爲髳、微、羌、巢之屬〔一〕。漢爲牂牁郡，而迤西稍入犍爲，迤南稍入益州，迤東稍入武陵。自漢以來，代多羈縻，未有若我國家收之幅員之内，一視之而樹之屏者。雍梁之境〔二〕，西南皆據黑水。黑水之流，導自三危，入於南海。漢武開滇、嶲，其地即有古黑水祠，而滇之蘭滄江流入於南海，黔之牂牱江通粵番禺，亦入南海。天下之水多歸東海，滇南獨於南〔三〕，其單言南海以此。沈思充沿革解〔四〕。

【校勘記】

〔一〕髳微羌巢之屬　川本同，滬本作「羌、髳、微、盧之屬」。

〔二〕雍梁之境　川本同，滬本作「考雍梁之境」。

〔三〕滇南獨於南　川本作「滇黔獨於南」，滬本作「滇黔獨歸於南」。

〔四〕沈思充　川本同，滬本作「沈思兗」。

禹貢曰：黑水、西河惟雍州。華陽、黑水惟梁州。又曰：道黑水，至于三危，入于南海。水經云：黑水出張掖雞山，至敦煌，過三危山。是黑水自雍之西北，經梁之西南，環抱雍、梁二州之地，八千餘里始至交趾，入於南海，即今雲南之瀾滄江也。前輩阻於地遠，每每遥度，或謂跨河南流，或疑其世遠湮涸。樊綽及酈道元皆謂西洱河與漢志葉榆澤相貫，廣處可二十里。此澤以葉榆所積得名，則其水色之黑，以葉榆積漬所成，尤爲證驗。不知西洱河、葉榆澤皆出自雲南大理境内，指此爲黑水，則雍、梁二州西境皆無黑水矣。由是觀之，則跨河湮涸與西洱、葉榆之説，皆非也。張勄烏撒衛志。

升庵集：漢夜郎縣屬牂牁郡。唐書：珍州牂牁郡〔一〕，本且蘭國，在今播州界。珍州在今施州歌羅寨。夜郎在桐梓驛西二十里，有夜郎城，碑尚在，字已漫滅。

繁簡考：貴州初屬四川行都司。永樂間，始建省治。官則流土相參，民則漢夷錯處，不當中土一大縣。一線之路，外通滇南。官軍月糧，仰給川、湖二省。黎平寄治湖廣五開衛。銅仁僻處萬山，逼近苗穴。都匀、程番與湖西接壤〔二〕，土酋讎殺，素稱難治。鎮遠當湖廣之衝，面水背山，險頗足恃。思州、石阡，孤懸一隅，勢可隱憂。惟思南城下有江，足通舟楫，商賈行旅，比之它郡，不甚蕭條。大抵貴州開省，原爲雲南，無貴州，是無雲南也。内安外攘，其撫鎮大臣之責哉。

【校勘記】

〔一〕珍州牂牁郡　川本、滬本同。按舊唐書地理志：珍州，「天寶元年，改爲夜郎郡。乾元元年，復爲珍州。」此引誤。

〔二〕湖西接壤　「湖西」，川本同，滬本作「廣西」，疑是。

祭酒周洪謨安氏家傳：安氏之先，有慕濟濟者，與普里部仡佬氏爭爲君長，迭有盛衰。其後有曰濟濟火〔一〕，善撫其衆。諸葛武侯南征，以通道積糧功，封爲羅甸國王。自濟火傳至普貴，凡五十六代，而當宋開寶時，仍賜爵爲王。至元曰阿委，其妻奢湛。阿委卒而把事普加作亂，元主命劉平章來討。師至境，奢湛計斬普加，詣軍門降，以是革其王爵。至元十九年，〔旁注〕至元原作至正。授其子阿那三珠虎符、昭勇大將軍、順元路總管。卒，弟阿畫襲，以征伐功，累加龍虎大將軍、順元八番等處軍民宣慰使、羅甸國侯。至元元年，赴大都還，卒於彰德，追封濟國公。從子靄翠襲。其時明玉珍據蜀，而太祖皇帝平定中原，靄翠乃遣使以良馬數十匹，從鎮遠達沅、湘，買路至京進貢。上大喜，厚賞之，而大兵已下西蜀，靄翠復進馬百匹，齎本司印信、牌面，赴重慶府總兵官繳納。於洪武四年，設貴州宣慰司，授靄翠宣慰使。五年，授廣威將軍。六年，升本司爲宣慰使司〔二〕，授靄翠明威將軍，及賜水字號勘合文範。七年，授懷遠將軍，子孫世襲。十三年，大兵征雲南，至沅州，靄翠命其總管隴約至鎮遠，以馬一萬匹，米、牛、羊、刀、弩、氈各一萬助軍。十七年入朝〔三〕，賞賜甚厚。十九年，卒。明年，弟安的襲。靄翠之所以納款蒙天眷者〔四〕，其妻奢香賢，爲之内助，而隴約以小心謹密佐之。二十二年，貴州都指揮同知馬燁激變，水西頭目奢香密告，侍郎鄭彦文以聞。敕燁回，宣奢香入京，封賢德夫人歸。三十年，安的入朝，還，卒於播州，弟安卜葩襲。自安的之後，而子孫遂以安爲姓。永樂初，卜葩老，子納洪替職。十六年入朝，還，卒於襄陽。子幼，從父安中借襲〔五〕。尋卒，納洪子亦卒，從父安聚襲。正統五年卒，無後。六年，兵部尚書王驥、定西侯蔣貴征麓川，從子安隴富爲舍人，納馬四百匹。

七年，隴富襲。十四年，苗亂，貴州三司令隴富以母奢智保水西，而自率兵萬餘，至貴州北郭，據山爲營。苗賊恨之，乃攻水西。隴富還救水西，久之賊退，命行人劉泰齎敕獎賞。天順中，隴富卒，子觀襲。觀卒，子貴榮襲。自隴富以來，多好讀書，駸駸蠻夷矣。

【校勘記】

〔一〕其後有曰濟濟火　底本脱「後」字，川本、滬本同，據嘉靖貴州通志卷一一補。

〔二〕升本司爲宣慰使司　底本脱「本」字，川本同，據滬本及嘉靖貴州通志卷一一補。

〔三〕十七年入朝　「十七」，底本作「七十」，據川本、滬本及嘉靖貴州通志卷一一乙正。

〔四〕靄翠之所以納款蒙天眷者　川本同，滬本「納」上有「早」字，疑是。

〔五〕從父　底本「父」下有「母」字，川本同，據滬本及嘉靖貴州通志卷一一删。下同。

詹事王植宋氏世譜序：宋之先，自真定。初，宋開寶中，有景陽者，以軍功累官至節度使。平定西南夷〔一〕，詔就大萬谷落開總管府，以景陽爲總管，夷人安之，遂世有其爵與地。歷十四世曰阿重，始仕元，改順元等處軍民宣撫使，開治於貴州。又三世曰欽，以功升昭勇大將軍〔二〕、順元等處都元帥。國朝兵入貴州，欽遂内附。五年，授懷遠將軍、宣慰使，世襲。自景陽至尚德十八世。

【校勘記】

〔一〕平定西南夷　底本「定」後有「而」字，川本同，據滬本及嘉靖貴州通志卷一一刪。

〔二〕以功升昭勇大將軍　「以」，底本脱，川本、滬本同，據嘉靖貴州通志卷一一補。

志載：安氏貴榮老，子佐襲，尋卒，貴榮復任。正德中，加授布政司右參政。卒，孫萬鍾襲，爲賊所殺。當襲者弟萬鎰卒，子仁幼，弟萬銓襲。尋奏還仁襲，卒，子國亨幼，萬銓乃攝事，尋還國亨襲。隆慶二年，以擅兵讎殺，奏革冠帶。萬曆九年勘復。二十一年，卒，子疆臣襲。

宋氏□□九年，卒，子誠襲。征乖西有功〔一〕，授亞中大夫，傳五世孫然而絶。從子仁襲，亦絶。弟儲襲，傳八世孫天爵亦絶。族父鎬襲，以患目無嗣，從子德隆襲。卒，無子，弟德懋、德賢俱幼，嘉靖三十八年，以族兄一清攝事。萬曆二年，還德懋襲。十年，卒，德賢襲。卒，子承恩襲。

【校勘記】

〔一〕征乖西有功　底本脱「乖」字，川本同，據滬本補。

左布政蕭儼布政司題名記：國初，建貴州都司，統衛所二十，以鎮其地。而錢糧之出納，刑獄之按治，則兼於鄰屬。永樂十一年，始設布政司，以行在工部侍郎蔣廷瓚爲左布政使〔一〕。

時思南、思州宣慰司尚隸湖廣，二酋皆姓田氏，梗化不道。蔣公奏於朝，族其家，以其地改設思南、思州及銅仁、石阡、鎮遠、黎平、烏羅、新化八府，與貴州宣慰、金筑安撫二司，並割雲南普定之界爲州，總隸貴州布政使司。

【校勘記】

〔一〕蔣廷瓚爲左布政使　「左」，底本脱，川本、滬本同，據本書上文及嘉靖貴州通志卷五補。

巡撫吴維嶽提督都御史題名記：考貴州疆理以來，戡苗凡五大舉。宣德辛亥，都御史吴榮討平龍三輩。正統己巳，韋同烈爲亂，侍郎侯琎出領軍事，有功，遷尚書。都御史王來繼至，平之。弘治戊午，尚書王軾討平米魯。三舉皆廷遷重臣，推轂而出，奏凱而還。後有魏、楊、沈三公，兼制一舉。而嘉靖戊申，則龍許保大逞麻陽、銅仁間，三省撫臣持論不相下，乃議設總督都御史，開府沅州，以討平控壓之，遷去輒補。蓋國初無巡撫官，四方有大事，簡九卿正貳一人出理〔二〕，訖事即歸。正統、景泰間，始專設巡撫，而值大征伐，猶遣重臣總督如故，然亦隨撤。惟嘉靖平龍許保後，總督與巡撫並爲專設，而巡撫且聽總督節制。至四十二年，始撤總督，而加巡撫提督軍務銜，事權始劃一云。

【校勘記】

〔一〕九卿 「卿」，底本作「鄉」，川本同，據滬本改。

秩官志：總督程信。成化三年，貴州山都掌蠻亂，信以兵部尚書提督川、廣、雲、貴番漢兵討平之。王軾。弘治十六年，普安土婦米魯亂，軾以户部尚書統川、廣、雲、貴漢土官軍十餘萬討平之，進太子少保。張岳。嘉靖二十七年，鎮筸、銅仁諸苗亂，岳以右都御史總督湖、廣、川、貴師進剿，至三十二年剿平，功未上而卒，尋加贈，謚襄惠。邢玠。萬曆二十二年，播酋楊應龍叛，玠以兵部左侍郎兼副都御史總督川、貴兵勘剿，尋勘報還。

王來平蠻恩信記：景泰紀元之始，苗民韋同烈亂，上命都御史臣來總督軍務，保定伯臣瑶掛平蠻將軍印，充大總兵官，以是年四月出師，七月抵辰州。以十月壬辰進兵天柱，以及靖州、銅鼓、五開、城步、平水等處，所至長驅，遂移軍沅州。以二年二月乙亥，進至貴州之興隆、清平、平越。僞苗王韋同烈等猶脅衆據守香爐山寨。其山壁立千仞，環盤二十餘里，大軍環而圍之。苗衆遂以韋同烈等縛送軍門，械至京師正罪，其黨悉降。

雲南巡按李士實平普安夷記：弘治十一年，副都御史錢公鉞，奉璽書巡撫貴州。時普安之孽，披猖日熾。米魯以妾弑夫，隆禮以子弑父，阿保及其子鲊莫、阿歹以部落弑其主，破村柵一百三十餘區，殺戮五百餘人，爲梗十有三年，毒流三百餘里。公乃與鎮守太監楊公友、總兵官東寧伯焦公俊、巡按御史張君淳疏討之。報可。乃命都指揮劉英將安南、安莊、普定之兵，由普安百户徐福屯進，爲左哨；都指揮王璋將普安、威清、平壩之兵，由普安百户宮高屯進〔一〕，爲右哨；都指揮李雄、吳遠、侯宇將烏撒、畢節、赤水、永寧之兵〔二〕，由烏撒後所進，爲後哨。截拖長江，以扼其後；都指揮張泰、黄京各提屯卒千人，於普安、安南二城爲聲援。然米魯者，雲南霑益其母族也。東師壓境，勢必西遁。乃檄都指揮盧和、僉事胡榮，率土官知州安民等領兵鄰壤，嚴爲之備。諸師並進，四面夾攻，賊以次就縛。而米魯果西遁，獲阿保、阿鲊莫、阿歹，奏置之法，而命雲南討米魯。報可，普安遂寧。

【校勘記】

〔一〕宮高屯　「宮」，底本作「官」，川本、滬本同，據嘉靖貴州通志卷一二改。

〔二〕吳遠侯宇　底本作「侯遠吳宇」，川本、滬本同，據嘉靖貴州通志卷一二乙正。

周廷用清平香爐山平苗記：清平東北四十里〔一〕，有山曰香爐。巉巖岌嶪，高出萬仞。諸山環列，若戈鋋相向，連亘三四層。攀緣鳥道而上〔二〕，上能容百萬人。正統間，有韋同烈據此。

朝廷命師徂征，弗克，勉以撫順班師。正德丙子春，叛苗阿傍、阿肉、阿皆〔三〕、阿義諸黨，復據舊巢爲亂，列栅數十里。事聞，敕巡撫右副都御史鄒文盛、鎮守内官監太監李鎮、總兵官李昂暨湖廣副總兵官李瑾等相機撫剿，而叛苗方四出殺掠，都指揮權繼武死焉。九月二十一日誓師。十月三日，掩殺苗一百餘人。十四日夜三更，永、順諸軍架木懸繩，援崖而上。是夜雷雨大作，苗方安睡，我軍遂盡殺其守路者，引下人登山，毁栅燔巢，鼓譟而入。計窮亡命者奔突絶頂五百餘人，次日皆捕殺之。斬首二千人，獲男女五百人，擒首惡二十人。捷聞，叙賚有差。

【校勘記】

〔一〕清平東北四十里　「四」，底本作「三」，川本、滬本同，據嘉靖貴州通志卷一二改。

〔二〕攀緣鳥道而上　「鳥」，底本作「烏」，川本同，據滬本及嘉靖貴州通志卷一二改。

〔三〕阿皆　「皆」，底本作「階」，川本、滬本同，據嘉靖貴州通志卷一二改。

提學焦維章都勻平凱記：貴州自我朝置守衛以來，蠻夷帖然，允同釆衛。獨都勻府平浪司苗民阿向及侄阿四更名王聰者，負險恃固，世濟凶逆。先是，洪武間創設平浪司，轄白頭等十牌地方，初治以流官張鶴，鶴乃以有功土民王應銘世其官〔二〕，即今土官王仲武始祖也。向、聰之先名狄把者，洪武間叛誅，把後有阿魯唐、瓮干把珠者，宣德、正統間亦叛誅，以至於向。

向，正德八年謬以爭官爲名，儲器積糧，僭名鑄印。以賊黨王璉爲謀主，王向喃爲土官，王容、王英、楊免等各有官號。所據大囤在羣山中而頂平〔二〕，惟中梯二門纔足通行，有警則以大石推轉而下〔三〕。於是數劫王仲武甲倣囤，并劫鄰寨，焚殺四出，十牌無寧居者。嘉靖十四年，巡撫陳公克宅奏調漢土兵三萬六千餘人討之，總兵楊仁統領以行。十月，營囤下。十五年正月九日夜，大破其囤，縱火焚弩樓倉房千餘間，斬首二百六十，生擒二百五十六，阿向傳首省下。六月十八日，王聰以王枯、王邦等鼓黑苗童歹、管米、管比各寨三百餘人〔四〕，殺逐官軍，仍奪舊囤，殘虐益張。巡撫汪公珊受代，檄宣慰安萬銓督所部兵萬餘討之。正月，〔旁注〕當是十六年。與總兵李公增調宣慰土軍，先擒劇賊寧沙、童歹、王邦等。五月三日夜，聰以苗兵衝營，我擒斬過當，追擊至囤下。夜雨深昧，我兵梯繩登山，直擣巢穴。賊大懼。有綫六者，率男婦九百餘人下囤降〔五〕。進攻老虎山，生擒一百二十六，斬首一百五十二，王聰亡匿甲聳山中，獲。而王枯、王毛復乘虛據囤。六月，密督傍寨順民長浪、老脚三百名〔六〕，攻復舊囤，擒王毛，餘走谷坡箐中。差指揮樊勛撫定谷坡，擒王枯等，賊遂亡。乃議招集夷民六百七十，住種囤下田三百五十丘，住種谷洞等囤田，削平險阻，給糧三月。明春，再給種子以課耕。立老脚、普俄、老亨、老賈爲頭目，分管凱口及阿向原占地方。分白頭、羅馬、羅野三牌，並平浪牌內上、中、下三寨，丙武九寨屬王仲武。户西、谷力、谷洞、凱酉、翁架、凱口六牌，平浪牌內爛土、小爛土二寨，各立寨長，徑屬都匀府。

【校勘記】

〔一〕王應銘　「銘」，底本作「名」，川本同，據滬本、本書後文及嘉靖貴州通志卷一二改。

〔二〕大囤　底本作「大國」，川本同，據滬本及嘉靖貴州通志卷一二改。

〔三〕則以大石推轉而下　底本脱「推」字，川本同，據滬本及嘉靖貴州通志卷一二補。

〔四〕王聰　「聰」，底本作「充」，川本、滬本同，據本書上下文及嘉靖貴州通志卷一二改。

〔五〕九百餘人　川本、滬本同，嘉靖貴州通志卷一二作「五百一十」。

〔六〕老脚　「脚」，底本作「甲」，川本、滬本同，據本書下文及嘉靖貴州通志卷一二改。

提學萬士和義昌記：削竹爲箸，屑木爲香，績絲爲網，與夫負米裹鹽，搬柴運水，其爲利微，爲事勞也。貴州以生儒業之，則其瘠貧可知已。盡貴之地，山林陵麓居十之七，而軍居其三。軍户自屯田，官賦外，所餘無幾。其闔城老幼，俱俟苗民負粟入城，計升合貿易。有不足者，出重息以稱貸於人。故苗民粟一日不至則饑，稱貸不得，以嗷嗷待哺而已。

巡撫舒應龍、巡按毛在疏：平浪司，國初原置流官張鶴管理。洪武末年，故絶。寨民王應銘以都保代理，後以獲功，量授副長官職事。正德、嘉靖間，王通、王仲武相繼以暴虐激變部民，致有阿向、王聰等叛。後有老亨等四目效力聚兵，奪險犂巢，始抵蕩平。於時議以四目分管凱口五牌地方，催辦公務錢糧，而以白頭等五牌仍屬王仲武管理，向無異議。至王世麒接管，敢行殺擄虔劉，伏天討一陣，斬首梟示。其弟王世麟乞哀悔罪。在事諸臣仰體朝廷罪人不孥之義，准王世麟以土民名目，止管白頭等五牌地方，不許干與四目原管凱口五牌〔一〕。後因四目之子孫科擾起釁，將凱口五牌地方與小爛土、户西徑屬府管理，每寨立寨長一名。

給事鄒元標疏：雲南、貴州二省，原無驛夫，以軍爲夫。道里長遠，山勢險峻，每夫一名，帮貼數名，始得成役。晝不得力耕，夜不得安枕，月支米不過數斗，亦良苦矣。國初，屯戍額五千名，今清平衛不過二、三百人，昔何以充，今何以耗？此其故不難知已。臣愚以爲宜行撫、按官悉心議處，以杜後患，量加月米以恤苦，此柔遠能邇之長策也。

永樂十一年二月辛亥，設貴州等處承宣布政使司。初，思南宣慰司田宗鼎與思州宣慰使田

【校勘記】

〔一〕不許干與四目原管凱口五牌　「干」，底本作「於」，川本同，據滬本改。

琛搆怨，阻兵拒命，械送京師服罪。以思州二十二長官司分設思州、宣化、黎平、石阡四府；思南十七長官司分設思南、鎮遠、銅仁、烏羅四府；其鎮遠州、婺川縣亦各隨地分隸；而於貴州設貴州等處承宣布政使司以總八府，仍與貴州都司同管貴州宣慰司。其布政司官屬俱用流官，府以下參用土官。十二年三月乙亥，以貴州布政司所轄思州、思南二宣慰司地方分隸八府：都坪峨異溪、都素二蠻夷長官司，黄道溪、施溪二長官司隸思州府；蠻夷長官司，水德江、沿河祐溪、思印江三長官司並婺川縣，並板場、木悠、巖前、任辦四坑水銀場局隸思南府；施秉、鎮遠金容金達、卭水一十五洞三蠻夷長官司，偏橋長官司，並鎮遠州隸鎮遠府；苗民、石阡、龍泉坪、葛彰葛商四長官司隸石阡府；銅仁、省溪、提溪、大萬山四長官司，並鰲寨、蘇葛、棒坑硃砂場局，大崖土、黄坑水銀硃砂場局隸銅仁府；朗溪蠻夷長官司，烏羅、答意、治古、平頭著可四長官司隸烏羅府；湖耳、亮寨、歐陽、新化、中林驗洞、龍里六蠻夷長官司，赤溪湳洞長官司隸新化府；潭溪、曹滴洞、古州、八舟、福禄永從、洪州泊里、西山陽洞七蠻夷長官司隸黎平府。十五年三月，設貴州等處提刑按察使司。二十一年七月丙午，吏部言設貴州四道按察分司：貴寧道按治貴州宣慰司，貴州衛軍民指揮使司，貴州前、烏撒、畢節、赤水、永寧五衛，普市守禦千户所；安平道按治威清、平壩、安南、安莊四衛，普定、普安二軍民指揮使司〔一〕，普安州；新鎮道按治興隆、清平二衛，平越、新添、龍里、都匀四軍民指揮使司，黄平千户所，鎮遠、黎平、新化三府；思南道按治思南、烏羅、銅仁、石阡、思州五府。皇太子從之。

【校勘記】

〔一〕普定普安二軍民指揮使司　「使」，底本脱，川本同，據滬本補。

常德府七十里至桃源縣。　七十里至鄭家驛〔一〕。　七十里至新店驛。　七十里至界亭驛。　七十里至馬底驛。　七十里至辰州府。　六十里至傳溪驛〔二〕。　六十里至辰溪縣山塘驛〔三〕。　六十里至懷化驛。　七十里至駱臼驛〔四〕。　六十里至沅州。　七十里至便水驛。　六十里至晃州驛。　六十里至湖廣平溪衛〔五〕，即貴州思州府〔六〕。　六十里至清浪衛〔七〕。　六十里至湖廣鎮遠衛，即貴州鎮遠府。　七十里至偏橋衛。　七十里至興隆衛〔八〕。　六十里至清平縣〔九〕。　六十里至黄絲堡。　六十里至平越府。　六十里至新添衛。　六十里至龍里衛。　六十里至貴州布政司貴陽府。　計一千四百八十里。

【校勘記】

〔一〕七十里至鄭家驛　底本脱「至」字，川本同，據滬本補。

〔二〕傳溪驛　「傳」，川本、滬本同，一統路程圖記卷一、紀要卷八一作「船」。

〔三〕山塘驛　「塘」，底本作「唐」，川本、滬本同，據一統路程圖記卷一、士商類要卷一、紀要卷八一改。

〔四〕駱臼驛　「駱臼」，川本、滬本同，一統路程圖記卷一、士商類要卷一、紀要卷八一作「羅舊」。

〔五〕六十里至湖廣平溪衛　底本脱「里至」二字，川本同，據滬本補。

〔六〕即貴州思州府　下「州」字，底本作「南」，川本、滬本同。按明史地理志，思南府治安化縣，即今思南縣，思州府治今岑鞏縣。清統志卷五〇六：「平溪廢衛，即今玉屏縣治。明洪武中置。本朝雍正五年改置縣。」即今玉屏縣。自此西行至岑鞏縣，即明思州府，而思南府遠在其西北，非此驛路所經。此「南」爲「州」之誤，據改。

〔七〕清浪衛　底本倒作「浪清衛」，川本、滬本同，據本書前文及一統路程圖記卷一、明史地理志乙正。

〔八〕興隆衛　「隆」，底本作「龍」，川本、滬本同，據本書前文及一統路程圖記卷一、士商類要卷一改。

〔九〕六十里至清平縣　「至」，底本作「在」，川本同，據滬本改。

升庵集：高宗伐鬼方之事，惟見於易。鬼方，極遠之國，即莫靡之屬也。倉頡篇曰：鬼之爲言遠也。世本：黄帝娶於鬼方氏。漢匡衡疏云：成湯化異俗而懷鬼方。意者，湯時鬼方已内屬於式圍之中，而復叛於中衰之日，故高宗伐之，以中興殷道也。又西羌傳曰：殷室中衰，諸侯背叛，至於武丁，征西戎鬼方，三年乃克。故其詩曰：自彼氐羌，莫敢不來王。是其證也。竹書紀年：周公伐西洛鬼戎〔一〕。按今貴州有羅鬼夷，俗又呼貴州爲鬼州。楚詞：得人肉以祀，以其骨爲醢〔二〕。紂醢脯九侯，亦效夷虐也。今貴州以牛馬骨漬之經年，候其柔脆如笋，其氣逆於人鼻，以爲上品供客，爲之賈鬼，賈，閣上聲。亦此類也。

【校勘記】

〔一〕周公伐西洛鬼戎　川本、滬本同，竹書紀年卷上作「周公季歷伐西落鬼戎」。

〔二〕以其骨爲醢　川本、滬本同，楚辭招魂作「以其骨爲醢些」。

方輿崖略〔一〕：貴州古羅施鬼國。自蜀漢夷酋有火濟者，從諸葛武侯征孟獲有功，封羅甸國王，歷唐、宋皆不失爵土。洪武初，元宣慰使靄翠與其同知宋欽歸附，高皇帝仍官之爲貴州宣慰使司，隸四川；其思州宣慰使爲田仁智，思南宣慰使爲田茂安〔二〕，暨鎮遠等府隸湖廣；普安、鎮寧等州隸雲南。靄翠死，妻奢香代立；宋欽死，妻劉氏代立。劉氏多智術，時馬燁以都督守其地〔三〕，欲盡滅諸羅酋，代立以流官〔四〕，乃以事裸撻奢香，欲激怒諸羅夷爲兵端。諸夷果怒欲反，劉氏止之，爲走愬京師。上令招奢香至，問曰：「汝誠苦馬都督，我爲汝除之，何以報我？」奢香曰：「世戢羅夷〔五〕，不敢爲亂。」上曰：「此汝常職，何云報也？」曰：「貴州東北有間道可通四川〔六〕，願刊山通道，給驛使往來。」上許之，謂高后曰：「我知馬燁無他腸，然何惜一人以安一方。」乃召燁斬之，遣奢香歸。諸夷大感，爲除赤水、烏撒道，立龍場九驛達蜀。今安氏即靄翠後。

貴州設山〔七〕，上中高而外低。如關索乃貴鎮山，四水傾流，内無停蓄。北二水一出涪江，一出瀘江；東一水出沅江；南二水一出左江，一出右江。有水源而無水口〔八〕，故是行龍之地，非結作之場也。

貴州多洞壑，水皆穿山而過，則山之空洞可知。如清平十里雲溪洞，水從平越會百里而來，又從地道潛伏流，雲洞盡處，水聲湯湯如溪流。洞右偏，土人又累石爲堤，引支水出洞南，灌田甚廣。新添母珠洞，發衛六七里，陟降高崖，即見流水入山椒穿洞過，出水處亦一洞，乃名母珠。嘗有樵者至洞中，數石子隨一大石，似子逐母，夜有珠光，故名也。最可奇者，普安碧雲洞爲一州之壑，州之水無涓滴不趨洞中者，乃洞底有地道，隔山而出〔九〕。洞中有仙人田，高下可數十畦，石塍圍曲界限〔一〇〕，儼如人間，豈神仙所嘗種玉禾者耶？其無水而曠如者，偏橋飛雲洞。由月潭寺左拾級而登，仰視層巖如蜂房燕巢。級窮，上小平臺，石欄圍繞，臺後巖嵌入巉絶，巖上如居人，重簷覆出，而石乳懸竇，怪詭萬狀，洞前立二石，突兀更奇。他如鎮遠淩雲洞、清平天然洞、安莊雙明洞與平壩喜客泉、安莊白水，或左道而未過，或輿過之而未窮其勝，不能一一記之。

出沅州而西，晃州即貴竹地，顧清浪、鎮遠、偏橋諸衛舊轄湖省，故犬牙制之。其地只借一線之路入滇，兩畔皆苗。晃州至平夷十八站，每站雖云五六十里，實百里而遥，士夫商旅縱有急，只可一日一站，破站則無宿地矣。其站皆軍夫。辰州以西，轎無大小，官無貴賤，輿者皆以八人。其地步步行山中。又多蛇、霧、雨，十二時天地暗曶，間三五日中一晴霽耳。然方晴倏雨，又不可期，故土人每出必披氈衫，背篛笠，手執竹枝，竹以驅蛇，笠以備雨也。諺曰：天無三日晴，地無三里平。其開設初只有衛所，後雖漸漸改流，置立郡邑，皆建於衛所之中，衛所爲主，郡邑爲客，縉紳拜表祝聖皆在衛所。衛所治軍，郡邑治民。軍即尺籍來役戍者〔一一〕，故衛所所治皆中國人〔一二〕。民即苗也，土無他民，止苗夷，然非一種，亦各異俗。曰宋家，曰蔡家，曰仲家，曰龍家，曰曾行龍家，曰羅羅，曰打牙仡佬，曰紅仡佬，曰花仡佬，曰東苗，曰西苗，曰紫薑苗，總之槃瓠子孫。椎髻短衣，不冠不履，刀耕火種，樵獵爲生，殺鬬爲業。郡邑中但徵賦税，不訟鬬爭。所治之民，即此而已。

本朝勾取軍伍總屬虚文，不問新舊，徒爲民累。惟貴竹衛所之軍與四川、雲南皆役之爲驛站輿夫，糧不虚糜而歲省驛傳動以萬計〔一三〕，反得其用。

夷人法嚴，遇爲盜者，綳其手足於高桅之上，亂箭射而殺之。夷俗射極巧，未射其心膂不能頃刻死也。夷性不畏亟死，惟畏緩死，故不敢犯盜。貴州南路行，於緑林之輩防禦最難。惟西路行者，奢香八驛，夫、馬、廚、傳皆其自備，巡邏干掫皆其自轄〔一四〕，雖夜行不慮盜也。夷俗固亦有美處〔一五〕。

貴州土産則水銀、辰砂、雄黄。人工所成，則緝皮爲器，飾以丹朱，大者箱櫃，小者筐匣，足令蘇、杭却步。雄黄一顆重十餘兩者佩之宜男〔一六〕，土官中以爲盤爲屏以鎮宅舍者。砂生有底如白玉臺，名砂牀，箭頭爲上，牆壁次之。雖曰辰砂，實生貴竹。

關索嶺，貴州極高峻之山，上設重關，掛索以引行人，故名。俗訛以爲神名。旁有查城驛，名頂站，深山邃箐，盜賊之輩實繁有徒，縉紳商賈過者往往於此失事，耑以一衛尉統邏卒護之〔一七〕。

安宣慰，唐時人家。渠謂列代皆止羈縻〔一八〕，即拒命，難以中國臣子叛逆同論。故時作不靖，弗安禮法。其先宣慰不逞，陽明居龍場時貽書責之。其後安國亨格詔旨，朝廷遣使就訊之，令其囚服對簿，赦弗征，而國亨後竟桀驁如故，院司弗能堪。今安彊臣襲〔一九〕，又復悖戾，不遵朝廷法度。如貴竹長官司改縣已多年，而彊臣猶欲取回土司。天下豈復有改流爲土者？故江長信疏欲剿之，未知廷議究竟何如。

養龍坑長官司有坑在兩山之間，停蓄淵深，似有蛟龍在其下。當春時，騰駒遊牝，夷人插柳於坑畔，取牝馬繫之。已而雲霧晦冥，類有物蜿蜒與馬接者，其生必龍駒。

鎮遠，滇貨所出，水陸之會。滇産如銅、錫，斤止值錢三十文，外省乃二三倍其值者。由滇南至鎮遠二十餘站〔二〇〕，皆肩挑與馬贏之負也。鎮遠則從舟下沅江，其至武陵又二十站，中間沅州以上、辰州以下與陸路相出入，惟自沅至辰陸止二站〔二一〕，水乃經盈口、竹站、黔陽、洪江、安江、同灣、江口共七站。故士大夫舟行者，多自辰溪起。若商賈貨重，又不能捨舟，而溪灘亂石險阻，常畏觸壞。起鎮遠至武陵，下水半月，上水非一月不至。

思、石之間，水則烏江，發源播之南境，下合涪江，陸與水相出入〔二二〕，此川、貴商賈貿易之咽喉也〔二三〕，即古牂牁、夜郎地。思南府西有牂牁郡城，漢末所築者。郡領扶歡、夜郎等縣。或云夜郎在珍州，珍屬播，與今思州接界。

播州東通思南，西接瀘，北走綦江，南距貴竹。萬山一水，抱繞縈迴，天生巢穴，七日而達內地。然其地坐貴竹而官繫川中，故楊酋應龍事川中上司則恭，見貴竹則倨。川議賞，貴議剿，非一日矣。及王中丞繼光倉卒舉事，挫辱官兵，於是天討難留，而又加以七姓五司素被傷殘，赴闕請剿。酋畏天兵之至，情願囚首抹腰聽勘處分。蓋彼酋因子死巴獄，而又防七姓之侵陵，故死不敢入重慶，而不憚囚服了事者〔二四〕，其情也，何敢輒萌他變？而此中以曾拒王師，故心疑之而不敢前。余弟圭叔守重慶，覘知顛末，單車入往諭之，彼遂出松坎來迎。松坎者，此入三日而彼出五日程也。其後，乃於安穩搭蓋衙門，聽司道贊畫，入勘，贖鍰而罷。

【校勘記】

〔一〕方輿崖略　「輿」，底本作「與」，據川本、滬本改。按方輿崖略係明王士性廣志繹卷一篇名，以下諸條皆録自廣志繹卷五西南諸省。

〔二〕其思州宣慰使爲田仁智思南宣慰使爲田茂安　底本脱「田仁智思南宣慰使爲」九字，川本、滬本同，據廣志繹卷五、黔志補。

〔三〕時馬燁以都督守其地　底本「督」上有「總」字，川本同，據滬本及黔志删。廣志繹卷五作「時馬燁以都督鎮守其地」。

〔四〕代立以流官　川本、滬本同，廣志繹卷五無「立」字，黔志作「代以滇官」。

〔五〕世戢羅夷　「戢」，底本作「職」，川本同，據滬本及廣志繹卷五改。

〔六〕曰貴州東北　底本脱「曰」字，川本同，據滬本及黔志補。廣志繹卷五作「奢香曰」。

〔七〕貴州設山　川本、滬本同，疑「設」爲「諸」字之誤。

〔八〕有水源而無水口　底本「有」下脱「水」字，川本、滬本同，據廣志繹卷五、黔志補。

〔九〕隔山而出　「出」，底本作「去」，川本同，據滬本及廣志繹卷五、黔志改。

〔一〇〕圜曲　川本、滬本同，廣志繹卷五作「迴曲」。

〔一一〕軍即尺籍來役戍者　「尺」，底本作「民」，川本、滬本同，據廣志繹卷五、黔志改。

〔一二〕故衛所所治　底本作「故衛所之治」，川本、滬本同，據廣志繹卷五、黔志改。

〔一三〕糧不虚縻　「縻」，底本作「糜」，川本、滬本同，據廣志繹卷五改。

〔一四〕巡邏干掫　「干」，底本作「於」，川本同，據滬本及廣志繹卷五、黔志改。

〔一五〕夷俗固亦有美處　底本脱「亦」字，川本、滬本同，據廣志繹卷五、黔志補。

〔一六〕佩之宜男　底本「宜」上有「泥」字，據川本、滬本及廣志繹卷五、黔志删。

〔一七〕耑以一衛尉統邏卒護之　「尉」，底本脱，川本、滬本同，據廣志繹卷五補。

〔一八〕渠謂列代皆止羈縻　「謂」，底本作「爲」，川本同，滬本作「率」，據廣志繹卷五、黔志改。

〔一九〕安彊臣　川本、滬本同，廣志繹卷五作「安疆臣」，下同。

〔二〇〕滇南　川本同，滬本及廣志繹卷五作「滇雲」。

〔二一〕陸止二站　「止」，底本作「至」，川本、滬本同，據廣志繹卷五、黔志改。

〔二二〕陸與水相出入　底本脱「出」字，川本、滬本同，據廣志繹卷五、黔志補。

〔二三〕此川貴商賈貿易之咽喉也　底本脱「賈」字，川本、滬本同，據廣志繹卷五補。

〔二四〕而不憚囚服了事者　底本脱「事」字，川本、滬本同，據廣志繹卷五、黔志補。

山東肇域記

此肇域記山東省六卷，題曰東吴顧炎武，則亭林先生所撰原本也，然余不能無疑焉。考亭林集，天下郡國利病書序、肇域志序俱載之。向於天下郡國利病書序則曰：有得即録，共成四十餘册，一爲輿地之記，一爲利病之書。是二書原出一稿。於肇域志序則曰：本行不盡，則書於旁，旁又不盡，則别爲一書，曰「備録」。余得天下郡國利病書手稿，與肇域志序所云都合是輿地之記，利病之書，原盡在四十餘册中也。特因詮次未定，故不判爲二書耳。向聞郡中有識古者，曾以肇域志稿之奇零者，賣於他省。余疑其無是事，及見此書，乃信肇域志果有定本。而此書之序與集中之序又全然不對，且只山東一省，而又以山東爲一卷卷始，是一可疑也；卷中語不盡合於利病書，則四十餘册之外，又鑿然有一肇域志，是又一可疑也。意者亭林在山東日所著，故先成此數卷以爲例。其起例於山東者，如山東考古録亦即一地以名書，而肇域志之不妨有别本者，亦如日知録之有初刻，而與本書不盡同者乎！至於撰述之語，爲地理志所係，較明一統志，稍檢數條，已知此善於彼。若欲博訪而遐搜之，有西賓夏方米在，已屬其悉心考核矣。

嘉慶四年己未夏六月十日，書於士禮居。黄丕烈。

右肇域記六卷，未識先生所撰只此，抑此尚其殘本耶？蕘圃主人以善價得之，既自爲之跋，更屬余覆按其真僞。予取讀一過，灼然見其非僞書也，因撮舉數端，與蕘圃質之。濟南府歷城縣之解華不注；淄川縣之不載孟嘗君封邑，而於滕縣載之；長清縣之考靈巖寺；泰安州高里山辨蒿里之誤；肅然山不用服虔在梁父、酉陽雜俎長白山之説，而一以史記封禪書、魏書崔光傳爲據；萊蕪縣夾谷引水經注「夾谷之會即此地」，而辨杜元凱東海祝其之説爲太遠；兖州府曲阜縣引魯世家「築茅闕門」以證闕里，引司馬彪莊子注以證杏壇之不可知其地；滕縣靈丘城辨趙世家正義今蔚州縣之誤；寧陽縣洸水引晉書荀羡傳以辨商輅堽城閘記「至元二十六年，始築壩障汶水南流，由洸河注濟寧」之誤；金鄉縣東緡城辨其非陳留之東昬；城武縣楚丘亭辨其非衛文公所遷之楚丘；東阿縣治本漢東郡之穀城縣，辨其爲春秋之穀而非小穀；曹縣景山辨其非景山與京之景山；沂州向城言春秋之向，見杜注分爲二，而其實一向，宣四年注以承縣之向遠爲疑，而隱二年注以爲龍亢之向城，不知其更遠；費縣言曾子居費之武城，而以嘉祥之武城爲謬，又引史記田完世家以證南城之即南武城，引程大昌澹臺祠友教堂記以證子羽之亦南武城人；青州府諸城縣載齊之長城；辨濰水漢地里志「淮」、「惟」、「維」三見之爲異文；

登州府膠州洋河引通鑑劉懷珍遣王廣之襲不其城事，而不沿胡三省注即巨洋水之訛。又地名之同而異者，萊蕪縣牟城引春秋桓十五年及僖五年傳，安丘縣之牟山故城則云隋置牟山縣，諸城縣之婁鄉城則引隱四年莒人伐杞取牟婁爲證。舊志所未分析，而是書逐一剖别之，凡此皆先生平日讀書有得，發前人之所未發者。世所刊行如日知録、杜解補正、譎觚十事、山東考古録諸書中皆散見之，而此書悉與契合。又譎觚十事中有云：「凡考地理，當以水經、皇覽、郡國志等書爲據。」今是書所引水經注爲多，郡國志次之，皇覽又次之，三書之外則引周、秦、漢、魏諸子，歷代正史，温公通鑑。至於近代方志諸書，采取綦嚴，而于欽齊乘之類，特多是正，以是知非先生不能作也。卷首序文與文集所載異，然其中所云「唐、宋地志久亡，近時之書，大半多齊東野語」，實與譎觚十事卷首所云「方輿故迹，古人之書既已不存，齊東之語多未作據者」合，此又可證其爲先生語也。又文集所載序云：「本行不盡，則注之旁，旁又不盡，則别爲一集，曰『備録』。」蕘圃所藏郡國利病書稿本部頁有「備録」字，而其中仍載利病之説，以郡國利病書序「一爲利病之書，一爲輿地之記」二語觀之，此書體例實於輿地之記爲近。更以利病書中山東諸册對之，知此書並非從中摘出者，則是先生當日實别有是書，而今日乃湮没不復見也。蕘圃將命工裝潢，附裝郡國利病書之後，予謂蕘圃真先生之功臣矣。嘉慶己未六月十三日方米夏文燾識。

跋後偶檢府志藝文類，載肇域記一百卷，注云：今存山東二册。今蕘圃所收止一册，雖全省所管府州縣並備，而合之明史地理志，則遼東都指揮使司所屬各衛亦隸山東省，或此書尚有一册衛屬，而此一册，即山東省猶未全備也。然府志所云今存山東二册，亦未知所存果止此否，抑搜羅所及止此耶？物聚所好，願蕘圃更博訪之。

肇域記序

劉昭承班固之書，但録中興以來郡縣改異，及春秋三史會同征伐地名，以爲郡國志。以後漢二百年之志，而春秋之事備焉。愚今略仿其意，以有明一代郡邑、藩封、官守爲一書，而參以六經、廿一史之故，上接元史，訖於崇禎。俾後之人，既以知今，亦可驗古。但唐、宋地志久亡，近時之書，大半多齊東野語，且不能盡得。余老矣，日不暇給，先成此數卷爲例，以待後之人云。書名有明肇域記。東吴顧炎武。

肇域記目次

滋陽縣　曲阜縣　鄒　縣　泗水縣　滕　縣
嶧　縣　寧陽縣　魚臺縣　金鄉縣　單　縣
城武縣　嘉祥縣　鉅野縣　鄆城縣　汶上縣
東阿縣　陽穀縣　壽張縣　平陰縣　曹　縣
定陶縣　郯城縣　費　縣

卷三

東昌府州三縣十五

臨清州　高唐州　濮　州
聊城縣　堂邑縣　博平縣　茌平縣　清平縣
莘　縣　冠　縣　丘　縣　館陶縣　恩　縣
夏津縣　武城縣　范　縣　觀城縣　朝城縣

卷四

青州府州一縣十三

莒　州
益都縣　臨淄縣　博興縣　高苑縣　樂安縣

壽光縣　昌樂縣　臨朐縣　安丘縣　諸城縣
蒙陰縣　沂水縣　日照縣

卷五

萊州府州二縣五

平度州　膠　州
掖　縣　濰　縣　昌邑縣　高密縣　即墨縣

卷六

登州府州一縣七

寧海州
蓬萊縣　黄　縣　福山縣　棲霞縣　招遠縣
萊陽縣　文登縣

肇域記卷之一

山東

濟南府

本元之濟南路改。領州四，縣二十六。

德王封。

城周十二里四十八丈。

有山東鹽運司。

有濟南衛左、右、中、前、後五千户所。

有譚城馬驛。

有西關遞運所。

西北二十里有濼口批驗所。

禹貢：濟、河惟兖州。又曰：導沇水，東流爲濟；入于河，溢爲滎；東出于陶丘北，又東至于菏，又東，北會于汶，又北，東入于海。周禮：兗州，其川河、泲〔一〕。是已。水經：濟水出河東垣縣王屋山，爲沇水；又東至温縣西北，爲濟水；又東南當鞏縣之北，而南入於河，與河合流。又東過成皋、滎陽，又東合滎澤，又東過陽武、封丘、原武、酸棗、平丘、濟陽、寃句、定陶，又東北，菏水出焉；又東至乘氏縣西，分爲二：其東北流者，過壽張縣西界安民亭南，汶水從東北來注之，又北過須昌縣西，又東逕魚山東，左合馬頰水，又北逕清亭東，又北過穀城縣西，又北逕周首亭西，又北過臨邑縣東，王莽謂之穀城亭。又北逕平陰城西，又東北過盧縣北，又東北右會玉水，又東北濼水出焉〔二〕，自此東北入於海。宋史李師中傳：知濟、兗二州。濟水堙塞久，師中訪故道，自兗城西南啓鑿之，功未半而去。今濟水伏流不見，惟汶水出萊蕪縣原山之陽，水經謂之北汶，西南逕徂徠山陰，又西逕泰山之陽，又西南逕寧陽縣西北，又西逕汶上縣北，又西逕東平州南，其西有古安民亭遺址。濟與汶合處，今爲安山牐。汶水又北，逕魚山東，又北逕陽穀縣，狼水從南來入之；又東北逕東阿縣北，又東逕平陰縣北，又東北逕長清縣北，逕齊河縣東，沙溝水從南來入之；又北逕歷城縣北，聽水從南來入之；今名響河。又東北逕華不注山陰，又東逕下濼堰，濼水舊所從入處；堰南即小清河。又北逕臨邑縣東，又東北逕濟陽縣南，又北逕齊東縣北，又東北逕武定州南，又東逕青城縣北，又東逕濱州南，又東北逕蒲臺縣北，又東北逕高苑縣北，又北逕利津縣東，又東北入於海。自安山牐以下，今謂之大清河。自元人於寧陽縣東築堽城壩，遏汶水入洸以通運河。永樂中，又於東平州東築戴村壩，盡遏汶水入會通河。今之大清河，乃自平陰縣南之柳溝諸泉，由東平州北門外，過西折而東北，夏秋運河泛溢，張秋迤南東岸有減水牐一座，減出有餘之水，與之合西北流〔三〕。今日鹽運，通行於此，鹽船自濼口放關，由大清河而上，泊於魚山。又南則由河渠至於東平，西則由小鹽河至於張秋，故大清河謂之鹽河。實濟水之故道。于欽齊乘謂大清河，古濟而今汶者也。又按酈道元謂濟水在王莽時枯竭，自今觀之，濟水勁疾，能穴地伏流，隱見無常，乃其本性。郭緣生述征記：河上書生之言曰：濟入於河，性與河別，不能混合，滲漉入地，伏行而溢爲滎。今之歷下，發地皆是流水，濟所過也。東阿之井，正濟所溢，故今阿膠能住吐下膈疏痰，以性趨下，清而且重，故治淤濁逆上之痾。唐書：高宗問許敬宗曰：天下洪流巨谷，不載祀典，濟甚細而在四瀆，何哉？對曰：瀆之言獨也，不因餘水，獨能赴海者也。濟雖細，瀆而尊。按今東平、歷下諸泉，皆入大清河，則仍是濟水之溢流，不得謂全爲汶水矣。于慎行曰：今所謂大清河者，第得汶之首尾，而實以東平諸泉由濟故瀆入海。

小清河，一名濼水。春秋桓十八年：公會齊侯于濼。注：濼水在歷城西北，入濟。水經注：濼水出歷城縣故城西南，泉源上水湧若輪。即今之趵突泉也。合馬跑、金線諸泉，並城北流，屈而東，至城北水門，大明湖水出而注之，東北至華不注山，合華泉，又東北入大清河。僞齊劉豫導之東行，至韓家店西，分一支爲小清河，會龍山河，經章丘，會稽獺沙三河，經鄒平、長山、新城，會孝婦河，經高苑、博興，至樂安馬車瀆今高家港。入海〔四〕，曲行幾五百里。自歷下以東之水，古入濟者，並入小清焉。近年河漸淤，而其水復由華不注東北入大清河矣。元史五行志：至正二年六月癸丑夜，濟南山水暴漲，衝東西二關，流入小清河；黑山、天麻、石固等寨及臥龍山水，通流入大清河，漂没上下民居千餘家。

歷城縣

東七十里有龍山鎮馬驛。

東北二十里有堰頭鎮巡司。

舊有龍山鎮遞運所，革。

城内有大明湖〔五〕，周十餘里，歷下諸泉之所滙也。由北水門出，注大小清河入海。

城西南有趵突泉，蓋濟水伏流而發於此。宋曾鞏齊二堂記曰：泰山之北，與齊之東南諸谷之水，西北滙於黑水之灣，又西北滙於柏崖之灣，而至於渴馬之崖，則泊然而止。而自崖以北，至於歷城之西，蓋五十里，有泉湧出，高或至數尺，名之曰趵突泉。齊人謂：嘗有棄糠於黑水之灣者，而見之於此。蓋泉自渴馬之崖，潛行地中，而至此復出也。趵突之泉冬温，泉旁之蔬甲經冬常榮，故又謂之温泉。其注而北，則謂之濼水，達於清河，以入於海。

南五里有歷山，有舜祠。

東北一十五里有華不注山。伏琛齊記：不，音跗，讀如詩「鄂不韡韡」之「不」，謂花蒂也。言此山孤秀，如花跗之注於水也。左傳成二年：戰于鞌，齊師敗績，逐之，三周華不注。

有華泉，在山下，今涸。左傳：逢丑父使公下，如華泉取飲。

西南六十里有黄山。山周如城，岱陰諸谷之水，奔流至山西，匯爲池，圍數畝，不溢而伏。山即渴馬崖也。伏流至府城之西而出，即趵突泉也。

西有古歷下城。史記晉世家：平公元年，伐齊。齊靈公與戰歷下。田齊世家：秦滅魏，秦兵次於歷下。田儋傳：齊初使華無傷、田解軍於歷下以距漢。韓信用蒯通計，度平原，襲破齊歷下軍。後漢書耿弇傳：張步使其大將軍費邑軍歷下。

東三十里有鮑城。禹裔有鮑叔仕齊，食采於鮑，因以爲氏。鮑叔牙其後也。

七十里有巨里城。後漢書耿弇傳：費邑分遣弟敢守巨里。弇進兵先脅巨里。水經注：巨里三面有城，西有深坑，坑西即耿弇營。今爲龍山鎮。

七十五里有東平陵城。古譚國。春秋莊十年：齊師滅譚。是也。漢爲東平陵縣，以右扶風有平陵，故此加東。漢書五行志：元帝初元四年，皇后曾祖父濟南東平陵王伯墓門梓柱卒生枝葉〔六〕，上出屋。後漢書靈帝紀：濟南賊起，攻東平陵。晉書石虎載記：濟南平陵城北石獸，一夜中忽移在城東南善石溝上，有狼、狐千餘隨之，迹皆成路。唐書地理志：武德二年，章丘縣民李義滿以縣來降〔七〕，於平陵置譚州，並置平陵縣。貞觀十七年，齊王祐反〔八〕，平陵人不從，更名縣曰全節。元和十五年，以户口凋殘，并入歷城。今猶謂之東平陵城，周二十餘里。

其北有臺城。漢高帝封戴野爲臺侯。後漢書：安帝延光三年，濟南上言：鳳凰集臺縣丞霍收舍樹上。注：臺縣故城在今平陵縣北。

有馬耳關。魏書地形志：泰山郡臺縣有馬耳關。秦姚興還慕容超母、妻，超率六宫迎於馬耳關。

章丘縣 府東一百一十里。

東三十里有長白山，東跨鄒平、長山、淄川縣界。魏書辛子馥傳：長白山連接三齊，殿丘數州之界，多有盜賊，子馥受使檢覆，因辨山谷要害，宜立鎮戍之所。又諸州豪右在山鼓鑄，姦黨多依之，又得密造兵仗〔九〕，亦請破罷諸冶。朝廷善而從之。隋書煬帝紀：大業九年，齊人孟讓、王薄等衆十餘萬，據長白山，攻剽諸郡。舊唐書李子通傳：賊帥左才相自號博山公，據齊郡之長白山。

有黌山。三齊略云：鄭玄注書此山，上有古井，獨生細草，葉似薤，人謂之「鄭公書帶草」。亦名黌堂嶺。元史張榮傳：金季，山東羣盜蜂起，榮率鄉民據濟南黌堂嶺。

西南二十八里有東陵山。莊子：盜跖死利於東陵之上。山南有盜跖冢。

南九十里有長城嶺。嶺上有古長城，接萊蕪界。南三十里有百脈泉。水經注：百脈水出土穀當作鼓。縣故城西，源方百步，百泉俱發，故曰百脈。西北流，逕陽丘縣故城中，又西北出城，北逕黄巾固，今之縣城，即漢之黄巾城。又東北流，注於濟。今此水發源明水鎮，逕縣東關，至濟陽城東北，入大清河。亦謂之繡江。

北三十里有小清河。今從華不注東入大清河，故道久淤，止柳塘口，以東爲獺河所經之道。

東七里有楊緒水，水經注謂之楊渚溝水。一名獺河。全志作漯。源自長白山之王村谷，西北流至柳塘口，經小清河故道，流入鄒平、長山、新城界，會孝婦河，東流入於海。按水經：漯水東北逕著縣故城南，又東北逕崔氏城北，又東南逕東朝陽縣故城南，又東逕漢徵君伏生墓南，又東逕鄒平縣故城北，又東北逕東鄒城北，又東北逕建信縣故城北，又東北逕千乘縣二城間。注引地理風俗記曰：漯水東北至千乘入海。今此水齊乘作獺河，未知即古之漯河，非也。

西南四十里有巨合水，俗名雙女泉。水經注：巨合水南出雞山西北，雞山在縣西南四十里。北逕巨合故城西。後漢書注：巨里一名巨合。又北合武原水入濟。全東源曰榆科泉〔一〇〕，西源曰江水泉，即武原水。北流各五里，合入小清河。

西北三十里有菅城〔一一〕。漢縣。今名水寨。

六十里有臨濟城。漢爲朝陽縣。漢高帝封華寄爲朝陽侯。孝宣封廣陵厲王子聖爲朝陽侯。北齊廢。隋復置，改曰臨濟。非漢之臨濟也。

有崔城。左傳襄二十七年：崔成請老于崔。注：濟南東朝陽縣西北有崔氏城。唐書：崔氏出自姜姓，齊丁公伋嫡子季子讓國叔乙，食采於崔，遂爲崔氏。濟南東朝陽縣西北崔氏城是也。

東南十里有陽丘城。漢孝文封齊悼惠王子安爲陽丘侯。後漢省。至北齊，乃以黄巾城立章丘縣。

西南六十里有亭山城。隋縣。

鄒平縣 府東一百七十里。

舊有青陽店馬驛、青陽店遞運所，革。

西南十里有長白山，山之西有醴泉寺。宋范文正公讀書堂在焉。

西一里有沙河，出大峪山，西北入小清河。

北十三里有小清河。今淤。

北四十里有梁鄒城。漢縣。宋置戍，爲平原太守治所。元嘉八年，青州民司馬順則聚衆〔一二〕，號齊王，乘虚襲梁鄒城。青、冀二州刺史蕭斌遣振武將軍劉武之擊平之。今爲孫家鎮，半屬齊東縣。

東十二里有劉宋平原縣城。今爲平原莊。

東北十八里有漢徵君伏生墓。

淄川縣 府東二百二十里。本元之般陽路倚郭縣，省路改屬。

西南三十里有甲山。水經注：萌水出般陽西南甲山，東北入瀧水。

東南七十里有原山，跨益都、萊蕪界。書疏：淄水出泰山郡萊蕪縣原山之陰。今顔神鎮

東南二十五里岳陽山東麓，地名泉河，即淄水所出，古萊蕪地也。

南一十五里有般水，北流分爲二支，俱入孝婦河。

西門外有孝婦河，源出益都縣顔神鎮，合瀧萌二水北流，經長山、新城、高苑縣界，入小清河。

西二十里有瀧水。

城爲漢之般陽縣，宋書作盤。明帝泰始二年，清和、廣川二郡太守王玄邈據盤陽城。三年，綏邊將軍房法壽襲盤陽，據之，降於魏。

西五十里有土鼓城，即水經注云百脈水出土鼓縣故城西者也。

東南六十里有萊蕪故城。見後漢書注。

唐志：有鐵。齊乘：城西有韶山，出鐵，代置鐵官。

長山縣　府東北二百里。自般陽路改屬。

舊有白山馬驛、白山遞運所，革。

西南三十里有長白山。

南門外有孝婦河。

西北三十里有小清河。

南二十五里有於陵城。孟子：陳仲子居於陵。後漢書：侯霸子昱徙封於陵侯。注：故城在今淄州長山縣南〔一三〕。

西北有漢濟南縣城。後漢書章帝紀注：濟南縣故城，在今淄州長山縣西北。

北二十里有高苑故城。今爲苑城店。

新城縣　府東北二百一十里。自般陽路改屬。

東三十里有烏河，源出益都縣矮槐樹北，即時水也。亦名耏水。入於小清河。

西北二十五里有孝婦河。

齊東縣　府東北一百八十里。自河間路改屬。

北一里有大清河。

青城縣　府東北二百二十里。自河間路改屬。洪武二年，省入鄒平、齊東。十四年後，分鄒平、武定、齊東置。

北十八里有大清河〔一四〕。

舊唐書薛平傳：遣將李叔佐以兵五百援棣州，宵潰而歸。行及青城鎮，劫鎮將李自勸，并其衆。次至博昌鎮，復劫其兵，共得七千人，徑逼青州。平逆擊，敗之。

齊河縣　府西五十里。

有晏城驛。

東門外有大清河。有橋跨之。宋史曾鞏傳：知齊州，弛無名渡錢，爲橋以濟往來〔一五〕。從傳舍自長清抵博州以達於魏，凡省六驛。人皆以爲利。

齊乘曰：縣在宋時爲耿濟鎮。水經注：建武五年，耿弇東討張步，從朝陽橋濟河以渡，即是處也。後漢書注：今朝陽城在濟水北，有漯河，在今齊州臨濟縣東。按古今疆城參互，或此地漢時屬朝陽耳。注以爲渡漯，非。

西六十里有高唐城。左傳襄十九年：齊夙沙衛奔高唐以叛。慶封圍高唐，弗克。高唐人殖綽、工僂會夜縋納師，醢衛于軍。注：高唐在祝阿縣西北〔一六〕。襄二十五年：祝佗父祭於高唐。昭十年：穆孟姬爲桓子請高唐，陳氏始大。哀十年：晉趙鞅帥師伐齊，毀高唐之郭。孟子「緜駒處於高唐而齊右善歌」，即此也。在今倫鎮西北。

禹城縣　府西北一百一十里。自曹州改屬。

有劉普驛。

本漢之祝阿縣。禮記：武王封帝堯之後於祝〔一七〕。即此。春秋作祝柯。襄十九年：諸侯盟于祝柯。漢書作祝阿。高帝封高色爲祝阿侯。後漢書耿弇傳：張步使其大將軍費邑軍歷下，又分兵屯祝阿，別於泰山鍾城列營數十以待弇。弇渡河，先擊祝阿，自旦攻城，未中而拔之，故開圍一角，令其衆得奔歸。鍾城人聞祝阿已潰，大恐懼，遂空壁亡去。晉孝武太元十二年〔一八〕，張願帥萬餘人，屯祝阿之甕口。燕高陽王隆等擊願，軍至斗城，去甕口二十餘里，大破之。宋白曰：祝阿在今豐齊縣北二里。唐改名禹城。乾元後，移今理，其地遂屬長清縣。

古漯河在縣西二里。按禹貢：浮于濟、漯，達于河。漢書地理志應劭曰〔一九〕：漯水出東武陽東北入海。穆天子傳曰：丁卯，天子東征，釣于漯水，以祭淑人。己巳，天子東征，食馬于漯水之上。水經注：河水又東北入東武陽縣東，又有漯水出焉。唐高宗問許敬宗曰：禹貢「浮于濟、漯，達于河」，今濟、漯斷不相屬？敬宗對曰：沇、濟自温入河，伏地南出爲滎澤，又伏而出曹、濮之間，汶水從入之，故書文言浮汶達濟。不言合漯者，漯自東武陽至千乘入海也。

南一百里有轅城。左傳哀十年：晉趙鞅伐齊，取犁及轅。

東南有野井亭。春秋昭二十五年：齊侯唁公于野井。後漢書：祝阿有野井亭。

濟陽縣　府北九十里。

南門外有大清河。

臨邑縣　府西北一百五十里。自河間路改屬〔二〇〕。

西南四里有舊黄河。

西北二十里有鈎盤河。今爲盤河店。

西十里有濕陰城。漢縣。漢書作漯陰。後漢書作濕陰。

本齊之犂丘。左傳哀十年：晉趙鞅伐齊，取犂及轅。二十三年：荀瑶伐齊，戰于犂丘。齊師敗績。知伯親禽顔庚。陳成子召庚之子，曰：濕之役而父死焉。注：犂丘，隰也。按「隰」疑即「濕」字傳寫之訛。

東南五十里有著城。漢書灌嬰傳〔二一〕：收著、漯陰、平原、鬲、盧。

北十五里有鹿角關。唐置。

三十五里有縣舊城。後漢北海興王子復封臨邑侯。

陵縣　府西北二百四十里。洪武初，因元爲德州，省倚郭安德縣入州，自河間路改屬。永樂初，改爲陵縣。

東南三里有馬頰河。

西三里有覆鬴河。通典：安德有馬頰、覆鬴二河。

本唐之平原郡城。舊唐書顔真卿傳：爲平原太守。安禄山逆節頗著，真卿以霖雨爲託，修城浚池，乃陽會文士，泛舟外池，飲酒賦詩。禄山偵之，以爲書生不足慮也。無何，禄山果反，河朔盡陷，獨平原城守具備。元王惲文集言：德州城壁塹高深，城門内起直城前障，掩蔽内外，左右幔道，其尾相屬。傳云顔魯公制也。周二十餘里。永樂初，徙其磚以築今之德州，而縣遂廢爲土城，荒涼殊甚。正德中，流賊作亂，復築内城。

東北二十五里有厭次城。漢高帝封爰類爲厭次侯。今爲神頭店。漢書：東方朔，平原厭次人也。按地理志平原郡富平下云：應劭曰：明帝更名厭次。而水經注富平縣故城，以爲縣西有東方朔冢。其側有祠。今考之，即此城矣。

東有豆子䴬。通鑑隋煬帝紀：平原東有豆子䴬，負海帶河，地形深阻。自高齊以來，羣盜多匿其中。有劉霸道者，家於其旁，累世仕宦，資産富厚。霸道喜游俠，食客常數百人。及羣盜起，遠近多往依之，有衆十餘萬，號「阿舅賊」。舊唐書王世充傳：厭次人格謙，爲盜數年，兵十餘萬，在豆子䴬中。

長清縣　府西南七十里。自泰安州改屬。

有東北置馬驛。

東南七十里有石都寨巡司。

東南四十里有青崖山。金末，嚴實率義兵保此。元史本傳：宋破長清〔三三〕，實挈家避青崖。金史：山東招撫高居實遣人招嚴實於青崖砦。

六十里有隔馬山。左傳襄十八年：晉伐齊，齊師遁，夙沙衛殺馬於隘以塞道。後人因以名山。山東北有神林，有隔馬神君祠。水經注作格馬山。

九十里有方山。齊乘云：疑即水經之玉符山也。其東南有朗公谷。魏書釋老志：沙門僧朗與其徒隱於泰山之琨瑞谷，太祖遣使致書，以繒、素、旃罽、銀鉢爲禮。今猶號曰朗公谷焉。下有靈巖寺。舊唐書高宗紀：麟德二年十二月丙辰，發靈巖頓至泰山下。金史侯摯傳：摯請駐兵於長清縣之靈巖寺，有屋三百餘間，且連接泰安之天勝寨，介於東平、益都之間，足相應援。元史嚴實傳：泰安張汝楫據靈巖。

西南有大清河。

有南北二沙河。

南五十里有盧城。齊公子傒食采于盧。左傳隱三年：齊侯、鄭伯盟于石門，尋盧之盟也。襄十八年：晉趙武、韓起以上軍圍盧。漢爲盧縣。後漢書任光傳：城頭子路者，東平人，姓爰，名曾，字子路。與肥城劉詡起兵盧城頭，故號其兵爲城頭子路。

其東有石窌。左傳成二年：予之石窌。注：邑名。濟北盧縣東有地名石窌。

其西南有平陰城，有防門。左傳襄十八年：齊侯禦諸平陰，塹防門而守之廣里。注：平陰城在濟北盧縣東北。其城南有防，防有門。於門外作塹，横行廣一里。水經注：杜預謂平陰城在盧縣故城東北，非也。京相璠曰：平陰在盧縣故城西南十里。南有長城，東至海，西至濟河。防門去平陰三里，其水引濟，故瀆尚存。今防門北有光里。齊人言「廣」，音與「光」同，即春秋所謂「守之廣里」者也。

有石門。春秋隱三年：齊侯、鄭伯盟于石門。注：石門，齊地。或曰濟北盧縣故城西南濟水之門。

東北三十里有山茌城。漢縣。唐改名豐齊。今爲鎮。

有清亭。春秋隱四年：公及宋公遇于清。注：濟北東阿縣有清亭。哀十一年：齊伐我，及清。注：濟北盧縣東。水經：濟水自魚山北逕清亭。注引京相璠曰：東阿東北四十里有清亭。

有鼓城。魏書地形志：盧縣有鼓城。戰國策：齊聞此，必效鼓。

肥城縣　府西南一百六十里。自濟寧路改屬。

有肥城守禦千户所。

有五寧驛。本安寧村、五道嶺二驛，嘉靖四十三年幷。

舊有廣里遞運所、大石巡司，革。

泉九，皆入汶。

北五十里有長城。

泰安州 府南一百八十里。省倚郭奉符縣入州〔一三〕。

有泰安巡司〔一四〕。

北五里曰東嶽泰山，亦曰岱宗。書舜典：歲二月，東巡狩，至于岱宗。是也。其山周圍一百六十里。漢官儀云：盤道屈曲而上，凡五十餘盤，經小天門、大天門，仰視如從穴中視天窗矣。自下至古封禪處四十里〔一五〕。山頂有日觀峯，有秦李斯篆、唐玄宗八分書紀泰山銘。山半有秦封五大夫松。

西南二里有高里山。漢書孝武紀：太初元年十二月，禪高里。伏儼曰：在泰山下。顏師古曰：此自高下之高，非蒿里也。

其左有社首山。史記封禪書：周成王封泰山，禪社首。唐書高宗紀：乾封元年正月庚午，禪社首。玄宗紀：開元十三年十一月辛卯，禪社首。宋史真宗紀：大中祥符元年十月壬子，禪社首。

南四十五里有石閭山。漢書武帝紀：太初三年四月，修封泰山，禪石閭〔二六〕。太始四年三月丙戌，禪石閭。征和四年三月癸巳，禪石閭。史記封禪書：石閭者，在泰山下阯南方，方士多言此仙人之閭也，故上親禪焉。

五十里有亭亭山。史記封禪書：黄帝封泰山，禪亭亭。水經注：汶水又西南逕亭亭山東，山有神廟，水上有石門，舊分水下溉處也。後漢郡國志：鉅平有亭禪山。

一百一十里有梁父山。史記秦始皇紀：二十八年，封泰山，禪梁父。封禪書：八神，二曰地主，祠泰山梁父。後漢書光武紀：建武三十二年二月甲午，禪于梁父。水經注：梁父縣故城北有梁父山。

有云云山。史記封禪書：無懷氏封泰山，禪云云。虙羲封泰山，禪云云。神農封泰山，禪云云。炎帝封泰山，禪云云。顓頊封泰山，禪云云。帝佶封泰山，禪云云。堯封泰山，禪云云。舜封泰山，禪云云。湯封泰山，禪云云。

東南四十里有徂徠山。詩云：徂徠之松。是也。一名尤來山。後漢書桓帝紀：岱山及博尤來山並頽裂。水經注鄒山記曰：徂徠山在梁父、奉高、博三縣界，猶有美松，亦曰尤徠山。赤眉渠帥樊崇所堡也，故崇自號「尤徠三老」矣。舊唐書李白傳：少與魯中諸生孔巢父、韓沔〔二七〕、裴政、張叔明、陶沔等隱於徂徠山，酣歌縱酒，時號「竹溪六逸」。

東北七十里有肅然山。史記封禪書：乙卯，封泰山。明日，下陰道。丙辰，禪泰山下趾東北肅然山。魏書崔光傳：光弟敬友嘗置逆旅於肅然山南大路之北，設食以供行者。

西北六十里有長城嶺。齊所築以備楚，自平陰緣河，歷泰山北岡上，東至於海千餘里。史記六國表：齊威王十一年，趙取我長城。蘇秦傳：齊有長城、鉅防，足以爲塞。竹書紀年：梁惠成王二十年，齊閔王築防以爲長城。按魏惠王二十年，乃齊威王之二十七年，非閔王。又云：晉烈公十二年，王命韓景子、趙烈侯及我師伐齊，入長城。而管子輕重丁篇曰：長城之陽，魯也。長城之陰，齊也。則春秋時，已有長城，不始於閔王矣。

南六十里有汶水，二石梁跨之。詩云「汶水湯湯，魯道有蕩」者也。史記河渠書：泰山下引汶水，穿渠溉田萬餘頃。其源有三：一出嶽之東麓萊蕪縣原山，一出萊蕪寨子村，皆經徂徠之陽；一出嶽北仙臺嶺。諸谷之水至州東四十里合焉，曰塹汶。西南流，經徂徠之陰，會泮與諸泉水，南流三十里，曰大汶口，又西南經汶上縣北，以達漕河。

西有滐河，源出嶽西溪，南流會泮，入於汶。

有泮河，源出嶽西北桃花峪諸水，轉至州東南二十里，入於汶。東有梳洗河，源出嶽南黄峴嶺諸水，匯爲中溪，通王母池，由州東南會泮，入於汶。

泉四十八，皆入汶。

城内有東嶽廟。廟中有漢柏，有唐槐。

南有宋行宫址、真宗御書碑。

東十里有漢明堂址。史記封禪書：天子封泰山。泰山東北阯，古時有明堂處，處險不敞。上欲治明堂奉高旁，未曉其制度。濟南人公玉帶上黄帝時明堂圖。明堂圖中有一殿，四面無壁，以茅蓋，通水，圜宫垣爲複道，上有樓，從西南入，命曰昆侖，天子從之入，以拜祠上帝焉。於是上令奉高作明堂汶上，如帶圖。及五年修封，則祠太乙、五帝於明堂上坐，令高皇帝祠坐對之。天子從昆侖道入，始拜明堂如郊禮。魏書地形志：奉高有故明堂基。水經注：古引水爲壁雍處，基瀆存焉。世謂此水爲石汶。

東北四十里有周明堂址。孟子：齊宣王問曰：人皆謂我毁明堂。

東南三十里有博城。左傳哀十一年：公會吴子伐齊。五月，克博。壬申，至于嬴。國語：吴王使王孫苟告周，曰：遵汶伐博。漢書田儋傳：横走博。灌嬰傳：追齊相田横至嬴、博。傅寛傳：殘博。魏書羊深傳：於博縣商王村結壘，招引三齊之民〔二八〕。

五十里有嬴城。春秋桓三年：公會齊侯于嬴。左傳哀十五年：公孫宿以其兵甲入于嬴。孟子：孟子自齊葬於魯，反於齊，止於嬴。漢書灌嬰傳：敗田横軍於嬴下〔二九〕。後漢書陳俊傳：張步連結泰山羣盜，與俊戰於嬴。三國志麋竺傳：曹公表竺領嬴郡太守。

其北有吳季札子墓。水經注：在汶水南曲中。禮記檀弓：延陵季子適齊，於其反也，其長子死，葬於嬴、博之間，其高可隱也。

新泰縣 州東南一百八十里。

西七十里有上四莊巡司。

西南五十里有龜山。其南屬泗水縣。

西北四十里有新甫山。詩：新甫之柏。魏書地形志：魯郡汶陽縣有新甫山。是也。今謂之宫山。

東北三十里有小汶河，出龍池，西南流百餘里，入於汶。泉二十五，皆入汶。

本漢之東平陽縣。左傳宣八年〔三〇〕：城平陽。注：今泰山有平陽縣。哀二十七年：公及越后庸盟于平陽。三子皆從。注：西平陽。正義：高平南有平陽縣。

萊蕪縣 州東一百二十里。

東北七十二里有原山，連淄川界。今名岳陽山。淄水出其陰，汶水出其陽。

九十里有甕口山，形如甕口。古青石關。西北五十里有肅然山，泰山之東麓。文獻通考：萊蕪有肅然山。

北九十里有長城嶺。

南三十里有夾谷，連新泰界。水經注謂夾谷之會，萊人以兵劫魯侯，即此地也。杜元凱以爲在東海祝其縣，太遠。

西南五十里有冠山。漢書五行志：昭帝元鳳三年，泰山萊蕪縣南洶洶有數千人聲。視之，有大石自立，高丈五尺，大四十八圍，入地深八尺，三石爲足。石立處，有白鳥數千集其旁。泉二十一，皆入汶。

唐書地理志：有鐵冶十三，有銅冶十八，銅坑四。有錫。西北十五里有普濟渠。開元六年，令趙建盛開。今礦閉而渠亦塞矣。應劭十三州記曰：泰山萊蕪縣，魯之萊、柞邑。左傳昭七年：辭以無山，與之萊、柞。注：但云萊、柞，二山。

東二十里有牟城。古牟國。春秋桓十五年：邾人、牟人、葛人來朝。注：牟國，今泰山牟縣。僖五年：公孫兹如牟，娶焉。

有平州。春秋宣元年：公會齊侯于平州。注：平州，齊地。在泰山牟縣。而史記朝鮮傳：封王唊爲平州侯。表在梁父。

德州　府西北二百六十里。洪武初，改元之陵州爲縣。自河間路改屬〔三一〕。永樂七年，建都北京，以溥河爲兩京要路〔三二〕，改爲德州，以舊德州爲陵縣，仍割明善、崇德二鄉附州。

有德州衛、德州左衛，並左、右、中、前、後、中左六千户所。有安德馬驛、安德水驛。

南七十里有梁家莊水驛，北七十里有良店水驛。有水次倉。

舊有太平馬驛、德州遞運所，革。

西門外有衛河。亦名御河。本隋之永濟渠，自河南衛輝府東流至臨清州，與會通河合，經武城，至州北，達於直沽入海。爲今漕運所經。

東二十里有舊黄河。古所謂平原津[三三]。齊之西境，以河爲界者也。史記秦始皇紀：並海西，至平原津而病。田儋傳：韓信渡平原，襲破齊歷下軍。北史顔之推傳：後主東奔，以之推爲平原太守，令守河津。皆在此。今涸。

平原縣　州東南八十里。

有桃源驛。

西北二十里有繹幕城。漢縣。

德平縣　州東北一百一十里。

東南有鬲津河。水經注：大河西流，逕平原鬲縣故城西。地理志曰：鬲津也。

南十里有馬頰河。唐書地理志：久視元年開，號「新河」。

東北一里有平昌城。漢孝文封齊悼惠王子卬爲平昌侯，亦曰西平昌，以琅邪亦有平昌故也。

三十里有般城。漢縣。

西北三十里有重平城。漢縣。

東南十里有鬲城。左傳襄四年：靡奔有鬲氏。注：國名，今平原鬲縣。後漢光武封朱祐爲鬲侯。

武定州　府東北二百四十里。洪武初，因元爲棣州，省倚郭厭次縣入州。六年，改樂安州。宣德元年，平漢王高煦，改今名。

有武定守禦千户所。初爲樂安守禦千户所，宣德元年改。

東南七十里有清河鎮巡司。

南八十里有大清河。

五十里有舊黄河。今淤。

東南四十里有舊州城，爲棣州治所。今猶有城址二重。五代梁刺史華温琪以河水爲害，南徙十餘里；土人謂之南舊州城。宋大中祥符四年，河水復齧此城。八年，乃徙州於陽信界之喬氏莊，即今治。宋史李仕衡傳：大中祥符間，爲河北都轉運使。棣州洿下，苦水患，仕衡奏從州西北七十里，既而大水没故城丈餘。

有蛤蜍鹽池。舊唐書李納傳：初棣州有蛤蜍鹽池，歲出鹽數十萬斛。棣州之隸淄青也，其刺史李長卿以城入朱滔，獨蛤蜍爲納所據，因城而戍之，以專鹽利。後王武俊以敗朱滔功，以德、棣二州隸之，蛤蜍猶爲納戍。納乃於德州今陵縣。南，跨河而城以守之，謂之三汊口，交田緒以通魏博，而侵掠德州。武俊患之。及納卒，師古繼之。武俊以其年弱初立，舊將多死，心頗易之，乃率兵以取蛤蜍、三汊爲名，實欲窺納之境。師古令棣州降將趙鎬拒之。武俊令其子士清將兵先濟於滴河，會營中火起，士清惡之，未進。德宗遣使諭旨，武俊即罷還。師古毁三汊口城，從詔旨。

陽信縣 州北四十里。

東南四十里有富平縣。晉樂陵太守邵續與段匹磾弟文鴦攻石勒屯兵之所，即今之桑落墅，或曰今之樂陵縣。乃漢富平城也。

海豐縣 州東北六十里。本元之無棣縣。改今名。

北一百五十里有大沽河海口巡司。

北六十里有馬谷山，亦名大山，高三里，周六、七里。山半有洞，廣二丈餘，深不可測。劉世偉曰：此即古之碣石也。禹貢：島夷皮服。夾右碣石，入于河。又曰：太行、恒山，至于碣石，入于海。是其在九河之末，入海之口明矣。傳者以爲在遼西驪城之地，而酈道元又謂九河碣石苞淪於海。夫事無所證，當求之迹，迹有不明，當度之理。以迹而論，九河故道俱在德、棣之間，而碣石不當復在他境。以理而論，禹之治水，行所無事，齊地洿下濱海，以禹之智，不從此入，而反轉繞千里之外，乃自北平西入海耶〔三四〕？況地勢北高，無行水之道。今自直沽以北，水皆南注，北平地高，則河又奚由而達耶？又云碣石已去岸五百里，審如是，當在麻姑島以東，塔山大洋以南，而海道圖經又無此山，則此語尤不足信矣。今此山既在九河之下，而又巍然獨出於海濱之上，其爲碣石無疑。太史公亦言：播爲九河，同爲逆河，入於渤海。其時去三代未遠，當有所見。今濟南、青州之北，正古之所謂渤海也。

西北十五里有無棣溝，通海。隋末廢。唐永徽元年，刺史薛大鼎開。今復淤。

樂陵縣　州西北九十里。

有舊縣鎮巡司。

南有鉤盤河。後漢書公孫瓚傳：出軍屯槃河。注：即爾雅九河之鉤槃河。其枯河在今滄州樂陵縣東南〔三五〕。

按九河在濟南境者有四，其徒駭、胡蘇、簡、潔，寰宇記皆以爲在滄州，惟太史河不知所在。

于欽齊乘曰：河至大陸趨海，勢大土平，自播爲九，禹因而疏之，非禹鑿之而爲九也。禹後歷商、周，至齊桓時，千五百餘年，支流漸絶〔三六〕，經流獨行，其勢必然，非齊桓塞八流以自廣也。定王五年，河南徙砏礫。漢世漸決而南，自宣房既塞，河復北決館陶。永光五年，決清河。河平二年，決平原，流入濟南千乘。宋紹熙以後，乃南連大野，并泗入淮。金初又改由渦。近歲復由泗入淮。自定王以來，又千五百餘年。今按桑田之地，講求廢迹，欲盡合古書，難矣。漢世去古未遠，河堤都尉許商言九河故道，謂徒駭在成平；金獻州樂壽縣景城鎮有古成平城〔三七〕。胡蘇在東光；今景州東光縣東連滄州，有古胡蘇亭。鬲津在鬲縣；德州有鬲縣城。按此所謂德州，乃今陵縣。曰太史，曰馬頰，曰覆釜，在東光之北、成平之南；曰簡，曰潔，曰鉤盤，在東光之南、鬲縣之北。其言簡而近實。欽嘗往來燕齊，熟訪九河故道。昔河北流，衡漳注之。今之御河，漢初猶入河。漢時名漳水，至隋始名御河。河既東徙，漳自入海。安知北流之漳，非古徒駭河歟？宋會要：神宗熙寧三年，議開御河，臣寮奏云：可於恩州武城縣開約二十餘里，入黄河北流故道，下五股河。詳此，則御河入黄河北流故道無疑。逾漳而南，清、滄二州之間，有古河堤岸數重，地皆沮洳沙鹵，太史等河，當在其地。滄州之南有大連澱，今曰大梁五龍堂，宋碑作大連，疑即隋末羣盗所據之豆子䴚。西逾東光，東至海，此非胡蘇河歟！澱南至西無棣縣百餘里間，有曰大河，有曰沙河〔三八〕，皆瀕古堤，縣北地名八會口，土人云：因河會得名。縣城南枕無棣溝，非簡、潔等河歟！無棣縣北有陷河，闊數里，西通德、棣，東至海，非鉤盤河歟！德州有盤河鎮，按此亦今陵縣。濱州北有士傷河，西逾德、棣，東至海，非鬲津河歟！士傷河最南，比他河差狹，是爲鬲津無疑。蔡氏書傳乃曰：自漢以來，講求九河，皆無依據。祖王横之言，引碣石爲證，謂九河已淪於海。欽按禹貢文：北過洚水，至于大陸，又北播爲九河，同爲逆河，入于海。大陸在邢、趙、深三州之境，爾雅之廣阿澤也，去海岸已數百里，又東至海中，始叙九河，則大陸與九河相去千里，如是之遠而絶無表識，不合禹貢之文，其不可信一也。王横謂海溢出，浸數百里〔三九〕，而青、兖、營、平郡縣不聞有漂没之處，乃獨浸九河，其不可信二也。今平原迤北諸州之間，雖皆樹藝，已爲平土，而地勢河形，高下曲折，往往可尋。但禹初爲九，厥後或三或五，遷變多寡不同，必欲按名而索，故致後儒紛紛之論耳。

商河縣　州西南九十里。

舊有高橋、商河二驛，三岔口、歸化鎮二巡司，革。

南三里有商河故道，東北經樂陵縣入於海。漢河堤都尉許商所鑿〔四〇〕。後人加水爲滳。宋改爲商。

本漢之朸縣。孝武封城陽頃王子讓爲朸侯。隋開皇十六年，於朸故城置滳河縣。

濱州　府東北三百里。省倚郭渤海縣入州。

南二十八里有大清河。

西二十五里有大營城，故丁河口，金人屯兵於此。元史世祖紀：濱、棣安撫使韓世安敗宋兵於濱州丁河口〔四一〕。

利津縣　州東北六十里。

東北七十里有豐國鎮巡司。

有豐國、寧海、永阜三場〔四二〕。

東有大清河。

霑化縣　州西北六十里。

東北七十里有久山鎮巡司。

有富國、豐民〔四三〕、利國三場。

蒲臺縣　州南三十里。自般陽路改屬。

北有大清河。

本漢之溼沃縣。隋置今名〔四四〕。

府之東北海豐、濱州、利津、霑化、蒲臺皆瀕海。本名渤海，亦謂之渤澥，海別枝名也。韓非子：齊景公遊於少海。今謂之小海。齊乘曰：禹貢：海、岱惟青州。謂東北跨海，西南距岱，跨小海也。蓋太行、恒嶽北徼之山，循塞東入朝鮮，海限塞山，有此一曲。北自平州碣石，南至登州沙門島，是爲渤海之口，闊五百里，西入直沽幾千里。漢王横乃謂九河之地，淪爲小海。然則唐、虞之時，青州跨海者，跨何海耶？近世蔡氏書傳、金履祥通鑑前編皆祖横説。又謂小海所淪，青、兖北境，悉非全壤。豈二州北境有荒漠棄地，爲海所漸，而歷代信史不之書耶？金氏又云碣石有二：在高麗者，曰左碣石；在平州者，禹貢之右碣石也。乃今沙門島對岸之鐵山，正當渤海之口，果爲右碣石，則唐、虞之時，冀、青二州東北直岸大海，無渤海矣。此又可信耶？今齊境東南則膠州、日照、即墨，正東則寧海、登州，皆岸大海；東北則萊、濰、昌邑，正北則博興、壽光，西北則濱、棣二州，皆岸渤海云。

【校勘記】

〔一〕其川河泲　「泲」，底本作「濟」，京本同，據周禮夏官職方氏改。

〔二〕濼水　「濼」，底本作「樂」，據京本及朱謀㙔本水經濟水注改。

〔三〕與之合西北流　「西」，京本作「而」，驗諸地形，似當從京本。

〔四〕馬車瀆　「馬」，底本作「焉」，京本同，據漢書地理志、紀要卷三五改。

〔五〕大明湖　「湖」，底本作「河」，京本同，據紀要卷三一、清統志卷一六二改。

〔六〕墓門梓杜卒生枝葉　「卒生」，底本作「辛王」，京本作「卒王」，據漢書五行志改。

〔七〕李義滿　「李」，底本作「季」，京本同，據新唐書地理志改。

〔八〕齊王祐反　「反」，底本作「及」，據京本及舊唐書太宗紀、通鑑卷一九六改。

〔九〕又得密造兵仗　「仗」，底本作「伏」，據京本及魏書辛子馥傳改。

〔一〇〕全東源曰榆科泉　「全」，京本同，疑爲「泉」之誤。

〔一一〕菅城　「菅」，底本作「管」，京本同，據漢書地理志、紀要卷三一改。

〔一二〕司馬順則　「馬」，底本作「焉」，據京本及宋書蕭思話傳、紀要卷三一改。

〔一三〕淄州　「州」，底本作「川」，京本同，據後漢書章帝紀、侯霸傳李賢注改。下同。

〔一四〕大清河　「大」，底本作「天」，京本同，據紀要卷三一、清統志卷一六二改。

〔一五〕以濟往來　「濟」，底本作「齊」，據京本及宋史曾鞏傳改。

〔一六〕祝阿縣　「阿」，底本作「柯」，京本同，據左傳襄公十九年杜預注改。

〔一七〕武王封帝堯之後於祝　「帝堯」，底本作「黄帝」，京本同，據禮記樂記改。

〔一八〕太元十二年　「二」，底本作「三」，京本同，據通鑑卷一〇七改。

〔一九〕應劭　「劭」，底本作「邵」，京本同，據漢書地理志顔師古注引應劭曰改。下同。

〔二〇〕河間路　底本脱「間」字，據京本及紀要卷三一、明史地理志補。

〔二一〕漢書灌嬰傳　京本同。按「灌嬰傳」爲「曹參傳」之誤。

〔二二〕宋破長清　「宋」，底本作「朱」，京本同。按元史嚴實傳：嚴實以功授長清尉，「宋取益都，乘勝而西，行臺檄實備芻糧爲守禦計。實出督租，比還，而長清破。」據改。

〔二三〕奉符縣入州　底本脱「縣」字，據京本及紀要卷三一補。

〔二四〕泰安　「泰」，底本作「秦」，據京本及明史地理志改。

〔二五〕自下至古封禪處　「自」，底本作「日」，據京本及紀要卷三〇改。

〔二六〕禮石閭　「禮」，底本作「禮」，京本同，據漢書武帝紀改。

〔二七〕韓洒　「洒」，底本作「準」，京本同，據舊唐書李白傳改。

〔二八〕招引三齊之民　「三」，京本同，魏書羊深傳作「山」。

〔二九〕敗田横軍於嬴下　京本同。按此語漢書灌嬰傳無，見於漢書田儋傳。又，底本「嬴」作「嬴」，京本同，據漢書田儋傳改。

〔三〇〕左傳宣八年　京本同。按「左傳」爲「春秋」之誤。

〔三一〕自河間路改屬　「屬」，底本作「爲」，據京本及清統志卷一六二改。

〔三二〕以溥河爲兩京要路　「溥」，京本同，疑誤。

〔三三〕古所謂平原津　「謂」，底本作「爲」，京本同。紀要卷三一：平原津即黄河津濟之所也。「爲」當作「謂」，據改。

〔三四〕乃自北平西入海耶　「西」，京本作「而」，似以京本爲是。

〔三五〕今滄州樂陵縣東南　「東」，底本作「西」，京本同，據後漢書公孫瓚傳李賢注改。

〔三六〕支流漸絶　「漸」，底本作「塹」，京本同，據齊乘卷二改。

〔三七〕金獻州　「金」，底本作「今」，京本同，據齊乘卷二改。

〔三八〕有曰大河有曰沙河　兩「曰」字，底本脱，京本同，據齊乘卷二補。

〔三九〕浸數百里　「浸」，底本作「没」，據京本及齊乘卷二改。

〔四〇〕河堤都尉許商　「都」，底本作「郡」，京本同，據漢書溝洫志改。

〔四一〕韓世安　底本「世安」作「安世」，京本同，據元史世祖紀乙正。

〔四二〕永阜　「永」，底本作「水」，據京本及紀要卷三一、清統志卷一七六改。

〔四三〕豐民　「民」，底本作「氏」，據京本及清統志卷一七六改。

〔四四〕隋置今名　京本同，元和志卷一七：「隋開皇十六年，改爲蒲臺縣。」疑「置」爲「改」之誤。

肇域記卷之二

兖州府

本元之兖州，屬濟寧路。洪武十八年改。領州四，縣二十三。

魯王封。

城周一十四里二百步。

有兖州護衛左、右、中、前、後五千户所。

有昌平驛。

舊黃河起自曹縣、距黃河南三十里、東七十里。該管河岸，南自儀封界，北至定陶界，長四十里。定陶縣、距黃河東二十五里。該管河岸，南自曹縣夏侯淺，北至曹州程義淺，長一十九里。鉅野縣、距黃河八十里。該管河岸，南自曹州寶珠口，北至曹州砦家口，長一十二里。曹州、距黃河西五里。該管河岸，南自定陶彭家淺，北至鄆城紅船口。內除鉅野堤岸一十二里外，長一百八里。黃河至本州雙河口，一支東流，經嘉祥，又經濟寧州西，東南至魚臺縣塌場口入運河。鄆城縣、距黃河東三十餘里。該管河岸，南自曹縣沈家口，北至壽張黑虎廟，長一百九十七里。壽張縣、距黃河西北二十五里。該管河岸，南自鄆城王亮口，北至東平魚護口，長三十里。東平州、距黃河東七十里。該管河岸，西南自壽張范城淺，東北至陽穀高吾淺，長五里。陽穀縣，距黃河西北六十里。該管河岸，西南至東平魚護口淺，長六十里。以上八州縣，皆黃河故道，入運河。淺鋪：曹縣四，鉅野二，曹州十一，鄆城七，壽張二，東平一，陽穀二。自築黃陵岡而河南徙，故道遂淤。

景泰四年，都察院左僉都御史徐有貞請開分水河，自張秋金隄，通壽張之沙河，西南至竹口，逾范暨濮，以達河、沁，疏爲渠，名曰廣濟。自築黃陵岡，此渠亦廢。

黃河自開封府祥符縣金龍口，逕蘭陽、儀封入縣界，分爲二支：其一東南流，由賈魯河逕單、豐、沛、碭山、蕭，至徐州入泗；其一東北流，逕定陶、曹州、鄆城、壽張，至張秋之沙灣，入會通河，此故道也。弘治間，河水大決，衝會通河，遂自黃陵岡在儀封縣東北五十里，接本縣界。築塞東北一支，令盡出於南，而衝決之患視昔爲盛。今黃河逕縣南三十里，上自儀封，下至單縣，岸長□

十里。賈魯河逕縣西四十里許，元工部尚書賈魯所開。自黄陵岡至楊青村，弘治以前猶爲運道，自塞黄陵岡而北河遂填，其南爲大河洪流矣。

汶水，自泰安州西南流，經本府寧陽、汶上縣界，又西至東平州界，注濟水故道，又東北流，經東阿縣入濟南府界，北入於海。此其故道也。元學士楊文郁會通河記曰：禹貢：青州「浮于汶，達于濟」；徐州「浮于淮、泗，達于河」。泗合南濟故瀆以入淮，汶合北濟故瀆以入海，此故道也。憲宗七年，濟倅畢輔國始於汶陰堽城之左，作斗門一，遏汶南流，至任城入泗，以餉宿、蘄戍邊之衆，謂之引汶入泗〔一〕，而汶始南通於泗〔二〕。至元間，以江、淮水運不通，自任城開渠，達於須城安山，爲一牐於奉符即堽城，今屬寧陽。以道汶入洸，爲一牐於兖州即金口。以遏泗、沂會洸，合而至會源牐，南北分流。二十六年，又用壽張尹韓仲暉言，復自安山西開河，由壽張西北至臨清，直屬御、漳，謂之引汶絶濟，而汶始北通於漳。永樂中，定都北京。九年，濟寧州同知潘叔正言：故會通河四百五十餘里，其淤者三之一，可浚之以通漕。乃命工部尚書宋禮、都督周長往治。禮用老人白英計，築壩於汶上縣之戴村，横亘五里，遏汶水西流，令盡用於南旺。至分水龍王廟分爲二支，四分南流以接徐、沛，六分北流以接臨清。相地勢高下，增修水牐，以時啓閉，便蓄泄〔三〕。自分水北至臨清，地降九十尺，爲牐十有七，而達於漳、御；南至沽頭，地降一百十有六尺，爲牐二十有一，而達於河、淮，歲漕至四百餘萬石。然汶水之西，全出於人力，而南旺土脈特高，水非由地，勢難久安，盡括泉源，千里焦燥，頻年修浚，勞費不訾，民力窮而國計亦病之矣。

泗水，出泗水縣東陪尾山，四源並發，故曰泗水。西南逕卞城，合大泉數十，西過其縣北，又西至曲阜縣北，分而爲洙水，過孔林，復合爲一，又西至府城東五里，沂水、雩水入之，泗水又西入金口牐。隋書薛胄傳：除兖州刺史。兖州城東沂、泗二水合而南流，泛濫大澤，胄乃積石堰之，決令西注，陂澤盡爲良田。又通轉運，利盡淮、海，百姓賴之，號曰薛公豐兖渠。元至元二十年，開會通河，乃修胄舊堰，爲滚水石壩，引泗入運。延祐四年，都水太監闊闊始疏爲三洞以泄水，而金口牐所由始矣。成化七年，工部主事張盛始作石壩，固之以鐵，水漲則開牐泄之，南入於師家莊牐河；水微則閉牐遏之，入府城，出濟寧，謂之金口牐河。金口牐河入府城而出，至於西門外，闞黨、蔣詡等七泉入之。又西至濟寧州東合洸水，至天井牐入於運河。

沂水，出蒙陰縣東北南河川。禹貢：淮、沂其乂。周禮：其浸沂、沭。是也。東南逕馬頭固山，有泉從西來入之，南流逕沂水縣西，又南至蒙陰縣南，東汶水入之。水經名桑泉水。又南逕諸葛城，在沂州東北。又南逕王祥墓西，孝感水入之，又南至沂州北，祊水從西來入之，至州東，小沂水從西來入之，至鎮海門，涑水從西來入之。沂水又南，分流入三十六穴湖，東通沭水，又南逕郯城縣西，又西南合白馬河，又南合洳河，又南至邳州入大河。

滋陽縣　洪武初，省入州。十八年，復置。字本作嵫〔四〕，後改從水。

西北四十里有新嘉驛。

東五里有沂水，出曲阜縣尼山之麓，過其縣南。論語所云「浴乎沂」者是也。左傳昭二十五年：季平子請待於沂上以察罪。注：魯城南自有沂水。非出東莞蓋縣之沂水也。雩水，出曲阜縣南馬跑泉〔五〕。二水並至金口牐東而入於泗。

其泉有八，皆入汶。

西二十五里有瑕丘城。本魯邑。左傳哀七年：以邾子益來，囚諸負瑕。注：高平南平陽縣西北有瑕丘城。漢孝武封魯共王子政爲瑕丘侯。

曲阜縣　府東三十里。

有衍聖公府、孔顔曾孟四氏學。

東三十里有防山。春秋僖十四年：季姬及鄫子遇于防。禮記：孔子父叔梁紇葬於防。史記正義引括地志曰：防山在兖州曲阜縣東二十五里。

北二里有洙水。水經注：泗水西南流，逕魯縣分爲二流，北爲洙瀆。春秋莊九年：冬，浚洙。杜預曰：洙水在魯城北，浚深之，爲齊備也。南即泗水，夫子教於洙、泗之間。今城北二水之中是也。從征記曰：洙泗二水交於魯城東北十七里。今洙水與泗水不通，上源在孔林之東，止一溝瀆，過夫子墓前，西南流入於沂，其故道不可考矣。

八里有泗水。國語：宣公夏濫於泗淵，里革斷其罟而棄之。韋昭云：在魯城北。南二里有沂水，有雩水，亦謂之泮水。
泉二十二，其五入泗，其十六入沂，其一入洸。
南五里曰逵泉。左傳莊三十二年〔六〕：季友以公命酖叔牙。飲之，歸及逵泉而卒。
古魯城，即今縣城及郭外之東南皆是。考左傳杜氏注：魯有東城、南城。
有上東門。左傳定八年：公斂處父帥成人，自上東門入。注：魯東城之北門也。國語：
臧文仲祭，爰居於魯東門之外。即此門也。
有鹿門。襄二十三年：臧紇斬鹿門之關以出〔七〕，奔邾。注：鹿門，魯南城東門也。公羊傳注同。
有雩門。莊十年：公子偃自雩門竊出，蒙皋比而犯宋師。注：雩門，魯南城門也。
有稷門。莊三十二年：圉人犖能投蓋于稷門。注：稷門，魯南城門也。又曰高門。僖二十年：春，新作南門。注：魯城南門也，本名稷門，僖公更高大之；今猶不與諸門同，故名高門也。史記孔子世家：齊人選國中女子好者八十人，皆衣文衣而舞康樂，文馬三十駟，遺魯君。陳女樂文馬於魯城南高門外。
有子駒之門。文十一年：獲長狄僑如，埋其首于子駒之門。注：魯郭門也。

有萊門。哀六年：公子陽生請與南郭且于乘，出萊門而告之故。注：魯郭門也。定九年：陽虎使焚萊門。注：陽關邑門。公羊傳：桓公使高子將南陽之甲，立僖公而城魯。或曰：自鹿門至于爭門者是也。或曰：自爭門至于吏門者是也。爭門、吏門，不知其處。說文：淨，魯北門池也。知淨之爲爭矣。

有雉門，有兩觀。春秋定二年：夏五月壬辰，雉門及兩觀災。冬十月，新作雉門及兩觀。注：雉門，公宫之南門。兩觀，闕也。孔子爲魯司寇，誅少正卯於兩觀之下。

有周社、亳社。春秋哀四年：亳社災。穀梁傳曰：亳社者，亳之社也。亳，亡國也，亡國之社以爲廟屏，戒也。左傳閔二年〔八〕：成季之繇，曰間于兩社，爲公室輔。注：兩社，周社、亳社。兩社之間，朝廷執政所在。正義曰：雉門之外，左有亳社，右有周社。間於兩社，是在兩社之間，朝廷詢謀大事則在此處，是執政之所在也。

有大庭氏之庫。左傳昭十八年：梓慎登大庭氏之庫以望火。注：大庭氏，古國名。在魯城内。魯於其處作庫。

有五父之衢。左傳襄十一年：季武子作三軍，盟諸僖閎，詛諸五父之衢。注：五父衢，道名，在魯國東南。禮記檀弓：孔子少孤，不知其墓，殯於五父之衢。史記正義引括地志曰〔九〕：五父衢在兖州曲阜縣西南二里，魯城内衢道也。

有矍相之圃。禮記射義：孔子射於矍相之圃。

有舞雩。論語：樊遲從遊於舞雩之下。水經注：雩門南隔水有雩壇，壇高三丈。

有泮宮。魯頌：既作泮宮，淮夷攸服。水經注：靈光殿東南，即泮宮也。在高門直北道西，宮中有臺，高八十尺。臺南水東西一百步，南北六十步。臺西水南北四百步，東西六十步。臺池咸結石爲之。詩所謂「思樂泮水」矣。東游記曰：臺有水自西而東，深丈餘而無源。

有周公臺。水經注：季武子臺西北二里，有周公臺，高五丈，周五十步。臺南四里許爲孔子廟，即夫子故宅也。今周公廟在城東北高阜上，世所稱魯太廟舊址者，即其地矣。有季武子臺，在魯東門内。今縣東北二里。水經注：阜上有季氏宅，宅有武子臺。今雖崩夷，猶高數丈。臺西百步有大井，以石壘之，石似磬制。左傳定十二年：公山不狃帥費人襲魯。公與三子入于季氏之宫，登武子之臺。是也。

有鬬雞臺，在魯南門内。左傳昭二十五年：季、郈之雞鬬。季氏芥其雞，郈氏爲之金距。史記正義引括地志曰：鬬雞臺二所，相去十五步，在兖州曲阜縣東南三里魯城中。有季桓子井。白裒魯記曰：鹿門有兩井，一爲臧武仲井，深六十尺；一爲季桓子井，深八十八尺。史記：「季桓子穿井得土缶，中若羊，問仲尼」者也。

闕里在魯城中，夫子之故宅也。水經注以爲孔廟東南五百步有靈光之南闕焉。然史記魯世家「煬公築茅闕門」已先之矣。水經注引從征記曰：闕里背洙面泗，牆南北一百二十步，東西二十步。四門各有石閫，北門去洙水百步餘。後漢書章帝紀：元和二年三月己丑，幸魯。庚寅，祠孔子於闕里，及七十二弟子。鮑永傳：孔子闕里無故荆棘自除，從講堂至于里門。是也。今拓爲先聖廟，廟在城中，亘南、北二門。邵博聞見後録曰：孔子廟庭中二檜，各十數圍，左者紋左旋，右者紋右旋〔一〇〕，世傳孔子手植也。殿前有壇，魯恭王所欲壞堂基也。漢書景十三王傳：恭王初好治宫室，壞孔子舊宅以廣其宫，聞鐘磬琴瑟之聲，遂不敢復壞。於其壁中得古文經傳。宋書江夏王義恭傳：魯郡孔子舊庭，有柏樹二十四株，經歷漢、晉，其大連抱，有二株先折倒，土人崇敬，莫之敢犯〔一一〕。義恭悉遣人伐取，父老莫不嘆息。大成門外有漢碑四：一爲魯相瑛，一爲韓勑，一爲史晨，一爲泰山都尉孔宙，並八分書，筆力遒勁。有魏封孔羡碑。其自南北朝以下，不可悉數，其文多完好可讀。殿前有金党懷英書石「杏壇」二字。按莊子：孔子游乎緇帷之林，休坐乎杏壇之上。司馬彪云：杏壇，澤中高處也。益不可知其地矣。

東北有顔子廟。廟前有陋巷井。

東門外北有周公廟。

魯靈光殿，漢景帝子共王所立。水經注：孔子廟東南五百步，有雙石闕，即靈光之南闕也。北百餘步即靈光殿基，東西二十四丈，南北十二丈，高丈餘，東西廊廡別舍，中間方七百餘步。闕之東北有浴池，方四十許步。池中有釣臺，方十步，池、臺悉石也。漢王延壽賦序曰：遭漢中微，盜賊奔突，自西京未央、建章之殿，皆見隳壞，而靈光巋然獨存。以今考之，當在城東南偏矣。

有蒲圃，在魯東門外。左傳襄四年：季孫爲己樹六檟於蒲圃東門之外。十九年：享晉六卿于蒲圃。定八年：將享季氏于蒲圃而殺之。

北二里有孔林。史記：孔子葬魯城北泗上，弟子皆服三年。三年心喪畢，相訣而去，則哭，各復盡哀；或復留。惟子貢廬於冢上，凡六年，然後去。弟子及魯人往從冢而家者，百有餘室，因命曰孔里。皇覽曰：孔子冢去魯城一里，冢塋百畝。冢南北廣十步，東西十三步，高一丈二尺。冢前以瓴甓爲祠壇，方六尺，與地平。冢塋中樹以百數，皆異種，魯人世世無能名其樹者。民傳言孔子弟子異國人，各持其方樹來種之。其樹柞、枌、雒離、女貞、五味、毚檀之樹。孔子塋中不生荆棘及刺人草。墓前一室東向，傳云子貢廬墓處也，外有壖垣環之。邵博聞見後録曰：孔林中有亭，真廟駐蹕之地。孔子墓東一十步爲伯魚墓。其前數十步爲子思墓。孔子云：商人尚左。故孔子墓在西也。孔叢子曰：夫子墓塋方一里，諸孔氏封五十餘所，人名昭穆，不可復識。其前爲墓道，有子貢手植楷，其南有洙水橋。

魯國，本少皞之虚也。左傳昭二十九年：世不失職，遂濟窮桑。注：窮桑，少皞之號也。

其地在魯北。定四年：命以伯禽，而封於少皞之虚。注：少皞虚，曲阜也，在魯城内。今縣東八里，相傳爲少皞陵云。陵前有石堰、石碑四，高、廣各二十餘尺，龜趺亦長二十尺。其上無字，宋時碑也。

舊城，在今縣東十里。正德六年，爲賊所焚，因即廟爲城而立縣焉。

鄒縣　府東南五十里。

有邾城驛。

南五十里有界河驛。

東南二十五里有嶧山。書：嶧陽孤桐。史記秦始皇紀：二十八年，上鄒嶧山，立石，與魯諸儒生議，刻石頌秦德。水經注：山東西二十里，高秀獨出，積石相臨，殆無土壤，石間多孔穴，洞達相通，往往有如數間屋處，俗謂之「嶧孔」。避亂入嶧，外寇雖衆，無所施害。永嘉之亂，太尉郗鑒將鄉曲逃此山，胡賊攻守不能得。今山南有大嶧，名曰郗公嶧。山北有絶巖，秦始皇觀禮於魯，登於嶧山之上，命丞相李斯以大篆勒石山巔，名曰書門。金史石琚傳：大名府僧智究謀作亂，潛結姦黨，會徒嶧山〔一二〕。

西南五十里有鳧山。詩：保有鳧、繹。鳧，即此山。繹，即此嶧山。

東北三十里有四基山。山巔有石，狀如堂基，故名。西麓有孟子墓。

四十里有昌平山。史記：孔子生魯昌平鄉郰邑。左傳僖二十九年：介葛盧來朝，舍于昌衍之上。注：魯縣東南有昌平城。

六十里有尼山。史記：孔子父叔梁紇禱於尼丘，得孔子。

運河，在縣西南七十里。所管河岸，南自濟寧之魯橋牐，北至濟寧之師莊牐，長三里。泉十三。其十二入泗，其一入魯橋運河。

嶧山南二里有古邾城，周圍二十餘里。左傳文十三年：邾文公卜遷于繹。哀七年：邾衆保于繹。是也。漢爲騶縣。

東有漆城。春秋襄二十一年：邾庶其以漆、閭丘來奔。注：二邑在高平南平陽縣，東北有漆鄉，西北有顯閭亭。定十五年：城漆。

西三十里有南平陽城。漢縣。

西北爲魯之郰邑。論語：郰人之子，孔子父叔梁紇嘗爲其邑大夫。左傳謂之郰人紇也。孔叢子：孔子將適晉，臨河而反，還轅息郰。今地名有東郰村、西郰集。南門外有孟子廟。

泗水縣 府東九十里。

東南五十里有陪尾山。泗水出山下泉林寺南。山陰有湖，謂之漏澤。山下有仁濟侯廟，祀泗水之神。廟前石穴吐水，數泉並導。其西有寺，深林茂樹，蔽虧𣟗森。寺之左右，大泉十數，泓渟澄澈，會而成深溪，西至於縣。

東北五十里有龜山。詩：奄有龜、蒙。春秋定十年：齊人來歸鄆、讙、龜陰之田〔一三〕。水經注：昔夫子傷政道之陵遲，望山而懷操，故琴操有龜山操焉。山北即龜陰之田也。

泉五十九。在泉林寺左者四，爲泗源；在南者十九，合而爲泗；在北者三十六，皆入泗。

東五十里有卞城，魯卞莊子之邑也。左傳僖十七年〔一四〕：夫人姜氏會齊侯于卞。襄二十九年：季武子取卞。史記魯世家：頃公亡，遷於卞邑。東有卞橋，泗水逕之。

其南有姑蔑城。春秋隱元年：公及邾儀父盟于蔑。注：蔑，姑蔑，魯地，魯國卞縣南有姑蔑城。定十二年：費人北，國人追之，敗諸姑蔑。是也。泗水逕其北。

有郚城。春秋文七年：取須句，遂城郚。注：郚，魯邑。卞縣南有郚城。

有桃墟。左傳襄十七年：齊侯伐我北鄙，圍桃。昭七年：季孫謂謝息曰：吾與子桃。注：魯國卞縣東南有桃墟。

西有汶陽城。漢縣。

有曲池亭。春秋桓十二年：公會杞侯、莒子，盟于曲池。注：魯國汶陽縣北有曲水亭。

北四里有梁父城。漢縣。今爲故縣村。

有菟裘聚。左傳隱十一年：使營菟裘，吾將老焉。注：菟裘，魯邑。在泰山梁父縣南。

滕縣　府東南一百四十里。

有滕縣守禦千户所。

有滕陽馬驛。

南七十里有臨城馬驛。

南九十里有沙溝集巡司。

東南十五里有狐台山。左傳襄四年：臧紇救鄫，侵邾，敗于狐駘。注：魯國蕃縣東南有狐台山〔一五〕。

南一里有梁水。後漢郡國志：蕃縣有南梁水。水經注：蕃縣東北平澤，泉若輪焉，南鄰於漷，亦謂之西漷，水首受蕃縣，西注山陽、湖陸二水，皆由沛入泗。顏師古曰：曰南梁者，以過蕃縣之南也。今水出東北之荆溝村，西流逕舊滕城北，西南流，折爲九曲，又西會漷水，入於運河。

十五里有漷水。左傳襄十九年：取邾田，自漷水。注：漷水出東海合鄉縣西南，經魯國，至高平湖陸縣〔一六〕，入泗。哀二年：季孫斯伐邾，取漷東田及沂西田。今按此水出述山西南麓，西流，折而南，入三河口，自運河東徙，恐沙爲漕病，築黄甫壩遏之，北出趙溝，西會南梁水，入運河。今謂之南沙河。

北十五里有北沙河，出鄒之嶧山，至洪疃分爲二河，夾休城而西，會白水河，入於運河。

西南六十里至新運河。嘉靖四十四年，河決沛縣，淤沽頭牐上下百餘里。遣工部尚書朱衡，北自南陽，南至留城，鑿新河一百四十一里。其西岸爲沛縣，東岸爲滕縣。

六十里有昭陽湖，故窪下，滕東北諸泉所匯，水盛則溢出沽頭諸牐以濟舊運河，水涸則民家佃種。今在新河西岸。

泉十九，皆入湖。

西南十五里有古滕城，周圍二十里，内有子城。周文王子叔繡所封。秦爲縣。漢夏侯嬰爲令，號滕公。孝武封魯共王子順爲公丘侯，都此，故亦名公丘城。

南四十里有古薛城，在薛河之北，周圍二十八里。後漢志：薛本國。注引地道記曰：夏車正奚仲所封。齊滅薛，以封靖郭君田嬰，其子文嗣爲孟嘗君。太史公曰：孟嘗君招致天下任俠姦人入薛中，蓋六萬餘家矣〔一七〕。秦因爲薛郡。魏書地形志：薛有奚公山、奚仲廟、孟嘗君家。距薛城西三十里有仲虺城，俗曰斗城。晉太康地記曰：奚仲遷於邳，其後仲虺復居此。于慎行曰：蓋奚仲之後，本國於邳，後乃遷於薛也。漷水逕其北，西入於泗。

六十里有昌慮城，周圍十里，内有子城。後漢縣。本郳之濫邑。春秋昭三十一年：郳黑肱以濫來奔。注：濫，東海昌慮縣。漢孝宣封魯孝王子弘爲昌慮侯。

七十里有戚城。史記曹相國世家：遷爲戚公。正義曰：即爰戚縣也。漢孝武封趙敬肅王子當爲爰戚侯。孝宣封趙長平爲爰戚侯。今城周圍四里，洳河通判駐焉。

東六里有郈城，在南梁水東。春秋莊五年：郳犁來來朝〔一八〕。注：東海昌慮縣東北有郳城。僖公時，進爵爲小邾子。

三十里有靈丘城，周圍八里。内有子城。史記田齊世家：威王元年，三晉因齊喪，來伐我靈丘。趙世家：孝成王以靈丘封楚相春申君。正義曰：今蔚州縣。誤。

東南一里有蕃城。漢縣。

西二十五里有休城。漢孝景封楚元王子富爲休侯。

有邳城。竹書：梁惠成王三十一年，邳遷于薛。漢高后封楚元王子郢客爲上邳侯。史記音義曰：邳有下，故此爲上矣。

詩：居常與許。鄭氏曰：常或作嘗，在薛之旁。孟嘗君食邑於薛。今薛城南十里有孟嘗集，疑是也。史記越世家：願齊之試兵南陽莒地〔一九〕，以聚常、郯之境。索隱曰：常，邑名。蓋田文所封者。孟子言：滕絶長補短，將五十里。今則幷薛、小邾二國及魯之南境，延袤數倍於古，爲兖之大縣矣。

嶧縣　府東南二百六十里。本元之嶧州改。洪武初，屬濟寧府。十八年來屬。

西六十里有鄒塢鎮巡司。

北六十里有君山，一名抱犢山。述征記曰：承縣君山有抱犢固，壁立千仞，去海三百里，天氣澄明，宛然在目。其左爲沂，北爲費。

泇水有二，東泇出費縣南山谷中，南流逕沂州西南卞莊，東分一支，入芙蓉湖，在沂州東南芙蓉山下。溉田數千頃，古所稱琅邪之稻者也。西泇出嶧縣北抱犢山，東南流，至三合村與東泇合，又有魚溝水合於此，故名。南貫四湖，溉田倍芙蓉，又南合武河，水經謂之小沂水。入於泗，謂之泇口，淮、泗舟楫通焉。唐書地理志：承縣有陂十三，蓄水溉田，皆貞觀以來築。齊乘言：今沂、嶧二州，仰泇、承二水溉田，青、徐水利莫與爲匹，皆十三陂之遺迹也。今多堙塞。萬曆三十二年，改泇河爲運道。

承水，出縣北六十里花盤山之車梢谷，其源曰滄浪淵，南流合許池水。今滄浪淵水微，獨許池爲正源矣。又南逕縣西，東合武河，入於泗。齊乘言：溉田千餘頃，旁多美竹，人賴其利。今無之。

東南五十里有彭河，一名中心溝。源出白茅山縣西十五里。之玉華泉，東受衆水，流爲彭河，又東會承水入泇。土人謂之運鐵河。玉海：彭城北及承，舊有鐵官，其南有鑄錢山。今所通泇口是已。

泉五。其三入湖，其二入沂。

西北一里有故氶城。漢縣。廣韻：氶，音拯。作「丞」者非〔二〇〕。

東五十里有蘭陵城。史記：荀卿適楚，春申君以爲蘭陵令。正義曰：今沂州氶縣有蘭陵山。漢爲縣。晉置蘭陵郡，别理氶城，非此地矣。城中有次室亭及荀子宅。城南爲荀子墓。魯次室女事，見列女傳，亦作漆室。

八十里有古鄫城，夏后少康之後。春秋襄六年〔二一〕：莒人滅鄫。昭四年：取鄫。漢爲鄫縣。史記貨殖傳：朐、繒以北〔二二〕，其俗齊。是也。隋初，鄫州治氶縣城。大業二年，始移蘭陵郡治此。後爲山賊左君衡所據。唐武德初，平賊，復置鄫州，理此城。

其北有虁亭。春秋莊九年：公及齊大夫盟于虁。注：琅邪繒縣北，有虁亭。

南五十里有偪陽城。春秋襄十年：晉滅偪陽。注：偪陽，妘姓國。今彭城傅陽縣。

西南三十里有陰平城。漢縣。後漢書：袁安爲陰平長〔二三〕。注：今沂州氶縣西南〔二四〕。

西四十五里有建陵城，在白茅山之陽。漢孝景封衛綰爲建陵侯。正義引括地志曰：建陵縣故城，在沂州氶縣界〔二五〕。

寧陽縣　府北五十里。

北三十里有清川村驛。

汶河至本縣西北分而爲二：其一爲元人所改，由堽城縣北三十五里。南流，别爲洸水；其一由堽城西流，至東平州東五十里會坎河諸泉，至四汶口而分，其西流者入大清河，由東阿而北，至利津入海，此故道也。永樂中，開會通河，乃於寧陽之北築堽城壩，以遏其入洸之流，於坎河之西築戴村壩，以遏其入海之路，使其全流盡出汶上之北二十五里，受滐當諸泉，謂之魯溝，又西南流，至城北二里受蒲灣泊水，謂之草橋河，又西南流十里，謂之白馬河，又西南流二十里，謂之鵝河。鵝河者，故宋之運道也，涸而爲渠，汶水由之。又西南十五里，謂之黑馬溝，又西南，至南旺入會通河。

洸水，汶之支也。汶水至堽城别爲洸，又循縣南流三十里，會蛇眼諸泉，逕磁陽界，又西南流，至濟寧州入會通河。按晉書荀羨傳：慕容蘭以數萬衆屯汴城。羨自洸水引汶通渠，至於東阿以征之，臨陣，斬蘭。是引洸爲渠，不始於元人也。

泉十三。其四入汶，其九入洸。

東北三十五里有剛城。漢縣。水經注：汶水又西南，過岡縣北。是也。後人訛爲堽。

有闡城。春秋哀八年：齊人取讙及闡。注：闡，在東平剛縣北〔二六〕。

九十里有成城。春秋桓六年：公會紀侯于成。注：成，魯地。在泰山鉅平縣東南。後爲孟氏邑。昭二十六年：公圍成。左傳：仲由爲季氏宰，將墮成。公斂處父謂孟孫：墮成，齊人必至于北門。且成，孟氏之保障也，無成，是無孟氏也。子僞不知，我將不墮。

有鉅平城。漢縣。今爲故城社，汶水經其東，上有文姜臺。有陽關。左傳襄十七年：師自陽關逆臧孫，至于旅松。注：陽關，在泰山鉅平縣東。史記田齊世家：魯伐我，入陽關。正義引括地志曰：陽關在兖州博城縣南二十九里，西臨汶水也。

有鑄城。左傳襄二十三年：臧宣叔娶于鑄。注：鑄國，濟北蛇丘縣所治。水經注：蛇水逕鑄城西，春秋所謂蛇淵囿也。

有讙城。春秋桓三年：齊侯送姜氏于讙。注：讙，魯地。濟北蛇丘縣西，有下讙亭。定八年：陽虎入于讙陽關以叛。

有遂城。春秋莊十三年：齊人滅遂。注：遂國，在濟北蛇丘縣東北。

魚臺縣 府南一百五十里。自徐州改屬濟寧府。洪武十八年，來屬。

東北四十里有河橋驛。隆慶三年，以沙河、魯橋二驛并改。

舊有沙河鎮、魯橋遞運所，革。

東北七十里有鳧山。其北爲鄒縣。

舊運河自縣東二十里之穀亭鎮，抵東北四十里之南陽鎮，有牐四：曰孟陽泊，曰八里灣，曰穀亭，曰南陽。嘉靖四十五年，開新河，而舊漕遂廢。

新運河，在縣東北二十里，南接沛縣。

泉十五。其七入湖，其八入運河。

本魯之棠邑。春秋隱二年：公及戎盟于唐〔二七〕。注：高平方與縣北有武唐亭。五年：公矢魚于棠。注：高平方與縣北有武唐亭，魯侯觀魚臺。然則棠與唐一地也。水經注：菏水又東逕武棠亭北，城有高臺二丈許，其下臨水，昔魯侯觀魚于棠，謂此也。

東二十里有寧母亭。春秋僖七年：盟于寧母。注：高平方與縣東有泥母亭。音如寧。今爲穀亭鎮。水經注：菏水與泗水合於胡陵縣西六十里穀庭城下，俗謂之黄水口。是也。

東北九十里有郎城。左傳隱元年：費伯帥師城郎。注：高平方與縣東南有郁郎亭。春秋桓四年：公狩于郎。十年：齊侯、衛侯、鄭伯來戰于郎。莊八年：師次于郎，以俟陳人、蔡人。三十一年：築臺于郎。昭九年：築郎囿。

東南六十里有胡陵城，楚邑。春申君所謂魏氏將出而攻銍、胡陵、碭〔二八〕、蕭、相者也。史記漢高紀：沛公攻胡陵、方與。其東北爲滕縣。

有重鄉城。左傳僖三十一年：取濟西田，使臧文仲如晉，宿於重館。注：高平方與縣西北有重鄉城。

金鄉縣 府西南一百八十里。

水經注：濟水至乘氏西分爲二，其一水東流，過昌邑縣北，又東過金鄉縣南，又東過東緡縣北，又東過方與縣北，爲菏水。今邑境諸水，當有其故渠，而不可考矣。

西四十里有昌邑城。東西六里，南北六里，有塔。漢孝武封其子髆爲昌邑王。本傳：昭帝崩，徵王賀典喪，其日中，賀發〔二九〕，晡時至定陶，行百三十五里。即此地也。

東北二十五里有山陽城。按山陽郡即以昌邑城爲治。今乃有二城者，豈昌邑既廢而復置於唐者，不在山陽舊處耶！

有緡城。春秋僖二十三年：齊侯伐宋，圍緡。注：高平昌邑縣東南有東緡城。史記周勃世家：攻爰戚、東緡以往。索隱曰：緡音旻，非陳留之東昏也。後漢光武封馮異子彰爲東緡侯。注：在今兖州金鄉縣。

西南有梁丘城。春秋莊三十二年：宋公、齊侯遇于梁丘。注：梁丘在高平昌邑縣西南。有茅鄉城。左傳僖二十四年：凡蔣、邢、茅、胙、祭，周公之胤也。注：高平昌邑縣西有茅鄉。

東南有甲父亭。

單縣　府南二百八十里。本元之單州，省倚郭單父縣入州，尋改爲縣。

黄河逕縣南二十里，上自曹縣，下至豐縣，岸長七十餘里。

東門外有淶河，源出汴水，晉時所開，北抵濟寧，南通徐、沛，即宋之漕河也，下流入金鄉界，今漸湮。

北四十里有防城。春秋隱十年：取防。注：高平昌邑縣西南有西防城。襄十三年：城防。十七年：齊高厚圍臧紇于防。二十三年：臧紇自邾如防。以魯東有防，故此爲西防也。

城武縣　府西南二百九十里。本元之成武縣，自曹州改屬濟寧府。洪武十八年，來屬。鑄印誤成爲城。

東南十八里有北郜城，周文王庶子所封，富辰所謂郜、雍、曹、滕者也。春秋桓二年：取郜大鼎于宋。注：濟陰成武縣東南有北郜城，又二里有南郜城。春秋時宋邑。隱十年，取郜。注：濟陰成武縣東南有郜城。

有楚丘亭。春秋隱七年：戎伐凡伯于楚丘以歸。注：楚丘，衛地，在濟陰城武縣西南。按此別一楚丘，當爲曹地，而杜以爲衛地，漢志以爲衛文公所遷之楚丘，非也。

南有秺城。漢縣。孟康曰：音妬。漢孝武封商丘成、金日磾爲秺侯。

濟寧州　府西九十里。本元之濟寧路。洪武元年，改府。十八年，改州，來屬。省倚郭任城縣入州。

有濟寧衛左、右、中、前、後五千户所。

有南城水驛。

南六十里有魯橋巡司。

舊有城東驛、康莊驛、濟寧遞運所，革。

州南有會通河，元人所開也。泗水自府城之東，折而西流，洸水自府城之西，折而南流，會於州城之南，由天井牐入於河以通漕。南接魚臺，有牐十一：曰枣林，曰魯橋，曰師家莊，曰仲家淺，曰新，曰新店，曰石佛，曰趙村，曰在城，曰天井，曰分水；别爲月河，有牐三：曰下新，曰中新，曰上新。

西十里會通河之北岸，有馬場湖，北接蜀山湖。萬曆十七年，尚書潘季馴於河之北岸，爲減水牐三。其東爲堤，西口爲壩，以備蓄泄。

泉四，入運河。

凡山東之泉源百有八十，出濟、兖二府一十六州縣，新泰、萊蕪、泰安、肥城、東平、平陰、汶上、蒙陰之西，寧陽之北九州縣之泉，俱入南旺分流，是爲分水派也；泗水、曲阜、嵫陽、寧陽迤南四縣之泉，俱入濟寧，是爲天井派也；鄒縣、濟寧、魚臺、嶧縣之西，曲阜之北五州縣之泉，俱入魯橋，是爲魯橋派也；滕縣諸泉，近入獨山、吕孟等湖以達新河，是爲新河派也；沂水、蒙陰諸泉，與嶧縣、許池泉，俱入邳州，是爲邳州派也；皆所以濟漕河也。徐、吕以下，黄河經行，無藉泉矣。

南十里有郕婁城。春秋哀六年：城郕瑕。注：任城亢父縣北有郕婁城。

六十里有亢父城。漢縣。史記蘇秦傳：倍韓、魏之地，過衛陽晉之道，徑平亢父之險。正義曰：故縣在兖州任城縣南五十一里。水經注：黄水又東南逕亢父故城西，夏后氏之任國。孟子：季任爲任處守。是也。

北有樊城。漢縣。

有郚城。春秋襄十三年：取郚。注：任城亢父縣有郚亭。

嘉祥縣　州西五十里。自單州改屬。

東二十五里至會通河，南接鉅野。

西二十五里有獲麟堆。左傳哀十四年：西狩于大野，叔孫氏之車子鉏商獲麟。注：大野，在高平，鉅野縣東北大澤是也。史記正義引括地志曰：獲麟堆在鄆州鉅野縣東十二里〔三〇〕。國都城記曰：鉅野故城東十里澤中有土臺，廣輪四、五十步，俗云獲麟堆，去魯城可三百餘里。

鉅野縣　州西一百里。元爲濟寧路倚郭。至正八年〔三一〕，徙路治任城〔三二〕。

西八十里有安興墓巡司。

東五里有大野澤。禹貢：大野既豬。爾雅十藪：魯有大野。是也。南北三百里，東西一百里。宋書何承天傳：鉅野湖澤廣大，有舊縣城，正在澤内。宜修復埭遏，給輕艦百艘。寇若入境，引艦出戰，隨宜應接。今涸爲平田矣。

八十里至會通河，南接濟寧。

南有咸亭。春秋桓七年：焚咸丘。注：高平鉅野縣南有咸亭。東南五十里有乘氏城。漢縣。

鄆城縣 州西北一百五十里。

水經注：濟水東北入鉅野澤，過壽張西，與汶水合。宋、金嘗爲運道。自曹州安興墓入縣境，環縣城東北流，至安民山入於會通河；别開一支，自縣東南，逕嘉祥，入於會通河。

灉水，本黄河支流。禹貢：灉、沮會同。傳：水自河出爲灉，自濟出爲沮。王氏炎曰：灉出曹州。是也。自曹州夾河灉入境，受廪丘諸陂之水，逕黑虎廟故范城東，至張秋南沙灣小牐，入於會通河。土人謂之西裏河。于慎行兖州府志曰：灉爲黄河支流，開封、南陽之粟，由考城、儀封經此，北漕可輸張秋，以踵浮濟達河之策。自黄陵之塞，此河不行，無敢以是借箸者，識者以爲遺算云。

本魯之西鄆。春秋成四年：城鄆。十六年：晉人執季文子于苕丘，公還侍于鄆。注：鄆，魯西邑。東郡廪丘縣東有鄆城。

東十六里有舊縣城。隋縣。金以水患徙今治。

西南有廩丘城。左傳襄二十六年：齊烏餘以廩丘奔晉。注：今東郡廩丘縣故城是。哀二十年：會齊于廩丘。二十四年：臧石會晉師伐齊，取廩丘。史記田敬仲完世家：田會自廩丘反。漢爲縣。

有高魚城。左傳襄二十六年：襲我高魚。注：高魚城在廩丘縣東北。

有羊角城。左傳襄二十六年：取衛羊角〔三三〕。注：今廩丘縣所治羊角城是。水經注：廩丘縣東南有羊角城，疑即今之舊縣。

有中城。春秋成九年：城中城。注：在東海廩丘縣西南。

東平州 府西北一百五十里。本元之東平路。洪武元年，改府。八年，改州，屬濟寧府。省倚郭須城縣入州。十八年來屬〔三四〕。

有東平守禦千户所。

有東原馬驛。

西南一十五里有安山水驛。

舊有金線遞運所、金線牐口巡司，革。

西南十五里至會通河，南接汶上，有牐一，曰安山。其西岸有安民山，山下爲安山湖，縈洄數十里，繞安民山下，四面築堤置牐，以時蓄泄，謂之水櫃。

五十里有梁山，接壽張界，本名良山。史記梁孝王世家：北獵良山。索隱曰：漢書作梁山。述征記云：今壽張縣南有良山。古邑名曰良，漢縣名曰壽良，以此也。後人訛爲梁。其下爲梁山濼，亦曰梁山泊。五代史：晉開運元年六月丙辰〔三五〕，滑州河決，浸汴、曹、濮、單、鄆五州之境〔三六〕，環梁山，合於汶水，與南旺、蜀山湖連，瀰漫數百里。宋時，劇賊宋江結寨於此。金史赤盞暉傳：破賊衆於梁山濼，獲舟千餘。斜卯阿里傳：破賊船萬餘於梁山泊。食貨志：黄河已移故道，梁山濼水退，地甚廣，遣使安置屯田，自是爲平陸矣。今州西十八里有積水湖，四面有堤。正統三年，置減水牐，接濟運河，尚其遺迹也。

東北三十里有危山。漢書東平思王傳：哀帝時，無鹽危山土自起覆草，如馳道狀。息夫躬傳：無鹽危山有石自立，開道。

北二十里有瓠山。漢書東平思王傳：瓠山石轉立。

東六十里爲戴村壩，汶水故道在焉。

泉二十五，皆入汶。

此州在春秋爲須句、郕、鄣、宿四附庸之國，及魯之西鄆，皆其地也。其後郕、鄣降齊，須句入魯，宿遷於宋，鄆或在魯、在齊，遂爲齊、魯、宋之交。二漢建國，封皇子爲王。唐爲天平軍節度。僞齊劉豫自大名來，居於此，號曰東京。金末尤爲重鎮，以至於元，並專制一路，城郭規制，甲於東藩。州城周二十四里。今當水陸之衝，郵傳疲累，民力詘矣。

西有須句城。古須句國。左傳僖二十一年：邾人滅須句，須句子來奔。注：須句在東平須昌縣西北。水經注：濟水又北逕須句城西。

十五里有鄆州城。隋所置須昌縣也。唐爲鄆州治。宋咸平間爲河圮，徙今治。

西南五十里有壽張城。漢縣。詳見壽張。

東三十里有無鹽城。史記項羽紀：宋義遣其子宋襄相齊，身送之至無鹽。漢爲縣，東平國所都。

七十里有鄣城。古鄣國。春秋莊三十年：齊人降鄣。注：鄣，紀附庸國。東平無鹽縣東北有彰城。今爲鄣城集。

東北三十里危山下有宿城。古宿國。春秋莊十年：宋人遷宿。

東南四十里有郈鄉亭。魯叔孫氏之邑。春秋定十年：叔孫州仇帥師圍郈。史記正義引括地志曰：郈亭，在鄆州宿城縣東三十二里。

有東平故城。通典：有漢東平故城，在今縣東，直郈鄉亭。

有留舒城。左傳哀二十七年：陳成子救鄭，及留舒，違穀七里，穀人不知。

有微鄉。春秋莊二十八年：冬，築郿。公羊傳謂之微。水經注：東平壽張縣西北三十里有故微鄉，魯邑也。

汶上縣 州東南六十里。

有新橋馬驛。

西南三十里有開河水驛。

西南三十五里至會通河，南接嘉祥。

其西岸有南旺湖，即鉅野大澤之東偏。宋時，與梁山濼水匯而爲一，周圍一百餘里。及會通河開，畫爲二堤，漕渠貫其中。

其東岸有蜀山湖，有山在水中，曰蜀山，亦謂之南旺東湖。

汶水自寧陽來，至縣北戴村，爲壩所遏，直趨南旺，出分水河口，南北分流。

有馬踏湖，在汶堤之北，亦謂之南旺北湖。永樂中，尚書宋禮開會通河，既成，乃請設水櫃以濟漕渠，在汶上曰南旺，在東平曰安山，在濟寧曰馬場，在沛曰昭陽，各因鍾水，相地勢，建牐壩，漲則減之入於湖，涸則開之入於河，名曰「四水櫃」。

南接濟寧，有牐五：曰寺前，曰南旺上，曰南旺下，曰間河，曰袁家口；别爲月河，有牐二。

泉六。其五入汶，其一伏地中。

北有平陸城。水經注：汶水西逕平陸故城北。應劭曰：古厥國。西南三十里有闞亭。春秋桓十一年：公會宋公于闞。注：闞，魯地。在東平須昌縣東南。昭三十二年：公在乾侯，取闞。定元年：季孫使役，如闞。注：闞，魯羣公墓所在。或曰：今南旺湖中有高阜六、七，是也。亦作監。史記魏世家：北至平監。徐廣曰：監即闞也。史記：齊闞止作「監」字。闞在東平須昌縣。

東北四十里有桃城。漢孝成封東平思王子宣爲桃鄉侯。後漢書光武紀：龐萌、蘇茂圍桃城。郡國志：任城有桃聚。注：故城今在兗州任城縣北。按水經注：汶水西南逕桃鄉縣故城西，世所謂鄣城也。今桃在汶南，而鄣在汶北，見東平州下。酈氏誤。

西北二十里有郕城。古郕國。春秋隱五年：衛師入郕。注：東平剛父縣西南有郕鄉〔三七〕。莊八年：師及齊師圍郕，郕降于齊師。按郕與成二地，杜氏於桓六年已注爲魯地，而郕至莊八年尚存，兗志合而一之，非也。

東阿縣 州西北七十里。

有舊縣馬驛。

北四十里有銅城驛。

北五里有穀城山，一名黄山，有黄石公祠。史記留侯世家：老父謂良曰：孺子見吾濟北，穀城山下黄石即我矣。

西八里有魚山。史記河渠書瓠子歌：吾山平兮鉅野溢。徐廣曰：東郡東阿有魚山。疑是也。三國志魏陳思王傳：登魚山，臨東阿。舊唐書朱瑄傳：與汴人大戰於魚山下。宋史陳堯咨傳：知鄆州。請浚新河，自魚山至下杷，以導積水。山在大清河西，鹽舟之自濼口來者，至此泊焉。

西南六十里至會通河，南接壽張。

今縣治，本漢東郡之穀城縣。劉昭以爲春秋之小穀也。莊三十二年：城小穀。左傳曰：爲管仲也。注：小穀，齊邑。濟北穀城縣城中有管仲井。于慎行曰：魏書尹卯壘在濟水之側，南去魚山四十里。水經注以爲春秋之小穀城此，則小穀、穀城自兩地也。按春秋有言「穀」不言「小」者。莊二十三年：公及齊侯遇于穀。僖二十六年：公以楚師伐齊，取穀。文十七年：公及齊侯盟于穀。成五年：叔孫僑如會晉荀首于穀。四書穀而一書小穀，别於穀也。則此春秋之穀也，不必其爲小矣。

南七里有碻磝城，即漢茌平縣也。水經注：河水北逕碻磝城西。其城臨水，西南崩於河。宋元嘉二十七年，以王玄謨爲寧朔將軍，前鋒入河，平碻磝，守之。都督劉義恭以沙城不堪守，召玄謨，令毁城而還。後更城之。魏立濟州治此也。河水衝其西南隅，又崩於河。晉書〔三八〕：慕容垂遣其將蘭汗、平幼攻温詳，於碻磝西四十里濟河。宋書：魏將周幾、叔孫建渡河，軍於碻磝，檀道濟至碻磝，唱籌量沙〔三九〕。今有三土丘，其遺迹也。

東北二十里有楊劉城，古之楊劉渡也。舊唐書田弘正傳：自帥全師自楊劉渡河，築壘，距鄆四十里。梁葛從周攻兖、鄆，屯於楊劉渡。後唐莊宗攻拔楊劉，梁王方如洛陽郊祀，聞之，奔還大梁。梁將王彦章再引兵爭之，不能得。今爲楊劉鎮。

西南四十里有桃丘。春秋桓十年：公會衛侯于桃丘。注：濟北東阿縣東南有桃城。今爲桃城鋪。

有清亭。春秋隱四年：公及宋公遇于清。注：清，衛邑。濟北東阿縣有清亭。水經注：濟水自魚山北逕清亭東。京相璠曰：今濟北東阿東北四十里故清亭。是也。

有周首亭。左傳文十一年：齊王子成父獲長狄榮如，埋其首於周首之北門。注：周首，齊邑。濟北穀城縣東北有周首亭。

有巂下聚。春秋僖二十六年：公追齊師至巂，弗及。注：濟北穀城縣西，有地名巂下。

有尹卯壘。水經注：濟水側岸有尹卯壘，南去魚山四十餘里。

于慎行曰：夫東阿、穀城，其先本二邑也。東阿幷穀城有之，自北齊始，而其邑於穀城之墟，則自國初然矣。當春秋、戰國之時，二邑皆在齊境，而穀城南與魯接，東阿西與衛鄰，列國之聘享往來其境，史不絶書。東漢之末，曹氏起兵兖州，以東阿、范、鄄城三邑爲根本，至比於關中、河内。南北朝畫河爲境，邑在河、濟之交，南人北伐者先攻焉。至於唐末，魏、汴諸藩夾河而戰，以邑之楊劉渡爲要害。河北之兵進而扼楊劉，則鄆人抉其門户，若是其重也，不以河爲之限哉。自河南徙，歷宋、元數百年，不聞有兵壘，而城乃五遷，以至於今。故凡漢、唐以來言東阿者，皆在邑之西境，而其遷徙亦不一，事久遠難明，所可見者，惟故阿城在耳。或曰：邑何以名東阿？曰：阿蓋有二：在趙者曰西阿，在齊者曰東阿。阿者，大陵，又曲隈也，在河之曲隈矣。又曰：梁、晉河上之師，德勝、楊劉各有南、北二城，跨河而守，皆河津要地也。晉人初據德勝，爲梁人所敗，東守楊劉，王彦章、段凝以十萬之師百道進攻，迄不能拔，而大河之險已入於晉矣。德勝在濮州境内。晉史云：德勝口，澶州地也。澶州舊治頓丘。天福中，徙州跨德勝津。已而，又作浮梁於上，是爲澶州河橋矣。楊劉在東阿北境可六十里，黄河舊堤隱隱可見，墟里人煙久成聚落，而二城之迹則不可考矣。

安平鎮，在縣西南六十里東阿、陽穀、壽張三縣之界。本名張秋鎮。後周顯德初，河決東平之楊劉，遣宰相李穀治堤，自陽穀抵張秋口，鎮之名始見於此。弘治五年，河決金龍口，潰黄陵岡，東北入會通河，以劉大夏爲都察院右副都御史往塞之。八年，工成，賜名安平鎮。抱河爲城，周八里。北河都水郎中治之。

鎮南有金堤，上接鄆、濮。漢文帝時，河決酸棗，東潰金堤。或曰：即後漢王景所修汴渠堤，自滎陽至千乘海口千餘里者也。

十二里有沙灣，黄河舊決口也。

有沙灣裏河，本灉河下流。見鄆城。

有土河，即黑陽山決河故道也。由范縣至壽張，東流入於張秋。

陽穀縣　州西北一百四十里。

東四十里安平鎮，有荆門水驛。

東四十里至會通河，南接東阿。有牐六：曰荆門上，曰荆門下，曰阿城上，曰阿城下，曰七級上，曰七級下。

東二十五里有沙河。由范縣、壽張而來，雨後則會水北流，至東昌龍灣入運河。

本齊之陽穀。春秋僖三年：齊侯、宋公、江人、黄人會于陽穀。注：在東平須昌縣北。

東北五十里有阿城。春秋謂之柯。莊十三年：公會齊侯，盟于柯。注：今濟北東阿縣是也。史記魯世家：頃公卒於柯。齊爲阿邑。史記田敬仲完世家：威王烹阿大夫。趙成侯九年，與齊戰阿下。樂毅伐齊，令左軍循河屯阿、鄄之間以連魏師。今爲阿城鎮。

城中有阿井。水經注：阿城北門内西側皋上有井，其巨若輪，深六尺，歲嘗煮膠以貢天府。本草所謂阿膠也。禹貢傳曰：東阿，濟水所經，取其井水煮膠，用攪濁水則清，服之下鬲疏痰。

今其水不盈數尺，色正緑而重。其井爲周垣，掌之官。

有阿澤。左傳襄十四年：衛獻公出奔齊，孫氏追之，敗公徒于阿澤。注：濟北東阿縣西南有大澤。

壽張縣　州西一百二十里。洪武三年，省入須城、陽穀。十四年，復置。

有梁山巡司。

東三十里至會通河，南接東平。

本春秋良邑。戰國爲齊之剛、壽。史記穰侯傳：穰侯言客卿竈，欲伐齊取剛、壽，以廣其陶邑。正義曰：故剛城在兗州龔丘縣界。壽張，鄆州縣也。詳此，剛、壽是二邑。後漢郡國志：壽張，春秋曰良，漢曰壽良。光武改曰壽張。然縣治三遷，不可知爲何地矣。

南五十里有蚩尤冢。史記封禪書：八神，三曰兵主，祠蚩尤。蚩尤在東平陸監鄉。索隱曰：監，音闞。皇覽曰：蚩尤冢在東平郡壽張縣闞鄉城中〔四〇〕。高七丈，民常以十月祀之。有赤氣出，如匹絳帛，民名爲「蚩尤旗」。肩髀冢，在山陽郡鉅野縣，重聚大小與闞冢等。傳言：黄帝與蚩尤戰於涿鹿之野，殺之，身體異處，故別葬。

平陰縣　州北一百二十里。

舊有陳弘遞運所、滑口鎮巡司，革。

西北十五里至大清河。

西一十里有新開河，即濟水之下流。其南岸有山，曰蹲龍。下有盤石跨河，舟行者患之，宋張方平乃鑿新河，引水北行以避之，民甚稱便。

泉二，入汶。

有郜城。齊邑。左傳襄十八年：晉魏絳、欒盈以下軍克郜。注：平陰縣西有郜山。按此與襄十三年所取之郜，在任城亢父者不同，當是二地〔四二〕。

有京兹城，齊邑。左傳：晉人入平陰，遂克京兹。注：在平陰東南。

曹州 府西南三百里。正統十年，分曹縣地爲州。

東南三十里有菏澤。禹貢：導菏澤，被孟諸。注：濟陰南三里有菏山，故名其澤爲菏澤也。又曰：導沇水，東出于陶丘北，又東至于菏。水經注：濟水東過宛句縣，又東過定陶縣南，南濟也。濟水又東，菏水東出焉。今涸。

東北六十里有雷澤。禹貢：雷夏既澤。正義引地理志曰：雷澤，在今濟陰成陽縣西北。史記：舜漁於雷澤。今涸。

南二十五里有灉河。于慎行曰：黄陵之決，灉爲河伯所有。今河去而灉存，雨水大發，可通舟楫。

本漢之乘氏縣。金大定末，爲曹州治，仍置濟陰爲倚郭。金史康元弼傳：大定二十七年，河決曹、濮，遣元弼相視，改築於北原者也。洪武元年，以水患徙安陵集。二年，徙盤石鎮。爲今曹縣治。正統十年，巡撫大理寺寺丞張驥言：曹縣地廣民稠，請割黄河南、北岸民四十里爲曹州，置於黄河北舊土城内。即元弼所城。餘民三十八里仍爲曹縣，與定陶縣並改屬曹州。從之。

西南有宛句城。漢縣。亦作宛朐。漢孝景封楚元王子執爲宛朐侯。

有煮棗城。史記：蘇秦説魏襄王曰：大王之地，東有淮、潁、煮棗。徐廣曰：煮棗在宛句。漢高祖封革朱爲煮棗侯。

東北六十里有雷澤城。漢之成陽縣也，屬濟陰郡。高祖封奚意爲成陽侯。北齊廢。隋復置爲雷澤縣。唐、宋因之。金復廢。按呂氏春秋曰：堯葬於穀林。劉向言：堯葬濟陰。漢書地理志：濟陰成陽有堯冢〔四二〕、靈臺。後漢書章帝紀：元和二年二月，東巡狩，使使者祠唐堯於成陽靈臺。安帝紀：延光三年二月庚寅，使使者祠唐堯於成陽。皇覽云：堯冢在濟陰成陽。皇甫謐云：穀林即成陽也。鄭玄曰：堯遊成陽而死，葬焉。水經注：成陽西二里有堯陵。陵南一里，有堯母慶都陵。於城爲西南，稱曰靈都，鄉曰崇仁，邑號修義，皆立廟。四周列水潭而不流，水澤通泉，泉不耗竭，至豐魚、筍，不敢采捕。前並列數碑，栝柏成林，二陵西北列，馳道逕通，皆以磚砌之，尚修整。堯陵東城西五十餘步中山夫人祠，堯妃也。石壁階墀仍舊，南、西、北三面長櫟聯蔭，扶疏里餘。宋歐陽修集古録載後漢濟陰堯母及堯祠碑。自金末黄河屢決，其迹遂不復存。而今之祀典，乃移於東平州東北三十里蘆泉山之陽矣。山東通志曰：弘治七年，禮部尚書耿公命州學正濮琰上狀，請改正，會轉吏部，尋卒，不果上。

有桂陵城。史記田齊世家：威王使田忌擊魏，大敗之桂陵。正義曰：在曹州乘氏縣東北二十一里。

西四十里有離狐城。漢縣。水經注：濮水又東逕濟陰離狐縣。唐天寶元年，改名南華。今謂之李二莊。

有陽晉城。史記蘇秦傳正義引括地志曰：在曹州乘氏縣西北三十七里。

有垂亭。春秋隱八年：宋公、衛侯遇于垂。注：垂，衛地。濟陰句陽縣東北有垂亭。

有文臺。史記魏世家：文臺墮，垂都焚。徐廣曰：句陽有垂亭。正義引括地志曰：文臺在曹州冤句縣西北六十五里。

有漆園。史記：莊周嘗爲蒙漆園吏。正義引括地志曰：漆園故城，在曹州冤句縣北十七里。其城古屬蒙縣。

有葭密城。竹書紀年：魯季孫會晉文公于楚丘，即葭密，遂城之。

有鹿城。後漢郡國志：乘氏有鹿城鄉。水經注以爲僖公二十一年盟於鹿上者也，與杜異。

曹縣　州南一百一十五里。本元之曹州。洪武四年，改縣，省倚郭濟陰縣入州。正統十年，別置曹州於河北土城内，以縣屬之。

西北七十里有安陵巡司。

北三十里有濟水故瀆。其上有堤，謂之濟堤。

西南五十里有五丈溝。水經注：南濟又東北，右合河水，水瀆上承濟水於濟陽縣東，世謂之五丈溝。

東南四十里有景山，非衛詩之景山也。

西北六十里有左山，接今曹州界。水經注謂之左岡。山南爲唐、宋時舊州治。宋陳師道披雲樓記曰：曹，故周之成國，亡而爲陶之故城。是也。陶之西南有丘焉。禹貢所謂陶丘，墨子、竹書紀年所謂釜丘者也(四三)。竹書：魏襄王十九年，薛侯來會王于釜丘。漢哀帝由定陶王爲天子，尊其父恭王爲皇帝，置寢廟如祖宗，周丘而城，以爲陵邑。今州治是也。漢恭皇陵在今縣西北五十里。州之北數里而近，兩丘相屬，六國魏王之墓也。有岡自東北屈而西南，隱如伏龍，魏之所以葬也，擇地而葬，尚矣。而曰魏遂王墓者，以其始隧而葬也。其後名州曰左城，墓曰左山，岡曰左岡。記曰：左山，其下多左姓，故名。然莫得而考也。余謂爾雅：丘，再成爲陶。釜者，負也，猶陶也。而皇甫謐云：舜陶河濱而名。郭璞又云：在定陶城中者，皆誤。然則州之所治，猶曹國之舊也。

北十八里有辛仲城。元和志：古莘國〔四四〕，在濟陰東南三十里。今名莘仲集。

有濟陰、濟陽二城。濟陰，隋縣，即唐、宋以來州治，在左山之陽者也。濟陽，在故冤句西南五十里。後漢書郡國志：有行宫。光武生於此。

西北七十里有安陵城。洪武初州治也。今爲安陵集。

東南四十里有楚丘城。本漢之己氏縣也。隋改名。按此又一楚丘。

南二十里有亳城。在曹南山之陽。其旁爲蒙城。括地志曰：宋州穀熟縣西南三十五里南亳故城，即湯都。北五十里蒙城，爲景亳，湯所盟也，因景山爲名。河南偃師爲西亳，帝嚳及湯所都，盤庚所遷。謂之三亳。

有湯陵。皇覽曰：湯冢，在濟陽薄縣北郭。冢四方，八十步，高七尺，上平。

有蒙澤城。唐縣。左傳莊十二年：宋萬弑閔公于蒙澤。注：蒙澤，宋地。梁國有蒙縣。

有貫城。春秋僖二年：齊侯、宋公、江人、黄人盟于貫。注：貫，宋地。梁國蒙縣西北有貫城。「貫」與「貫」字相似。史記田齊世家：伐衛，取毌丘。索隱曰：毌音貫。正義引括地志曰：貫城，即古貫國。今名蒙澤城，在曹州濟陰縣南五十六里。

有武父城。春秋桓十二年：公會鄭伯，盟于武父。注：武父，鄭地。陳留濟陽縣東北有武父城。

定陶縣　州東南五十里。洪武元年，省。四年，復置，屬濟寧府。正統十年，改屬。

西北十里有汜水〔四五〕。史記高祖紀：五年二月，即皇帝位於汜水之陽。正義曰：汜，音敷劍反。括地志曰：高祖即位壇，在曹州濟陰縣界。

北二十里有菏水。水經注：南濟水又東過定陶縣南。

東二十五里有舊黄河。

後漢郡國志：古陶，堯所居。帝王世紀曰〔四六〕：舜陶河濱，縣西南陶丘亭是。禹貢：導沇水，東出于陶丘北。是也。

有三朡亭。書序：遂伐三朡。傳曰：三朡，國名。今定陶。後漢志：曹國有三朡亭〔四七〕。

沂州　府東南三百六十里。元屬益都路。洪武元年，屬濟寧府，省倚郭臨沂縣入州。五年，屬濟南府。十八年來屬。

涇王封。

有沂州衛左、右、中、前、後五千户所。

西南一百里有羅滕鎮巡司。

東二里有沂水。

五十里有沭水，出臨朐縣南之沂山，逕沂水、莒州西南流，入州境，會湯河及魚梁溝水，又東南逕馬陵山，至郯城、邳州入泗。周禮職方：其浸沂、沭。

九十里有馬陵山。南跨郯城、宿遷，長數百里，即古之琅邪山也。

北二里有祊水。出費縣大崖崮，逕州，至郯城、邳州入沂。名祊者，以地爲古祊田故也。

西南九十里有東泇水。

西北一百二十里有西泇水。

本漢東海郡地。自章帝時，始爲琅邪國都。後魏置北徐州。後周改沂州。

北十五里有開陽城。古鄅國。春秋昭十八年：邾人入鄅。注：鄅國，在琅邪開陽縣。春秋哀三年：季孫斯、叔孫州仇帥師城啓陽。是也。漢避景帝諱，改開陽。後漢書琅邪孝王京傳：初，都莒。莒有城陽景王祠。神數下言：宮中多不便利[四八]。京上書，願徙宮開陽，以華、蓋、南武陽、厚丘、贛榆五縣，易東海之開陽、臨沂。肅宗許之[四九]。

五十里有臨沂城。漢縣。

南五十里有祝丘城。春秋桓五年：城祝丘。路史：臨沂東南五十里即丘城。是也。漢爲即丘縣。後漢書琅邪孝王傳：葬東海即丘廣平亭。有詔割亭屬開陽。

東北三十里有中丘城。春秋隱七年：城中丘。注：在今琅邪臨沂縣東北。今名諸葛城。有次睢之社。左傳僖十九年：宋公使邾文公用鄫子于次睢之社。後漢志：臨沂有叢亭。注引博物記曰：縣東界次睢有大叢社，民謂之食人社，即次睢之社。

西南一百里有向城。春秋隱二年：莒人入向。注：譙國龍亢縣東南有向城。桓十六年：城向。無注。宣四年：公及齊侯平莒及郯。莒人不肯，公伐莒，取向。注：向，莒邑。東海承縣東南有向城。遠，疑也。襄二十年：仲孫速會莒人，盟于向。注：莒邑。按春秋向之名，四見於經，而杜氏注爲二地，然其實一向也。先爲國，後幷於莒，而或屬莒，或屬魯，則以攝乎大國之間耳。承縣今屬嶧。杜氏以其遠而疑之，况龍亢在今鳳陽之懷遠乎！齊乘以爲今沂州之向城鎮，近之矣。

一百二十里有襄賁城。漢縣。後漢劉虞封襄賁侯。其相對有鍾離城。

郯城縣　州東南一百二十里。洪武□年復立。

舊有道平、解村二驛、磨山巡司，革。

東北七十里有羽山。舜典：殛鯀于羽山。前有羽潭，一名羽池。左傳：鯀化爲黄熊，入于羽淵。是也。其下爲羽畎。禹貢：羽畎夏翟。

東十里有沭水。

十五里有馬陵山。沭水過其山脊。

西北五里有白馬河，出縣東北之九龍山，逕縣西南入於沂。

西二十里有沂水。西南十五里有大方湖。

東北有舊城。古郯國。春秋宣四年：公及齊侯平莒及郯。襄七年：郯子來朝。漢爲縣。

費縣 州西北九十里。

西南七十里有關陽川巡司。

西北一百里有毛陽川巡司。

西北五十里有蒙山。跨蒙陰、沂水界。書：蒙、羽其藝。詩：奄有龜、蒙。傳：龜、蒙，魯國二山也。今此山與泗水之龜山相連，綿亘幾二百里。以其居魯之東，故曰東蒙。論語：夫顓臾，昔者先王以爲東蒙主。亦謂之東山。孟子：孔子登東山而小魯。是也。其西峯類龜，故于欽以爲魯之龜山，非矣。然今俗謂之龜蒙頂。元史石珪傳〔五〇〕：破張都統、李霸王兵於龜蒙山。

西南一百三十里有大崖崮，祊水出其下。

南四十里有天井，汪出地中，流爲涑水，入於沂。

西南九十里有石門山。論語：子路宿於石門處也。

春秋隱八年：鄭伯使宛來歸祊。注：祊，在琅邪費縣東南。寰宇記云：漢費縣移理祊城。後魏太和間，自祊城移縣於陽口山。隋開皇三年，復自陽口移入祊城，即今縣治也。

西北二十五里有古費城，即陽口山。後魏太和間徙治。

九十里有顓臾城，在蒙山之陽。古附庸國。論語：季氏將伐顓臾。是也。隋爲縣。齊乘曰：山西南十餘里有漏澤。澤有五穴，春夏積水，秋冬漏竭。將漏之時，先有聲，居人匽穴取魚，隨種麥，比水至，麥已收矣。今縣西一百二十里有漏陂鋪。

西南七十里有東陽城。左傳哀八年：吴師克東陽而進，舍于五梧。今爲關陽鎮。

八十里有武城。城在石門山下。春秋襄十九年：城武城。左傳昭二十三年：邾人城翼，欲自武城還，循山而南。哀八年：吴伐我，子洩率，故道險，從武城。論語：子游爲武城宰。子之武城，聞絃歌之聲。孟子：曾子居武城，有越寇。皆此地也。

有南成城。史記田敬仲完世家：吾臣有檀子者，使守南城，則楚不敢爲寇，泗上十二諸侯皆來朝。漢書作成。孝武封城陽共王子貞爲南成侯〔五一〕。後漢作城。疑即古之南武城，而省其字也。後漢書鄭玄傳：會黄巾寇青部〔五二〕，乃避地徐州。孝經序曰：僕避難於南城山，棲遲巖石之下。念昔先人餘暇，述夫子之志而注孝經。今其西可二里許，有石室焉。周迴五丈，俗云鄭康成注孝經於此。

有輿城。左傳哀十四年：葬諸丘輿。注：泰山南城縣西北有輿城。

有密如亭。左傳閔二年：莒人歸共仲，及密。注：琅邪費縣北有密如亭。

有台亭。春秋襄十二年：莒人伐我東鄙，圍台。注：琅邪費縣南有台亭。

宋程大昌澹臺祠友教堂記曰：武城有四，左馮翊、泰山、清河、定襄皆以名縣。按今漢書泰山郡無武城，止有南成縣〔五三〕，屬東海郡。後漢書作南城，屬泰山郡。至晉，始爲南武城。而清河特曰東武城者，史記：平原君封於東武城。以其與定襄皆隸趙，且定襄在西故也。若子游之所宰，其實魯邑。而東武城者，魯之北也。故漢儒又加南以別之，史遷之傳曾參曰南武城人者，創加也，論語無此也。子羽傳次曾子，省文叙其邑里，止曰武城。而水經注引京相璠曰：今泰山南武城縣有澹臺子羽冢，縣人也。則子羽亦南武城人也。

姚庭槐曰：史記於曾參曰南武城人，於澹臺滅明曰武城人，其不言南，蒙上文也。孟子言：曾子居武城。而仁山金氏引曾子雜篇云：魯人攻費。曾子謂費君曰：請出避，姑無使狗豕入吾宅。又唐章懷太子注後漢書王符論「曾子葬父南城山」云：南城在今費縣西南。南成山，在縣西南八十里。亦名曾子山。又戰國策甘茂之言曰：曾子居費之武城，此則曾子費人無疑，而嘉祥之武城謬矣。

【校勘記】

〔一〕引汶入泗　「泗」，底本作「濟」，京本同。按此句上承「至任城入泗」句，當云「入泗」；紀要卷三〇亦云「引汶入泗」，據改。

〔二〕始南通於泗　「通」，底本作「道」，據京本及紀要卷三〇改。

〔三〕便蓄泄　「泄」，底本作「淺」，京本同。明史河渠志：「於汶上、東平、濟寧、沛縣並湖地設水櫃、陡門，櫃以蓄泉，門以泄漲。」「淺」爲「泄」之異寫「洩」之誤，據改。

〔四〕字本作嵫　「嵫」，底本作「滋」，據京本及紀要卷三一改。

〔五〕馬跑泉　「跑」，底本作「跪」，據京本及紀要卷三二、圖書集成職方典卷二一〇改。

〔六〕左傳莊三十二年　「二」，底本作「三」，京本同，據左傳莊公三十二年改。

〔七〕臧紇斬鹿門之關以出　底本脱「以」字，京本同，據左傳襄公二十三年補。

〔八〕閔二年　「閔」，底本作「僖」，京本同，據左傳閔公二年、清統志卷一六六改。

〔九〕史記正義引括地志曰　「正義」，底本作「索隱」，京本同，據史記孔子世家張守節正義改。

〔一〇〕左者紋左旋右者紋右旋　「左者」、「右者」，京本同，邵氏聞見後録卷二六作「東者」、「西者」。

〔一一〕莫之敢犯　「之」，底本作「不」，據京本及宋書江夏王義恭傳改。

〔一二〕嶧山　「嶧」，底本作「澤」，京本同，據金史石琚傳改。

〔一三〕龜陰之田　底本脱「之」，京本同，據春秋定公十年補。

〔一四〕左傳僖十七年　京本同。按「左傳」爲「春秋」之誤。

〔二五〕狐台山　京本同，左傳襄公四年杜預注作「目台亭」。

〔二六〕經魯國至高平湖陸縣　「經」、「陸」，底本作「逕」、「陵」，京本同，據春秋襄公十九年杜預注改。

〔二七〕蓋六萬餘家矣　「六」，底本脱，京本同，據史記孟嘗君列傳補。

〔二八〕犁來　「犁」，底本作「黎」，京本同，據春秋莊公五年改。

〔二九〕莒地　「地」，底本作「邑」，京本同，據史記越王勾踐世家改。

〔三〇〕作承者非　京本同。按上文作「丞城」，此處云「作『丞』者非」，疑「丞」爲「承」字之誤。又下文「沂州丞縣」，史記孟子荀卿列傳正義作「沂州承縣」。

〔三一〕春秋襄六年　「六」，底本作「五」，京本同，據春秋襄公六年改。

〔三二〕朐繒以北　「繒」，底本作「鄫」，京本同。按史記貨殖列傳作「繒」，正義曰：「故繒縣在沂州之承縣。」據改。

〔三三〕袁安　「袁」，底本作「哀」，京本同，據後漢書袁安傳改。

〔三四〕今沂州丞縣西南　「丞」，京本同。後漢書袁安傳李賢注作「承」。

〔三五〕沂州丞縣　「丞」，京本同。史記萬石張叔列傳正義引括地志作「丞」。

〔三六〕㓻縣北　「㓻」，底本作「剛」，京本同，據春秋哀公八年杜預注改。

〔三七〕公及戎盟于唐　「盟」，底本作「監」，據京本及春秋隱公二年改。

〔三八〕碭　底本作「碣」，京本同，據史記春申君列傳改。

〔三九〕賀發　「發」，底本作「登」，京本同，據漢書武五子傳改。

〔三〇〕鄆州鉅野縣　京本同。舊唐書地理志鄆州鉅野縣：「隋屬戴州，貞觀十七年，戴州廢，鉅野來屬。」按史記正義引自括地志，括地志所據爲貞觀十三年大簿，其時鉅野縣屬戴州，賀次君括地志輯校卷三改「鄆州」爲「戴州」，是也。

〔三一〕至正八年　底本脱「至正八」三字，京本同，據明史地理志補。

〔三二〕徙路治任城　底本脱「路」字，「任」作「仁」，京本同，據明統志卷二三、明史地理志補改。

〔三三〕取衛羊角　「衛」，底本作「晉」，京本同。按左傳襄公二十六年：「齊烏餘以廩丘奔晉，襲衛羊角，取之。」則羊角屬衛，非屬晉，據改。

〔三四〕十八年來屬　底本脱「十八」二字，京本同，據紀要卷三三、明史地理志補。

〔三五〕晉開運元年六月丙辰　「六」，底本作「五」，京本同。按舊五代史晉書少帝紀：開運元年六月「丙辰，滑州河決，漂注曹、單、濮、鄆等州之境，環梁山合於汶、濟。」新五代史晉出帝紀：開運元年六月「丙辰，河決滑州，環梁山，入於汶、濟。」此「五月」爲「六月」之誤，據改。

〔三六〕浸汴曹濮單鄆五州之境　「浸」，底本作「侵」，京本同，據通鑑卷二八四改。

〔三七〕剛父縣　「剛」，底本作「亢」，京本同，據左傳隱公五年杜預注改。

〔三八〕晉書　京本同。按通鑑卷一〇七晉孝武帝太元十二年正月戊午，燕主慕容垂「遣鎮北將軍蘭汗、護軍將軍平幼於碻磝西四十里濟河」，以攻温詳。今本晉書無此文，疑「晉書」爲「通鑑」之誤。

〔三九〕宋書至唱籌量沙　京本同。按今本宋書、南史檀道濟傳記此事有異。通鑑卷一二二宋文帝元嘉八年：「檀道濟等進至濟上……叔孫建等縱輕騎邀其前後，焚燒草穀……檀道濟等食盡，自歷城引還……道濟夜唱籌量沙……」紀要卷三三碻磝山所記與本書略同。

〔四〇〕闕鄉　底本脱「鄉」字，京本同，據史記封禪書索隱引皇覽補。

〔四一〕當是二地　「二」，底本作「一」，據京本、本書上下文意改。

〔四二〕濟陰　「陰」，底本作「陽」，京本同，據漢書地理志改。

〔四三〕釜丘　「釜」，底本作「金」，據京本及古本竹書紀年輯證魏紀改。

〔四四〕古莘國　底本「莘」下衍「仲」字，據京本及元和志卷一一、紀要卷三三删。

〔四五〕氾水　「氾」，底本作「汜」，京本同，據史記高祖本紀、漢書高帝紀改。下同。

〔四六〕帝王世紀　「王」，底本作「上」，據京本及續漢書郡國志劉昭注引改。

〔四七〕三䠞亭　京本同，續漢書郡國志作「三䣙亭」。

〔四八〕多不便利　底本脱「便」字，京本同，據後漢書光武十王傳補。

〔四九〕肅宗許之　「許」，底本作「從」，京本同，據後漢書光武十王傳改。

〔五〇〕元史　「元」，底本作「金」，京本同，據元史石珪傳改。

〔五一〕漢書作成孝武封城陽共王子貞爲南成侯　京本同。按漢書王子侯表城陽共王子劉貞封「南城侯」，非「南成侯」。「南成」，則見於漢書地理志。

〔五二〕會黄巾寇青部　「巾」，底本脱，京本同，據後漢書鄭玄傳補。

〔五三〕南成縣　「成」，底本作「城」，京本同，據漢書地理志改。

肇域記卷之三

東昌府

本元之東昌路改。領州三，縣十五。

城周七里一百九步。

有東昌衛、平山衛並左、右、中、前、後五千户所。

有崇武水驛。

舊有東昌、臨清二遞運所，革。

衛河自大名府東北流入館陶縣界，合漳河北流，至臨清州與會通河合，逕夏津、武城、恩，入德州、河間府界，至直沽入於海。本漢之屯氏河。隋大業中，疏爲永濟渠。亦曰御河。

會通河自兖州府陽穀縣界來，逕聊城、堂邑、博平、清平，至臨清州入衛河。元史：至元二十六年，開渠起于須城安山之西南，止於臨清之御河。其長二百五十餘里。中建牐三十有一，度高低，分遠邇，以節蓄泄。賜名會通河。

于慎行曰：隋煬帝開通濟渠，自東都西苑引穀、洛之水，達於河；又自板渚引河水，達於汴，又自大梁東引汴水入泗，達於淮；又自山陽至揚子達於江，於是江、淮、河、汴之水，相屬而爲一矣。煬帝又開永濟渠，引沁水南達於河，北通涿郡。又穿江南河，自京口至杭州八百里。蓋今所用者，皆其舊迹也。夫會通河自濟、汶以下，江、河、淮、泗通流爲一，則通濟之遺也。滹沱、御、漳，則永濟之遺也。自京口牐通於浙西，則江南之遺也。煬帝此舉，爲其國促數年之祚，而爲後人開萬世之利，可謂不仁而有功者矣。秦皇亦然。今東起遼陽，北至上郡，延袤萬里，有塞垣之固，豈非長城之遺耶！嗟夫，此未易與一、二淺見者談也。

聊城縣

會通河在東門外，南接陽穀。有牐三：曰周家店，曰李海務，曰通濟橋。

西北一十五里有古聊城。史記魯仲連傳：燕將保聊城，田單攻之不下，「魯連乃爲書，約之矢以射城中」者也。

西南十二里有夷儀聚。春秋僖元年：邢遷于夷儀。後漢志：聊城有夷儀聚。

東八十里有四瀆津。水經：河水又東流爲四瀆津，俗名四瀆口。唐書地理志：聊城東南有四口故關。

東北二十五里有博州城。隋置。五代晉開運初，圮於河。

堂邑縣

東北四十五里至會通河，南接聊城。有牐二：曰梁家鄉，曰土橋。

西十里有堂邑故城。隋治。宇文化及自魏縣退保聊城，屯兵於此。亦謂之化及臺。

西南五十里有發干城〔一〕。漢孝武封衛青子登爲發干侯。

東南三十里有清城。漢高帝封弩將室中同爲清侯。章帝改爲樂平。晉石勒與苟晞戰於平原、陽平間，爲晞所敗，奔樂平。

博平縣　府東北四十里。

西南二十五里至會通河。

西北四十里有古漯河。水經注：漯水自頓丘出東武陽，逕博平者也。舊志以爲馬頰河，誤。

西南二十里有攝城。左傳昭二十年：聊、攝以東。注：平原聊城縣東北有攝城。

西北三十里有博平故城。漢縣。史記田齊世家：威王伐晉，至博陵。徐廣曰：東郡之博平也〔二〕。

東北四十里有靈城。漢縣。地理志：河水別出爲鳴犢河，東北至蓨，入屯氏河。溝洫志：元帝永光五年，河決清河靈鳴犢口。今有水自縣西南入境，逕博平故城南，又逕今城西北，東北至靈城，入高唐境，謂之鳴犢河。

北一里有金堤。

茌平縣　府東七十里。茌當作茬，今訛作茌。

有茌山馬驛。

西南二十五里有重丘。春秋：襄二十五年，同盟于重丘。注：齊地。

清平縣　府北七十里。自德州改屬。

西南三十里有清陽驛、魏家灣巡司。

西三十里至會通河。南接堂邑。有牐一，曰戴家灣。

漯河，在縣西十二里，河之支流也。按漢書溝洫志：自塞宣房後，河復北決於館陶，分爲屯氏河。則大河在西，屯河在東，二河相並而行。元帝永光五年，河決清河靈鳴犢口，則河分流入於博州，而下流與漯爲一。王莽時，河遂行漯川。今漯河上自堂邑界流入清平，繞城而西，去縣六、七里。上源爲漕所絶，下流達高唐、恩縣，抵海而止。其水時盈時涸。

西四十里有清平故城。今名水城屯。

莘縣　府西南七十里。

本衛地。左傳桓十六年：宣姜與公子朔構急子。公使諸齊，使盜待諸莘，將殺之。注：陽平縣西北有莘亭。

東北三十里有武水城。□縣。

冠縣 府西南一百里。本元之冠州，直隸省部。洪武二年，改爲縣，來屬。

東南二十五里有古屯氏河。今塞爲陸。

本晉之冠氏。左傳哀十五年：子贛言：齊爲衛故，伐晉冠氏。注：冠氏，陽平館陶縣。唐書：朱滔遣兵攻宗城冠氏，拔之。

東北四十里有清水堡城。□縣〔三〕。

臨清州 府西北一百二十里。本元之臨清縣。洪武二年，自濮州來屬。弘治二年，改州。

有臨清衛。舊惟一千户所。景泰初，遷濟寧左衛合之。今左、右、中、前、後、中左六千户所。

有清源水馬驛。

北五十里有渡口驛。

舊有清泉水驛，革。

州在會通河之北，衛河之東。會通河南接清平，有牐二：曰新開上，曰南板。汶水自南旺來，至此其流漸細，出州南之南板牐，始與衛河合而北流。漕舟過此，謂之出口，無復牐矣。

二水之合，謂之中洲，以石築之，名鼇頭磯。爲四方商賈聚舟之處。

有新、舊二城，舊城景泰元年築，新城正德六年築。嘉靖中，拓而廣之，跨汶、衛二河，爲水門三：汶一，衛二。設戍樓其上。

西四十里有清淵城。漢縣。晉懷帝永嘉元年，苟晞擊破汲桑於東武陽，桑退保清淵。

丘縣 州西南一百里。本屬府。弘治二年，改屬州。

北四十里有斥丘城。漢高帝封唐厲爲斥丘侯。今名北營集。

館陶縣 州南九十里。洪武二年自濮州改屬府。弘治二年，改屬州。

西南四十里有南館陶巡司。

舊有陶山水驛、南館陶遞運所，革。

西二里有衛河。

西南五十里有漳河，自臨漳縣分爲二支：一北流入滹沱河，一東流至縣之南館陶，入衛河。萬曆初，徙而北，由魏縣入曲周滏陽河。

東南十五里有篤馬河。

西南四十里有南館陶城，隋之毛州故城也。顔師古曰：漢武帝時，河決館陶，分爲屯氏河。屯，音大門反。而隋時分晰州縣，誤以爲毛氏河，乃置毛州，失之甚矣。

五十里有金堤。

高唐州　府東北一百一十里。自東平路改屬。省倚郭高唐縣入州。

有魚丘馬驛。

舊有平原驛，革。

州西二里有漯水。今涸。

二十里有馬頰河。爾雅云：上廣下狹，狀如馬頰。禹貢九河之一。亦名舊黄河。自大名府開州來，逕朝城、莘、堂邑、觀城、清平至州境，東北逕恩、平原、陵、商河、樂陵入於海。今其故道尚存。

南三十里有鳴犢河。

本漢平原郡之高唐縣，非古齊高唐也。古在今城東七十里倫鎮西北。詳齊河縣。

恩縣　州北七十里。本元之恩州，直隸省部。洪武初，改爲縣，來屬。

有太平馬驛。

西北五十里至衛河。

西北六十里有漳南城。隋縣。唐書：劉黑闥起兵漳南。西四十里有恩州城，金州治。

西北五十里有四女樹，今爲鎮，在衛河東岸。舊志以爲四女共植一槐，守志不嫁者。莫詳其本末。按舊唐書：女學士尚宮宋氏者〔四〕，名若昭，貝州清陽人。父庭芬，有詞藻。生五女，皆能屬文。長曰若莘〔五〕，次曰若昭、若倫、若憲、若荀。若昭文尤清麗，性復貞素閑雅。嘗白父母，誓不從人，願以藝學揚名顯親。若莘教誨四妹，有如嚴師，著女論語十篇。貞元四年，昭義節度使李抱真表薦，德宗俱召入宮，試以詩、賦，兼問經、史中大義，深加賞嘆，嘉其節概，不以宮妾遇之，呼爲「學士先生」。庭芬起家授饒州司馬。自貞元七年已後，宮中記注簿籍，若莘掌其事。及卒，穆宗復令若昭代之，拜尚宮。自憲、穆、敬三帝，皆呼爲先生。六宮嬪媛、諸王、公主、駙馬皆師之。此地在唐屬清陽。王建詩云：行成聞四方，徵詔環珮隨。鄉中尚其風，重爲修茅茨。正指此爲其所居也。世遠事湮，以五爲四。然以史書徵之邑志，當即此地。

王鐸傳：爲滄景節度使。樂從訓令甘陵州卒數百人，伏於漳南之高雞泊。及鐸行李至，皆爲所掠，鐸與賓客十餘人，皆遇害。今泊已爲平地，當在恩、故城二縣界中。

夏津縣 州西北六十里。

西南四十里有裴家圈巡司。

西南四十里至衛河。

東三十里有馬頰河。

東北三十里有鄃城。漢孝景封欒布爲鄃侯。又爲武安侯田蚡食邑。史記河渠書：蚡爲丞相，其奉邑食鄃。鄃居河北，河決而南，則鄃無水菑，邑收多。蚡言於上，久之不事復塞也。後漢光武封馬武爲鄃侯。

武城縣　州西北一百里。

東北二十五里有甲馬營水驛、甲馬營遞運所、甲馬營巡司。

西瀕衛河，地卑土淖。東西有黄河、沙河故迹，一遇水潦，四境盡爲洿池。金史蒙古綱傳：綱奏恩州武城縣艾家凹水濼〔六〕、清河縣潤口河濼，其深一丈，廣數十里。因其地形，少加浚治，足以保禦。請遷州民其中，多募義軍以實之。

濮州　府西南二百里。元直隸省部。洪武二年，來屬，省倚郭鄄城縣入州。

正統六年，調東昌衛中左千户所在州備禦。

東南七十里有歷山。相傳即舜耕處。水經注：雷澤西南十許里有小山，孤立峻上，亭亭傑峙，謂之歷山。澤之東南有陶墟。郭緣生述征記言：舜耕陶所在雷澤，在今濮州，則此地爲歷山無疑。故皇甫謐亦以爲濟陰歷山也。鄭玄謂：歷山在河東。而周禮職方：河東曰兗州，其澤曰大野。大野即鉅野，則河東歷山即濟陰矣。

西南六十里有濮水。應劭曰：濮水發源陳留，入於鉅野。昔師延爲紂作靡靡之樂，自沈於濮。記云桑間濮上之音是也。莊子釣於濮水，有釣臺遺迹。其水已涸。

東南三十里紅船口，爲黄河故道。昔年黄河自開封府流至曹縣界，分爲二支：其一東南由賈魯河入徐州，其一經曹州界高二莊，流至壽張沙灣口入會通河。弘治間，河決，阻運道，自築黄陵岡〔七〕，河遂絶，積水清澈，可通舟楫，南往鄆、曹諸邑。今謂之水保河。

七十里有瓠子河。瓠子之源，在魏郡白馬縣，即今之滑縣，此其下流也。詳見大名府開州下。史記河渠書：元光中，河決瓠子，東南注鉅野，通於淮、泗。其後二十餘歲，天子乃使汲仁、郭昌發卒數萬人塞瓠子。天子自臨決河，沈白馬、玉璧於河，令羣臣從官自將軍已下，皆負薪填決河。是時東郡燒草，以故薪少，而下淇園之竹以爲楗。天子既臨決河，悼功之不成，乃作瓠子之歌。

東北二十里有胡柳坡。五代史：晉王與梁軍戰於胡柳坡，周德威死之。晉王收軍復戰，大破之。

東二十里有舊州城，州治及故鄄城縣也。春秋莊十四年：單伯會齊侯、宋公、衛侯、鄭伯于鄄。史記田齊世家：威王九年，趙伐我，取鄄〔八〕。景泰三年，以河患徙今治。

南有金堤。

六十里有臨濮城。唐縣。

東北有帝丘。古帝顓頊之墟也。春秋僖三十一年：狄圍衛，衛遷于帝丘。注：帝丘，今東郡濮陽縣。

有馬陵。史記魏世家：太子與齊人戰，敗於馬陵。正義引虞喜志林曰：馬陵在濮州鄄城縣東北六十里。澗谷深峻〔九〕，可以置伏。按龐涓敗即此也〔一〇〕。

東南二十里有濮陽城。漢縣。

三十五里有堯城。史記：堯作游成陽〔一一〕。或云：崩而葬焉。詳曹州。

有鹹城。春秋僖十三年：公會齊侯、宋公、陳侯、衛侯、鄭伯、許男、曹伯于鹹。注：鹹，衛地。東郡濮陽縣東南有鹹城。

有清丘。春秋宣十二年：同盟于清丘。注：清丘，衛地。在今濮陽縣東南。

有昆吾城。夏伯昆吾封於此。左傳哀十七年：衛侯夢于北宮，見人登昆吾之觀而譟曰：登此昆吾之墟。則在國都之中可知。舊唐書：武德二年，置范州，治昆吾城。今不詳其處。

有洮城。左傳僖三十一年：分曹地，自洮以南，東傅于濟。水經注：今鄄城西南五十里有桃城，或謂之洮矣。

范縣　州東北六十里。

東南七十里有水保巡司。

東南七十里有水保河，宋漕運故道。

東南二十里有舊城。孟子：自范之齊。後漢興平中，靳允爲范令。曹操東征陶謙於徐州，張邈迎吕布，郡縣響應。程昱説允曰：君必固范，我守東阿，田單之功可立。即此地也。

五十里有顧城。古顧國。詩：韋、顧既伐。左傳哀二十一年：公及齊侯、邾子盟于顧。

南三里有秦臺。春秋莊三十一年：築臺于秦。注：范縣西北有秦亭。

觀城縣　州西北七十里。

本古之觀國。左傳昭元年：夏有觀、扈。注：觀國，今頓丘衛縣。國語注：夏太康之弟所封也。史記田齊世家：魏惠王請獻觀以和。漢爲畔觀縣。

有新臺。詩序曰：新臺刺宣公也。納伋之妻，作新臺于河上而要之。今在盧津關。舊唐書：臨黄縣東南有盧津關。一名高陵津是也。今析入觀城。

朝城縣　州北九十里。

東南二十里有黄河故道。

西南有漯河。

西北有馬頰河。

本漢之東武陽縣。後漢臧洪爲東郡太守，治此。

王士性曰：東、兖之間，郡縣大小不等。如滕，非昔五十里之滕也。南則百數十里〔二〕，東亦不下百里，岡阜綿延，盜賊淵藪，號爲難治。當於滕、嶧之間，更置一邑爲善。若清平之旁有博平，朝城之側有觀城，則贅也。博平四隅鄉村，每方不出二十餘里。觀城東、西、北皆不過數里，止東南十餘里而已〔三〕。此猶不及一大郡之城，何以爲邑？

【校勘記】

〔一〕發干城　「干」，底本作「千」，京本同，據史記衛將軍驃騎列傳、漢書衛青霍去病傳改。下「發干侯」改同。

〔二〕史記田齊世家至東郡之博平也　京本同。按史記田敬仲完世家：齊威王六年，「晉伐我，至博陵。」正義曰：「在濟州西界也。」本書云：「威王伐晉，至博陵。」誤。下文徐廣曰亦誤。

〔三〕□縣　原缺字，京本同。紀要卷三四：唐初置清水縣，屬毛州。貞觀初省入冠氏縣，唐志不載。

〔四〕女學士尚宫　「宫」，底本作「官」，京本同，據舊唐書職官志、宋若昭傳改。

〔五〕長曰若莘　「莘」，底本作「華」，京本同，據兩唐書宋若昭傳改。下同。

〔六〕綱奏恩州武城縣　底本脱「綱」字，京本同，據金史蒙古綱傳補。

〔七〕自築黄陵岡　「築」，底本作「桑」，據京本及明史河渠志改。

〔八〕取鄄　京本同。史記田敬仲完世家作「取甄」。正義曰：「即濮州甄城縣也。」史記趙世家：「伐齊於鄄。」正義：「濮州鄄城縣是也。」甄城、鄄城一地也。漢書地理志作「鄄城」。

〔九〕澗谷深峻　「澗」，底本作「陵」，京本同，據史記魏世家正義改。

〔一〇〕龐涓　「涓」，底本作「滑」，據京本及史記魏世家改。

〔一一〕堯作游成陽　京本同，史記貨殖列傳「游」作「於」。

〔一二〕南則百數十里　京本同。按廣志繹卷三，其上有「西北可五十里」，當脱。

〔一三〕十餘里　京本同，廣志繹卷三作「十里餘」。

肇域記卷之四

青州府

本元之益都路改。領州一，縣十三。

齊王封，以罪除。衡王復封。

城周一十三里有奇。

有青州左衛左、右、中、前、後五千户所。

有青社馬驛。

淄水。書禹貢：濰、淄其道。漢地理志：淄水出泰山萊蕪縣原山，東至博昌入泲。按今淄水出顔神鎮東南二十五里岳陽山東麓，東北流，逕萊蕪谷，又北逕長峪，東流，聖水入焉。又東北逕牛山，折而北，天齊淵水入焉。又北漸臨淄東城，又東北逕安平故城北，又東北逕樂安縣東，又北入巨淀。今清水泊。又北出注馬車瀆，今高家港。合時水入海。淄多伏流，潦則薄崖，乾則濡軌而已。俗謂之九乾十八漏。

時水，一名耏水。左傳襄三年：齊侯與士匄盟于耏水。哀十四年：子我之臣大陸子方以公命取車於道，及耏，衆知而東之。是也。其作時者，春秋莊九年：及齊師戰于乾時。注：時水在樂安界，岐流，旱則竭涸，故曰乾時。是也。今時水出臨淄西南二十五里矮槐樹，蓋伏淄所發，土人名曰烏河。西北逕黄山，又北逕愚山，又屈而逕杜山，澅水入焉。又北逕臨淄城北，系水入焉。系水分爲二，俱入時水。又北至新城縣東南索鎮，可通舟楫。又北至博興南之灣頭，濼水即小清河。會焉。又東逕樂安縣北，又東北由馬車瀆入海。

洱水。水經注：巨洋水出朱虚縣東泰山，國語謂之具水，袁宏謂之巨昧，王韶以爲巨蔑，或曰朐瀰，或曰巨沫，實一水也。今考後漢書謂之鉅昧。耿弇傳：追至鉅昧水上。是也。魏書謂之洰液。□□志：太和十六年，青州洰液戍獲白雉一頭〔二〕。是也。今謂之溷河。元史王磐傳：買田溷河之上，題其居曰鹿庵。是也。東北流，至臨朐縣東南，熏治泉入焉。又東經覆釜山，又北經委粟山，又東北合逢山石溝水，又北逕府城東北，建德水合南陽水入焉，又東北康浪水入焉，又北逕壽光縣東，又東北下黑冢泊，述征記謂之烏常泛。入於海。齊乘曰：漢志：石膏山，洋水所出，東北至廣饒入巨淀。誤也。出石膏山者陽水，至廣饒入巨淀者此水，亦謂之巨洋。酈道元曰：洋水出臨朐，陽水導源廣縣，二縣雖鄰，川土不同。是也。洋爲齊之大川，故以「巨」名。

龍水，亦曰籠水。今名孝婦河。水經注：龍水南出長城中。今顔神鎮孝婦祠下，古齊之長城處也。西逕萊蕪山陰，北至淄川縣西，般水入焉。又北逕長山縣西，又北逕鄒平縣東，蒙河水入焉。俗名沙河。又北逕新城縣西，又北逕高苑縣南，入於小清河。

府境南北皆瀕海。

益都縣

西北七十里有金嶺鎮馬驛。

西南一百八十里有顔神鎮巡司。

舊有青社、金嶺鎮二遞運所，革。

北八里有堯山。

南五里有雲門山。

西南一百八十里有顔神山。上有顔文姜祠。董逌廣川書跋曰：按顧野王輿地志謂：顔文妻事姑，感得靈泉生於室内，常以緝籠蓋之。姑出籠，即泉湧居宅，時號籠水。唐李亢集異記誤作顔文姜〔二〕。宋熙寧中，遂封顔文姜爲順德夫人。按左傳：齊靈公娶于魯，曰顔懿姬，顔固不當姜姓，而以「文」爲謚，又非匹婦之稱。董氏裙輿地志正之〔三〕，良是。

北陽水，一名濁水，出城西南三十里九迴山；東北逕五龍口，又北逕廣固廢城，又北逕堯山東，至東陽城北，又東北逕石槽城，又北至樂安合女水，又東北入巨淀。

南陽水，出城西南二十五里石膏山，東北流，逕廣縣故城西，又東北，石井水注之。又北而東，貫益都南北兩城間，東合建德水，入巨洋。後人或以爲洋水。宋曾肇南陽橋記作南洋、北洋。元史察罕帖木兒傳：遏南洋河以灌城中。並因漢志而誤。

漢、魏、晉青州刺史並治臨淄〔四〕。永嘉之末，曹嶷略有齊地，以城大難守，乃於堯山南三里築城，名曰廣固。十六國春秋：燕慕容德議建都，尚書潘聰曰：青、齊沃壤，號爲「東秦」，土方二千，户餘十萬，四寨之固，負海之饒，可爲用武之國。廣固山川險阻，曹嶷之所營也，都之便。

德從之。宋武帝克慕容超，夷廣固城，以羊穆之爲刺史，穆之乃築城於陽水北，名曰東陽。其後復築於陽水南，曰南陽。即今城也。

齊乘曰：府城五門，周二十里，俗謂之南陽城。北城爲東陽城，東西長而南北狹，兩城相對，抱水如偃月，因水以爲隍，因崖以爲壁，蓋古合爲一城。或皆羊穆之所築，或後人增立，未可知也。曾肇記曰：東陽城，府治之北城也。由此推之，明是二城。靖康兵燼，入金，始幷於南城耳。按五代史房知温傳：爲平盧節度使，治第青州南城。宋史王居卿傳：青州河貫城中，泛溢爲病。居卿即城立飛梁，上設樓櫓，下建門，以時啓閉。人服其智。然則青州之兩城久矣。今城外南陽橋北，有北齊故龍興寺。寺西有古垣，漫衍如堤。有門二：東曰車陽，西曰馬驛，高大而堅緻，北城之遺迹也。

西北堯山下有廣固城。城下有大澗甚廣，因之爲固，故曰廣固。宋書武帝紀：大軍進廣固，即屠大城，超退保小城。於是設長圍守之〔五〕。

西南四里有廣縣城，在瀑水澗側。漢縣。後魏置青州於此。土人目爲古青州。

顏神鎮城在縣西南一百八十里。接萊蕪、淄川界。嘉靖十七年，因山寇作亂，專設通判一員駐劄。三十七年築城。其西南有青石關，兩山壁立，連亘數里，爲南走淮、徐道。

臨淄縣　府西北三十里。

南十里有牛山。孟子曰：牛山之木嘗美矣。齊景公登牛山，顧其國而流涕。即此山也。右臨淄水，下有四大冢。水經注以爲田氏四王冢，蓋威、宣、湣、襄是也。

十五里有鼎足山。晉書載記：慕容德「北登社首山，東望鼎足」者也。女水所出，上有齊桓公及其女之冢，水出冢側，因以名焉。此水通塞不常。水經注云：女水至安平縣故城南，伏流十五里，然後更流注北陽水。今石槽城古安平。東北平地出泉，俗名馬臺河，至樂安東北，合北陽水，入巨淀。土人謂即桓公女冢之伏流者也。南燕建平六年〔六〕，水忽暴竭。玄明惡之，寢病而亡。太上四年，又竭。慕容超惡之，尋爲劉裕所滅。

東南十五里有猛山。詩：遭我乎猛之間兮。漢書作嶩。

西南二十里有愚公谷。韓非子：齊桓公逐鹿入谷，問一老父，此何以名愚公谷。是也。時水逕其下，其南有杜山。高士傳：齊宣王獵於杜山，閭丘先生長老十三人相與勞王。

西北八十里有商山，亦名鐵山。跨益都、臨淄、新城三縣界。崔琰述征賦：涉淄水，過桓都，登鐵山，望齊、密。是也。晉書：慕容德立治於商山，置鹽官於烏常澤，以廣軍國之用。魏書食貨志：崔亮言：南青州苑燭山、齊州商山，並是往昔銅官。元史合剌普華傳：嘗以事至益都，於四脚山下，置廣興、商山二冶。

西有申池。左傳文十八年：齊懿公游于申池。注：齊南城西門名申門。齊城無池，惟此門左右有池。水經注：申門，齊城南面西第一門。襄十八年：焚申池之竹木。晉書：慕容德宴庶老於申池。是也。左太沖賦謂之照華池，水分爲二，北流曰澠水，西流曰系水。系水自西而北，二十五里入時水。澠水，逕梧臺北，至博興，入時水。齊乘曰：左傳昭十二年：有酒如澠。戰國策魯仲連謂：田單黄金横帶，而騁乎淄、澠之間。正此水也。南燕李宣謂：澠水無水，良由逼帶京城者，乃濁水耳。

二十里有澅水。水經注：澅水出時水東，去臨淄城十八里，所謂澅中也。俗以爲宿留水，以孟子三宿出澅云〔七〕。按孟子作晝。今俗謂之泥河，在金嶺鎮東。

東八里有天齊淵。史記封禪書：齊所以爲齊，以天齊也。秦祠八神：一曰天主，祠天齊。天齊淵水〔八〕，居臨淄南郊山下，五泉並出。南郊山即牛山也。齊乘曰：此淵在臨淄東南八里，淄水之東，女水之西，平地出泉，廣可半畝。土人名曰龍池。西南流入淄水。牛山在淄水南，遥以爲識耳。「天齊」之義，蘇林曰：當天中央齊也。師古曰：謂其中神異，如天之腹齊。齊記補引晏子曰：吾聞江深五里，海深十里，此淵與天齊。余按六書：故齊，本作𠆣，亦作亝。象禾穀之秀齊也，引之爲整齊。齊一又爲國名，借爲人之腹齊。莊子達生篇曰：與齊俱入，與汨偕出。司馬彪曰：齊回水如磨齊也。蓋水之旋紋，豈衆泉並出，旋流如齊，以其祠天，稱曰天齊耶？

古齊城，在今縣北。周圍約四十里。史記：太公都營丘。後五世，胡公遷薄姑，其弟獻公又遷臨淄，即此城也。齊記補謂：齊古城周五十里，高四丈，十三門。其西雍門。左傳襄十八年：晉人及秦周，伐雍門之萩。高誘淮南子注曰：雍門，齊西門也。亦韓娥鬻歌之地。又有稷門。昭二十二年：莒子如齊涖盟，盟于稷門之外。注：齊城門。其下立學舍。史記田齊世家：宣王喜文學游説之士，自如騶衍、淳于髡、田駢、接予、慎到、環淵之徒七十六人，皆賜列第，爲上大夫，是以齊稷下學士復盛，且數百千人。荀卿嘗爲稷下祭酒。亦作棘下。鄭志：張逸問贊曰：「我先師稷下生何時人？」答曰：「齊田氏時，善學者所會處也。齊人號之棘下生。」西南有申門，門外有申池。又西有揚門，東有東閭門。襄十八年：范鞅門于揚門。注：齊西門。州綽門于東閭。注：齊東門。又有鹿門。昭十年：國人追欒高，敗諸鹿門。注：齊城門。有嶽里。左傳襄二十八年：反陳于嶽(九)。注：嶽，里名。孟子：引而置之莊、嶽之間數年。城外有梧臺，在系水傍。水經注：楚使聘齊，齊王饗之梧宮。闞子曰「宋之愚人得燕石於梧臺之東」者也。

東北五里有雪宮。孟子：齊宣王見孟子於雪宮。

東一里有遄臺。左傳昭二十年：齊侯至自田，晏子侍于遄臺。

東北有檀臺。史記齊世家：簡公與婦人飲於檀臺。正義曰：在青州臨淄縣東北一里。

西北二里有營丘城。按史記言太公封營丘，其後獻公始徙臨淄矣。此復謂之營丘者，猶晉遷於新田而仍謂之絳，楚遷於鄀而仍謂之郢，故班氏地理志言臨淄名營丘也。後人乃指此以爲營丘。晉書：慕容德如齊城，登營丘。則此之營丘也。

西南二十里有晝邑城。史記田單傳：燕之初入齊，聞晝邑人王蠋賢，令軍中曰：環晝邑三十里無入。劉熙曰：晝音獲。索隱曰：晝，胡卦反。齊乘曰：西安城東有晝邑城，王蠋鄉也。後漢書耿弇傳：進軍晝中，居兩城之間。

三十里有西安城。北距時水。漢置縣。耿弇傳：西安城小而堅。今之索鎮是也。左傳昭十一年：齊渠丘實殺無知。注：渠丘，今齊國西安縣也。齊大夫雍廩邑。

有葵丘。左傳莊八年：齊侯使連稱、管至父戍葵丘。瓜時而往，及瓜而代。期戍，公問不至。請代，弗許。注：臨淄縣西有地名葵丘。夫去國三十里，何用置戍？又何至期而不代，而生作亂之心？是必齊之邊邑。今不可知其地。而「去國三十里」者，雍廩之渠丘也。葛臣曰：後漢志：西安有蘧丘里。蘧、渠一字，而又非二漢琅邪之渠丘。彼之渠丘，莒邑也。

東十里有平安城。春秋莊三年：紀季以酅入于齊。注：在齊國東安平縣。史記齊世家：田常專齊政，割齊安平以東爲田氏封邑。田單傳：燕師長驅平齊，而田單走安平。徐廣曰：今之東安平也，在青州臨淄縣東十九里。古紀之酅邑，齊改爲安平，秦滅齊，改爲東安平縣。以定州有安平〔一〇〕，故加東。今謂之石槽城。

東南二十里有索頭城。在女水之南。後魏慕容白曜圍沈文秀於青州，築此城。

自臨淄西南至萊蕪，有長峪，界兩山間，長三百里，中通淄河。左傳襄二十五年：閭丘嬰與申鮮虞乘而出，及弇中。哀十四年：子我出，「陳氏追之，失道于弇中」者也。其民獷悍，不識官府，爲盜賊之藪。

博興縣　府西北一百二十里。本元之博興州改。

南八里有小清河。

有時水。

西有澠水。

東北有薄姑城。史記齊世家：胡公徙都薄姑。正義曰：括地志云：薄姑在青州博昌縣東北六十里。一作蒲姑。書序：成王既踐奄，將遷其君于蒲姑。左傳昭九年：蒲姑、商奄，吾東土也。二十年：蒲姑氏因之。齊乘曰：武王封太公於齊，未得薄姑之地。成王時，薄姑與四國作亂，成王滅之，益封太公。是也。後胡公遷於此。

南二十里有博昌城。漢縣。

四十里有利城。漢縣。

南五里有貝丘。左傳莊八年：齊侯田于貝丘。注：樂安博昌縣南有地名貝丘。史記作沛丘。後漢郡國志：博昌有貝中聚。

有高昌城。漢孝宣封董忠爲高昌侯。水經注：濟水又東北，逕高昌故城西。

顧鐸小清河記曰：嘗讀漢卜式傳：呂嘉反，式上書，欲率博昌習舟之民以行。又讀雜傳：王師範據青州叛，恃博昌之水，不備於北。則當時茫然巨浸也。歷下之趵突泉，章丘之白雲湖，渲〔一〕、漯、沙溝、養馬、孝婦、漢溱六河，白條、鄭黄二溝，盡從博昌入海。而不入之水，如今清沙泊、新城西北二十五里。麻大泊、新城東北五十里。滸山泊，鄒平西十五里。不與區區之水爭地也。此其可考者一也。至僞齊劉豫之時，改趵突泉及章丘諸水爲今之小清河，下與烏河合流。濟水勁猛，能蕩滌垢濁，以故常流無虞。而海上之鹽場，傍河之州縣，貨物皆得達於歷下，入大清，抵張秋，以至於大名。此其可考者二也。久而淤廢。成化九年，山東參政唐公源潔力請尋劉豫時故迹浚之〔二〕，皆復其舊。又多置牐，及開支脈溝，遇大水則開牐分流以殺其勢，旱則閉之，東方鹽、貨仍得抵於張秋。此其可考者三也。今則趵突及章丘渲、漯諸水仍入大清，而小清之上流爲平地行車矣，止孝婦等河諸水來匯，然旱則涸而斷流，潦則瀰漫地上，一乾一溢，迄無寧歲矣。

高苑縣　府西北一百五十里。

西南七里有小清河、孝婦河，土人謂之岔河。

西北二里有狄城。戰國策：田單攻狄，三月不下。秦爲狄縣。史記：田儋者，狄人也。正義曰：淄州高苑縣西北故狄縣城。後漢安帝改曰臨濟。

北二十五里有千乘城。漢縣。爲千乘郡治。後漢徙治狄。史記田儋傳：使灌嬰破殺齊將田吸於千乘。正義曰：千乘故城，在高苑縣北二十五里。李舜臣曰：伏琛齊記：千乘城在齊城西北一百五十里。又云：有南北二城，相去三十里。然則其一城爲太守治，若王國爾。

九十里有濟陽城。唐景龍元年，析高苑置。

西南有被陽城。漢孝武封齊考王子燕爲被陽侯。

樂安縣　府北九十里。

東北一百里有塘頭寨備禦百户所。

有樂安巡司，□□年移顏神鎮。

東北五十里有高家港巡司。

有王家岡、新鎮、高家港三場。

北十八里有小清河。

東北一百四十里有巨淀。地理志：齊郡有鉅定縣下之馬車瀆水，首受鉅定，東北至琅槐入海。漢書之鉅定也。孝武紀：征和四年，上耕於鉅定。今謂之清水泊。受北陽水、女水，又北爲馬車瀆，合淄水。其中有茭蘆千頃，利倍腴田。德府占爲子粒地矣。

北六十里有支脈溝。起高苑城南二里，逕博興，盡縣境，泄馬家泊諸水，入於海。今迹微存。居民皆佃作輸租，非甚潦無水也。

一百三十里至海。

李舜臣曰：自金更千乘之名爲樂安，非漢之樂安也。漢所謂樂安縣，自晉至宋，亦省而不見矣。其故城當在今博興城西南。水經云：濟水又東北逕樂安縣故城南，又東北過利縣西。利縣，今利城也。

東北有廣饒城。漢孝武封菑川靖王子國爲廣饒侯。李舜臣曰：水經注：淄水又東北，逕廣饒縣故城南。言故，有新也。今城北二十里外有故城址，或是酈道元之時廣饒見城，然又未知爲千乘與，又未知爲樂安與？史之闕文，非一日矣。

五十里有琅槐城。漢縣。水經注：濟水東歷琅槐縣故城北。地理風俗記曰：博昌東北八十里有琅槐鄉，故縣也。

有青丘。漢司馬相如子虛賦：秋田乎青丘。今清水泊亦名青丘濼。

西北有延鄉城。漢元帝封李譚爲延鄉侯。水經注：千乘有延鄉城。

壽光縣　府東北七十里。

東北三十五里有廣陵鎮巡司。

舊有莘店遞運所，革。

東十里有洱河。

三十里有丹河。有東西二源：西丹水出臨朐縣丹山，東丹水出昌樂縣方山，二水皆北流，至昌樂故城西北，合而爲丹河，北入於海。于欽曰：寰宇記：丹水入昌樂縣界，引以溉田。今按齊地衆水，可引溉者甚多，古人陂渠遺迹，猶有存者。自金人入中原，民俗偷惰，爲政者何慮及此。然則史令所譏，豈獨西門豹也哉！

北五十里有清水泊，接樂安界。

東北五十里有黑塚泊。

邑在漢爲劇、壽光二縣，地重民衆。孝文帝分齊置菑川國〔一三〕，都劇。張步據有齊地，亦都劇。後漢齊武王子北海靖王興復都劇。今爲僻陋下邑矣。

東南三十里有紀城。古紀國，本在東海贛榆，後遷劇。城内有臺，高九尺，俗名紀臺城。旁有劇南城，漢北海郡劇縣也。

東北四十里有斟灌城。左傳襄四年：寒浞使澆用師，滅斟灌氏及斟尋氏。注：二國，夏同姓諸侯，仲康之子后相所依。壽光縣東南有灌亭。北海平壽縣東南有斟亭。

東二十里有樂望城。漢孝宣封膠東戴王子光爲樂望侯。

西十里有益城。漢縣。

北二十里有益都城。漢孝武封菑川懿王子胡爲益都侯。水經注：巨洋水又東北逕益縣故城東，又東北積而爲潭，枝津出焉〔一四〕，謂之百尺溝，西北流逕北益都城也。

昌樂縣 府東七十里。元省入北海縣。洪武中，復置，改今屬。

舊有丹河馬驛、小丹河店遞運所，革。

東十里有孤山，有伯夷叔齊廟。

東南二十里有方山。

白浪河有二源：一出縣西南擂鼓山，一出濰縣南小王莊，平地泉湧如輪，合流，西北逕濰縣東寒亭，入於海。唐書地理志：長安中，北海令竇琰於故營丘城東北穿渠，引白浪水曲折三十里以溉田，號竇公渠。

東南五十里有營丘城，太公望所封也。考漢書：齊郡治臨淄，北海郡治營陵，或曰營丘。二郡並云師尚父所封。然史記言營丘邊萊，又言其地舄鹵，人民寡。吕氏春秋言：太公封於營丘之渚，海阻山高，險固之地。而臨淄之徙，乃在太公之後六世獻公，則營丘在東邊者爲是。今謂之營丘社，地接濰縣。

臨朐縣　府東南四十五里。

南一百一十里有穆陵關巡司。

東有巨瀰河。

東南二里有朐山。水經注謂之覆釜山，朐水出焉。

一百一十里有大峴山。上有穆陵關。左傳：南至于穆陵。即此地也。其左、右有長城、書案二嶺，峻狹僅容一軌，故爲齊南天險。宋武帝伐南燕，兵過大峴，指天而喜曰：虜已入吾掌中。即此山也。山北數里有宋武祭天丘壇。金史僕散安貞傳：李全略臨朐，扼穆陵關。

南一百一十里有沂山。周禮職方：正東曰青州，其山鎮曰沂山。一名東泰山。史記封禪書：公玉帶曰：黄帝時雖封泰山，然風后、封巨〔一五〕、岐伯令黄帝封東泰山，禪丸山，今本作凡山。合符，然後不死焉。天子既令設祠具，至東泰山，東泰山卑小，不稱其聲，乃令祠官禮之，而不封禪焉。徐廣曰：東泰山在琅邪朱虚縣。今爲東鎮，沂水、沭水出其南，巨洋水出其北。

東北二十里有靈山。晏子春秋：齊大旱，景公欲祀靈山。

三十里有丸山。史記：黄帝禪丸山。一名丹山。丹水、白浪水皆源於此。

西二十里有逢山。殷諸侯逢伯陵之國。左傳昭二十年：有逢伯陵因之。注：殷諸侯，姜姓〔一六〕。漢地理志：臨朐有逢山祠〔一七〕。述征記曰：逢山有石鼓，齊地將亂，鼓自鳴，聞十數里。隋名縣爲逢山。

東六十里有朱虛城。漢孝惠封齊悼惠王子章爲朱虛侯。

東南有郱城。春秋莊元年：齊師遷紀郱、鄑、郚。注：郱在東莞臨朐縣東南。入齊謂之駢邑。漢地理志：臨朐山有伯氏駢邑〔一八〕。

東有狡城。漢孝武封城陽王子雲爲狡侯。

有臨原城。漢孝武封菑川懿王子始昌爲臨衆侯，國於此。

安丘縣　府東南一百六十里。自密州改屬。

西南十五里有牟山。其北有故城，隋所置牟山縣也。

六十里有郚山，四面險絶，其上寬平，約數百畝。有古城遺址，中有池。

八十里有長城嶺。

北三里有汶水。漢書：東泰山，汶水所出，東至安丘入濰〔一九〕。今此水出沂山之百丈崖，循山東麓北流，逕郚山，又北逕縣東北，入於濰。齊乘曰：齊有三汶，入濟之汶見禹貢，入濰之汶見漢書，入沂之汶見水經。此則入濰之汶也。

東四十里有浯水。説文：水出琅邪靈門壺山，東北入濰。靈門，今莒州北境。漢書：靈門有高枲山。枲，古「柘」字。今俗呼爲高望山。壺山，浯水所出，東北入淮。今此水出高枲山之陽，東

而水經注云：琅邪臺在城東南十里。今夏河城在臺西北正十里，或是越王都也。

南七十里有長城。括地志所謂起濟州平陰縣至密州琅邪臺入海〔二六〕。今按長城至膠州大朱山入海，南距臺六十里。齊之與越，當以長城爲界。

西四十里有姑幕城。漢縣。今入莒州界。

有扶淇城。後魏縣。

景之鎮城〔二七〕，在縣北七十里。爲安丘、高密三界之地。居民四五千家，流寓雜處。萬曆七年，設萊州府通判一員駐劄。今革。

海口，在縣東南一百三十里信陽場南一里，南北往來客商泊舟之所。

齋堂島，在琅邪山東南五里海中。其上平地可千餘畝，多土少石，甚肥饒。產紫竹、黄精、海棗。元時，海運糧船皆泊於此。

沭官島，在信陽場東南一里海中。多石，不可耕。

濱海之鎮二：曰信陽，曰龍灣；寨四：曰蕭家，曰夏河，曰龍潭，皆靈山衛撥軍守之，曰崔家民寨。

蒙陰縣 府西南三百五十里。自莒州改屬。

舊有紫金關巡司，革。

南四十里有蒙山，山之陽爲費縣。史記所謂「泰山之陽則魯，其陰則齊」者也。宋明帝泰始七年，北琅邪、蘭陵二郡太守垣崇祖自郁洲將數百人入魏境七百里，據蒙山。魏世宗正始三年，統軍畢祖朽敗梁將角念，克蒙山。

東北十五里有具山。

三十里有云云山。史記封禪書：無懷氏封泰山，禪云云。晉灼曰：云云山在蒙陰故城東北，下有云云亭。

西北三十里有浮來山。春秋隱八年：公及莒人盟于浮來。注：浮來，紀邑。東莞縣北有邳鄉。邳西有公來山，號曰邳來間。水經注：沂水東逕浮來之山，浮來水注之。齊乘以爲在莒州，非。

三十五里有敖山。左傳桓六年：先君獻、武廢二山。國語：范獻子聘於魯，問具山、敖山，魯人以其鄉對。謂此二山也。

一百三十里有艾山。春秋隱六年：公會齊侯，盟于艾。水經：沂水出泰山蓋縣之艾山。桑泉水，出縣西南保安社之五女山，納堂阜諸水，逕縣南，合蒙陰水，東北入於沂。泉五。其二入汶，其三入沂。

西北三十里有堂阜。左傳莊九年：管仲請囚，鮑叔受之，及堂阜而稅之。注：堂阜，齊地。東莞蒙陰縣西北有夷吾亭。或曰：鮑叔解夷吾縛於此，因以爲名。

莒州　府南三百里。省倚郭莒縣入州。

有莒州守禦千户所。

西南一百二十里有葛溝店巡司。

南一百里有十字路巡司。

南四十里有焦原山。尸子曰：莒有焦原，廣尋，長五百步，臨百仞之溪，國人莫敢近者，莒勇士登焉。莊子：伯昏瞀人射，臨百仞之淵。即此也。漢志謂之崢嶸谷。今俗名青泥衖。

西北九十里有箕屋山，濰水出焉。

北一百三十里有高柔山。其西四十里巨平山，浯水出焉。

東三里有沭水。

莒，少昊之後，嬴姓。周武王始封曰兹輿者，都計斤。在故高密縣東南。左氏謂之介根城也。春秋時，徙都於此。至莒子朱居渠丘，號渠丘公。後爲楚所滅，地屬齊，爲莒邑。湣王之敗，齊城之不下者，惟莒、即墨。是也。地志曰：州理莒國故城，城三重，外郭周四十餘里，内城周二十里，子城周十二里。元至元間，參政馬睦火者鎮莒，以城大難守，截東北隅爲今城，周五里八十步。

漢城陽郡治莒。孝文二年，以齊劇郡立朱虛侯章爲城陽王。按戰國策：貂勃對襄王曰：昔王不能守王之社稷，走而之城陽之山中。安平君以敝卒七千禽敵，反千里之齊。當是時，闔城陽而王，天下莫之能止。然爲棧道木閣，而迎王與后於城陽之山中。王乃復反，子臨百姓。則古齊時已名城陽矣。史記淮陰侯傳：信擊殺龍且，齊王廣亡去，信遂追北至城陽。田横傳：收齊散兵，反擊項羽於城陽。皆在此。正義以爲濮州雷澤縣，誤。

東南七十里有高鄉城。漢孝宣封城陽惠王子休爲高鄉侯。疑即今之十字路城。

東北一百里有箕城，在箕屋山下。漢孝宣封城陽荒王子文爲箕侯。

有姑幕城。漢縣。齊乘引寰宇記云：在莒州東北一百六十里密州境内。公鼐以爲不應若此之遠。後漢書劉盆子傳：莒人逄安等起兵，從樊崇攻莒不下，轉掠至姑幕，遂北入青州。而北齊幷姑幕入東莞。水經注引京相璠曰：琅邪姑幕縣南四十里員亭，乃莒、魯所爭之鄆邑。今沂水縣。則知姑幕在州境内不遠也。

春秋齊亦有莒邑。左傳昭三年：齊侯田於莒。注：齊東境。十年：陳桓子盡致諸公，而請老于莒。注：齊邑。周亦有莒邑。昭二十六年：陰忌奔莒以叛。魯有莒父邑。定十四年：城莒父及霄。皆非莒國之莒也。

沂水縣 州西七十里。

西一里有沂水。

北五十里有沭水。

一百里有沂山。其陰爲臨朐。

沂山之東南爲大峴。或曰大弁山。水經注：大弁山與小泰山連麓而異名。是也。

泉十，皆入沂。

本春秋莒、魯所爭之鄆邑。文十二年：季孫行父帥師城諸及鄆。成九年：楚人入鄆。襄十二年：季孫宿帥師救台，遂入鄆。昭元年：取鄆。注：成陽姑幕縣南有員亭。俗變其字，即「鄆」也。後漢志：東莞有鄆亭。闞駰十三州記曰：魯有兩鄆，昭公所居爲西鄆，在東平。莒、魯所爭爲東鄆，此是也。

西北古城，漢之東莞縣。孝武封城陽共王子吉爲東莞侯。魏文帝黄初中，立爲東莞郡。

西北八十里有蓋城。孟子：蓋大夫王驩，陳仲子兄戴蓋禄萬鍾。即此。漢孝景封皇后兄王信爲蓋侯。

北一百里有古長城。

南有陽都城。漢孝宣封張彭祖爲陽都侯。後漢書明帝紀：徵東平王蒼會陽都。注：故城在沂州沂水縣南。水經注：沂水又南逕陽都縣故城；縣故陽國，齊利其地而遷之。春秋閔二年：齊人遷陽。是也。公鼒曰：史言諸葛亮琅邪陽都人，而酈道元言：盧川水之右，有諸葛泉源。後人求陽都而不得，乃以沂州當之，非也。

其東有牟鄉。春秋宣九年：取根牟。注：根牟，東夷國也。今琅邪陽都縣東有牟鄉。

南三十里有東安城。水經注：沂水南逕東安縣故城東。漢孝宣封魯孝王子强爲東安侯。

日照縣　州東南一百五十里。

南二十五里有夾倉鎮巡司。

舊有傳疃馬驛、白石山驛，革。

有濤雒場。

東二十里至海。

西十里有海曲城。漢書王莽傳：琅邪女子吕母攻海曲縣，殺其宰以祭子墓，引兵入海。

有棘津。後漢書：太公困於棘津。注：在琅邪海曲。

安東衛領左、前、後三千户所。本五所。天順間，調中所於天津，右所於徐州。在日照縣南九十里。城周五里。

石舊寨備禦後千户所，在縣東南。城周三里有奇。屬安東衛。

【校勘記】

〔一〕□□志太和十六年青州洰液戍獲白雉一頭　京本同。按魏書靈徵志無此記載。南齊書祥瑞志：「永明十年，青州洰液戍獲白雉一頭。」齊永明十年正當魏太和十六年，所缺二字疑爲「祥瑞」，「洰」疑爲「洰」。

〔二〕李允　「允」，底本缺字，京本同，據廣川書跋顔泉記補。

〔三〕董氏裙輿地志正之　「裙」，京本同，疑爲「据」之誤。

〔四〕並治臨淄　「治」，底本作「始」，據京本改。

〔五〕設長圍守之　「圍」，底本作「圍」，據京本及宋書武帝紀改。

〔六〕六年　「六」，底本作「二」，據京本及朱謀㙔本水經淄水注改。

〔七〕三宿出灉云　「灉」，底本作「畫」，京本同，據朱謀㙔本水經淄水注改。

〔八〕天齊淵水　底本脱「水」字，京本同，據史記封禪書補。

〔九〕反陳于嶽　「反」，底本作「及」，據京本及左傳襄公二十八年改。

〔一〇〕定州　底本作「中山」，京本同，據史記田單列傳集解改。

〔一一〕湆　京本及章邱縣鄉土志同，紀要卷三一、清統志卷一六一作「湆」。下同。

〔一二〕故迹浚之　「浚」，底本作「流」，京本同，據道光博興縣志卷三顧鐸小清河記改。

〔一三〕菑川國　「川」，底本作「州」，京本同，據漢書地理志改。

〔一四〕枝津出焉　「枝」，底本作「掖」，京本同，據朱謀㙔本水經巨洋水注改。

〔一五〕封巨　「巨」，底本作「臣」，京本同，據史記封禪書改。

〔二六〕姜姓　「姓」，底本作「縣」，京本同，據左傳昭公二十年杜預注改。

〔二七〕逢山祠　「山」，底本作「公」，京本同，據漢書地理志改。

〔二八〕臨朐山有伯氏駢邑　「山」，底本脱，京本同，據漢書地理志顏師古注引應劭曰補。

〔二九〕東至安丘入濰　「入」，底本作「縣」，據京本及漢書地理志改。

〔三〇〕桓五年　「五」，底本作「六」，京本同，據春秋桓公五年改。

〔三一〕州公如曹　「州」，底本作「寓」，京本同，據春秋桓公五年改。

〔三二〕有缾城至漢孝武封菑川靖王子成爲缾侯　兩「缾」字，底本作「鉼」，京本同，據漢書王子侯表上、地理志、武五子傳改。

〔三三〕濰水至又東北入於海　京本同。按此文自「濰水」至「又東北逕高密縣西」引自水經濰水注；自「又北逕龍且冢」至「又東北入於海」引自齊乘卷二。所云地名皆有依據。

〔三四〕箕下作維　「維」，京本同，漢書地理志「箕」下作「濰」。

〔三五〕惟淄其道　京本同。按上文禹貢作「濰、淄其道」，此處漢書地理志引禹貢作「惟、淄其道」，「惟」字與前文異。漢書地理志「淄」作「甾」，亦與上文不同。

〔三六〕起濟州平陰縣　「濟州」，底本作「鄆州」，京本同，據史記楚世家集解引括地志改。

〔三七〕景之鎮城　「之」，京本同，清統志卷一七二、圖書集成職方典卷二五九作「芝」。

肇域記卷之五

萊州府

本元之萊州，屬般陽路。洪武初，革般陽路。九年，升爲府。領州二，縣五。

城周九里有奇。

有萊州衛左、右、中、前、後五千户所。

西二十五里有馬埠寨備禦四百户所。

北五十里有竈河寨備禦四百户所。

東北八十里有王徐寨備禦百户所。

一百六十里有馬停寨備禦百户所，並有城，屬萊州衛。

海在府城西北二十里，西北環昌邑、濰界，東南環膠州即墨界。

膠萊新河之議，起於元至元十七年。萊人姚演建言，由膠西縣東陳村海口鑿新河，通漕至直沽。二十二年二月丙辰，詔罷膠萊所鑿新河。正統六年，昌邑人王坦言：漕河時時水淺，舟行不便，漕卒至終年不休。往者江南嘗海運，自蘇州太倉轉輸山東膠州。膠州有河故道，可浚之，轉運至掖縣，再浮海至直沽，可避東北數千里大海之險，視河漕爲便。章下行在工部，罷之。嘉靖十一年，巡按御史方遠宜議開新河。中有馬家壕數里皆石岡，巡海副使王獻焚以烈火，鑿而通之，功未半，去。萬曆三年，用南京工部尚書劉應節言，以徐栻爲工部右侍郎兼都察院右僉都御史，會同山東撫按官開浚。栻奏工費爲銀九十萬有奇，廷臣多言不可開，尋召還。其後屢議屢沮，迄無成績。其説云：自淮河北岸之支家河疏爲渠，至安東之漣河口，凡三百八十里出海。自海州贛榆、安東衛石舊所、夏河〔一〕、靈山衛，至膠州之麻灣口，凡二百八十里。自麻灣以北鑿爲新河，歷平度州，至掖之海倉口府西北七十里。出海，凡三百七十五里。又北抵直沽四百里，通計一千四百三十五里。而應節奏言：膠州南自淮子口大港頭出海，自州治西抵匡家莊四十里，俱岡溝黄土，宜開。自劉家莊北，歷臺頭河、張奴河，至亭口牐三十里，俱黑泥下地，水深數尺，宜浚。自亭口牐歷陶家崖、陳家口、孫店口，至玉皇廟六十里，河寬水淺，宜於舊河之旁，別開一渠。玉皇廟至楊家圈二十里水深數尺，宜浚。楊家圈以北，則悉通海潮，無煩工作矣。以工力計之，創者什五，因者什三，略施工者什二。以地勢計之，宜挑深丈餘者什一，挑深數尺者什九。栻言：匡家莊地高難開，改於都泊、船路溝地形平衍，有河可引，宜建牐設櫃，如會通河故事。刑科給事中王道成言：膠州在兩海口之中，土最高厚，萬一巨石隱伏，功將安施？一難；水性湍急，走石流沙，即有泉源，易盈易涸，二難；海船不可入河，河船不可出海，三難。至崇禎十二年，户部郎中沈廷揚試行海運，復請開膠萊河。十六年，命户、工二部發銀十萬兩開浚，事未行而京師不守矣。

掖縣

北五十里有柴葫寨巡司。

西北九十里有海滄巡司。

舊有城南、宋橋二驛，城南、沙河店、朱橋店三遞運所，革。

西北五里有斧山。魏書崔挺傳：除光州刺史，州治舊掖城西北有斧山，挺於其上欲營觀宇〔二〕。故老言：是龍道，不可久立。挺遂營之。數年，果無風雨之異。既代，即爲風雹所毁，訖莫能立。

北六十里有三山，在海南岸。史記封禪書：八神，四曰陰主，祠三山。索隱曰：顧氏案：地理志東萊曲成有三山。

掖水，出東南一十五里寒同山，西流逕城南，又西北入於海。

小沽河，出東南三十里馬鞍山，東南逕平度州，與大沽河合，逕膠州即墨界，入於海。

東北三十里有萬里沙。兩岸皆沙，長三百里。史記封禪書：於是天子既出無名，乃禱萬里沙。應劭曰：萬里沙，神祠也。在東萊曲成。

本齊之夜邑。魯仲連謂田單東有夜邑之奉者也。後漢書歐陽歙傳：封夜侯。注：今萊州掖縣。

西南四十里有當利城。其南有陽石城，其北有陽樂城，並漢縣。

東北六十里有曲成城。漢高祖封蟲達爲曲成侯。孝武封中山靖王子萬歲爲曲成侯。

北二十餘里有臨朐城。漢書地理志：有海水祠。師古曰：齊郡已有臨朐，而東萊又有此縣，蓋各以所近爲名也。

有過鄉。寒浞封子澆於過。後漢郡國志：掖，侯國。有過鄉。

平度州 府南一百里。本元之膠水縣改。

西北七十里有灰埠驛。

西南七十里有亭口鎮巡司。

北五十里有天柱山。魏鄭羲及其子述祖並爲光州刺史〔三〕，勒銘於上。

七十里有大澤山。

西七十里有三户山。漢書郊祀志：以方士言，祠三户山於下密。

八十里有膠水。

東北八十里有大沽河，出黄縣南蹲犬山〔四〕，南流逕招遠、萊陽，至州東南朱毛城東，與小沽河合，小沽河，出掖縣南馬鞍山。逕膠州即墨界，入海。左傳昭二十年：姑、尤以西。注：姑水、尤水皆在城陽郡東南入海。齊乘曰：姑，即大沽河。尤，即小沽河。沽水起北海至南海，行三百餘里，絶齊東界，故曰：姑、尤以西。

東南六十里有即墨故城。史記田齊世家：威王召即墨大夫而語之。正義曰：萊州膠水縣南六十里即墨故城。是也。田單以即墨攻破燕軍。項羽徙齊王田市爲膠東王，都即墨。漢爲膠東國。今俗謂之朱毛城。

西五十里有下密城。漢縣。水經注：濰水又東北，逕下密縣故城西。

西北五十里有盧鄉城。漢縣。宋書：晉武帝太康八年，木連理生東萊盧鄉。

六十里有平度故城。漢縣。膠水經此城北入海。

濰縣 州西一百八十里。本元之濰州，屬益都路。洪武九年，改屬。省倚郭北海縣入州。

東北四十里有固堤店巡司。

舊有城東遞運所，革。

東南五里有東于河，出塔山，東南五十里。東北入海。

六十里有濰水。

西二十里有大于河，出几山，西南八十里。逕昌樂縣西，下流合東于河，東北入海。

西三十里有下密城。隋縣。此爲西下密。

西南三十里有平壽城。漢縣。

五十里有斟亭。古斟尋國。後漢郡國志：平壽有斟城。

東北三十里有寒亭。寒浞所封。今爲鎮。

昌邑縣　州西北一百三十八里。自濰州改屬。

北五十里有魚兒鋪巡司。

舊有夏店馬驛，王耨店、新河橋二遞運所，革。

北至海五十里。

東二里有濰水。

五十里有膠水。

本漢之都昌。高祖封朱軫爲都昌侯。後漢書孔融傳：黄巾來侵，融乃出屯都昌，爲賊管亥所圍[五]。是也。今治故城之東南隅。

東南十五里有密鄉城。漢武帝封膠東頃王子林爲密鄉侯。水經注：濰水又東北逕密鄉亭西。後漢志：淳于縣有密鄉。應劭曰：淳于縣東北六十里有平城亭。又四十里有密鄉亭，故縣也。

南八十里有棠鄉。左傳襄六年：王湫帥師及正輿子、棠人軍齊師。萊共公浮柔奔棠。晏弱圍棠。孟子：國人皆以夫子將復爲發棠。後漢志：即墨有棠鄉。今爲甘棠社。

西北三十里有訾城。春秋莊元年：齊師遷紀郱、鄑、郚。鄑，音訾。注：北海都昌西有訾城。俗呼爲瓦城。半爲水漸。

膠州　府南二百二十里。自益都路改屬。省倚郭膠西縣入州。

有膠州守禦千户所。

南四十里有逄猛巡司。

東南一百二十里有古鎮巡司。

東至海三十里。

膠水出西南一百一十里鐵橛山，北逕高密、平度、昌邑界入海。梁武帝天監五年，輔國將軍劉思效敗魏青州刺史元繫於膠水〔六〕。

洋河，出鐵橛山，東流，逕城南三十里入海。水經注：拒艾水出黔陬縣西南拒艾山，又謂之洋洋水。宋明帝泰始三年，輔國將軍劉懷珍進至黔陬，軍於洋水，遣王廣之襲不其城，拔之。

南一百二十里有大朱山。通典：高密諸城縣有古長城。自齊西防門，東逾泰山穆陵，至大朱山海濱而絶。其旁有小朱山。

西南五里有介根城。左傳襄二十四年：齊侯伐莒，侵介根。注：介根，莒邑。今城陽黔陬縣東北計基城是也。漢爲計斤縣。地理志：莒子始起此，後徙莒。有鹽官。師古曰：即左氏傳所謂介根也，語音有輕重耳。今有兩塔對立，曰東西計斤。

南七十里有介亭。春秋僖二十九年：介葛盧來。注：介國在城陽黔陬縣。

西南七十里有祓城。漢侯國。

靈山衛領左、前、後三千户所，在膠州東南一百里。城周三里。

夏河寨備禦千户所，在州西南九十里。城周三里有奇。屬靈山衛。

石臼島，在州南一百里海中。金主亮將自海道襲浙江，兵圍海州。宋高宗令副總管李寶督海舟捍禦。寶至膠西石臼島，敵舟已泊唐島，相距僅一山。時北風盛，寶禱於石臼神，俄有風自柁樓中來，如撞鐘聲，衆咸奮，引舟握刀待戰，風駛舟疾，過山薄虜。寶命火箭環射，溺死甚衆。

高密縣　州西北五十里。

舊有密水馬驛，革。

西南五十里有濰水。水東有龍且城，西即且冢。冢南曰梁臺。韓信與龍且夾濰水而陣，囊沙壅水，擊殺龍且之地。亦曰城陰城〔七〕。

本萊之夷維邑。史記：晏平仲，萊之夷維人也〔八〕。漢爲夷安縣。齊乘引寰宇記曰：今高密縣理東南外城，即夷安城。亦曰上假密。史記曹相國世家：從韓信擊龍且軍於上假密。

西北三十里有高陽城。漢成帝封淮陽憲王孫並爲高陽侯。

西六十里有黔陬城。兩城夾膠水而立。縣道記曰：黔陬，秦所置，在高密郡東北，古介葛盧國也。後移縣於膠水西，相去三十里，謂之東、西二城。

西南五十里有稻城。漢孝武封齊孝王子定爲稻侯。自漢有塘堰，蓄濰水于溉田〔九〕，因名之。郡國志亦謂之鄭城，康成故宅在此。旁有稻田萬頃，斷水造魚梁，歲收億萬，號萬疋梁。今其遺迹鞠爲榛莽矣。

南三十里有拒城。漢縣。拒艾水出此。今曰拒城河。

東南二十五里有膠西城。隋縣。在膠、墨二水之間。

即墨縣　州東一百里。

東九十里有栲栳島巡司。

西有墨水，出平度州東墨山；有淮涉水，出縣南石城山，合流，北入於海。唐書地理志：東南有堰。貞觀十年，令仇源築，以防淮涉水。

三十里有不其山。漢末，逢萌隱不其山。三齊記：鄭玄嘗教授此山。山下有草，大如韰，葉長尺餘，堅韌異常，土人名曰康成書帶草。

東南六十里有勞山〔一〇〕。其一高大曰大勞，其一差小曰小勞，二山相連，東至於海，周圍八十里。齊記云：泰山自言高，不如東海勞。是也。亦作嶗。南史：明僧紹隱於長廣郡之嶗山。魏書：沙門法顯於南海師子國隨商人泛舟東下，晝夜昏迷，將二百日乃至青州長廣郡不其勞山。而地形志及唐書姜撫傳並作牢山，誤也。

西北七十里有大沽河。

南二十七里有不其城。漢縣。孝武紀：太始四年，幸不其。地理志：有太乙仙人祠及明堂，武帝所起。後漢光武封伏湛爲不其侯。

西六十里有壯武城。漢縣。左傳隱元年：紀人伐夷。注：夷國在城陽壯武縣。漢孝文封宋昌爲壯武侯。晉封張華爲壯武侯〔一一〕。後魏封房法壽爲壯武侯。

東五十里有皋虞城。漢孝武封膠東康王子建爲皋虞侯。

有祝茲城。漢書：高后封徐厲爲祝茲侯。孝武封膠東康王子延年爲祝茲侯。齊乘曰：二漢並無此縣，蓋鄉聚之名取爲國號，如平津、博陸之類。

即墨營舊在縣南七十里金家嶺。宣德八年，移縣北八里。城周四里。

東四十里有鰲山衛，領右、前、後三千户所。城周五里。

南八十里有浮山寨備禦千户所，屬鰲山衛。

東北九十里有雄崖守禦千户所。

東北一百里有田横島。去岸二十五里，中可居千餘人。史記田横傳：與其徒屬五百餘人入海，居島中。正義曰：按海州東海縣有島山，去岸八十里。非此也。許鋌曰：即墨東南濱海，列島環峙。其可居者，曰青，曰福，曰管，曰白馬，曰香花，曰田横，曰顔武，而田横島方三十餘里，尤平廣可耕，且由岸抵島多礁石，不可直達。嘉靖間，遼之姦人覘知其利，携妻、子入島，以狀乞爲編氓，有司許之，而收其租，入之遂爲窟穴。遼人故蓄堅舟，往來大海中，乘順風，不十日，逕抵高麗，盜其松、杉美材以來，貨諸邊海居民，因得諳内地虚實，登岸劫掠財蓄。有司以白兩院，檄營將以計誘之，擒其人，火其居，並田横廟毁焉，而海畔始傳寧息。

【校勘記】

〔一〕夏河　京本同。明史地理志靈山衛有夏河寨千户所，紀要卷三六作「夏河所」，「河」下疑脱「所」字。

〔二〕挺於其上欲營觀宇　「其」，京本同，魏書崔挺傳作「頂」。

〔三〕魏鄭羲及其子述祖並爲光州刺史　京本同。按魏書鄭羲傳、北史鄭羲傳，述祖爲鄭羲子道昭之子，即鄭羲孫也。且鄭羲未曾爲光州刺史。北齊書鄭述祖傳：「初，述祖父爲光州，於城南小山起齋亭，刻石爲記。」北史鄭羲傳紀同。此「鄭羲」爲「鄭道昭」之誤。

〔四〕蹲犬山　「犬」，底本作「大」，京本同，據續漢書郡國志「惤侯國」劉昭注引三齊記、紀要卷三六、清統志卷一七四改。

〔五〕爲賊管亥所圍　「所」，底本作「爲」，京本同，據後漢書孔融傳改。

〔六〕劉思效　「效」，底本作「曜」，京本同，據梁書武帝紀、通鑑卷一四六改。

〔七〕城陰城　「陰」，底本作「陪」。齊乘卷四龍且城：「高密西南四十里濰水之東，楚將龍且所築。水西即且冢。冢南曰梁臺。韓信囊沙壅水之地。亦曰城陰城。」據改。

〔八〕夷維　「維」，底本作「濰」，京本同，據史記管晏列傳改。

〔九〕蓄濰水于溉田　「于」，京本同。紀要卷三三作「蓄濰水溉田」，「于」字疑衍。

〔一〇〕東南六十里　底本空缺「南」字，京本同，據元和志卷一一、紀要卷三六補。

〔一一〕晉封張華爲壯武侯　京本同。按晉書張華傳，華初封廣武縣侯，後進封壯武郡公。

肇域記卷之六

登州府

本元般陽路之登州。洪武元年，以萊州爲府，屬之。六年，直隸山東行省。九年，升爲府。領州一，縣七。

城周九里。其北有水城相連，曰備倭城，周三里。引海水入城中泊船。洪武元年，設備倭都指揮於此。

有登州衛，領左、右、中、前、後、中左、中右七千户所。

三面距海，惟西南地接萊州府。

蓬萊縣

東南六十里有楊家店巡司。

東八十里有高山巡司。

舊有蓬萊馬驛、城北河口遞運所，革。

北三里有丹崖山，石壁千尺，上有蓬萊閣，其下爲新開海口。宋慶曆二年，郡守郭志高奏：置刀魚巡檢水兵三百，戍沙門島，備禦北虜。仲夏居鼉磯島，以備不虞，秋冬還南岸。相傳此即刀魚船所泊。洪武九年，知州周斌奏置海船。指揮使謝規疏通海口，裝運庫物，以給遼東軍士，立爲登州營，城之。

西北六十里有沙門島。凡海舟行者，必泊此以避風。宋史太祖紀：建隆三年，索内外軍不律者配沙門島。乾德元年，女直國遣使獻名馬，蠲登州沙門島民税，令專治船渡馬。元人海運亦設戍軍。永樂七年，山東都指揮使司奏：沙門島守備僅七百餘人，難以防禦。詔以七百人益之。其後移於内地，而島爲遼人所據。今空矣。

一百三十里有鼉磯島。大謝戍、烏胡戍俱在海中，唐太宗征高麗時，置兵戍之。大謝去城東北三十里，烏胡二百五十里。舊唐書東夷傳：太宗命萊州刺史李道裕運糧及器械貯於烏胡島〔二〕，將欲大舉以伐高麗。

東南九十里有牟平城。漢孝武封齊孝王子渫爲牟平侯。

黄縣 府西南六十里。

西六十里有黄山館驛。

四十里有馬停鎮巡司。

舊有龍山馬驛，城西、黄山館二遞運所，革。

東南二十里有萊山。史記封禪書：八神，六曰月主，祀之萊山。漢書郊祀志同此文。而其下則云：祠萊山於黄。又云：萊山祠月。地理志云：黄有萊山松林萊君祠。萊山，蓋即之萊山也。韋昭曰：之萊山在東萊長廣。

西南三十里有大沽河。

東南二十五里有故黄城。漢縣。古之萊子國。春秋襄六年：齊侯滅萊。是也。地名龍門。山峽之間，極爲險隘。土人謂之萊子闗。

南二十五里有㡉城。漢縣。地理志云：有百支萊王祠。有鹽官。晉惠帝光熙元年，東萊㡉令劉柏根反〔二〕，自稱㡉公。

有徐鄉城。漢成帝封膠東康王子炔爲徐鄉侯〔三〕。

福山縣　府東南一百四十里。

北四十里有孫夼鎮巡司。

有福山備禦中前千户所，屬登州衛。

有黄河寨、劉家汪寨、解家寨百户所各一，俱登州衛中右千户所分設。

有蘆洋寨百户所，福山中前千户所分設。有登寧場。

東一里有大沽河。

東北三十五里有之罘山，連文登界，三面距海。史記：秦始皇二十八年〔四〕，祭之罘，立石。二十九年，登之罘，刻石。三十七年，至之罘，見巨魚，射殺一魚。封禪書：八神，五曰陽主，祠之罘〔五〕。漢書：武帝太始三年，登之罘，浮大海。山稱萬歲。其東南海水中有壘石。相傳武帝造橋處也。

西北八十里有八角海口。宋史高麗傳：淳化四年，遣陳靖等使高麗，自東牟趨八角海口。

東北三十里有奇山守禦千户所。城周二里。

棲霞縣　府東南一百五十里。

東北二十里有岠嵎山。宋史：慶曆六年，登州地震，岠嵎山摧。金史僕散安貞傳：楊安兒與汲政等乘舟入海，欲走岠嵎山。即此。亦名金山。齊乘云：即地記萊陽縣之黄銀坑也。隋書辛公義傳：爲牟州刺史。山出黄銀，獲之以獻，詔遣水部郎婁崱禱焉，乃聞空中有金石絲竹之響。宋史食貨志：天聖中，登、萊采金，歲益數千兩。仁宗命獎勸官吏。宰相王曾曰：采金多，則背本趨末者衆，不宜誘之。景祐中，登、萊饑。詔弛金禁，聽民采取，俟歲登復故。元史：世祖至元五年，令登州棲霞縣每户輸金，歲四錢〔六〕。

招遠縣　府南一百五十里。洪武九年，自萊州府改屬。

西北五十里有東良海口巡司。有王徐寨。

西北三十里有東曲成城。後魏縣。今名光州城。

萊陽縣　府南二百五十里。洪武九年，自萊州府改屬。

東南一百二十里有行村寨巡司。

西九十里有大沽河。

東南四十里有昌水，出文登縣昌山，西南流，逕縣東，入於海。今名水口河。

東五十里有貕養澤。周禮職方氏：幽州，其澤藪曰貕養。顔師古漢書注曰：在長廣。

南七里有挺城。漢縣。

十里有觀陽城。漢縣。

東五十里有長廣城。漢縣。地理志：有萊山萊王祠。貕養澤在西〔七〕。有鹽官。北齊置長廣郡於中郎城，即此。

東南二十餘里有昌陽城。漢成帝封泗水戾王子霸爲昌陽侯。

東南一百三十里有大嵩衛，領中、前、後三千户所，城周八里。

有大山備禦前千户所，屬大嵩衛。

寧海州　府東一百二十里。洪武初，省倚郭牟平縣入州。九年，自萊州府改屬。

有寧海衛，領右、中、前、後四千户所。

西南一百四十里有乳山寨巡司。

東南四十里有大崑嵛山。齊乘云：嵎夷，岸海名山也。仙經謂之姑餘山。又有小崑嵛山相連。元史丘處機傳：爲全真學於寧海之崑嵛山。

西南一百四十里有乳山砦。宋史地理志：牟平有乳山、閭家口二砦。趙滋傳：登州乳山砦兵叛，殺巡檢。

西北八十里有育犁城。漢縣。

東十里有齊康公城。史記田齊世家：田和遷康公於海上，食一城，以奉其先祀。即此城也。

三十里有清陽城。唐縣。

東北四十里有金山備禦左千户所，屬寧海衛。有清泉寨百户所，寧海後千户所分設。

文登縣 州東南一百二十里。

北七十里有辛汪寨巡司。

東北九十里有温泉鎮巡司。

舊有赤山寨巡司，革。

西南四十里有昌山，昌水出焉。有温泉七所。

東北一百五十里有成山。史記：秦始皇二十八年，過黄、腄，窮成山。三十七年，自琅邪北至榮成山。王充論衡作勞成山。封禪書：八神，七曰日主，祠成山。漢書作盛山。成山斗入海，韋昭曰：斗，絶曲入海也。最居齊東北，以迎日出云。漢書：武帝太始三年，禮日成山。吴志：嘉禾元年，遣將軍周賀、校尉裴潛乘海之遼東。魏將田豫要擊，斬賀於成山。齊乘曰：山斗入海，旁多椒島，海艘經此，失風多覆。海道極險處也。

南二百三十里有白蓬頭港。

北海中有海牛島、海驢島。山海經注云：今海中有虎、鹿及海狶，體皆如魚，而頭似虎、鹿、猪。齊乘引郡國志云：海牛無角，長丈餘，紫色，足似龜，尾若鮎魚。性捷疾，見人則飛赴水。皮堪弓鞬〔八〕，脂可燃燈。海驢常以八、九月上島産乳。其皮水不能濕，可以禦雨。今有獲之者，淺毛灰白，作鱸魚斑。又有海狸，亦上牛島産乳。

西北十里有東牟城。漢縣。有鐵官、鹽官。高后封齊悼惠王子興居爲東牟侯。

西七十里有腄城。漢書主父偃傳：秦皇帝使天下飛芻輓粟，起於黄、腄、琅邪負海之郡，轉輸北河。師古曰：黄、腄，二縣名。黄，今黄縣。腄，即此。高后封吕通爲腄侯。地理志：腄有之罘山祠。居上山，聲洋、丹水所出。丹水東北入海。師古曰：腄，音直瑞反。洋，音祥。齊乘云：在寧海州東三十里。唐置清陽縣。其城對之罘山，臨清陽水。「清陽」即「聲洋」之異文。

東北八十里有不夜城。漢縣。地理志：有成山日祠。莽曰夙夜。師古曰：齊地記云：古有日夜出，見於東萊，故萊子立此城，以不夜爲名。王莽傳：夙夜連率韓博上言：有奇士，長丈，大十圍，來至臣府，曰欲奮擊胡虜。自謂巨毋霸，出於蓬萊東南，五城西北昭如海瀕。師古曰：昭如，海名。

北九十里有威海衛，領左、前二千户所。城周六里有奇。

東南一百四十里有百尺崖備禦後千户所，屬威海衛。

東一百二十里有成山衛，領左、前二千户所。城周六里一百六十八步。尋山備禦後千户所，屬成山衛。

南一百二十里有靖海衛，領左、中、後三千户所。城周九百七十一丈。

東南一百二十五里有寧津守禦千户所。城周三里。

南一百四十里有海陽守禦千户所。城周三里。

【校勘記】

〔一〕李道裕　「裕」，底本作「俗」，京本同，據舊唐書東夷傳改。

〔二〕劉柏根　「柏」，底本作「伯」，京本同，據晉書惠帝紀、通鑑卷八六改。

〔三〕封膠東康王子炔爲徐鄉侯　「炔」，底本作「炏」，京本同，據漢書王子侯表下改。

〔四〕二十八年　「年」，底本作「里」，京本同，據史記秦始皇本紀改。

〔五〕祠之罘　「祠」，底本作「祀」，京本同，據史記封禪書改。

〔六〕令登州棲霞縣每户輸金歲四錢　京本同。按元史世祖紀：「至元五年閏正月，「令益都漏籍户四千淘金登州棲霞縣，每户輸金歲四錢。」本書此處有脱文。

〔七〕貕養澤　「貕」，京本同，漢書地理志作「奚」。

〔八〕皮堪弓韃　「弓」，底本作「多」，京本同，據紀要卷三六、清統志卷一七三改。

後　記*

殷切盼望已久的肇域志即將問世，謹向國務院古籍整理出版規劃小組及學術界彙報肇域志整理工作的艱辛曲折歷程。

一九八二年三月，國務院古籍整理出版規劃小組召開全國古籍整理出版規劃會議，根據組長李一氓先生的指示，會議決定將肇域志列爲整理出版的重點書之一，使這部三百多年來向無印本的巨著能爲學術界普遍使用。

國務院關於整理肇域志的電示下達後，上海市人民政府與雲南省人民政府非常重視，及時作出了相應的決定。四月底，雲南省派省圖書館館長、省社科院文獻研究室主任吴鋭和李孝友到上海商談落實措施。五月初，在復旦大學歷史地理研究所所長譚其驤教授主持下舉行了第一次工作會議，參加會議的還有復旦大學吴杰、王文楚，上海古籍出版社郭羣一等。會議決

* 此後記本爲上海古籍出版社二〇〇四年版肇域記整理後記。

定：成立肇域志整理小組，譚其驤任組長，吳鋭任副組長；以上海圖書館藏汪士鐸整理本爲底本，參校各本，不作他校；昆明承擔山西、雲南、貴州、湖廣、廣東十三册，復旦承擔其餘二十七册點校任務；序言、編例由譚其驤撰寫；昆明、復旦雙方各試整理一、二册，在此基礎上，全面展開工作。

此後，復旦在整理點校試樣中發現，汪氏整理本已對顧炎武原稿作了分類改編，失去了顧氏手稿原貌，而雲南省圖書館、四川省圖書館藏本基本上保持了手稿原貌，但四川藏本漫漶殘缺過甚，商定向下次會議建議改用雲南本爲底本。

一九八二年十月中，在昆明市召開第二次工作會議，參加會議的有復旦譚其驤、吳杰、王文楚、楊正泰、葛劍雄和昆明吳鋭、朱惠榮、李孝友、趙學謙等。會議就各種版本的優劣，進行了認真詳細的討論，一致認爲這次整理的指導思想是儘可能保持顧炎武手稿原貌，決定改用雲南本爲底本，根據此本四十册數，雙方承擔的工作任務重新調整：復旦爲南直隸、山東、陝西、福建、浙江共二十五册，昆明爲雲南、貴州、山西、廣東、河南、湖廣共十五册。決定於次年十月前，雙方各自完成任務的三分之一。因該書是一部手稿本，又經過多次傳抄，故對一些明顯錯誤，要求通過他校予以訂正，會議並整理了一份標點、分段和校勘體例。會後，其驤師請吳杰先生爲全書點校作覆校定稿。

一九八三年十月下旬，在上海市召開第三次工作會議，中華書局張忱石先生參加了會議。會議對雙方各自完成的三分之一點校稿進行了審核，發現整理點校的體例不一，校記的詳略和寫法差別較大，有的部分有錯漏。因此，會議再次就整理點校體例進行了認真詳細討論，重新起草了一份明確、詳細、具體而附以實例的體例，要求會後各自對點校稿重予覆核修改。由於任務艱巨，完稿日期緊迫，雙方各自增加了工作人員，以確保於一九八四年年底任務基本完成。自八三年初以後，復旦陸續增加了胡菊興、王天良、鄭寶恒、周振鶴、王頲五位，昆明增加了雲南省圖書館李自强、李東平二位。

雲南社科院趙學謙因病於一九八三年十二月逝世；吴杰先生於八四年二月自願退出；副組長吴鋭的工作於八四年三月後由雲南省圖書館副館長李高遠接替。其驤師要我接替吴杰先生之任，負責復旦方面點校稿的覆校定稿，而昆明方面的點校稿由雲南大學歷史系朱惠榮先生負責覆校定稿。我有自知之明，不易勝任，但因工作關係和師命難違，只能勉爲其難。

一九八五年四月下旬，在昆明市召開了第四次工作會議，中華書局張忱石參加了會議。會議決定於八五年底完成全部整理工作，正式通過了王文楚負責復旦二十五册、朱惠榮負責昆明十五册的覆校定稿，確定王文楚撰寫出版點校凡例，前言由譚其驤撰寫，請點校者提供本書各本優劣的具體例證。

但會議決定完成工作的日期未能如願。主要是由於：對整理工作的困難，尚缺乏充分估計；確定整理的原則，多次更動；大多數同志同時承擔其他教學、科研工作，任務繁忙；人事的屢經變動，上海、昆明兩地聯繫不便等等。本書原定由中華書局出版，張忱石先生爲責任編輯，一九八六年十月，上海古籍出版社向國務院古籍整理出版規劃小組組長李一氓提議，轉交上海古籍出版社出版，獲得李一氓的同意。出版社的更改，雖影響了工作的進展，但復旦方面仍於一九八六年底全部完成承擔的點校稿及覆校定稿。不料，其驤師於一九九一年十月因大面積腦溢血而住進華東醫院，喪失工作能力。次年七月下旬，病情惡化，於八月二十八日遽爾長逝。噩耗傳來，使我久久沉浸於悲哀痛苦之中，從此以後，整理工作無人領導，本書整理進展更趨緩慢。朱惠榮先生於一九九四年八月來信，云因教學、科研繁忙，無暇顧及，退回原允承擔的廣東二册。無可奈何，我只得重新訪求點校人員，幸有鄭寶恒先生慨允承當，我始如釋重負。爲山九仞，豈能功虧一簣，爲了完成國務院古籍整理出版規劃小組計劃出版的集體項目及其驤師生前託付的未竟事業，雖肝腦塗地，在所不辭，盡力趕早完成任務，並代爲其驤師撰寫序言，以報答他培育之恩，告慰他在天之靈。

本書整理工作得到前任國務院古籍整理出版規劃小組組長李一氓先生關懷，在譚其驤先生親自主持下進行，可嘆二位前輩都沒有看到本書的出版，深爲遺憾！

吳杰先生於八四年三月前參加整理小組工作，並慨允借閲部分汪士鐸本未定標點稿，爲本書的整理點校作出了貢獻；趙學謙先生曾爲本書整理工作貢獻過力量，不幸都已先後去世，在本書出版之際，謹表悼念！

本書在整理過程中，承胡菊興先生協助福建部分覆校定稿；張忱石先生在整理點校的編排和格式方面，提出了切實可行的方案，具有開創之功；崑山市文物管理委員會陳兆弘先生提供了有關顧炎武文物的圖片資料；上海辭書出版社虞萬里先生於二〇〇〇年六月聯繫臺灣省臺北市「國家圖書館」善本書室，該室盧錦堂先生慨允複印汪士鐸鈔本序跋惠贈，使對本書版本流傳有了更深的認識；上海古籍出版社張曉敏、蔣維崧、林虞生、郭子建、李震宇諸位先生爲本書的出版作出了不懈努力和辛勤勞動，維崧先生爲本書的審校，不辭辛勞，竭盡心力，糾察許多錯誤，訂正不少紕繆，作出了重大貢獻，厥功至偉，與書永存；原由昆明承擔的十三册校樣，由我代爲審定，歷時又一載，其間承復旦胡菊興、董龍凱二位先生協助；復旦大學歷史地理研究所所長葛劍雄先生始終關心本書的出版，給予了大力支持和幫助，並在此謹表衷心的感謝！

本書原稿分爲四十册，其起迄已在目録中標明。點校者分工如下：第一、七册，王文楚；第二、三、八、一〇、一一册，胡菊興；第四、九册，葛劍雄；第五、六、一二、三四、三五册，楊正泰；第一三、一五、一六册，李自强；第一四、一七、一八、一九、二〇册，李東平；第二一、二二、